当代中国人文大系

朱浒 著

洋务与赈务

盛宣怀的晚清四十年

中国人民大学出版社
·北京·

出版说明

为展现改革开放以来我国学术界的发展盛景，从本世纪初开始，我们对已出版的当代人文社会科学学术著作进行披沙拣金，再版了一批极有价值的学术经典，集为"当代中国人文大系"，让几代学者凝聚心血的研究成果得以再现。十余年来，这项工作获得了学界的广泛支持，本丛书也成为国内哲学、史学、文学界普遍认可的学术品牌。

"当代中国人文大系"收入著作所达到的学术高度和学术成就，为更全面、更深入、更系统的学术研究，奠定了坚实的基础，也启发了新的问题意识。近几年，我国学术研究有了长足的进步，涌现出一大批优秀的原创学术成果。这些成果或基于全新的材料，或运用全新的方法，或选取全新的视角，或具有独到的见解，闪烁着智慧的光芒，有很高的出版价值。

因此，在保留"当代中国人文大系"学术经典系列的同时，我们又新增了优秀原创系列，辅以精当的编校和精美的装帧，期待将这些优秀的原创成果，以最好的形态呈现在读者面前。"当代中国人文大系"优秀原创系列，依然是一套开放性的丛书，殷切期望不断有新的佳作加入。

弘扬学术是一项崇高而艰辛的事业。中国人民大学出版社在学术出版园地上辛勤耕耘，收获颇丰，不仅得到读者的认可和褒扬，也得到作者的肯定和信任。我们将坚守自己的学术理想和出版使命，继续为中国的学术进展和文明传承做出贡献。

中国人民大学出版社

目 录 | contents

导言 | 关于盛宣怀的书写惯性及其反思……1

第一章 | 从赈务到洋务：同治十年直隶大水与盛宣怀的
道路转向……28
  第一节　盛宣怀初入李鸿章幕府的困顿……29
  第二节　直隶大水与盛宣怀的转身契机……45
  第三节　盛宣怀参与筹议招商局的机缘……57

第二章 | 从囧途到坦途：河间赈务与盛宣怀洋务事业的
转危为安……81
  第一节　光绪初期盛宣怀的顿挫与李鸿章的难局……82
  第二节　"丁戊奇荒"对于洋务建设的挤压作用……97
  第三节　盛宣怀的赈务活动在洋务事业中的收获……123

第三章 | 从救灾到救世：盛宣怀与江南义赈绅商的
群体联合行动……147
  第一节　洋务建设运动中绅商群体的演变……148
  第二节　超越山东地域社会的小清河工程……171
  第三节　甲午期间的义兵义饷议及其余波……196

第四章 | 从北洋到南洋：甲午战后两湖灾赈与盛宣怀
实业新布局……216
  第一节　两湖灾赈凸显出的人脉疑云……217
  第二节　盛宣怀参案问题的重新审视……234
  第三节　接手汉阳铁厂与实业的扩张……252

第五章 | 从罪臣到功臣：庚子灾变与盛宣怀催生上海商会的机缘……269

第一节 庚子以前上海商务组织建设的起落……270

第二节 盛宣怀与上海绅商在灾变中的动员……287

第三节 上海绅商的世代演变与商会的创建……310

第六章 | 从假戏到真做：中国红十字会与事业低谷之中的盛宣怀……328

第一节 对中国红十字会起源问题的再审视……329

第二节 红会建设与盛宣怀事业走势的交集……346

第三节 沈敦和在盛宣怀事业体系中的成长……365

第七章 | 从落水到上岸：鼎革之际盛宣怀的沉浮与捐赈复产活动……389

第一节 民初汉冶萍问题与捐赈复产的出台……390

第二节 捐赈复产交易在孙、袁之间的滚动……405

第三节 "二次革命"与盛宣怀的洗白契机……428

结语 | 历史的逻辑：盛宣怀何以成为盛宣怀？……448

参考文献……471

后　记……488

导言

关于盛宣怀的书写惯性及其反思

1916年4月26日夜间十点半，离辞世大约还有12个小时的盛宣怀，仍在为如何保全自己的家业而操心。在其夫人盛庄德华、其子盛重颐和盛升颐、长房长孙盛毓常以及医生唐乃安等人的注视下，盛宣怀示意随同自己多年的亲信、时任至善堂地产总管理处经理的顾咏铨（**按：字润章**）来到榻前，向其交代了自己对于"保家之策"的最终决断：

> 医生以我病无可救，嘱我预为吩咐。我之遗嘱早经办好，但未完全，将来家产应有进项，作十分开折（**按：原文如此，似应为"拆"**），以五份留作善举，五份分给五房。如有不遵者，你可举我遗命，诰诫责备。①

根据至善堂改组为愚斋义庄时公布的清查结果，盛氏家产总

---

① 《顾经理总经理宣言谨述补公遗命并报告至善堂设立议会情形书》，上海图书馆藏盛宣怀档案，档案号SD008806。此标题中"顾经理总经理"的称谓可能有衍字，概遵原文。至善堂地产总管理处是盛宣怀为管理自己的不动产而成立的机构，设立于1914年。盛宣怀去世时间为27日上午十点左右。另外，本书提及具体时间之处，武昌起义爆发前使用清朝年号及阴历，并在括弧中注明阳历日期以作对照，以后则概用阳历。

数约合白银1 350万两。其中除了大量不动产外，还有合计达500多万两的招商局、汉冶萍、通商银行等多家公司股票①。这的确是一笔数量惊人的资产，1927年后甚至遭到南京国民政府的一再觊觎②。既然这笔资产的一半收益作为善举经费，则这笔资产无疑属于慈善基金。因此，这种对善举的巨大投入，意味着其全部家产与善举之间形成了紧密的捆绑。不过，盛宣怀为什么坚信这是一种有效的"保家之策"呢？

与盛宣怀的这一决断相呼应，他的儿子们在总结盛宣怀生平事功时，也表述了一个不同寻常的说法。盛宣怀去世后，其子盛恩颐等人编撰了记述其父生平的长篇《行述》。在历数盛宣怀在晚清时期入仕四十余年的主要活动后，他们对其父事功的总结是："府君早岁服官，尽瘁国事，历四十余载，劳苦忧患，百折不移。平生最致力者，实业而外，唯振灾一事。"③顺便指出，这也是本书以"洋务与赈务：盛宣怀的晚清四十年"为名的由来。据此说法，盛宣怀对赈灾活动的重视程度，差堪与其以洋务建设为发端的实业活动相比肩。因此，其临终前决定将其家产的一半收益投向包含赈灾事务在内的善举，也可以说是一件顺理成章的事情。但是，这种将赈务与洋务并列的说法，究竟是盛宣怀生平史事的实情，还

---

① 此处关于盛氏资产的数目及其结构，系云妍根据上海图书馆公布的《盛宣怀遗产分析史料》所做的统计分析结果。参见云妍：《盛宣怀家产及其结构——基于1920年盛氏遗产清理结果的分析》，《近代史研究》2014年第4期，第136—146页。

② 这方面情形，参见彭晓飞：《族产制度近代转型之探索：上海盛氏愚斋义庄研究（1920—1936）》，《中国经济史研究》2019年第1期，第113—132页。

③ 盛恩颐等：《诰授光禄大夫太子少保邮传大臣显考杏荪府君行述》，载盛宣怀：《愚斋存稿》，卷首，收入沈云龙主编：《近代中国史料丛刊续编》（122—125），台北：文海出版社，1975，第37页。该文献以下一概简称《行述》。另外，此处引文中"振"为原文，与"赈"通假。本书中以下其他引文中亦多有类似情况，皆从原文，不再另加说明。

是盛宣怀儿子们出于特定目的而夸大其词呢？

显然，要回答这个问题，决不能只研究盛宣怀对赈灾事业的贡献，而必须综合考察洋务与赈务在其事业体系中的相对位置，以及两者之间的关系。这是学界以往很少注意的内容。当然，开展这项研究的作用决不仅仅是填补某些知识空缺或疏漏，而是希望有助于反思对历史人物及其时代特性的既有认知方式。无疑，要确证本书在研究思路和方法上有所突破，则必须先行总结以往研究的正反两方面经验。同时也应声明，基于从问题出发的意识，这种总结也不可能是面面俱到的成果述评，而需要重点剖析关于盛宣怀的历史书写模式及其得失。

一、盛宣怀史事的本末之别

长期以来，在关于盛宣怀的历史书写中，学者们在记述史事时，总会根据某种层级意识而进行选择。按照这种意识，有些类别的史事会被认为更加重要，从而成为被记述的主要内容；有些史事则会被有意无意地认为不够重要，从而受到冷落。纵观20世纪以来的盛宣怀研究，尽管在视角和方法上各有不同，但是有一个极为广泛的共识，那就是，以洋务建设为龙头的近代实业活动，是盛宣怀生平事业的核心内容，也是其在历史舞台上能有一席之地的根本保障。因此，无论是在史学界的盛宣怀研究中，还是在关于盛宣怀的通俗读物中，其洋务活动从来都居于中心位置。那么，同样在这些历史书写中，赈灾活动能否像盛宣怀的儿子们所说的那样，可以在盛宣怀的事业体系中差堪与洋务活动相比肩呢？这个问题的答案当然是否定的。毫不夸张地说，洋务与赈务之间的地位差距，简直不可以道里计。如果把洋务活动视为盛宣怀生平事业之"本"，那么赈务活动大概只能被置于"末"的位置。对此，可以从以下三个方面加以证明。

首先，在以往关于盛宣怀生平事业的整体研究中，赈务活动仅有极为微弱的存在感。关于盛宣怀的整体研究，有两部流传已久的高水平专著。其一是美国学者费维恺（Albert Feuerwerker）于 1958 年出版的《中国早期工业化：盛宣怀（1844—1916）和官督商办企业》①，其二则是夏东元于 1988 年出版的《盛宣怀传》。费著的主体内容，是以盛宣怀为中心，探讨官督商办体制和轮船招商局等四家洋务企业的经营状况。全书涉及赈务的内容，仅在概述盛宣怀生平时提到了两处：一是盛宣怀于同治十年（1871）从事直隶水灾的救济工作，并在注释中指出其随后几年中经常参加灾害募捐活动；二是盛宣怀在担任山东登莱青兵备道期间，除先后募集赈款 50 多万两外，还"从事过几项水患治理项目，其中最重要的一项是疏浚小清河"②。而在这部将近 30 万字的专著中，这两段文字加起来不过 300 余字。夏著总字数共 37 万余字，也是第一部完整的盛宣怀传记，较为全面地展示了盛氏一生的政治及实业活动。然而，关于盛氏之赈务活动，该书同样仅提到两处：其一是李鸿章三次因赈务劳绩为盛宣怀请奖，其二是盛宣怀举办小清河工赈工程。而这两段文字的总数，不过

---

① 该书初版为 Albert Feuerwerker, *China's Early Industrialization: Sheng Hsuan-huai (1844 – 1916) and Mandarin Enterprise* (Cambridge, Massachusetts: Harvard University Press, 1958)。中译本为费维恺：《中国早期工业化：盛宣怀（1844—1916）和官督商办企业》，虞和平译，吴乾兑校，北京：中国社会科学出版社，1990。

② 费维恺：《中国早期工业化》，第 77–78、81 页。

400余字而已①。

2012年,易惠莉推出了总字数达80多万字的《盛宣怀评传》,是迄今最为厚重的一部反映盛宣怀生平的专著。该书借助于21世纪以来盛宣怀档案整理的最新成果,特别是上海图书馆和香港中文大学各自公开的大批资料,对盛宣怀在政务、实业及人际关系等方面的许多活动都有十分仔细的考察,其论述的丰富程度远超费著和夏著。与之相应的是,该书中关乎赈务的内容也大大超过前两部著作。易著中论及盛宣怀赈务活动的地方共5处,分别是同治十年(1871)直隶水灾救济、光绪四年(1878)河间赈务、小清河工赈工程、甲午时期直奉赈务、庚子时期济急会。其中,小清河工程为2 400余字,直隶水灾救济约为1 000字,河间赈务与济急会各约为300字,直奉赈务约为100字,总计4 100余字②。与这部书稿的总量相比,区区4 100余字显然不足以引人注意。然而,易惠莉敏锐地感觉到盛宣怀的赈灾活动具有独特价值。她指出,"要探讨宣怀为何始终一生如一日地参与赈灾,是一个需要从多方面着手的话题",尤其是"通过灾赈事业与上海绅商发展起来的关系,为宣怀以后在洋务企业活动的舞台上,提供了更多共同参与演出的角色"③。对于这种通过赈务联结起

---

① 夏东元:《盛宣怀传》,成都:四川人民出版社,1988,第149-150、178页。在1998年推出的修订版中,关于赈务的文字并无变动(夏东元:《盛宣怀传》(修订本),天津:南开大学出版社,1998)。
② 易惠莉:《盛宣怀评传》,南京:江苏人民出版社,2012,第34-35、109、233-236、336、556页。该书为上、下两卷,版权页上显示总字数为200万字。实际上,该书连目录在内总共820余页,每页按版面计算最多不超过1 000字,故总数当为80万字左右。
③ 易惠莉:《盛宣怀评传》,上卷,第35页。

来的社会关系，她早先在研究郑观应时曾有过非常精彩的分析①。遗憾的是，在《盛宣怀评传》一书中，始终没有出现类似的深入考察。

其次，在关于盛宣怀的专题研究中，以赈务为主题的成果始终处于较为边缘的位置。以盛宣怀为主题的研究中，在前述3部综论性专著之外，还有大量专题研究。纵览这些专题研究，洋务与赈务所占比重可谓天渊之别。2002年，在盛宣怀研究会的支持下，易惠莉等人编纂了《二十世纪盛宣怀研究》一书，对20世纪的盛宣怀研究状况进行了颇为全面的检视。正如易惠莉在序言中所说，"迄1949年学界研究盛宣怀的专论一篇也没有"②。而从1949年到2000年底，除去那些小传式的文章，国内外发表的专题论文约100篇，另有2部专著。与洋务活动有关的内容成为绝大部分论文的主题，2部专著中之一部也是对清末近代工业化的研究，即谢世佳所著《盛宣怀与他所创办的企业》③。另一部专著的主题则关涉教育事业，即陈先元等编著的《盛宣怀与上海交通大学》④。至于关注赈务的论文，不仅很晚才出现，而且仅有一篇，那就是冯金牛等人于2000年发表的《"盛宣怀档案"中的中国近代灾赈史料》⑤。

---

① 易惠莉：《郑观应评传》，南京：南京大学出版社，1998，第214-222页。
② 易惠莉：《二十世纪盛宣怀研究之回顾》，载易惠莉、陈吉龙主编：《二十世纪盛宣怀研究》，南京：江苏古籍出版社，2002，第1页。
③ 此处关于20世纪盛宣怀研究状况的统计，基于《二十世纪盛宣怀研究》附录的论著索引。谢世佳：《盛宣怀与他所创办的企业——中国经济发展理论与创造力之研究》，台北："中央"图书供应社，1971。
④ 陈先元、田磊编著：《盛宣怀与上海交通大学》，太原：山西教育出版社，1996。
⑤ 冯金牛、高洪兴：《"盛宣怀档案"中的中国近代灾赈史料》，《清史研究》2000年第3期，第94-100页。

进入 21 世纪以后，盛宣怀研究的论著数量虽有很大的增长，有关赈务的成果却依然寥落。根据中国知网的数据统计，从 2001 至 2020 年的二十年间，盛宣怀作为关键词的期刊论文共计 210 篇，其中仅有 8 篇论文的主题关涉慈善救济事务；另在以盛宣怀为主题的总共 5 篇博士论文、29 篇硕士论文中，仅有 3 篇硕士论文论述了慈善救济活动，且其中两篇的选题范围大致相同①。毫不令人意外的是，绝大部分期刊论文和学位论文所关注的主题都是盛宣怀的洋务活动。此外，除去那些偏向于历史小说类的写作，近年来还出现了一批关于盛宣怀事业的专题性著作。根据读秀知识库的检索，这类著作共计 8 部，其中 5 部的作者都是盛宣怀曾孙盛承懋，其内容亦以弘扬盛氏实业成就为主，很少提及赈务活动②。在余下 3 部著作中，有 2 部亦以实业活动为主题，还有 1 部则关注盛氏对教育事业的贡献③。另外值得注意的一个现象是，21 世纪以来，以盛宣怀为主题的研究主要集中于国内学界，海外学界已很少有人专门探讨盛宣怀了。

最后，盛宣怀档案的整理情况，也充分表明了洋务与赈务在学术地位上的天差地远。盛宣怀去世后，留下了数量惊

---

① 这两篇硕士论文是：安北平：《盛宣怀与光绪三十二年（1906）江南北水灾赈济》，硕士学位论文，河南大学历史文化学院，2009；樊超杰：《光绪三十二年苏北水灾赈济研究》，硕士学位论文，山东师范大学历史文化学院，2014。

② 盛承懋的这 5 部著作是：《盛宣怀与"中国的十一个第一"》，西安：西安交通大学出版社，2016；《盛宣怀与湖北》，武汉：武汉大学出版社，2017；《中国近代实业家盛宣怀 办实业走遍天下》，天津：天津大学出版社，2018；《盛宣怀与晚清招商局和电报局》，北京：社会科学文献出版社，2018；《盛宣怀与汉冶萍》，武汉：武汉大学出版社，2019。

③ 关于实业的 2 部著作是：姜正成主编：《实业之父盛宣怀》，北京：中国财富出版社，2015；陈吉龙主编：《盛宣怀与中国近代化》，南京：江苏人民出版社，2016。关于教育的著作，是欧七斤在其博士论文基础上出版的《盛宣怀与中国近代教育》（上海交通大学出版社，2016）。

人的私家档案，如今以上海和香港两地的收藏最为重要。上海图书馆保存盛档数量最多，总数达 157 564 件①。但在 2008 年全部档案完成电子扫描并实现馆内电子阅览之前，上图所藏盛档并不能供研究者充分利用。在一个较长时期内，外界所能利用的、源自上图的盛档资料，主要是 20 世纪七八十年代陈旭麓、顾廷龙、汪熙主持整理的点校成果，也就是上海人民出版社陆续推出的《盛宣怀档案资料选辑》系列。这个系列的出版延续了二十多年，总共包括 8 辑 11 册，其中 5 辑主题为洋务活动，即第 2 辑《湖北开采煤铁总局、荆门矿务总局》、第 4 辑《汉冶萍公司》（共 3 册）、第 5 辑《中国通商银行》、第 6 辑《上海机器织布局》、第 8 辑《轮船招商局》；另外 3 辑的主题则是晚清时期的重大政治事件，即第 1 辑《辛亥革命前后》、第 3 辑《甲午中日战争》（共 2 册）、第 7 辑《义和团运动》。从这些主题的选择，足以看出整理者在确定整理方向时具有怎样的学术倾向了。与此形成鲜明对照的是，上图盛档中数量庞大的慈善救济类档案，却长期无人问津。

在上图之外，香港中文大学是收藏盛档的另一个重要机构。20 世纪 80 年代，该校从旅日华侨手中收购了一批共计 77 册的盛宣怀书牍文献。在 2018 年香港中文大学将所藏盛档全部进行电子化之前，外界所能掌握的部分，只能是该校特邀王尔敏等人主持整理的成果。王尔敏等人历经十多年时间，精心编选，出版点校成果 4 种 8 册，分别是《盛宣怀实业函电稿》（共 2 册）、《清季外交因应函电资料》、《清季议订中外商约交涉》（共 2 册），以及《盛宣怀实业朋僚函稿》（共 3 册）。

---

① 上海图书馆：《〈盛宣怀档案选编〉前言》，载上海图书馆编：《盛宣怀档案选编》，第 1 册，上海：上海古籍出版社，2014，第 6 页。

此外，他们还从中选编影印出版成果 2 种 10 册，分别为《近代名人手札真迹》（共 9 册）和《近代名人手札精选》。查阅其内容可知，王尔敏等人优先整理和披露的部分，皆以洋务和政务为主。虽然这些整理成果中偶有涉及赈务的资料，但本质上属于无心插柳之举。

总而言之，如果基于现代学界的认识惯性，那么盛宣怀的儿子们将赈务与洋务并称为其父生平两大事功的说法，肯定属于夸大其词。但反过来说，现代学界对盛宣怀生平事功的认定等级，是否就能得到盛宣怀的儿子们的认可呢？是否就一定更为合理呢？对此，盛宣怀的儿子们编撰的《行述》首先提供了一个值得重新思考的例证。《行述》约形成于 1919 年，随着《愚斋存稿》的刊行而公之于世。在这份总字数约为 25 000 字的文献中，以政务活动所占篇幅最多，约为 8 500 字；其次是洋务和实业活动约占 5 800 字；而赈务等事关善举的文字约占 3 800 字，位居第三。从这个篇幅比例来看，盛宣怀的儿子们在编撰《行述》文本的过程中，的确是把赈务作为仅次于洋务的一项事功来对待的。顺便指出，在盛宣怀生前即开始编纂的《愚斋存稿》中，就收入了大量有关赈务的资料。这大概可以表明，盛宣怀和他的儿子们对于赈务活动的重视，远远高于整理盛档的现代学人。

当然，现代学人对于盛氏赈务活动可能具有的重要意义并非毫无感触。除了前述易惠莉的例子外，负责整理香港中文大学所藏盛档的王尔敏，在 20 世纪 90 年代后期也愈发深切地感到，盛氏赈灾资料富含研究价值。他在《盛宣怀实业朋僚函稿》一书的校后记中甚至明确建议，将来继续整理盛档时，应该专门编选一部"盛宣怀赈灾函电稿"。他称这部分内

容为"更具关键性者",其根据是:

> 一般学者必以其义界(按:原文如此)专而窄。殊不知在晚清时期经济社会生态环境,工商实业家之提升地位,扩大影响,其有效途径多恃救灾报效银两,由此取得官阶,逐步上升。此是个人独见,迄今学界尚未曾想到此地,总由于未曾涉猎此类资料所致。换言之,若欲研究晚清工商实业家之特质,势须参考"盛宣怀赈灾函电稿"。①

遗憾的是,此时王尔敏整理盛档的工作已近尾声,他因健康原因无力继续,这一建议亦成空谷足音。到如今,如欲利用香港中文大学所藏盛档中的赈灾资料,只能由研究者在电子阅览库中自行大海捞针。

相形之下,上图所藏盛档新一轮的整理情况,更加有助于重新认识盛氏赈务活动的地位。自20世纪90年代始,上图先后得到上海市政府和国家清史工程的支持,得以对馆藏盛档开展全面整理工作。历经十多年时间,彻底查清了盛档的体量。据统计,其中以慈善救济为主要内容的档案,在17 000件以上②。这类档案的数量,显然是一个难以轻视的存在。因此,在上图于2015年影印出版的100册《盛宣怀档案选编》中,慈善救济类资料占据了36册之多。面对此情此景,以下问题油然而生:为什么这类资料在早先的整理工作中一直被束之高阁呢?为什么盛宣怀的赈务活动长期不为学界所重视呢?

---

① 王尔敏:《〈盛宣怀实业朋僚函稿〉校后记》,载王尔敏、吴伦霓霞编:《盛宣怀实业朋僚函稿》,上册,香港:香港中文大学出版社,1997,第3页。
② 上海图书馆:《〈盛宣怀档案选编〉前言》,第9页。

要就在于体现了近代社会变革的趋势。

这种将盛宣怀赈务活动与近代社会变革联系在一起的做法，成为后续研究的固定框架。一种较早出现的思路，是将盛宣怀的社会救济事业作为其近代实业活动的延伸。如有人强调"盛宣怀以一位实业家的身份走上慈善事业的道路"，而其"所办的实业和他个人的巨额财产是其从事慈善事业的经济保障"①。不过，该文对这种思路完全缺乏必要的论证。至于更被普遍运用的思路，是从盛宣怀的赈务活动中发掘救荒现代化的意味。这方面较早的事例，是安北平探讨盛宣怀与光绪三十二年（1906）江南北水灾赈济的硕士学位论文。该文认为，盛宣怀的赈灾活动"折射出近代中国一大批富有慈善情怀和社会责任心的绅商的风貌"②。徐涛等人则更进一步，将盛宣怀视为"洋务派办理近代慈善事业的代表人物"，并且强调其数十年的赈务活动，"不仅促进了中国近代化新型救灾模式的形成，而且对社会发展有着深刻的影响"③。

总体看来，虽然目前关于盛宣怀赈务活动的研究还属于起步阶段，但是随着盛档中大量灾赈史料被开发出来，相关成果数量的增加不难想见。只不过，如果继续按照现代化范式的指引来探讨盛宣怀赈务活动，这类成果究竟具有多少原创性意味，恐怕难免令人心生疑虑。对此，研究盛宣怀教育事业的一部著作提供了一个很好的参照系。该书作者对自身

---

① 赵红喜：《盛宣怀慈善事业述评》，《牡丹江教育学院学报》2007年第3期，第26-27页。
② 安北平：《盛宣怀与光绪三十二年（1906）江南北水灾赈济》，第1页。
③ 徐涛、游龙云、于文善：《洋务派近代化赈灾思想探源——以盛宣怀为研究对象》，《曲靖师范学院学报》2020年第1期，第75-80页。

二、盛宣怀叙事的路径依赖

毋庸置疑，洋务与赈务被长期区别对待的现象，其实只是以往历史书写的浅层惯性。在这种惯性的背后，还存在着更具制约性的深层惯性，那就是研究范式的作用。有关范式（paradigm）的原初概念，出自美国科学史家托马斯·库恩（Thomas Kuhn）对科学社会学的探讨。大约从20世纪90年代起，国内外史学界都展开了对史学研究范式问题的争论。尽管学者们的立场至今也很难统一，但基本上都承认，对中国近代史研究最具影响的范式有两种，即革命史范式和现代化范式。大体上，从中华人民共和国成立之后直至改革开放初期，革命史范式在中国大陆学界的研究实践中居于主导地位；现代化范式首先在海外学界的中国近代史研究中成型，20世纪80年代以后，对大陆学界产生了越来越大的影响。简单说来，所谓革命史范式，是指以革命为主要标准和参照系，来解释、评判中国近代史上的历史事件和人物；所谓现代化范式，则是以现代化作为评判历史事件和人物的主要标准。因此，在以往记述盛宣怀史事的那种层级意识的背后，正是这两种范式所导致的路径依赖（path-dependence）。

在革命史范式的指引下，盛宣怀研究所形成的路径依赖，主要表现为从身份属性出发来把握其实践活动。这样一来，最显著地反映身份属性的政治、经济等方面的内容，也就成为研究者们着眼的重点。就目前所见，较早明确表现出这种思路的学者是邵循正。在1960年为编选《盛宣怀未刊信稿》所写的说明中，其论述起点是对盛宣怀做出了全盘否定式的

"官僚买办"的定性。对于盛宣怀的官僚性质,邵循正给出的论据有二:其一是他在甲午战前是"淮系洋务派的主要人物",因为"淮系洋务派所办的轮、电、纺织等主要企业,几乎全归盛宣怀一人掌握";其二则是他在甲午战争之后"以厚利结纳权贵",从而得以"以上海为根据地",遥控全国经济命脉。对于盛宣怀的买办性质,其主要论据是,"清末十余年中路矿利权的出卖和洋债的举借,大部分经他的手"。按照邵循正的总结性看法,虽然"盛宣怀这个大买办官僚的历史"基本没有值得肯定的意义,但是对这个人物的研究,足以说明"买办官僚根本不可能办好新式工业"[1]。稍后,陈诗启以《盛宣怀未刊信稿》为核心资料,探讨了盛宣怀资本的垄断活动,而其研究思路和结论与邵循正大同小异[2]。

在革命史范式的视野下,即便改革开放以后对盛宣怀的评价有了很大幅度的改变,也没有摆脱从身份属性出发来把握实践活动的路径依赖。在这方面,夏东元的研究可谓最为典型的事例。夏东元明确提出,以往扣在盛宣怀头上的"大买办"头衔是一种"不公正的看法",其本质上是"以民族性较强的资本家实业家终其生"。首先,盛宣怀是"资本主义工商业的有力经营者,对中国资本主义发生发展起了积极的作用",其表现是作为"晚清洋务运动的重要骨干",创办及经营了多家洋务企业。其次,他还"有着保利权分夺洋商之利的积极思想",所以其兴办铁路、银行等事业,也具有

---

[1] 邵循正:《〈盛宣怀未刊信稿〉说明》,载北京大学历史系近代史教研室整理:《盛宣怀未刊信稿》,北京:中华书局,1960年,第1—6页。
[2] 陈诗启:《盛宣怀的资本及其垄断活动》,《厦门大学学报》(社会科学版) 1962年第3期,第1—22页。

"适应时势的需要和抵制洋商的侵略要求"的特点。不过,在夏东元看来,盛宣怀终归无法摆脱阶级属性造成的致命伤,也就是其"保守的政治实践与进步的经济主张间的矛盾",这就使之"很难完全按经济规律办企业以促使其更顺利的发展,而要听任帝国主义和垂危清王朝的摆布和制约"①。

表面看来,将盛宣怀指认为"资本家实业家",其形象较"官僚买办"的确改变不小。但是,这种称呼上的改变,仍然是从政治经济学的视野出发,也就丝毫没有触动生产关系在判断人物性质方面的决定作用。在这种视野下,至多只能被列入社会生活范畴的赈务活动,很难被纳入生产关系的范畴来考察,也就不可能成为判定身份属性的重要依据。总而言之,处在革命史范式指导下的盛宣怀研究,基本不可能认真看待其赈务活动。

尽管现代化范式与革命史范式在认知取向上有很大差异,但是现代化范式同样在盛宣怀研究中形成了显著的路径依赖,那就是从社会功能出发来把握其实践活动。至于这种路径依赖的具体表达,则是注重盛宣怀身上那些能够反映从传统社会向现代社会转型的活动。客观而论,比之革命史范式,现代化范式指引下的历史书写在内容上有了较大的开拓。盛宣怀的赈务活动也正是在现代化的叙事框架之中,才得到了一席之地。然而,现代化范式下的路径依赖,也不可能对所有具有社会转型意味的史事一视同仁。按照通行的看法,现代化主要是指"现代生产力导致社会生产方式的大变革",继而

---

① 夏东元:《论盛宣怀所走的"U"字型路程》,《近代史研究》1988年第4期,第1—25页。

引起"经济加速发展和社会适应性变化的大趋势"①。根据这样的认识前提，在现代化范式主导的历史研究中，显著体现生产力水平的经济变革，以及与经济基础密切相关的政治变革，便往往处于中心位置；至于社会变革方面的内容，则不过是对社会生产方式发生变化的适应，从而也就只能被置于相对边缘的位置。

在现代化范式的范畴内，从工业化视角出发来考察盛宣怀的洋务活动，成为最早成型且影响最大的研究路径。费维恺《中国早期工业化》一书，正是这方面最早的代表性成果。费维恺的问题意识，是近代中国为何没有像日本那样完成从农业国向工业国的转变。为此，他试图"以中国商人和企业家所经营和开办的新式工商业的典型考察为根据"，来探讨中国工业化被延搁的原因②。费维恺认为，盛宣怀是"在建立和经营一些最重要的企业中起了显著作用的一个工业家"，而盛氏的一生则"说明那些领导晚清中国工业化的人们相对缺乏企业家的精神"③。费维恺通过分析盛宣怀的一系列工商业活动，指出盛宣怀在其中的"能动性总要受到他的几重角色——家庭、绅士、官僚——的责任心的影响。总的说来，它们都有力地结合在一起把他束缚于传统的价值观之中，并限制了他干新事业或用新方法处理旧问题的动力和能力"④。费维恺的最终结论是，晚清中国的新式工业之所以"无法发展成为一个更为广泛的工业革命"，盛宣怀身上表现出了一条

---

① 罗荣渠：《现代化新论——世界与中国的现代化进程》（增订版），北京：商务印书馆，2004，第5页。
② 费维恺：《中国早期工业化》，第10页。
③ 同上书，第74页。
④ 同上书，第122页。

关键线索，那就是，他从"新式工商企业获得一大笔财产，在很大程度上仍是达到取得政治权力和官职这种传统中国社会的最高目标的一种手段"①。

在汉语世界中，较早采用工业化视角来研究盛宣怀的是中国台湾学者谢世佳。在1971年出版的著作中，谢世佳围绕着盛宣怀创办企业的情况，探讨了清末工业化运动遭受挫折的原因。他认为："清末虽有盛宣怀以及其他少数商人买办纷纷创办企业，鼓吸（按：原文如此）工业化运动，国人却没有群起响应，他们的企业以及全国的工业仍然成效不彰。"②同时，盛宣怀自身的最大缺陷，也是对发展工业化运动的不利因素，其一是"虽然他很热心发展中国现代企业，他也急于拓展自己的家产"；其二是其"引用同乡，致使企业不能合理经营；同乡关系太浓也阻挠国家的统一，妨碍经济的发展"；其三是他与张之洞等人一样，"各方面所以争夺企业，并非从企业本身的发展着想，也非从企业对全国的贡献着想，却是从纯私人的利益与权利着想"③。由此可见，谢世佳大体与费维恺一致，也是注重盛宣怀无力推动中国工业化运动发展的一面。

同样是从工业化视角出发，另一位中国台湾学者王尔敏并不同意过多指责盛宣怀无力推动工业化发展的一面，而是强调应该给予"理解之同情"，即重视盛宣怀为推进中国工业化发展所做出的努力。王尔敏基于对香港中文大学所藏盛档的长期整理工作，对盛宣怀的经济活动做出了较为正面的评

---

① 费维恺：《中国早期工业化》，第319页。
② 谢世佳：《盛宣怀与他所创办的企业》，第105页。
③ 同上书，第127—129页。

价。他认为,在晚清工商企业家中,"经营领域最广,而才识最超卓者,当推盛宣怀,允为晚清企业界一代领袖"。通过对盛宣怀维护中国实业利权活动的探讨,王尔敏强调指出,盛宣怀"所开创实业……系为中国国家开创新局",因此,"就近代史观之,实业建设乃中国工业化之推动实践,有划时代的重大意义,无论研究自强运动、工商业近代化或近代西式之教育,盛宣怀均为不容忽视的要角,不但有开创之功,而且实绩最多,其历史地位不容一味抹杀"①。

中国大陆学界自20世纪90年代以后关于盛宣怀经济活动的许多探讨,基本上与王尔敏的认识思路相吻合,故而无须过多列举相关例证。总体来看,大陆学界唯有易惠莉对盛宣怀的研究,较以往认知大有推进。在1994年完成关于盛宣怀的小传《中国第一代实业家盛宣怀》后②,易惠莉后来又对盛宣怀的经济政治活动进行了更为细致的探讨,并最终撰就两卷本《盛宣怀评传》。在这部大部头评传中,易惠莉一方面更为详细地评述了盛宣怀创办和主持洋务企业的经历,另一方面也注重评述了其许多不为外界所知的政务活动。易惠莉对盛宣怀的经济活动和政务活动都给予了很多肯定,指出其"以创办洋务企业为根基,以在政治和外交上的务实、胆大以及勇于承担等品质,终于走到了清廷中央"③。盛宣怀在清末的悲剧命运,主要在于"中国实现体制内改革的社会政治条

---

① 王尔敏:《盛宣怀与中国实业利权之维护》,载《近代经世小儒》,桂林:广西师范大学出版社,2008,第265-308页。该文初发表于1996年。

② 易惠莉:《中国第一代实业家盛宣怀》,载《江苏文史资料》,第77辑,南京:《江苏文史资料》编辑部出版发行,1994。该辑文史资料虽说是人物传记专辑,其实全书内容就是易惠莉所作的这部9万多字的盛宣怀小传,因此应该视其为一部专著。

③ 易惠莉:《盛宣怀评传》,下卷,第704页。

件早已丧失殆尽,但他却仍然试图按体制内改革的思路将其改革主张付诸实施"。而反过来说,"清末最后两年的政治改革和经济变动方面的进步,宣怀功不可没"①。由此可见,易惠莉从盛宣怀的政治活动中也发掘出了浓厚的现代化变革意味,从而与学界先前关于盛宣怀在政治上保守的一般看法有了根本不同。

随着现代化范式在中国近代史研究领域的进一步扩展,与现代化进程相匹配的"社会适应性变化"才逐渐映入学界的眼帘。所谓"社会适应性变化",一般被认为是发生在社会领域的现代化变革,并且往往还被习惯性地视为属于具有相对独立性的社会史门类。以盛宣怀赈务活动为主题的第一篇论文,即冯金牛等人对上图所藏盛档中关于灾赈史料的价值的介绍,便清楚地展现了这一思路。该文指出,以往研究主要把着眼点集中在有关盛宣怀实业活动的部分,而对其"在近代灾赈史的活动和贡献都语焉不详,甚至毫不提及……这不能不说是盛宣怀研究中的一大缺憾"。这是因为,盛宣怀组织和参加了数十次赈灾活动,不仅"积累了丰富的经验",还"陆续提出了不少建设性的意见",具有"巨大的影响力和号召力"。基于这种认识,该文强调,盛档中留下的丰富的灾赈史料,对于"研究盛宣怀,研究中国近代灾荒史和灾赈史,研究上海地区近代的慈善事业史都是十分有价值的"②。按照这里的逻辑,盛宣怀赈灾活动的研究价值,主

---

① 易惠莉:《盛宣怀评传》,下卷,第730-731页。
② 冯金牛、高洪兴:《"盛宣怀档案"中的中国近代灾赈史料》,《清史研究》2000年第3期,第94-100页。

研究思路给出的说明是,"盛宣怀属于亦官亦商的绅商阶层,以盛宣怀与中国教育早期现代化的研究为典型个案,可以透视整个绅商阶层在中国近代教育转型过程中所扮演的角色和发挥的作用"。根据这种中国教育现代化的思路,作者的结论是,盛宣怀"是近代教育早期发展史上一位富有开拓创新精神、做出过重要贡献的教育实践家,是我国教育现代化早期进程中一位重要的先驱者和有力的推动者"①。如果把这两段表述中的核心词汇"教育"替换为"赈灾",可以说毫无违和感。这样一来,从现代化范式出发来考察盛宣怀的赈灾事业,其效用至多不过是为说明盛宣怀身上的现代化色彩增添了又一个注脚而已。这难道是盛宣怀赈灾事业研究无法逃脱的宿命吗?

三、盛宣怀研究的重新定向

本来,现代化范式在中国近代史研究领域中的兴起,对重新认识盛宣怀的历史地位起到了很大的积极作用。随着洋务运动促进中国近代工业化进程的一面被揭示出来,盛宣怀为这一进程所做的贡献也得到了承认。因此,在现代化取向的中国近代史叙事中,更多彰显了盛宣怀作为新兴社会阶层的正面形象,其早先被刻画的负面形象则已很少为人所提及。对于盛宣怀这种社会形象的巨大变化,一个饶有趣味的风向标是,从20世纪90年代起,涌现了一大批以盛宣怀为中心人物的通俗读物,盛宣怀也被冠以各种各样的煊赫名头,如"中国商父""大清皇商""晚清第一官商""政商奇才"等,

---

① 欧七斤:《盛宣怀与中国近代教育》,第203、226页。

不一而足①。虽然这类读物的基本内容大体雷同，都是一遍又一遍地以政务和实业活动为中心来铺陈盛宣怀的一生，但是除去其中的文学性加工成分，其叙述框架在本质上倒是与史学界的现代化叙事颇有异曲同工的味道。

客观来看，现代化叙事在凸显盛宣怀历史业绩的同时，又给盛宣怀制造了一张扁平化的脸谱。也就是说，在这张脸谱下的盛宣怀，给人的印象不过是赶上了中国近代工业化潮流的一个幸运儿，从而不自觉地充当了中国现代化进程的历史工具而已。而作为这种工具的具体人物，归根结底只是时代的产物。恩格斯对此早有精当的总结：

> 恰巧某个伟大人物在一定时间出现于某一国家，这当然纯粹是一种偶然现象。但是，如果我们把这个人去掉，那时就会需要有另外一个人来代替他，并且这个代替者是会出现的，不论好一些或差一些，但是最终总是会出现的……假如没有拿破仑这个人，他的角色就会由另一个人来扮演。这一点可以由下面的事实来证明：每当需要有这样一个人的时候，他就会出现。②

况且，在中国现代化的谱系中，赶上这股潮流的幸运儿并不

---

① 这类作品中，仅被收入读秀知识库的就有以下 8 种：1. 国亮、美玲：《中国商父——盛宣怀》，北京：国际文化出版公司，1996；2. 寒波：《盛宣怀别传》，上海：上海人民出版社，1997；3. 丁离：《击败胡雪岩：中国商父盛宣怀和他的商业帝国》，北京：当代世界出版社，2001；4. 宋路霞：《百年家族·盛宣怀》，石家庄：河北教育出版社，2001；5. 汤黎：《钦商盛宣怀》，武汉：崇文书局，2008；6. 王伟：《晚清第一官商：盛宣怀的正面与背面》，武汉：华中师范大学出版社，2012；7. 汪衍振：《大清皇商盛宣怀：一个超越胡雪岩的红顶商人》，武汉：华中科技大学出版社，2014；8. 胡泽：《政商奇才盛宣怀》，北京：商务印书馆国际有限公司，2015。
② 马克思、恩格斯：《马克思恩格斯选集》（第 3 版），第 4 卷，北京：人民出版社，2012，第 649－650 页。

止盛宣怀：比他位高权重的有李鸿章、左宗棠和张之洞等人；与他地位大体相当的人物，至少还有唐廷枢、郑观应和张謇，等等。与这些人在现代化方面的成绩相比较，盛宣怀并无奔逸绝尘之势。更何况，按照时势造英雄的逻辑，如果没有盛宣怀，那么一定也会有类似盛宣怀的人物出现在历史舞台。如此说来，无论那些通俗读物赋予盛宣怀多么响亮的名号，其实都属于无法找到新意的虚张声势。而附骥于现代化叙事之下的盛宣怀，也只能留下一个不温不火的形象。

当然，盛宣怀研究并不会终结于现代化叙事，现代化叙事也不能涵盖盛宣怀的历史世界。对此，盛宣怀的赈务活动便提供了反思的突破口。首先，就洋务与赈务的地位而言，现代化叙事所设定的史事层级结构，与历史当事人自身的表达并不契合。从前述对于盛宣怀《行述》的分析可以看出，盛宣怀一生对赈灾事业倾注了极多的力量，以至于他的儿子们将之视为仅次于洋务活动的重要事功。可是对认定洋务的重要性远远高于赈务的许多现代研究者来说，这种情况显然越出了现代化叙事的解释范围。其次，盛宣怀的赈务活动并不能被视为近代工业化的副产品。如前所述，易惠莉曾注意到，盛宣怀与上海绅商在工业化进程之外结成的赈务关系，促进了他们在洋务企业中的合作。王尔敏后来的说法也表明，他意识到对盛宣怀救灾活动的探究，有助于理解其作为工商实业家的特质。尽管易惠莉和王尔敏的说法皆属于点到即止，但是鉴于两人对盛宣怀档案的深入了解，他们有这种感觉决非空穴来风。因此，赈务一旦与盛宣怀的洋务活动联系起来，显然就对既有的现代化叙事形成了挑战。这也就警醒我们，不要说是对盛宣怀的赈务活动，就是对其洋务活动，既有研究恐怕都未能完整揭示其历史面相。

无疑,要确切认识盛宣怀洋务与赈务活动的历史面相,就必须跳出以往历史书写的惯性,转向非目的论式的视角。那么,我们该如何在具体研究中贯彻非目的论式的视角呢?概括地说,这就需要在以下三个方面进行重新定向:

第一,对于盛宣怀的洋务与赈务活动,必须突破那种层级体系下的定位,而按照具体历史进程来确定其坐标位置。如前所述,在路径依赖的作用下,以往历史叙述习惯于按照事先认定的层级秩序来排比史事,从而造成了历史进程的极大割裂。其主要表现是,盛宣怀的生平史事,一方面被粗糙地归入政治史、经济史和社会史等不同门类之下,另一方面又根据不同的层级地位,对相关史事给予或详或略乃至完全忽视的不同待遇。而这种把握史事的手法,肯定既无助于人们对史事的贯通理解,又难以更为完整地认识历史进程。就盛宣怀的洋务和赈务活动而言,我们决不能想当然地认为,在历史当事人心目中,前者在任何情况下都远较后者重要;而应该在遵循时间序列的法则下,查勘处于同一历史进程中的洋务和赈务活动的相对位置。只有基于这一定向,我们才有可能发现存在于不同性质史事之间的、很可能为以往所忽略的相关性,并进而探讨这种相关性对于盛宣怀整体事业的意义。

第二,对于盛宣怀的洋务与赈务活动,必须打破往常那种把握事件史的单向度结构,而需要悉心辨析这些活动映射出来的多重光谱。所谓事件史的单向度结构,是指从既有认知结构出发,将某些史事表述为单一性事件的取向。例如,以往论及盛宣怀对洋务企业的经营时,惯用手法是将之构建为一个经济史向度的事件，再置于近代工业化的光谱中予以定性。基于同样的手法，盛宣怀参与的慈善赈济活动，也往往会被构建为一个社会史向度的事件，然后置于近代社会事业的光谱中加以定性。实际上，这种处理手法极大忽视了史事的复杂性。哪怕从比较简单的思维层次来说，洋务活动只能映射出近代工业化的光谱吗？慈善救济活动只能映射出近代社会事业的光谱吗？洋务活动难道不能对近代社会事业产生重要作用吗？慈善救济活动难道就与近代工业化进程毫不相关吗？所有这些问题都提醒我们，在把握相关史事时，决不能机械地重复从结构到事件的固化思路，而需要从具体历史场景中发掘出其蕴含着的复杂脉络。

第三，对于盛宣怀的洋务与赈务活动，决不能出于某种后见之明先行予以定位，而必须根据具体社会情境来认识其实践逻辑。这里的关键所在，是要警惕既有范式衍生出来的意识制约。正是这种意识制约，使得以往许多研究者在面对盛宣怀的各类活动时，不自觉地以保守与进步、传统与现代、国家与社会等观念为标准，对其研究价值和历史意义进行判断和权衡。这当然不等于说这些观念没有意义，而是说它们必须经历从抽象规定到具体再现的过程来加以检验。正是在这里，辩证唯物史观显示了其优势，因为"它不是在每个时代中寻找某种范畴，而是始终站在现实历史的基础上，不是从观念出发来解释实践，而是从物质实践出发来解释各种观念形态"①。根据这种从实践到观念的定向，要理解盛宣怀在洋务与赈务乃至其他类别活动之间的复杂切换，究竟具有怎

---

① 马克思、恩格斯：《德意志意识形态》（节选本），北京：人民出版社，2018，第37页。

样的社会功能和意义，当然需要从实践角度出发，根据其实践逻辑，才能予以准确的定义与定性。

　　行文至此，必须声明的是，以上对于以往研究的短板的分析，以及强调盛宣怀研究的重新定向，决不意味着本书的研究不重视既有的成果。毫无疑问，前人研究是本书写作过程中须臾不可脱离的重要基础。首先值得重视的是费维恺、夏东元和易惠莉等人的著作，以及其他相当一批以盛宣怀为主题的论文。这些成果对盛宣怀的许多洋务和政务活动都进行了深入揭示，从而为后来者继续探寻这些活动的社会演变脉络提供了极大的便利。其次需要注意的是关于洋务企业、早期资产阶级或新兴绅商阶层的许多专题性研究。盛宣怀在这类成果中虽然并非常常以主角身份出现，但其中往往不乏有助于理解盛宣怀活动轨迹的线索。最后不容忽视的是被整理出来的盛宣怀档案。随着上海图书馆和香港中文大学所藏盛档相继实现电子阅览，或许有人会轻视已经整理出版的那些盛档。其实不然。邵循正、陈旭麓、顾廷龙、汪熙、王尔敏等前辈学人在整理盛档方面的筚路蓝缕之功，迄今仍应为研究者无时或忘。尤其是对本书来说，尽管他们的整理工作并未以赈务为专题，然而其在不经意间披露的许多资料，对于辨识洋务与赈务之间的关系提供了十分重要的线索。不夸张地说，本书使用的不少这类资料，如果只能依靠对电子阅览库的检索，恐怕免不了要祈祷自己的好运了。

　　就盛宣怀的赈务活动而言，由于学界以往的进展非常有限，所以本书能够直接参考的成果委实不多。客观说来，鉴于盛宣怀在近代中国赈灾事业中的贡献和地位，确实值得对其一生的赈务活动进行全面梳理。不过，那得是另外一部专著去完成的工作。而对本书来说，既不需要等待这部专著的完成，也不需要过多论述赈务方面的内容。首先，依据本人现在掌握的盛宣怀灾赈档案，已可大体弄清其赈务活动的基本面貌。上图所藏盛档中的一万多件灾赈资料，是反映盛宣怀赈务活动最全面的原始资料。本人从 2001 年起有机会查阅这批档案，经过数年追踪，已大体掌握其详情。2015 年上图出版的《盛宣怀档案选编》中，影印慈善救济档案共 5 000 余件，就是这批资料中相对较为完整的部分。香港中文大学所藏盛档中的灾赈资料总量较少，但也有较好的补充作用。其次，关于盛宣怀赈务活动中的不少关键节点，也有较好的间接性研究基础。本人先前致力于研究晚清时期的义赈活动时，就发现在其中往往与盛宣怀有密切关联，所以当年对义赈活动的深入考察，也就成为理解盛宣怀赈务活动的良好基础。此外，以往关于"丁戊奇荒"等重大灾荒事件的研究，也往往出现盛宣怀的身影，从而有助于更为全面地把握盛宣怀在相关时期的社会情境。

对于上面的说明，有人或许会产生这样的担心：你这本书是不是主要就论述盛宣怀的洋务和赈务活动呢？又会不会呈现某种类似拼盘的样式呢？这种担心可以理解，却无必要。首先，本书虽将"洋务与赈务"作为主标题，其实覆盖了盛宣怀一生中许多方面的活动内容。前面对《行述》文本的分析表明，涉及盛氏政务活动的文字占据了其中最多的篇幅。更重要的是，盛氏一生中的许多重要政务活动，与其洋务、赈务活动都紧密交织，不仅根本不可能将这些活动彻底区隔开来，而且还必须将之作为理解洋务与赈务活动性质的重要线索。可以说，洋务与赈务活动是盛宣怀生平中的两大事功，政务活动则是盛宣怀一生命脉所系。至于主标题中突出洋务与赈务两个方面，主要是因为它们具有时空及人事上的良好连续性，堪为探寻盛宣怀生活世界的两条便利引线。

其次，本书的论述之所以不会形成拼盘样式，是因为其处理史事的方式不是结构功能式构架，而是知识图谱式构架。在以往的盛宣怀研究中，对史事的处理方式往往遵从社会科学化的结构功能式构架。简单地说，研究者们往往基于自觉不自觉的路径依赖，将不同的史事纳入不同的系统，再根据该系统在整体结构中的功能来判断某一史事的性质与价值。这样一来，不同系统的史事之间形成了互不相关的孤立信息点，盛宣怀的生活世界遂被深度割裂。随着人工智能潮流而兴起的知识图谱式构架，则致力于把不同种类的信息连接在一起而得到一个关系网络，提供了从关系角度去分析问题的能力，也就大大提高了从唯物辩证法出发去把握事物之间普遍联系的能力。正是基于这种思路，我们才能够发现结构功能式构架割裂事物之间普遍联系的弱点，以及其做出价值判断的偏颇之处。而采取知识图谱式构架，将盛宣怀生平的各种确凿史事，连接为关于盛宣怀的某种基本信息数据库，并在此基础上审视盛宣怀所置身的历史进程，勘察这一进程中不同史事之间形成的关系网络，有助于更为全面地认知盛宣怀的生活世界。

本书虽然以盛宣怀为研究对象，但并不关心是否应该对其重新做出历史评价的问题；本书虽然基本按照时间线索展现了盛宣怀四十余年的事业历程，但并不是要致力于完成一部新的盛宣怀传记；本书虽然详细论述了盛宣怀参与的多次赈务活动，但并不是要探讨其对近代中国救灾事业的贡献。

本书的主旨是要探讨盛宣怀及其时代之间的耦合性，或者说是盛宣怀之所以成为盛宣怀的历史逻辑。马克思曾在解释《路易·波拿巴的雾月十八日》的写作意图时说："我则是证明，法国阶级斗争怎样造成了一种局势和条件，使得一个平庸而可笑的人物有可能扮演了英雄的角色。"① 追随马克思的意图，这里或许也可以说，本书是想证明，近代中国的社会变迁怎样造成了一种局势和条件，使得盛宣怀这样一个出身于普通士绅的平凡人物，居然能够成为一度掌控国家新经济命脉、尔后又在革命大潮冲击下得以全身而退的角色。

---

① 马克思：《路易·波拿巴的雾月十八日》，北京：人民出版社，2015，第4页。

第一章

从赈务到洋务：
同治十年直隶大水与盛宣怀的道路转向

　　同治十一年（1872）轮船招商局的创办，向来被认为是洋务运动的一个重大发展节点，标志着洋务运动从以"求强"为主的阶段转入兼重"求富"的阶段。盛宣怀也正是从参与筹办轮船招商局开始，正式走上了洋务之路。这些都早已是不刊之论。可是，招商局为什么在这个时候创办，盛宣怀又何以能够参与筹办活动而走上洋务建设的道路呢？乍看起来，提出这个问题实属多此一举。因为按照风行说法，这是一条极其简洁明了的路径：创办招商局是李鸿章一手策划的行动，而盛宣怀自投入李鸿章幕府后，备受李鸿章信任，李亦着意将之栽培为自己洋务建设所需要的人才，所以这可谓是一个水到渠成的结果①。其实，长期以来很少有人注意到，这个说

---

① 这种说法最明确的阐述，见于两部以盛宣怀为中心的专著。其一为 Albert Feuerwerker, *China's Early Industrialization*, pp. 61-62；其二则为夏东元：《盛宣怀传》，第7-8页。在一些以洋务运动为主题的研究中，此种看法亦时有所见，如张国辉《洋务运动与中国近代企业》（中国社会科学出版社，1979，第349页），以及张后铨主编《招商局史（近代部分）》（人民交通出版社，1988，第28页）中的说法，都是较为典型的例子。而在各种各样的关于盛宣怀的通俗类读物中，皆属对此种说法的大肆发挥而已。

法的基础并不坚实。遗憾的是，以往由于资料的限制，特别是连各类已刊、未刊的盛宣怀资料中，反映盛宣怀介入筹办招商局活动的记载都十分稀少，从而使得对这种说法的质疑很难追查下去。直到篇幅多达 2 000 多万字的新版《李鸿章全集》面世，才终于出现了足以支持这种追查的重要线索。这些线索表明，盛宣怀通过介入轮船招商局的创办而走向洋务建设的道路，绝非成说所描绘的坦途，而是经历了十分曲折的过程。同时，这一历程也提醒我们，对于洋务事业从一项顶层设计落实为建设实践的具体过程，也存在着亟须进一步深入理解的复杂性。

第一节　盛宣怀初入李鸿章幕府的困顿

在盛宣怀如何走向洋务之路的问题上，何以说支撑风行说法的基础并不坚实呢？其第一点显著理由在于，这个说法的论述依据，其实主要来自一份二手资料，即盛恩颐等人编撰的《行述》。如果不拘泥于现代学术视野，这份约在盛宣怀去世三年后刊行的文献，可以说是对盛宣怀与洋务事业结缘的最早概括。在很长一段时间内，这是研究者们了解盛宣怀在参与筹办轮船招商局之前的活动情况的最宝贵资料。这里提出质疑的第二点理由，则除了这份《行述》作为二手资料的属性之外，还在于其所叙述的事实与叙事逻辑之间，也出现了难以自圆其说的疏漏。由于此前尚未有人深入揭示过这种事实与逻辑之间的关系，就很有必要对《行述》所述盛宣怀从入幕到筹办招商局的历程，进行一番详细考察。

按照《行述》的结构，这一历程被分为三个齐整的环节①。第一个环节描述了盛宣怀从同治九年（1870）夏初入幕直到随李鸿章前往直隶的情况：

> 【庚午】四月，李文忠公由鄂督师入陕，防剿回逆，帷幄需才，杨艺舫京卿宗濂函招府君入幕。文忠夙与大父（按：此指盛宣怀之父盛康）雅故，一见器赏，派委行营内文案，兼充营务处会办，属橐鞬，侍文忠左右。盛夏炎暑，日驰骑数十百里，磨盾草檄，顷刻千言，同官皆敛手推服。未几，天津教案事起，畿疆戒严，府君从文忠由陕历晋，驰赴直省，涉函关，登太行，尽揽山川厄塞形胜，日与文忠部曲名将郭壮武公松林、周壮武公盛传辈讨论兵谋，历练日深，声誉亦日起。旋奏调会办陕甘后路粮台、淮军后路营务处。府君初以议叙主事改候选直隶州，从军逾年，洊保知府道员，并赏花翎二品顶戴。

根据这里的表述，盛宣怀在这一阶段活动的主题是从军而建功。首先，他在湖北加入李鸿章淮军的基本背景，就是李鸿章受命"由鄂督师入陕，防剿回逆"。李鸿章也是在军营"帷幄需才"的情况下，才委派盛宣怀担任"行营内文案，兼充营务处会办"之职。其次，盛宣怀在淮军中饱受历练，先由湖北入陕西前线，又因"天津教案事起，畿疆戒严"，遂在李鸿章接任直隶总督后随之奔赴直隶。按照《行述》的说法，盛宣怀此时对军务十分着意，据称甚至达到了跟淮军名宿郭

---

① 《行述》，载盛宣怀：《愚斋存稿》，卷首，第9—10页。以下关于三个环节的引文，皆来自这份文献。

松林、周盛传等人"讨论兵谋"的程度。最后,盛宣怀从军的成效十分显著。也就是在入幕后一年左右的时间,他便从候选直隶州被保举为"知府道员,并赏花翎二品顶戴",这的确是相当迅速的职位晋升。

而在接下来的第二个环节中,盛宣怀本来一帆风顺的从军之旅戛然而止,《行述》的笔锋突然切换到了同治十年(1871)直隶大水期间,他转而受父亲盛康之命劝捐赈灾之事:

> 辛未,畿辅大水,大父倡捐棉衣振米,命府君诣淮南北劝募,集资购粮,由沪赴津散放。是为府君办理振务之始。

不含标点,这段文字只有短短43字。但细究其中隐含的转折,不免令人生发疑问:盛宣怀为什么要突然就此抛弃看起来发展很好的从军之路呢?为什么在此次办赈之后,他再也没有尝试过在从军之路上的发展了呢?

在办赈业绩之后,《行述》叙述的第三个环节的话题,又转入了对盛宣怀参与筹办招商局情况的介绍:

> 先是,丁卯、戊辰间,曾文正公及丁雨生中丞日昌在江苏督抚任时,采道员许道身、同知容闳条陈,有劝谕华商置造轮船、分运漕米、兼揽客货之议,日久因循,未有成局。府君以为大利不可不兴,每欲有所陈说。至壬申五月,见文忠及沈文肃公议覆闽厂造船未可停罢折内,皆以兼造商船为可行,遂献议二公,主张速举,大致谓各国通商以来,火轮夹板日益增多,驶行又极迅速,中国内江外海之利,几被洋人占尽。现在官造轮船内,

> 并无商船可领,各省在沪殷商,或置轮船,或挟赀本,向各口装载贸易,俱依附洋商名下,如旗昌、金利源等行,华股居其大半,本利暗折,官司不能过问。若正名定分,由官设局招徕,俾华商原附洋股,逐渐移于官局,实足以张国体而弭隐患。拟请先行试办招商,为官商接洽地步,俟商船造成,随时添入,推广通行。又海运米石日增,江浙沙宁船不敷装运,有商局轮船辅其不足,将来米数加多,亦可无缺船之虑。文忠深韪其言,乃命府君会同浙江海运委员朱云甫观察其昂等酌拟试办章程,上之江浙大吏,交相赞成,于是南北合筹,规模渐具。是为府君办理轮船招商之始。

在这段文字中,中心意旨是浓墨重彩地渲染盛宣怀在筹办过程的中心地位和作用。首先,这里强调盛宣怀是轮船招商一事最终落实的重要建议者。文中指出,同治六、七年(1867—1868)间,曾国藩等人虽然曾"有劝谕华商置造轮船、分运漕米、兼揽客货之议",但"日久因循,未有成局"。直到同治十一年(1872)五月间,盛宣怀向李鸿章、沈葆桢两人提出"先行试办招商,为官商接洽地步,俟商船造成,随时添入,推广通行"的建议后,李鸿章亦"深韪其言",才正式定议创设轮船招商局。其次,《行述》又暗示,盛宣怀在筹办活动中的重要性甚至超过了担任招商局首任总办的朱其昂。因为按照这里的说法,李鸿章接受了盛宣怀的建议后,即命盛宣怀会同朱其昂"酌拟试办章程",而这份章程"上之江浙大吏,交相赞成,于是南北合筹,规模渐具"。可这里留下一个明显的疑问是:盛宣怀为什么没有成为轮船招商局的首任总办呢?

从上述分析可以看出,《行述》作为儿子们描述父亲生平事功的文本,具有自身特定的基调。具体说来,对于盛宣怀从入幕到入局这一过程的叙述,简直可以说是盛宣怀凯歌行进的三部曲,即从军历练而晋升,继而办赈有功,其后又强势介入筹办招商局事务。在这种基调之下,盛宣怀的每一步都毫不例外地被描绘成人生赢家。对照一下关于盛宣怀走向洋务之路的风行说法,很快可以发现,后世研究者在以《行述》为基础资料的同时,也在很大程度上被《行述》的叙事基调所引导。其间最主要的差别在于,研究者们大都将盛宣怀走向洋务之路前的办赈环节,视为一个无关紧要的细节,甚至干脆略过。而后文则将说明,这其实是一个十分重大的疏漏。

回到《行述》的文本本身,其中所展示的那种乐观基调,与其列举的三阶段经历之间,是否在逻辑性方面也丝丝入扣呢?按照时间顺序,盛宣怀从入幕到入局的历程,可以划分为从军、办赈和入局这三个首尾相继的阶段。而一旦仔细观察一下盛宣怀在这三个阶段之间的辗转腾挪,不难发现其中明显存在着蹊跷之处。

首先,盛宣怀从从军到入局的转向实在过于突兀。既然《行述》声称盛宣怀在军营中得到非同寻常的历练,其从军晋升之路又被说得如此顺利,却为何在参与办赈事务之后,彻底脱离了依靠军务荣升之路呢?如果李鸿章安排盛宣怀进入天津机器局之类的军工企业,或许还可以理解,因为这勉强算是延续了军务荣升之路。招商局则不仅主要属于民用工业,更重要的是,这项事业在筹办期间备受争议,并不是一个前途明朗的热门领域。那么,李鸿章为什么不安排盛宣怀先在天津机器局经受洋务建设的历练呢？盛宣怀又究竟出于怎样的机缘，才会放弃一条看来较为平稳的从军发展之路，而突然转向一条全然未知的道路呢？

其次，盛宣怀发生道路转向的背景亦实在太过薄弱。按《行述》所言，盛宣怀入幕后最大的历练是军营文员，其次是办赈事务，则其何以能够突然出任洋务企业经理人的工作呢？这难道是李鸿章乱点鸳鸯谱的结果吗？经典研究曾明确指出，经营洋务建设事业的群体主要有三个来源，即官僚、买办和旧式商人①。盛宣怀虽然向来被视为其中官僚群体的代表，但以往从来无人能够说明，盛宣怀究竟有何资格成为这种代表。要知道，此时的盛宣怀并不像买办那样具备与西方接触的经验，也没有雄厚的商业资本背景，那么，李鸿章为何会垂青于他呢？以往研究早已指出李鸿章指派的第一个筹划招商局事务的人选是其幕僚林士志，而非盛宣怀，那么盛宣怀又如何能够超越林士志呢？仅仅从《行述》那些溢美之词的字里行间，实在无法发现盛宣怀反超林士志的任何线索。

尽管盛宣怀在身后留下了迄今规模最大的个人档案，但遗憾的是，能够反映盛宣怀在同治十一年（1872）之前活动情况的资料，却极度匮乏。直到新版《李鸿章全集》面世之后，追查这方面的情况才迎来了真正的转机。这部新版文集所收资料，远远超过了吴汝纶所编的旧版李鸿章文集，本人正是在披阅新版文集的过程中，才诱发了对李鸿章洋务事业发展状况的重新思考，以及有关盛宣怀早期活动的关键线索。根据对这些线索的追查，可以断定，《行述》关于盛宣怀入幕

---

① 严中平主编：《中国近代经济史，1840—1894》，下册，北京：人民出版社，2001，第1504页。

初期情形的叙述，与事实之间存在着很大的距离。简单说来，盛宣怀跟随李鸿章由鄂入陕、又由陕到直的这一历程，远非《行述》所渲染的那样一帆风顺。至于造成这种曲折历程的原因，则是因为此时李鸿章和盛宣怀的实际处境，都存在着为以往研究所忽略的隐情。

实际上，在李鸿章接任直隶总督之际，其与洋务建设事业之间业已脱钩了相当一段时间。的确，李鸿章是洋务运动的最早试水者之一。他早在19世纪60年代初便开始了洋务建设的尝试。同治元、二年（1862—1863）间，李鸿章相继创设了上海洋炮局和苏州洋炮局，也历来被视为其早期开展洋务建设的成绩。同治四年（1865）李鸿章出任署理两江总督后，又在这两个炮局的基础上组建了江南制造局和金陵机器局①。然而，李鸿章早期的洋务建设活动不久即告中断。他先是受命接替曾国藩担任剿捻的任务，复在攻灭捻军后回归湖广总督本任②。其间军务倥偬，使之几乎无暇与闻两局之事。由此算来，自从离开江苏后，李鸿章与洋务建设事业之间出现了长达四年多的空档期。另外值得注意的是，李鸿章早期的洋务建设活动也都集中在军工方面，并未涉足其他类型。

在通常印象中，李鸿章出任直隶总督后，很快便因创办轮船招商局而重新回到了洋务建设的第一线。以往关于盛宣怀得以入局的说明，大都以此为前提。李鸿章确实对轮船招商局的创办发挥了主导作用，但这并不等于说，李鸿章从一开始就是创办该局的当然人选。事实上，如果把时间定格在同治十年（1871）之前（至于为什么要强调回溯到这个时间

---

① 张国辉：《洋务运动与中国近代企业》，第23、27、35页。
② 谢世诚：《李鸿章评传》，南京：南京大学出版社，2006，第140、165页。

点之前，容后再加解释），可以说，李鸿章不仅不是招商局创始人的当然人选，甚至都很难作为最有竞争力的人选。其理由是，对于引进轮船和近代航运事务方面的认识和实践，另外两位老资格洋务巨擘曾国藩和左宗棠，一度都对李鸿章形成了十分明显的优势。可以肯定的是，《行述》关于轮运业发端情况的叙述中，将主导人物从曾国藩直接跳到李鸿章，其间跳跃的幅度实在是太大了。

曾国藩与轮船及近代航运事务之间的渊源，在同时期督抚级别的官员中堪称最为深厚。甚至可以说，如果同治十年前能够设立轮船招商局或者类似机构，那么曾国藩成为其创办人的可能性应该是最大的。

首先，曾国藩引进轮船的热心以及支持试造轮船的活动，在洋务大员中都是最早的。最晚到咸丰十年（1860）间，他就已充分领略了轮船的功效，从而向朝廷明确提出了仿造轮船的建议："将来师夷智以造炮制船，尤可期永远之利。"① 次年七月间，朝廷就购买外洋船炮事宜向他征询意见时，他对购买及仿造轮船的裨益还进行了一番详细的解释：

> 轮船之速，洋炮之远，在英法则夸其所独有，在中华则震于所罕见。若能陆续购买，据为己物，在中华则见惯而不惊，在英法亦渐失其所恃……购成之后，访募覃思之士、智巧之匠，始而演习，继而试造，不过一二年，火轮船必为中外官民通行之物。②

---

① 《覆陈洋人助剿及采米运津折》，载李瀚章编：《曾文正公全集》，《奏稿》卷12，收入沈云龙主编：《近代中国史料丛刊续编》（1—10），台北：文海出版社，1974，第2025页。

② 《覆陈购买外洋船炮折》，载李瀚章编：《曾文正公全集》，《奏稿》卷14，第2262—2263页。

在同治元年五月初七日（1862年6月3日）的日记中，曾国藩又留下了"欲求自强之道，总以修政事、求贤才为急务，以学作炸炮、学造轮舟等具为下手功夫"①的文字。同治四年（1865）底，曾国藩又在给李鸿章的一封信中称："枪炮固属目前急需之物，而轮船亦不可不赶紧试造，造成此物，则显以定中国之人心，即隐以折彼族之异谋。"②

曾国藩的这些话决非空言。他从设立安庆内军械所不久——此举向来被视为洋务运动的发端，就奏调以精通西学著称的徐寿、华蘅芳等人开展试造火轮船工作，并在同治二年（1863）底造出一只可以航行的小火轮船。曾国藩因此备受鼓舞，一度还有继续将小轮放大、改进的设想③。同治六年（1867），曾国藩回任两江总督后，又着力推动江南制造局开办造船业务，从江海关解部经费中为之奏拨专项经费，添设造船设施④。

其次，在中国内部开始尝试兴办近代航运的过程中，曾国藩也起到了十分关键的作用。本来，随着外国轮运业渗入中国，到19世纪60年代，华商寄名外国公司之下从事商业性轮运活动，已经相当普遍。为了改变这种情况，清政府试图对华商投资轮运事务进行管理，却一直议而不决⑤。同治六年（1867）初，总理衙门两次就"华商置买洋船"之事咨询曾国藩，后者明确表达了可以放松的意见："此事只可通行各关，

---

① 曾国藩：《曾国藩日记》，中册，北京：九州出版社，2014，第530页。
② 《复李宫保》，载李瀚章编：《曾文正公全集》，《书札》卷25，第15232页。
③ 樊百川：《清季的洋务新政》，第二卷，上海：上海书店出版社，2003，第1392-1393页。
④ 同上书，第1396页。
⑤ 张后铨主编：《招商局史（近代部分）》，第15-16页；樊百川：《中国轮船航运业的兴起》，北京：中国社会科学出版社，2007，第136-139页。

明白出示，以后凡有华商造买洋船，或租或雇，无论火轮夹板，装货出运江海各口，悉听自便云云，即此以见官不禁阻之意。"① 正是基于这种放松管制华商跻身轮运业的思路，曾国藩又推动总理衙门核定了《华商买用洋商火轮夹板等项船只章程》，并于是年九月初公开颁行②。

基于上述情况，曾国藩一度被社会上认为是最有希望推动新式轮运业建设的高级官员。同治六、七年（1867—1868）间，华商群体曾出现过一个申办轮船公司的小高潮，容闳、赵立诚、许道身、吴南皋相继牵头发起过4次兴办新式轮运的申请，而他们递交申请的对象都是曾国藩③。而此时的曾国藩出于"用轮船则沙船尽革，于官亦未为得计"④的持重心理，对于发展轮运的态度变得迟疑起来，最终没有支持过任何一次动议，使得这个小高潮迅速归于沉寂。

在曾国藩之外，另一位洋务领袖左宗棠也较早地对引进轮船及新式轮运表现出了浓厚兴趣。据文献所见，他最初提出要仿造轮船的想法，是在同治二年（1863）初致总理衙门的一份函件中所称："将来经费有出，当图仿制轮船，庶为海疆长久之计。"⑤ 大约同时，他在致宁绍台道史致谔的一封信中也称："如鄙意将须仿造火轮，乃可语洋防耳。"是年腊月

---

① 《中国近代史资料汇编·海防档》甲《购买船炮》（三），台北："中研院"近代史研究所，1957，第864-867页。
② 同上书，第876-881页。
③ 张后铨主编：《招商局史（近代部分）》，第20-22页。
④ 《复向大令》，载江世荣编注：《曾国藩未刊信稿》，北京：中华书局，1959，第285页。
⑤ 《上总理各国事务衙门》，载杨书霖编：《左文襄公全集》，《书牍》卷6，收入沈云龙主编：《近代中国史料丛刊续编》（641-649），台北：文海出版社，1979，第2861页。

间,他又致函史致谔称:"轮舟为海战利器,岛人每以此傲我,将来必须仿造,为防洋缉盗之用……毕竟沿海各郡长久之计,仍非仿制轮舟不可。"① 此后,左宗棠的这种态度愈发鲜明。同治三年(1864)十月底,他就浙江善后事宜上奏朝廷时明确宣称:"杭属及宁、绍、台、温滨海之区,海盗时有出没,水师直同虚设,船炮皆无。欲治洋盗以固海防,必造炮船以资军用。轮船、红单两式,均不可废;仿造、雇驾两议,非钱不行。"② 同治四年(1865)春,他因发现太平军得到外国轮船支援之举,又专门向总理衙门强调了仿制轮船的急迫性:"至中国自强之策,除修明政事、精练兵勇外,必应仿造轮船,以夺彼族之所恃,此项人断不可不罗致,此项钱断不可不打算,亦当及时竭力筹维。"③

在开展造船行动方面,左宗棠甚至比曾国藩表现出了更大的魄力。按照左宗棠自己的说法,在克复杭州后不久,他就"觅匠仿造小火轮",并委托税务司法国人日意格(Prosper Marie Giguel)等,准备进一步展开造船活动,后因转入福建作战而中辍④。同治五年(1866)二月间,总理衙门因相继收到总税务司赫德(Robert Hart)、英国公使阿礼国(Rutherford Alcock)及参赞威妥玛(Thomas Francis Wade)等人关于中国应实施"借法自强"的说帖和照会,遂饬令沿江沿海

---

① 《史氏家藏左宗棠手札》,载南京大学历史系太平天国史研究室编:《江浙豫皖太平天国史料选编》,南京:江苏人民出版社,1983,第237、245页。

② 《敬陈浙江应办善后事宜片》,载杨书霖编:《左文襄公全集》,《奏稿》卷11,第451页。

③ 《上总理各国事务衙门》,载杨书霖编:《左文襄公全集》,《书牍》卷7,第2901页。

④ 《拟购机器雇洋匠试造轮船先陈大概情形折》,载杨书霖编:《左文襄公全集》,《奏稿》卷18,第693页。

各督抚发表意见①。左宗棠趁机先向总理衙门提出"购买轮船又不如自造轮船之最为妥善"②的建议,稍后又向朝廷提出了大办轮船的计划,并得到了允准③。这就是福州船政局的缘起,此不多赘。而众所周知,该局起步时的规模,就远远大于曾国藩在江南制造局内开办的造船业务。

对于发展轮运事业,左宗棠也持较为积极的态度。前述清政府在讨论如何对华商投资轮运事务进行管理的过程中,左宗棠是率先表示可以允许华商购置轮船的高级官员之一。他曾拟订了一个管理章程递交给总理衙门讨论,明确提出华商向洋商购买轮船后,"即将原船主所领外国船牌吊销","另换中国船牌",并"于船上另换中国旗号"④。另外,正如樊百川注意到的那样,左宗棠在奏请朝廷同意创立福州船政局时,虽然其根本目标是制造兵船,但其阐发造船必要性的第一个理由,却是基于发展航运业而展开的⑤。然而,随着他在船政局正在建设之际便被调任陕甘总督,此后数年间忙于西北军务,再也无暇顾及轮运业问题了。

与曾国藩、左宗棠两人相比,同治十年(1871)以前,李鸿章与轮船及轮运业事务的关系可谓十分淡薄。首先,这一时期的李鸿章对于造船业务始终态度消极。前述曾国藩于同治四年(1865)底曾商劝李鸿章仿造轮船之事,而当时正

---

① 宝鋆等修:《筹办夷务始末(同治朝)》,卷40,收入沈云龙主编:《近代中国史料丛刊》(611),台北:文海出版社,1966,第3764—3767页。

② 《上总理各国事务衙门》,载杨书霖编:《左文襄公全集》,《书牍》卷8,第2950页。

③ 《拟购机器雇洋匠试造轮船先陈大概情形折》,载杨书霖编:《左文襄公全集》,《奏稿》卷18,第693、697页。

④ 《中国近代史资料汇编·海防档》甲《购买船炮》(三),第821—822页。

⑤ 樊百川:《清季的洋务新政》,第二卷,第1401—1402页。

在建设江南制造局的李鸿章却表示"未敢附和"①，以致该局直到曾国藩回任两江总督后，才开办造船业务。其次，在有关华商从事轮运问题的讨论中，李鸿章也明确表达了收紧的立场。同样在同治四年（1865）底，时江海关道应宝时曾拟订了一份章程，其中提出"如船中全系华人，俟新章程试行三年后，并无流弊，方准随意进泊各口贸易"，意在对华商经营轮运业略施通融②。当时担任上海通商大臣的李鸿章却批示称："应无论船中仍用洋人，或全系华人，即试行果无流弊……亦不准随意进泊内地河湖各口，只准在于通商江海口岸往来买卖。"③ 直到接任直督之初，李鸿章也没有表现出推进轮运业发展的积极姿态。在这种情况下，要说这时李鸿章能够为盛宣怀创造参与轮运业的机会，根本无从谈起。

更重要的是，入幕之后的盛宣怀，也根本不像《行述》所说，很快成为李鸿章须臾不可分离的人才。这方面的关键证据是，当李鸿章抵达直隶后，盛宣怀甚至还能不能继续留在李鸿章身边，都一度出现了极大的不确定性。就本人目力所及，盛宣怀的名字在新版《李鸿章全集》中第一次出现，是李鸿章于同治九年七月十四日（1870年8月10日）给朝廷的一份奏片之中。该片原文如下：

> 再，吏部定章，丁忧人员留营效力者，先应声叙奏明。臣春间奉旨督办军务，当经檄调丁忧在籍之道衔江苏候补知府许钤身、补用知府候补直隶州知州盛宣怀、

---

① 《复曾中堂》，载顾廷龙、戴逸主编：《李鸿章全集》，第30册《信函二》，合肥：安徽教育出版社，2008，第413页。
② 《中国近代史资料汇编·海防档》甲《购买船炮》（三），第839—840页。
③ 同上书，第835页。

湖北补用知县诸可权三员随营差委，相应遵章声明，恳恩饬部查照。①

这份奏片上奏时，李鸿章正在西安。该片的背景则是天津教案引发危局之际，朝廷任命李鸿章为直隶总督后，又密谕其率军从陕西起程，"驰赴近畿一带，相机驻扎"②。由该片可证，《行述》关于盛宣怀入幕时间的说法大致不差。其中之所以称盛宣怀属于"丁忧人员"，是因其母于同治七年（1868）冬去世③，故而未出守制之期。至于该片的中心意思，是李鸿章奏请朝廷允准许钤身、盛宣怀和诸可权三人继续跟随自己前往直隶。由于李鸿章当初带同三人从湖北去陕西时未遇阻碍，所以继续携其前往直隶，似乎也不会有什么问题。

然而，出乎李鸿章意料的是，带领这三人继续前赴直隶的请求，竟然遭到朝廷断然拒绝。根据吏部议复之后给出的意见："许钤身系准调之员，惟带往直隶差委，与例未符，盛宣怀、诸可权二员所请调营差委，核与定章不符，应饬回籍终制。"④朝廷遂允准吏部意见，下达了旨意，这无疑意味着盛宣怀等三人不仅无法待在直隶，而且必须离开李鸿章幕府了。

显然，李鸿章这时虽对盛宣怀有所关照，但是并未特别倚重。这表现在，为此三人的前程考虑，李鸿章很快设计了一条让盛宣怀等人转入他人帐下的转圜之策。至于这条转圜

---

① 《许钤身、盛宣怀、诸可权随营差委片》，载顾廷龙、戴逸主编：《李鸿章全集》，第4册《奏议四》，第71页。
② 《遵旨带军赴直折》，载顾廷龙、戴逸主编：《李鸿章全集》，第4册《奏议四》，第63页。
③ 《行述》，载盛宣怀：《愚斋存稿》，卷首，第9页。
④ 《再调许钤身、盛宣怀、诸可权三员赴铭军差委片》，载顾廷龙、戴逸主编：《李鸿章全集》，第4册《奏议四》，第106页。

之策的机缘,则是李鸿章于十月初推荐淮军宿将、前直隶提督刘铭传前往陕西督办军务的奏请,得到了朝廷的允准①。于是,在接到吏部关于许铃身、盛宣怀、诸可权三人应"回籍终制"的意见后,李鸿章遂于十月二十四日(11月16日)上奏,称刘铭传"仓猝启行,正在需人之际",而盛宣怀等三人"廉明耐苦,著有劳绩,实为军营得力之员,今夏随臣赴陕,于该省情形颇为熟悉",故请朝廷准其三人"前赴刘铭传军营差遣委用,俾资得力"。对此,朝廷很快给予了"著照所请"的批示②。这就意味着,尽管盛宣怀还是不得不离开李鸿章幕下,但终究可以延续其从军之路。而从李鸿章的角度来说,盛宣怀的前程由此有了一定的保障,也算是对自己的同年旧交盛康有了一个交代。

蹊跷的是,就目前所能掌握的材料范围而言,在朝廷允准李鸿章奏调盛宣怀转赴陕西之后,在总计将近十个月的时间里,始终再未发现有关盛宣怀行踪的直接记载。不过,综合若干间接信息来判断,李鸿章将盛宣怀转到刘铭传麾下而接续的这条从军之路,很可能没走多远。

支持这一判断的第一个理由,便是刘铭传此次受命督办陕西军务,以惨淡收场而告终。同治十年(1871)正月间,李鸿章便向丁日昌透露,此时率军驻扎乾州的刘铭传,已陷入了"进退狼狈,不知是何结局"③的地步。同年七月间,朝

---

① 《复奏刘铭传督办陕西军务折》,载顾廷龙、戴逸主编:《李鸿章全集》,第4册《奏议四》,第88—90页。
② 《再调许铃身、盛宣怀、诸可权三员赴铭军差委片》,载顾廷龙、戴逸主编:《李鸿章全集》,第4册《奏议四》,第106页。
③ 《复丁雨生中丞》,载顾廷龙、戴逸主编:《李鸿章全集》,第30册《信函二》,第175页。

廷因听闻俄国有"代为克复伊犁"并派兵"窥取乌鲁木齐"之说,遂命刘铭传率部出关,"为收复新疆各城之计"。对于这一任务,刘铭传出于"出关以后,饷项军需,隔绝数千里,运道不通,何由接济"的极度担心,根本不愿接受,故而以病情加剧为由,决意告退①。朝廷本想"赏假一个月……病痊即行",但刘铭传至九月初,仍以"痼疾难瘳"为由,请求朝廷续假三个月回籍调理②。朝廷对此亦无可奈何,只得同意刘铭传病退之请,安排曹克忠前往陕西替代刘铭传统领淮军各部,同时又命李鸿章负责善后③。不料在交接军务之际,刘铭传又遭到"措置乖方,不顾大局"的参奏,被朝廷下令"交部严加议处"④。总之,刘铭传此次督办军务可谓是劳师无功,如果盛宣怀确实始终在其军营之中,那么其前途的暗淡程度是可想而知的。

另一个成为判断盛宣怀从军境遇的鲜明参照,则是此前与盛宣怀始终休戚相关的两人,即许钤身和诸可权的遭遇。刘铭传回师后,李鸿章不得不为当初跟随刘铭传入陕的淮军人员做出一系列安排。李鸿章在同治十年(1871)年底给朝廷的一份奏片中,特地对许、诸二人的去路做出了如下安排:

> 丁忧道衔江苏候补知府许钤身、湖北补用知县诸可权,经臣上年奏调饬赴陕西刘铭传军营差遣。兹该员许

---

① 《复陈暂难出关恳假离营养病折》,载陈澹然编:《刘壮肃公奏议》,卷1,收入沈云龙主编:《近代中国史料丛刊》(196),台北:文海出版社,1968,第174-176页。
② 《详奏转运情形并恳续假三月回籍调理折》,载陈澹然编:《刘壮肃公奏议》,卷1,第177-179页。
③ 《曹克忠赴陕接统铭军折》,载顾廷龙、戴逸主编:《李鸿章全集》,第4册《奏议四》,第394-395页。
④ 《同治十年十二月二十一日上谕》,载顾廷龙、戴逸主编:《李鸿章全集》,第4册《奏议四》,第523页。

> 铃身自同治八年八月十二日闻讣之日起，扣至十年十一月十二日服满，诸可权自同治八年九月十一日闻讣之日起，扣至十年十二月十一日服满，迭据禀请遵例回籍起复前来。臣查刘铭传所部铭军现已分拨曹克忠接统，该员等在营均无经手未完事件，除批饬准销差离营回籍起复，仍回原省差委补用。①

从这份奏片中可以看出，许铃身和诸可权确实都前往陕西军营效力了，最后也皆因无功可保而不得不"销差离营"。而盛宣怀如果一直待在军营，恐怕也难逃这样的结局。这就意味着，盛宣怀此际的从军之路，几乎到了山穷水尽的地步。这样一来，接下来立即浮现的问题是，该奏片中为何独独少了盛宣怀的身影呢？如前所述，许、诸、盛这个"三人组"先前一直保持同步进退之势，那么盛宣怀此时为什么突然会单飞了呢？他又究竟飞到哪儿去了呢？

第二节　直隶大水与盛宣怀的转身契机

在上面那些疑问的观照下，《行述》中有关盛宣怀参与同治十年（1871）直隶水灾赈济活动的记载，忽然变得不同寻常起来。以往虽有研究者对盛宣怀的这次赈灾活动偶有提及，基本都是将之视为一项普通事功而一笔带过。可是，这次赈灾活动果然只是一个十分普通的孤立事件吗？这里不应忘记，

---

① 《许铃身、诸可权回籍起复片》，载顾廷龙、戴逸主编：《李鸿章全集》，第4册《奏议四》，第490页。

盛宣怀从事这场赈务之际，当初与之一起奉命入陕的许钤身和诸可权，都还一直待在刘铭传军营之中。这就显然出现了疑问：盛宣怀为什么忽然转而去办理直隶赈务了呢？如前所述，朝廷可是正式颁布上谕，令其不得继续待在直隶的。据此猜测，此次赈务很可能对于盛宣怀的命运转换十分关键。因此，《行述》在从军和入局之间插入的关于直隶赈务的这43个字，很可能蕴含着某些意味深长的隐情。

另外，很早以前曾有学者指出，同治十年（1871）直隶遭遇严重水灾后，"京津一带迫切需米，可是沙船因已凋敝，无力承担运输任务"，李鸿章遂建议利用福州船政局所造兵船暂行运输赈米。而"招商创办轮船业的议论在1868年沉寂之后"，也由此再度活跃起来①。应该说，对于理解此时发生的轮运业大辩论，这是一个十分重要的发现。但遗憾的是，该处论述戛然而止，既未探究这场水灾的情形究竟如何，更未顾及这场水灾与轮运业大辩论之间究竟有怎样的关联。如果转换一下视角，以这场大水作为中心线索的话，可以看出，盛宣怀的道路转换和这场轮运业大辩论的爆发，居然因这场水灾而被串联到了一起。那么，这两件事情之间会不会存在某种交互效应呢？而要解答这一问题，就需要先认真地观察一下这场大水的具体情况了。

对于这场水灾，学界迄今仅给予了有限的注意。有研究者曾在述及同治后期永定河连年水灾时，对此次灾情有所勾勒②。后来，李明珠（Lillian M. Li）则探讨了李鸿章在此次

---

① 严中平主编：《中国近代经济史，1840—1894》，下册，第1361页。
② 李文海、周源：《灾荒与饥馑，1840—1919》，北京：高等教育出版社，1991，第114页。

水灾期间施行的赈灾措施,特别是其"以抚为赈"的做法的意义①。但总的说来,这场水灾的基本面貌还相当模糊。因此,在探讨盛宣怀如何能够参与赈务以及发挥了怎样的作用之前,在探讨这场水灾与轮运业大辩论的关联之前,自然有必要对此次灾情和赈务做出必要的揭示。

就此次灾荒和赈灾的全局形势而言,其中心人物当然是上年接任直隶总督的李鸿章。李鸿章此前在江苏、湖北等地主政,皆为时短暂,也幸运地没有遇到过较大烈度的灾荒。同治九年(1870)永定河发生较为严重的水灾,恰好在他接任直督之前,所以大部分应对事务是由时任直督曾国藩来处置的②。而同治十年(1871)永定河再次发生严重决口,不仅为害程度大于上一年,也成为李鸿章就任封疆大吏以来,第一次独立面对严重灾荒的考验。

更糟糕的是,这次决口的严重性也远非上年可比。

此次决口之所以严重,首要原因是直隶地区遭遇了罕见的高强度降水。李鸿章在决口后第一时间向朝廷奏报称,因"自本年五月中旬以来,大雨倾盆,日夜间作,平地水深数尺,为直省十余年所仅见……南、北运河迭报抢险,而永定情形尤重",终于导致永定河于六月初六日(7月23日)丑刻,于南岸数处"漫越堤顶,大溜一拥而过"③。在稍后给曾

---

① Lillian M. Li, *Fighting Famine in North China: State, Market, and Environmental Decline, 1600s – 1990s* (Stanford: Stanford University Press, 2007), pp. 268-272. 该处论述在中文译本的出处为:李明珠:《华北的饥荒:国际、市场与环境退化(1690—1949)》,石涛、李军、马国英译,北京:人民出版社,2016,第363-369页。中文版没有翻译1949年以后的内容。

② 《永定河漫口亟宜修复折》,载顾廷龙、戴逸主编:《李鸿章全集》,第4册《奏议四》,第82页。

③ 《永定河南岸漫口自请议处折》,载顾廷龙、戴逸主编:《李鸿章全集》,第4册《奏议四》,第341页。

国藩的一封信中，李鸿章又称此次"直境雨水极大，为嘉庆六年以后所仅见"①。尽管李鸿章没条件进行精确的测量，他的这一判断却大致不差。这是因为，借助当代气象学手段的分析，同治十年（1871）夏间此次降水量达到 1 064.4mm，而此前最近一次高于该指数的节点，恰恰是嘉庆六年（1801）的 1 111.9mm②。

罕见的高强度降水，造成永定河连续出现决口，从而形成了大规模洪灾。继六月初南岸漫口之后，是月二十二、二十三日（8月8—9日），"天津城东之海河及南、北运河群流涌注，高过堤巅，同时冲溢数口，于是西南滨海数百里间一片汪洋，田庐禾稼多被淹没"③。八月初，卢沟桥石堤五号口门尚未竣工，又被"刷宽一百余丈"④。九月初，据各州县回报查灾情形，天津、沧州、青县、静海、文安、保定等 6 州县"被灾极重"，大城等 17 州县"被灾次重"，大兴等 65 州县"被灾较轻"。李鸿章根据这一查勘结果，在给朝廷的奏报中称："本年水灾自嘉庆六年后数十年所未有，实较道光三年、同治六年为甚。"⑤

同样在这份奏折中，李鸿章还根据档案记载，概括了朝廷对道光三年（1823）和同治六年（1867）的赈灾力度：

---

① 《复曾中堂》，载顾廷龙、戴逸主编：《李鸿章全集》，第 30 册《信函二》，第 276 页。
② Lillian M. Li, *Fighting Famine in North China*, p. 29.
③ 《天津等处被水筹款抚恤并请截留漕米赈济折》，载顾廷龙、戴逸主编：《李鸿章全集》，第 4 册《奏议四》，第 361-362 页。
④ 《永定河漫口河工筹款不敷请旨饬拨折》，载顾廷龙、戴逸主编：《李鸿章全集》，第 4 册《奏议四》，第 375 页。
⑤ 《查明本年直属被水情形筹款赈抚折》，载顾廷龙、戴逸主编：《李鸿章全集》，第 4 册《奏议四》，第 380-381 页。

> 溯查直属从前每遇荒灾，迭蒙恩旨给赈两个月、三个月不等，道光三年二麦被雹被旱、秋禾被水成灾，奏奉赏拨江广帮漕米五十五万石、奉省仓米十五万石，又拨粤海、九江、临清、天津各关税、山东、河南捐监等银一百万两，又拨部库银八十万两；同治六年秋禾被旱成灾，奉拨海运漕粮、山东粟米二十万石，又部款银二十万两，均作赈济之用。

李鸿章在这里有可能故意忽略的是，在嘉庆六年（1801）水灾期间，朝廷对赈灾的整体投入力度更大。当时除为赈济灾民花费 200 多万两外，还为修筑河工投入约百万两[①]。而同治十年（1871）这次水灾为害程度既然堪比七十年前，那么此时朝廷和官府所能投入的赈灾力度是否也能够匹敌呢？

同治十年（1871）这次救灾投入的首要部分，当然是抢修河工经费。据时任永定河道的李朝仪估算，此次抢修工程"共需银三十七万两零"，已属"省益求省"。然而，李鸿章仍认为这个数字"需费过巨"，故而决定"暂酌减为二十六万两"。其来源则分为两部分解决，其一是由直隶省自身设法筹措 16 万两，其二则"请旨饬拨有著之款" 10 万两[②]。朝廷亦应允先"由部库借拨银十万两"，将来由"山东、河南地丁银各五万两"筹还[③]。最终，对于这次堪比嘉庆六年（1801）的抗洪堵筑工程，官府的全部投入仅为 26 万两。因此，当李鸿

---

① 庆桂等辑：《钦定辛酉工赈纪事》，卷 31、37，载李文海、夏明方、朱浒主编：《中国荒政书集成》，第 4 册，天津：天津古籍出版社，2010，第 2428、2484 页。

② 《永定河漫口河工筹款不敷请旨饬拨折》，载顾廷龙、戴逸主编：《李鸿章全集》，第 4 册《奏议四》，第 375 页。

③ 中国第一历史档案馆编：《咸丰同治两朝上谕档》，第 21 册，桂林：广西师范大学出版社，1998，第 241-242 页。

章在奏折中特地提到，嘉庆六年（1801）永定河决口之际，嘉庆帝单为举办堵筑决口一举便"特颁帑银一百万两"①的时候，心中一定免不了感慨万千。

另一项令李鸿章更为头疼的投入，则是救济灾民的巨大用费。李鸿章根据清代荒政的一般标准，估算"此次通省赈务……计非米五七十万石、银百余万两，不能普遍经久"。他自己亦深知，在"目前财力奇穷"的情况下，这肯定是无法实现的，故而提出"以抚为赈"的变通办法，即官府不再开办大赈，而是"尽所筹银米之数，酌量各属被灾户口极次贫民，或统作一次散放，或分作冬、春两次散放"②。尽管此种变通办法大大降低了赈务所需，但官府能够提供的物资仍然不能满足要求。到十月下旬，直隶统共筹措和接收到的救灾物资，只不过为米 14 万石、银 27 万两③，而这远不敷赈灾之需。例如，仅仅是被灾最重的天津等 6 州县，"约计放赈一月，即需米十四万石、银八万余两"④。

在官府救荒力量严重不足的情况下，李鸿章很快把目光投向了饬劝民间捐赈的途径。不过，在直隶境内采取"就地劝捐"显然是没有多少指望的，正如李鸿章所说，"直境著名瘠苦，商富无多，集资有限"⑤。天津筹赈局曾在水灾期间开

---

① 《永定河漫口河工筹款不敷请旨饬拨折》，载顾廷龙、戴逸主编：《李鸿章全集》，第 4 册《奏议四》，第 375 页。
② 《复兼官顺天府尹礼部大堂万、顺天府尹堂梁》，载顾廷龙、戴逸主编：《李鸿章全集》，第 30 册《信函二》，第 325 页。
③ 《查明秋禾被灾极重州县专案恳恩赈济折》，载顾廷龙、戴逸主编：《李鸿章全集》，第 4 册《奏议四》，第 439 页。
④ 《查明本年直属被水情形筹款赈抚折》，载顾廷龙、戴逸主编：《李鸿章全集》，第 4 册《奏议四》，第 380 页。
⑤ 《劝办直属灾赈援案请奖折》，载顾廷龙、戴逸主编：《李鸿章全集》，第 4 册《奏议四》，第 401 页。

展就地劝捐，最终仅有 1 万余两的收获①，无疑也表明了这一点。所以，李鸿章颇具创意地提出了远距离跨境劝捐的举措，即把劝捐的主要对象放在以江浙地区为中心的绅士、富商身上②。而这次劝捐的结果，也确实没有让李鸿章失望。据他在《查明南省官绅劝捐办赈出力酌拟奖叙折》中所提供的最终统计，此次劝捐办赈所得棉衣、银米等项，统共折合银达到 81 万余两之多，而其中很大一部分便来自江浙地区③。

不过，捐赈活动的成效要转化为救灾成效，还有相当的距离。这是因为，这次劝捐得来的绝大部分成果必须转化为实物形态。其一是必须制成棉衣。李鸿章鉴于直隶灾区"短褐不完，御寒无具"，因此"商劝江浙绅商捐办棉衣，解津散放，以辅赈务之不逮"④。南省绅商对此表现出了极大热情，捐助总数达到 28 万余件⑤。其二则需要购运赈米。李鸿章因直隶"赈米有限，势难普遍"，故而在"派员分赴产米丰收之区设法购办"外，还嘱托南省绅商捐办米石杂粮，"辅官力所不逮"⑥。此外，还需要运送从其他地区调剂而来的赈粮。因此，从南方及其他地区运送大量棉衣和赈粮到天津，是这次赈灾必须面对的一项繁重任务。

---

① 佚名辑：《晚清洋务运动事类汇钞》，上册，北京：中华全国图书馆文献缩微复制中心，1999，第 307 页。
② 《劝办直属灾赈援案请奖折》，载顾廷龙、戴逸主编：《李鸿章全集》，第 4 册《奏议四》，第 401–402 页。
③ 《查明南省官绅劝捐办赈出力酌拟奖叙折》，载顾廷龙、戴逸主编：《李鸿章全集》，第 5 册《奏议五》，第 180–182 页。
④ 《外省捐赈请奖片》，载顾廷龙、戴逸主编：《李鸿章全集》，第 4 册《奏议四》，第 423 页。
⑤ 《查明南省官绅劝捐办赈出力酌拟奖叙折》，载顾廷龙、戴逸主编：《李鸿章全集》，第 5 册《奏议五》，第 180 页。
⑥ 《请严禁遏籴折》《劝办直属灾赈援案请奖折》，载顾廷龙、戴逸主编：《李鸿章全集》，第 4 册《奏议四》，第 372、402 页。

正是在这次大规模劝捐助赈活动广泛开展之际，很长一段时间里都难觅踪影的盛宣怀，突然间浮出了水面。至于其得以抛头露面的首要契机，则与李鸿章大力劝捐棉衣的活动有关。李鸿章备函商劝之举，大约是九月初付诸行动的①，南省官绅亦表现出了极大热情，仅一个多月便确认捐助13万多件②。按照李鸿章给朝廷的统计结果，此次最终捐助棉衣总数为281 498件，按照"每件合银一两"的标准计算，此次棉衣捐助总价达到281 498两③。这个数量几乎占到此次捐赈总额的35％，可见捐办棉衣活动乃是此次捐赈活动的重要内容。

盛宣怀恰是在此次大规模捐办棉衣的活动中，突然活跃了起来，并以出色表现赢得了李鸿章的青睐。如前所述，自同治九年（1870）十月以后的很长一段时间里，盛宣怀似乎处于隐身状态，目前尚无任何资料能查找其踪迹。而在李鸿章于同治十年九月二十九日（1871年11月11日）发出的两封信函中，盛宣怀忽然现身了。这两封信中的第一封，是发给当时负责为淮军办理扬州粮台分局的徐文达的，信中便提到了盛宣怀：

> 江淮劝办棉衣一节，经执事会同子箴都转设法募捐，魏温云世兄创捐巨资，赴沪购办……照章奏奖。盛村（按：原文如此，似应为"盛杏荪"，此处疑有脱漏）议将各棉衣提留济用，仍由沪上添购，赶早运津，筹画周

---

① 《复金眉生都转》，载顾廷龙、戴逸主编：《李鸿章全集》，第30册《信函二》，第317页。
② 《外省捐赈请奖片》，载顾廷龙、戴逸主编：《李鸿章全集》，第4册《奏议四》，第423页。
③ 《查明南省官绅劝捐办赈出力酌拟奖叙折》，载顾廷龙、戴逸主编：《李鸿章全集》，第5册《奏议五》，第180页。

妥，实为能事。顷据该守自沪禀报，已购二花二万二千斤，并旧棉衣八千件，搭船北运，尤见勇于为善，可敬可感，亦俟解到，核明市价汇奖。①

第二封信的接收人，则正是第一封信里提到的魏纶先（按：字温云）。该信中涉及盛宣怀的文字称：

> 本年畿疆洪流泛溢……不得已而乞邻之举，于淮楚、江浙绅商劝办棉衣米石，接济瘠区，惠此遗黎。贤昆仲倡捐巨款，赴沪购办，可谓善承堂构，慷慨乐施，积而能散，流民受福不浅。顷据盛杏荪函报，已在沪购定洋布、二花若干，搭解来津，办法甚为简捷。②

比较两信可知，李鸿章与该两人信中所谈，实为同一件事。而第一封信中说到的"盛村"及"该守"，应该就是第二封信里指明的"盛杏荪"（按：盛宣怀字杏荪，第一封信里的"盛村"字样，很可能是原稿字迹的含糊所致）。也就是说，盛宣怀此时正在上海忙于办理棉衣助赈事宜。

按照两信显示的时间推算，盛宣怀在上海从事棉衣助赈活动显然已有一段时间了。这就意味着，在李鸿章发起商劝棉衣不久，盛宣怀很可能就积极投入了这一活动。上一节里曾经言及，刘铭传于同治十年（1871）九月初向朝廷奏请告退之际，淮军劳师无功的结局亦显露无遗。对此，盛宣怀显然不可能毫无察觉，否则就很难解释，何以在许铃身、诸可权仍一直待在刘铭传军营时，盛宣怀却突然现身于千里之外

---

① 《复扬州粮台分局徐》，载顾廷龙、戴逸主编：《李鸿章全集》，第30册《信函二》，第333页。
② 《复三品衔候选道魏纶先》，载顾廷龙、戴逸主编：《李鸿章全集》，第30册《信函二》，第334页。

的上海。就此而言，在刘铭传奏请告退与盛宣怀积极投入直隶赈务这两件事情之间，很难说仅仅是出于时间上的巧合。

更重要的是，此时的盛宣怀大概也决心与从军之路决裂了。如前所述，盛宣怀的宦途起步于入幕从军，李鸿章大概也是为了盛宣怀的前途着想，才有向朝廷奏准，安排其随同刘铭传军营效力的转圜之举。但在全军尚未班师的情况下，身为随军文员的盛宣怀，却在千里之外从事着与军务毫不相干的事务，实属令人不可思议。一个最有可能的解释是，盛宣怀或许已经另有打算。原来，在倡办捐赈之初，李鸿章便以"若不从优给奖，不足以广招徕"为辞，奏请查照同治元年（1862）天津捐米章程之例，实施优惠力度更大的捐纳活动，并得到了朝廷的允准①。换句话说，通过捐助此次赈务，同样能够得到获取功名的机会。因此，在随同刘铭传军营求取功名无望的情况下，将投身赈务作为一条进身途径，也可以说是一个颇为合理的选择。

应该说，盛宣怀自己确实也很在意这条途径。这种判断的主要依据，乃是鉴于他在此次赈务中的卖力表现。至于其卖力程度，从以下两个方面可见一斑：

第一是对捐助棉衣活动的多方投入。本来，盛宣怀之父盛康早就积极响应李鸿章的号召，一出手便捐助棉衣2万件②，是捐助数目最多的人士之一③。但盛宣怀显然并不满足

---

① 《劝办直属灾赈援案请奖折》，载顾廷龙、戴逸主编：《李鸿章全集》，第4册《奏议四》，第401–402页。

② 《复翰林院吴大澂》，载顾廷龙、戴逸主编：《李鸿章全集》，第30册《信函二》，第343页。

③ 《外省捐赈请奖片》，载顾廷龙、戴逸主编：《李鸿章全集》，第4册《奏议四》，第423–424页。李鸿章此处的统计表明，捐助棉衣数量达2万件的仅有盛康和魏纶先两人。

于此，而是介入了更为繁难的事务。按照李鸿章的规划，此次"募化江浙绅商、丝盐大贾捐助棉衣"，先期汇集在时任上海淞沪厘局总办的刘瑞芬处，再设法运送天津①。由此可知，盛宣怀出现在上海的一大原因，正是为了协助刘瑞芬办理棉衣事宜。而从前述李鸿章于九月二十九日（11月11日）发出的两封信来看，正是鉴于盛宣怀在工作中的良好表现，李鸿章才连连称赞他"办法甚为简捷""筹画周妥，实为能事"。

第二则是对购运赈米之事出力甚大。如前所述，李鸿章鉴于直隶境内赈米有限的状况，故而一方面派人赴省外购办，另一方面则希望以胡光墉为首的南省绅商捐办米石杂粮。对于此项任务，盛宣怀也十分积极地参与了。九月间，他在扬州粮台和上海淞沪厘局承担购办苏州、常州等地米石的任务时，便和另一委员即"分投认赈三万石"之多②。李鸿章于十月初致信盛宣怀，对其购米及制衣、运输等工作，皆表示了高度认可之意：

> 此次采购赈米，执事慨然分任，亲赴扬州、上海，妥筹商办，力为其难。顷复在沪购定洋布、二花，并旧棉衣八千件，搭船北送，办法极为简捷，足见勇于为善，志在救民，可敬可感。敝处已奏定捐奖章程，尊处所捐棉衣，容饬局核奖。若何办法，望径商丁乐山观察酌办。③

---

① 《复淞沪厘局总局刘》，载顾廷龙、戴逸主编：《李鸿章全集》，第30册《信函二》，第318页。
② 《复扬州粮台分局徐》，载顾廷龙、戴逸主编：《李鸿章全集》，第30册《信函二》，第333页。
③ 《复候选府正堂盛》，载顾廷龙、戴逸主编：《李鸿章全集》，第30册《信函二》，第339页。

正是基于在此次赈务中的表现，盛宣怀在历经一年又十个月之后，终于再次出现在李鸿章给朝廷的奏折之中，并且迎来了自成为"知府道员"后的第一次晋升机会。同治十一年（1872）八月，李鸿章在《查明南省官绅劝捐办赈出力酌拟奖叙》一折所附清单中，开列了如下内容：

> 三品衔候选道盛宣怀，上年驰往苏、沪、扬、镇等处，实力劝导，集捐甚巨，复在上海会同刘瑞芬等雇搭轮船，妥速运解，又捐春赈米二千石，洵属尚义急公，拟请赏加二品顶戴。①

综合上述情况来判断，盛宣怀如此卖力地投身赈务，更大的可能是从军之路难以为继的脱身之计。据此而言，其当初的从军经历，恐怕很难单独成为他参与筹办轮船招商局的资格保障。

另外，根据这份奏折可知，盛宣怀得到"赏加二品顶戴"的因缘，根本不是如《行述》所说"从军逾年"的结果，而是参与此次办赈才发生的事情。认清《行述》中存在的这一时序错误，顺便可以纠正另一个有关盛宣怀洋务事业起步背景的可能有误的说法。这个可能有误的说法，是在夏东元先生所著《盛宣怀传》一书中出现的。该书称，盛宣怀投入李鸿章幕府之后，

> 不多天即被任命为会办陕甘后路粮台和淮军后路营务处工作。这种工作，使他因职务之便往来于津、沪等地，采办军需等物品。不仅卓有成绩，且因此而在津、

---

① 《查明南省官绅劝捐办赈出力酌拟奖叙折》，载顾廷龙、戴逸主编：《李鸿章全集》，第5册《奏议五》，第181页。

沪接触到很多新鲜事物，如新技术、新思想等。盛宣怀的职衔也很快提升，从军逾年，即被推荐升知府、道员衔，并获得赏花翎二品顶戴的荣誉。晋升可谓速矣！①

这段文字的基本意涵，是力图说明盛宣怀在参与筹办招商局之前，便拥有了洋务经验的背景，而往来天津、上海之间，又是盛宣怀"接触到很多新鲜事物"的最重要途径。可是，结合《行述》和前面的论述，可以断定，盛宣怀往来津、沪等地的经历，更大的可能是此次赈务期间实现的，而决不可能发生在"赏花翎二品顶戴"之前。并且，从事军营粮台和营务处工作，也不大可能给盛宣怀提供洋务方面的知识。下文将说明，较有根据的事实是，此次办赈经历才对盛宣怀初步积累洋务经验发挥了重要作用。更为关键的是，也正是这次赈务活动，才使盛宣怀得到了参与筹议轮船招商局并开启洋务之路的机缘。

第三节　盛宣怀参与筹议招商局的机缘

无可否认，盛宣怀在同治十年（1871）所参与的这次救灾行动，并非一场新兴事业。可出人意料的是，恰恰是依靠参与此次赈务的机缘，盛宣怀才得以跻身筹办招商局的行列，从而开始走上洋务之路。然而，盛宣怀的这种机缘之所以能够出现，并不是单单凭靠其个人的努力。这里不能忽视的重要背景，便是此次灾害事件与筹议开创招商局事务之间所发

---

① 夏东元：《盛宣怀传》，第 7-8 页。

生的密切关系。如果没有这一背景,盛宣怀的入局机缘恐怕根本无从谈起。

那么,此次灾荒与招商局筹议事务有何密切关系呢?简单说来,就是此次直隶水灾对轮船招商政策的确立起到了推动作用。对于轮船招商事宜的缘起,以往学界的通行叙述,大都是提及容闳等人在同治六、七年(1867—1868)间发起的4次动议后,便转而关注内阁学士宋晋所引发的关于中国近代航运业前途的大讨论去了。其实,就在宋晋关于停止福州船政局和江南制造局造船业务的那份奏议中,就表现出了浓厚的灾荒底色。这种说法的理由是,在这份于同治十年十二月十四日(1872年1月23日)递上的奏片中,宋晋认为该两局制造轮船经费为靡费之举的一大根据,便是"以有用之帑金为可缓可无之经费,以视直隶大灾赈需及京城部中用款,其缓急实有天渊之别"①。如前所述,这一时期直隶赈务所需费用的确浩繁,而官府财力又严重不足。因此,无论宋晋的上奏究竟出于何样的动机,此次直隶大水无疑是诱发其奏请停止造船业务的直接因素之一。

此外,正如以往研究揭示的那样,随着宋晋上述奏议的出台,在朝廷与曾国藩、李鸿章等地方督抚之间,关于轮船招商事宜的讨论也大大深化,而在此过程中,赞成态度最坚定、作用也最大的人物,非李鸿章莫属②。但以往很少有人注意的是,在如何发展轮运业的问题上,他们三人此时表达的

---

① 佚名辑:《晚清洋务运动事类汇钞》,上册,第185页。
② 徐元基:《轮船招商局创设过程考》,载易惠莉、胡政主编:《招商局与近代中国研究》,北京:中国社会科学出版社,2005,第577—590页。据书中说明,该文原发表于1985年。

看法存在着明显的认识差异，由此映射了其后不同的行为轨迹。可以说，李鸿章能够最终成为轮船招商局的创办者，决非因为曾国藩的突然去世和左宗棠踏上西征之途。

如果依照建设性意义的高低给他们三人排序的话，那么左宗棠的认识水平当属叨陪末座。显著反映其认识水平的文献，是他于同治十一年（1872）三月末的上奏。左宗棠此奏的主旨，是解释所谓"糜费太重"以及"局内浮费如何减省"问题。他认为，这类问题只是暂时性的。其理由是："凡轮船各具，均须修造齐全，名目既多，款项甚巨也。迨接续造作，则各项工程无须再造，经费专用之船工，而经费亦日见其少。"① 而对于如何养船的问题，这份奏折里全无涉及。遍查这一时期左宗棠留下的文献，只发现他在同治十年（1871）底给胡雪岩的一封信中，曾谈及养船办法。他基于"若以官造轮船运销官盐"则"成本顿减，销价自低，于民尤便"的考虑，提出"各省关应协陕甘军饷积欠多至一千三百余万，若以闽造轮船运淮盐，销淮岸，将来所得赢余，亦可抵偿欠款"②。客观而言，且不论淮盐销售向来属于老大难问题，即以船政局而论，该局所造皆为兵船，能否在内河航行，货运功能又如何，都是没有经过检验的问题。这就不难理解，左宗棠设想的这个办法，此后连他自己都再未提起。

相比之下，曾国藩的认识水平明显比左宗棠高出不少。曾国藩的看法，主要体现在同治十一年（1872）正月底给总理衙门的回函之中。与左宗棠着意解释船局经费并未糜费的

---

① 《覆陈福建轮船局不可停止折》，载杨书霖编：《左文襄公全集》，《奏稿》卷41，第1605页。

② 《答胡雪岩》，载杨书霖编：《左文襄公全集》，《书牍》卷11，第3064页。

态度不同，曾国藩明确承认造船、养船经费造成了难题："旧有之船，经费业经筹定，新造之船，用款时有增添。国家入数有常，岂能以豢养轮舟，耗此巨款？自应变通办理，以期持久。"同时，对于利用现有轮船开展租赁的设想，他也非常清楚其中困难："然中国商贾，每不乐与官相交涉。且新厂所造之船，载货不如洋轮之多，行驶不如洋轮之速，欲华商前来租赁，深恐难于寻觅。"接下来，曾国藩还对发展商运给出了建设性意见。其一是提出兵船和商船的建造要齐头并举："鄙意兵船除现造二号外，拟再造一二号，专操水战。商船除已成四号外，拟再造四五号，平日则租与商人装货，有事则装载陆兵，救援他省。"其二是建议选拔熟悉商情的官员与商人合作："果有熟悉商情、公廉明干之员，不必处以官位，绳以官法，但令与华商交接，有言必信，有利必让，使商人晓然知官场之不骗我也，或者愿租官船。"①

不过，有学者称曾国藩"准备趁此机会，重新倡导和亲自主持创办中国新式轮运业"②，则恐怕是一个误判。首先，连曾国藩自己都承认，已有商船并不具备市场竞争力，而新造商船的计划更不知何时启动。其次，他对于能否找到实现官商合作的人选也毫无信心："此等为商贾所深信之员，急当物色之，目前恐难骤得耳"③。所以，即便不是因为曾国藩此后不久突然去世，他也很难具有创办轮运业的决心。

更糟糕的是，曾国藩去世之后，南洋官场高层对于创办新式轮运业更无进取之心。原来，曾国藩尽管对轮船招商信

---

① 《中国近代史资料汇编·海防档》乙《福州船厂》（二），第325—326页。
② 张后铨主编：《招商局史（近代部分）》，第25页。
③ 《中国近代史资料汇编·海防档》乙《福州船厂》（二），第326页。

心不足，但为了给总理衙门一个交代，还是委派综理江南轮船操练事宜的吴大廷和江南制造局总办冯焌光两人，遵照总理衙门"函示事理，详细酌议，妥筹章程"①。四月间，该二人在分别向署理两江总督何璟禀报时，却都明显流露了畏难情绪。吴大廷称"有窒碍难行者五端"，即招商难、设埠难、保险难、揽载难、用人难，并且自己现在管理的四艘船只"本非商船，舱位受载不多，未必有人承受"②。冯焌光虽然认为招商轮运之举有着"中土商运日兴，西人利权日替"的前景，但又称江南制造局目前拥有的船只中，三只本系兵船，"万难强做货船，发商承租"，仅"威靖"号"原照旗昌洋行满洲轮船式样造为货船"，却在几年前就已被"改作兵船"③。根据吴大廷、冯焌光两人的禀报，何璟于六月间向总理衙门汇报意见时，也是一派消极口吻。他认为，如将现有船只"修改招租，凡物一经修改，必不如原造之坚固浑成，冀此未能必获之租利，而令新成之船先受其损，似属非计"，同时吴大廷所言"要言不烦，颇中肯綮"，故"招商之说，似可从缓"④。还在曾国藩刚刚去世的二月下旬，李鸿章就在给王凯泰的信中预言，轮船招商之事本"应由上海办起"，但"南洋无熟悉情形、肯任大事之人，则筑室道谋，顾虑必多"⑤。事实证明，此言果然不虚。

其实，就行动层面而言，李鸿章推进轮船招商的活动更

---

① 《中国近代史资料汇编·海防档》乙《福州船厂》（二），第 326 页。
② 《中国近代史资料汇编·海防档》甲《购买船炮》（三），第 903–905 页。
③ 《中国近代史资料汇编·海防档》丙《机器局》（一），第 106 页。
④ 《中国近代史资料汇编·海防档》丙《机器局》（一），第 95 页；《中国近代史资料汇编·海防档》甲《购买船炮》（三），第 908–909 页。
⑤ 《复王补帆中丞》，载顾廷龙、戴逸主编：《李鸿章全集》，第 30 册《信函二》，第 428 页。

早也更为积极。大约在同治十、十一年（1871—1872）之交，李鸿章便委派其幕僚、津关委员林士志"与广帮众商雇搭洋船者"筹议租赁轮船事宜，并形成了一份章程。十一年（1872）正月间，李鸿章还将这份章程抄呈曾国藩参阅，并称"租赁轮船一节，自是经久推广至计"。与此同时，李鸿章为了促成上海道沈秉成能够"就巨商反复筹计，或有定局"，还吩咐津海关道陈钦"随时函商"沈秉成①。可以说，这时的李鸿章已经向轮运业创始人的角色迈进了一大步。

在曾国藩去世之后，且南洋方面整体表现乏力的背景下，李鸿章的作用日益彰显。这方面的第一个反映，是他全面批驳了前述吴大廷关于轮船租赁事务"五难"的说法。在四月底给吴大廷的批文中，他指出，所谓设埠、揽载、保险、用人之难，其实都"似尚无足深虑"，虽然"招商一节为最难"，但是只要能够"物色为股商所深信之官，使之领袖，假以事权"，则"商民可无顾虑是也"。而他也把这些意见咨送总理衙门参阅②。另外一个反映，则是他于五月十五日（6月20日）向朝廷上奏了《筹议制造轮船未可裁撤折》，清晰地阐述了发展轮船及轮运业的必要性。在这份著名奏折中，他从"三千余年一大变局"和"数千年来一大变局"的高度出发，指出闽、沪两处船局"已成不可弃置之势"。与此同时，尽管"闽、沪现造之船装载无多，商船皆不合用"，但是在"各口岸轮船生意已被洋商占尽"的情况下，也必须"华商自立公司，自建行栈，自筹保险"，且"有熟悉商情、公廉明干、为

---

① 《复曾中堂》，载顾廷龙、戴逸主编：《李鸿章全集》，第30册《信函二》，第413页。
② 《中国近代史资料汇编·海防档》甲《购买船炮》（三），第906页。

众商所深信之员,为之领袖担当"①。对照此前左宗棠和曾国藩的论述,可以看出,李鸿章这时的认识水平明显高出一筹。

基于上述表现,李鸿章终于赢得了决策层的充分信任。在五月十七日(6月22日)颁布的一道上谕中,朝廷饬令将李鸿章与左宗棠、沈葆桢等人奏折,一并交总理衙门议奏②。事实上,在这份谕旨颁布之前,总理衙门业已成为李鸿章的坚强后盾。其于五月十二日(6月17日)致李鸿章的公函中,除表示完全赞同李鸿章对吴大廷的批驳意见外,还力劝其一方面"将章程悉心拟议",另一方面请其"遴谕有心时事之员,妥实筹维,独抒己见,勿以纸上空谈,一禀了事"③。显然,总理衙门此时已将李鸿章视为办理轮船招商事务的首要依靠了。

如前所述,在同治十年(1871)直隶水灾之前,李鸿章不仅从未参与过轮船招商的筹议,甚至一度对轮运业发展持消极态度。那么,他在同治十年(1871)底爆发的轮运业大辩论中,为什么会忽然显示出大大高于曾国藩和左宗棠的见识呢?为什么如此积极、如此坚定地支持发展轮船招商事宜呢?又为什么要抛开闽、沪两厂的既有基础而力图另设轮船招商局呢?回头来看,解释这些问题的一个突出线索,便是李鸿章在此次直隶大水期间的经历与体验。其中尤为关键者,又是赈灾物质运输而碰到的困难。另外需要强调的是,盛宣怀也恰恰是这种体验的经历者,从而为其在运输问题上与李

---

① 《筹议制造轮船未可裁撤折》,载顾廷龙、戴逸主编:《李鸿章全集》,第5册《奏议五》,第107、109页。
② 中国第一历史档案馆编:《咸丰同治两朝上谕档》,第22册,第104页。
③ 《中国近代史资料汇编·海防档》甲《购买船炮》(三),第907—908页。

鸿章产生共鸣埋下了伏笔。

那么，直隶大水期间的赈粮运输究竟出现了什么问题呢？如前所述，由于直隶境内粮食供应不足，李鸿章不得不向外地特别是南方各省购运赈粮。但在完成大批赈粮的采买任务后，运力不足突然成为一个巨大的短板。就《李鸿章全集》中的反映，最先向李鸿章明确指出这一情况的人，正是盛宣怀。约在十月初，盛宣怀从上海致信李鸿章称，所购赈米因"轮船多不肯装，搭运殊难"①。至于造成运输艰难的直接原因，则是"以节近封河，商货皆须赶运，洋行多不肯装载，另雇向走闽、广轮船运解，为时过促，尚未卜能运若干"②。毫无疑问，对于外国轮船公司的这般表现，李鸿章和盛宣怀都是非常不满的。

在商轮运输陷入困境之后，大概也是盛宣怀率先建议，试图借用本土制造的兵轮运输赈粮。这方面的证据是，李鸿章于十一月十四日（12月25日）给负责江南轮船操练事宜的吴大廷去信，称"前因盛杏荪等采办赈米到沪，轮船夹板订雇为难，商请执事酌派'威靖'等船装运"，但此举并不成功，因为吴大廷回信称，所商借之兵船"装载无多，英煤需费又巨，诚不合算"③。李鸿章亦随即告知盛宣怀："沪局官轮不能多装……自可无庸商借。"④ 至于使用兵轮运粮的不合算

---

① 《复扬州粮台分局徐》，载顾廷龙、戴逸主编：《李鸿章全集》，第30册《信函二》，第344—345页。
② 《复江苏抚台张》，载顾廷龙、戴逸主编：《李鸿章全集》，第30册《信函二》，第346页。
③ 《复总理江南轮船操练事宜前福建台湾道吴》，载顾廷龙、戴逸主编：《李鸿章全集》，第30册《信函二》，第371—372页。
④ 《复河南候补道杨、候选府正堂盛》，载顾廷龙、戴逸主编：《李鸿章全集》，第30册《信函二》，第373页。

之处，曾任江南制造局总办、时调任天津机器局总办的沈保靖还向李鸿章做出了一个更细致的说明：

> 又如今冬采买奉省赈粮，"操江"轮船每次仅运千石，而煤价已在四五百金。嗣运沪米，欲借"威靖"、"测海"两船，闻"威靖"仅可载一千三四百石，"测海"仅可载七八百石，往返煤价，已需三千余金。①

次年正月间，闽浙总督王凯泰在福建完成代为采购 4 万石赈米的任务后，提出用福州船政局所属"万年青"、"伏波"和"安澜"三艘兵船运往天津。结果这些兵船确实遇到了"轮船吃水过深，恐不能入大沽口"的问题，从而给接收工作造成了很大麻烦②。

此次水灾期间兵轮运输赈粮的体验，显然给李鸿章以很大警醒。当初宋晋奏请停办两个船厂时提出的善后办法，是建议将"已经成造船只，似可拨给殷商驾驶，收其租价"③，同时总理衙门亦劝说李鸿章等考虑"各局轮船由商雇买"④ 的可行性。而李鸿章于五月间给朝廷的回奏中，却断然宣称："至载货轮船与兵船规制迥异，闽、沪现造之船装载无多，商船皆不合用。"⑤ 这也表明，李鸿章早在此次回奏之前即已决心另创新局了。另外，盛宣怀在三月间也曾禀告李鸿章称："福建已成轮船六号，上海已成轮船六号，俱非商船式样，其

---

① 佚名辑：《晚清洋务运动事类汇钞》，上册，第 272 页。
② 《复王补帆中丞》，载顾廷龙、戴逸主编：《李鸿章全集》，第 30 册《信函二》，第 408、428 页。
③ 佚名辑：《晚清洋务运动事类汇钞》，上册，第 185 页。
④ 《致曾中堂》，载顾廷龙、戴逸主编：《李鸿章全集》，第 30 册《信函二》，第 387 页。
⑤ 《筹议制造轮船未可裁撤折》，载顾廷龙、戴逸主编：《李鸿章全集》，第 5 册《奏议五》，第 109 页。

吃水之深、用煤之多、机器煤炉占地之广，此之病皆无法可治。"①由此可见，在领用兵船问题上，盛宣怀的认识亦与李鸿章完全合拍。

应该说，盛宣怀因此次赈粮运输而得到李鸿章器重，从而被纳入筹创航运业的范围，颇有顺理成章之感。首先，在前述商轮运力不足、兵轮又不堪大用的情况下，盛宣怀最终能够圆满完成将所购赈粮从上海运至天津的任务，其费力程度可想而知，而李鸿章亦将之列为请奖的重要业绩之一。其次，盛宣怀肯定也在筹划运输期间而对航运业有了非同一般的接触和了解，这就不难理解，在朝廷于同治十一年二月三十日（1872年4月7日）谕令李鸿章议复宋晋的奏议之后②，李鸿章才会立即"面谕"盛宣怀"拟上轮船章程"③。李鸿章最早委派负责筹议轮船招商事务的人员，乃是津海关委员林士志。而在盛宣怀受命拟议章程之后，林士志便迅速被边缘化了④。至此，回望盛宣怀实现发展道路转向的整个过程，可以说这次直隶赈务的经历是一个绝对不容忽视的环节。

盛宣怀虽然借助此次赈务脱离了危机重重的从军之路，但是这并不意味着他由此便走上了洋务建设的康庄大道。毕竟，由于出身背景的单薄，导致他从参与筹设招商局之初，就处于并不得志的局面。颇为讽刺的是，他的这种不得志，居然在很大程度上也与这次赈务有关。而要解释这个局面的

---

① 《上李傅相轮船章程》，盛宣怀档案未刊稿。转引自夏东元编著：《盛宣怀年谱资料长编》，上册，上海：上海交通大学出版社，2004，第14页。
② 中国第一历史档案馆编：《咸丰同治两朝上谕档》，第22册，第44页。
③ 《上李傅相轮船章程》，盛宣怀档案未刊稿。转引自夏东元编著：《盛宣怀年谱资料长编》，上册，第13页。
④ 易惠莉：《易惠莉论招商局》，北京：社会科学文献出版社，2012，第4页。

来龙去脉，则必须从盛宣怀在筹办招商局过程中究竟居于怎样的地位问题谈起。

按照《行述》里的说法，盛宣怀从筹办招商局活动伊始就居于非常重要的地位。费维恺则早在1958年出版的《中国早期工业化》一书中，就敏锐地发现这个说法存在疑问。通过与李鸿章奏稿的对照，他指出：

> 虽然《行述》言明是由盛宣怀独自【向李鸿章、沈葆桢】建言【轮船招商之策】，且在建议李鸿章组建招商局时担负了主要责任，李鸿章在关于开办该局的奏折中却只称此次建言来自"朱其昂等"……虽然盛宣怀看起来参加了总的规划，实际上朱其昂及其兄弟基于与航运业的关系，在招商局创办的过程中起到了主要作用。①

在费维恺看来，航运业出身的朱其昂，比起仅有幕僚经历的盛宣怀，应该更有筹办招商事宜的优势。而李鸿章的奏折里面既然不提盛宣怀，那么是否意味着《行述》关于盛宣怀参与筹办招商局的说法完全不可靠呢？对于这一疑问，费维恺显然无法找到继续考察的线索，只好转而讨论盛宣怀入局后的作为了。

确实，在李鸿章向朝廷正式奏报创设商局的那份著名奏折中，招商局首任总办朱其昂自然是被提到的头号人物，二号人物是后来根本没有入局的胡光墉（也就是著名红顶商人胡雪岩），盛宣怀的名字则始终没有出现。前文业已表明，盛

---

① Albert Feuerwerker, *China's Early Industrialization*, p. 63. 按：此处引文是笔者自行翻译的，与中文版文字略有出入。

宣怀很早便奉李鸿章之命筹议招商事务了。并且，盛宣怀不仅参与筹议事宜的时间早于朱其昂和胡光墉等人，而且在整个筹办过程中都未缺席①。那么，盛宣怀为什么会在李鸿章的这份奏折中完全消失了身影呢？通过仔细梳理此次赈务活动，可以发现，李鸿章在此期间与朱其昂、胡光墉等人产生的交集，很可能是一条揭开这一谜团的重要线索。

要说明这种交集何以能够成为一条重要线索，招商局主持人人选的抉择问题是一个聚焦点。当初，在林士志主持拟议的第一个轮船招商章程中，只是含糊地称"要商人自司其事"，尚未考虑主持人问题②。盛宣怀则在三月间拟议的章程中宣称：

> 轮船官本重大，官不宜轻信商人，商亦不敢遽向官领，必先设立招商局，创成规矩，联络官商，而后官有责成，商亦有凭借，是非素谙大体、取信众商者不能胜任。请遴选公正精明、殷实可靠道府两员，奏派主持其事。③

按此意见，这位主持人应是一位"官商"。可以想象，盛宣怀在这里肯定带有毛遂自荐的意味。李鸿章则于四月间给总理衙门的一份咨文中，也表达了对商局主持人任职条件的看法：

> 窃以为更宜物色为殷商所深信之官，使之领袖，假以事权，即总署函内所云"官为之倡，行之有益，商民

---

① 易惠莉：《易惠莉论招商局》，第 5 页。
② 佚名辑：《晚清洋务运动事类汇钞》，上册，第 276 页。
③ 《上李傅相轮船章程》，盛宣怀档案未刊稿。转引自夏东元编著：《盛宣怀年谱资料长编》，上册，第 14 页。

可无顾虑"是也……事关大局,将来非有大力者担当经营,曲体商情,联上下为一气,恐办不到。①

表面上,李鸿章也非常认可"官商"作为商局主持人的优先性,从而与盛宣怀并无二致。只不过,李鸿章此际所心仪的人选,很可能不是盛宣怀,而是同样有着三品衔知府道员身份、恰恰也在上年赈务中有积极表现的朱其昂。

关于朱其昂的出身,及其相对于盛宣怀而具有的种种优势,以往学者已有详尽研究②,自然无须赘述。然而,对于朱其昂怎样得到李鸿章赏识的问题,以往论述并不充分。有关两人最初的交集,以往大都采用李鸿章在同治十一年十一月二十三日(1872年12月23日)递上的《试办招商轮船折》的说法,即李鸿章趁本年夏间"验收海运之暇","商令浙局总办海运委员、候补知府朱其昂等酌拟轮船招商章程"③。这种看法存在的疑问是,此前李鸿章委派筹议章程的林士志和盛宣怀,都是其幕府中人,可见其态度之慎重,如果此时方与朱其昂初识,李鸿章何以能够立即交付其如此重要的任务呢?

事实上,朱其昂与李鸿章的交集,肯定要早于同治十一年(1872)夏间。朱其昂的名字在《李鸿章全集》中首次出现,是在前述同治十一年(1872)八月李鸿章为南省官绅捐赈请奖的奏折之中。与盛宣怀一样,李鸿章对朱其昂的赈务业绩同样给出了很好的评价:

---

① 《中国近代史资料汇编·海防档》甲《购买船炮》(三),第906页。
② 张后铨主编:《招商局史(近代部分)》,第28—29页。
③ 《试办招商轮船折》,载顾廷龙、戴逸主编:《李鸿章全集》,第5册《奏议五》,第258页。

三品衔道员用浙江补用知府朱其昂，留办截漕，交兑折价，捐资雇船，救护饥民，实力耐劳，拟请交部从优议叙。①

由该折所述可知，自上年直隶大水掀起捐赈活动之后，朱其昂也是一个表现十分积极的人物。基于赈务期间曾发生过的交集，李鸿章与朱其昂在夏间的会晤当然不会是初识。而对李鸿章来说，通过助赈活动来考察朱其昂的信用程度，也是一条相当便捷的路径。这方面还有一个显著的例子。那就是，当朱其昂确认承办招商局，向李鸿章提出"借领二十万串以作设局商本，而示信于众商"时，李鸿章竟反过来要求朱其昂"仍豫缴息钱助赈，所有盈亏全归商认，与官无涉"②。也就是说，朱其昂在拿到借款之前，必须自己先行出资，以捐赈形式预付这笔借款的利息。这无疑是个苛刻考验，但朱其昂的表现想必让李鸿章十分满意。

由于业已得到总理衙门的大力支持，加上朱其昂的上述表现，李鸿章也加快了行动步伐。他在为朱其昂请奖之前的七月十二日（8月15日），便向总理衙门汇报，已在夏间查访到了"习知洋船蹊径""历办江浙海运漕粮，熟悉南北各口岸情形"的江苏绅商朱其昂、朱其诏兄弟，并委派该二人"酌拟轮船招商章程二十条"。按李鸿章的计划，朱其昂兄弟"经办本届海运事竣，即日回沪"，再与江海关道沈秉成、江南制造局总办冯焌光等"细心复核妥议"，以便尽快成局③。其后，

---

① 《查明南省官绅劝捐办赈出力酌拟奖叙折》所附清单，载顾廷龙、戴逸主编：《李鸿章全集》，第5册《奏议五》，第182页。
② 《试办招商轮船折》，载顾廷龙、戴逸主编：《李鸿章全集》，第5册《奏议五》，第258页。
③ 《中国近代史资料汇编·海防档》甲《购买船炮》（三），第910页。

沈秉成等人出于"华商轮船畅行,沙船全归轮船,老关税项大减"的担心,使朱其昂的活动曾一度受阻。但是李鸿章此时决心已定,他一面允准朱其昂"照苏商借领练钱章程拨借二十万串,以示信于众商",一面告诫沈秉成等人"勿胶成见,致此美举又复中止,百年后永无振兴之机矣",从而排除了创办轮船招商局的最后路障①。而当李鸿章于十一月二十三日(12月23日)上奏《试办招商轮船折》时,该局已经完全做好开业准备了。

基于上述情况,可以肯定,《行述》中关于李鸿章委派盛宣怀"会同浙江海运委员朱云甫观察其昂等酌拟试办章程,上之江浙大吏,交相赞成,于是南北合筹,规模渐具。是为府君办理轮船招商之始"的说法,无疑是将盛宣怀在筹议招商局过程中的地位和作用夸大了。质疑这一说法的根据,还在于以下两端:

首先,该局章程的筹议既非始于盛宣怀,亦非完成于盛宣怀。在委派盛宣怀拟办该局章程之前,津海关委员林士志就在李鸿章的授意下,就兴办轮船航运之事而"与广帮众商雇搭洋船者,议呈九条"②。盛宣怀也并未与朱其昂共同拟定一个试办章程,而是在盛宣怀提交了草拟章程之后,李鸿章又命朱其昂于同治十一年(1872年)七月间另行拟出了一份章程。对于这两份章程,连盛宣怀自己都承认,其间存在根

---

① 《复何筱宋制军》,载顾廷龙、戴逸主编:《李鸿章全集》,第30册《信函二》,第477页。

② 《复曾相》,载吴汝纶编:《李文忠公全书》,《朋僚函稿》卷12,收入沈云龙主编:《近代中国史料丛刊续编》(691-698),台北:文海出版社,1980,第2637页。该信为李鸿章于同治十一年正月二十六日写给曾国藩,可知林士志的筹议行动在此之前,而盛宣怀草拟的章程是同年三月间才提交给李鸿章的(夏东元编著:《盛宣怀年谱长编》,上册,第13页),因此林士志受命筹议的行动肯定早于盛宣怀。

本性区别："惟朱守意在领官项，而职道意在集商资"①。不仅如此，更为高层赞同的章程也是朱其昂的这份而非盛宣怀的那份。除了时任津海关道陈钦、天津道丁寿昌"皆以该府朱其昂所议为然"②外，李鸿章也对朱其昂的拟稿给予了良好的评价："所拟各条，似尚妥密，较诸其余各员条陈，尤为扼要切实"③。而这些"其余各员条陈"中，定然包括了盛宣怀草拟的章程。

其次，在招商局进入实际筹办阶段后，盛宣怀亦未居于中心地位。诚然，约在同治十一年（1872）七月底，丁寿昌邀请盛宣怀来天津商讨开局事宜时称："顷奉中堂（**按：即李鸿章**）面谕……阁下如愿出为综理，即祈刻日办装北上，以便面为商酬，迟恐此局一定，未便另添总办矣"④。不过，这是否意味着李鸿章一开始就有意让盛宣怀在该局中"总其成"呢？事实上，联系到上面所述朱其昂的拟稿更受李鸿章赏识，这番话更有可能是丁寿昌在李鸿章授意下，对盛宣怀进行的安抚。而盛宣怀亦很可能也意识到自己并不会受重用，所以才在回信中婉辞了天津之行："宣怀现因足患湿气，一时未克来津……谨先缮节略两扣，伏祈垂察，并乞密呈中堂……倘以所请概难准行，恐无以扩充，即无以持久。宣怀才疏力薄，深虑无裨公事，与其陨越于后，不如退让于前。明察如我公，必能为我斟酌出处也。"⑤这就不难理解，从招商局开局直到

---

① 《盛宣怀禀李鸿章》，载盛宣怀档案未刊稿。转引自夏东元编著：《盛宣怀年谱长编》，上册，第 16 页。
② 《试办招商轮船折》，载顾廷龙、戴逸主编：《李鸿章全集》，第 5 册《奏议五》，第 258 页。
③ 《中国近代史资料汇编·海防档》甲《购买船炮》（四），第 910 页。
④ 《丁寿昌致盛宣怀函》，盛宣怀档案未刊稿。转引自夏东元：《盛宣怀传》，第 16—17 页。
⑤ 《盛宣怀致丁寿昌函》，盛宣怀档案未刊稿。转引自夏东元编著：《盛宣怀年谱长编》，上册，第 16 页。

次年初进行改组之前,盛宣怀几乎在局中全无踪影。

至于胡光墉在筹办商局过程中的出现,则是另一番微妙情形。胡光墉当时已是著名的"红顶商人",为江浙绅商群体的头号人物。加之早先曾协助左宗棠创办福州船政局的经历,就资格和能力而论,胡光墉当然是竞争轮船招商局主持人的有力人选。但众所周知,胡光墉与左宗棠的关系更为密切,而左宗棠与李鸿章又素来不睦。这就不难理解,尽管李鸿章起家于上海,也曾为官于两江,但就目前所见,在同治十年(1871)以前,尚未发现李鸿章与胡光墉之间有过直接交往的记录。

同治十年(1871)直隶大水爆发后,胡光墉才与李鸿章有了密切交往。在李鸿章发起向南省官绅劝赈之举后,胡光墉立即"捐办棉衣一万件",从而成为第一批积极回应的人士之一①。这种表现显然赢得了李鸿章更大的器重,也使李鸿章对胡光墉寄予了更多期望。这表现在,李鸿章于九月下旬连续致信胡光墉,并称"执事为东南领袖,仍望广为劝募"②。面对李鸿章的借重,胡光墉也做出了愿意效力的表示,除"复添制棉衣五千件"外,还以"禀奉母命"名义"倡捐购办牛种耕具库平银一万两",成为整个赈务活动中捐助力度最大的绅商③。而李鸿章也投桃报李,先后两次为胡光墉上奏请奖④。在此次赈务期间,胡光墉是唯一得到如此待遇的人物。

---

① 《劝办直属灾赈援案请奖折》,载顾廷龙、戴逸主编:《李鸿章全集》,第 4 册《奏议四》,第 401-402 页。

② 《劝办直属灾赈援案请奖折》,载顾廷龙、戴逸主编:《李鸿章全集》,第 4 册《奏议四》,第 402 页;《复布政使衔福建候补道胡光墉》,载顾廷龙、戴逸主编:《李鸿章全集》,第 30 册《信函二》,第 331 页。

③ 《胡光墉等捐赈请奖片》,载顾廷龙、戴逸主编:《李鸿章全集》,第 4 册《奏议四》,第 453 页。

④ 《外省捐赈请奖片》《胡光墉等捐赈请奖片》,载顾廷龙、戴逸主编:《李鸿章全集》,第 4 册《奏议四》,第 423-424、453 页。

无疑，在这一轮通过赈务建立的交往中，李鸿章与胡光墉都释放了极大的善意，从而大大拉近了距离。也正是在此之后，李鸿章才有试图延揽胡光墉加入筹办招商局之举。在朱其昂受命回到上海开展招商活动后不久，时任天津道丁寿昌和津海关道陈钦就根据李鸿章的指示，于十月间共同致信朱其昂称："第局内之事……即与胡雪岩观察合谋商办。"① 当李鸿章得知胡光墉愿意到上海与朱其昂会面的消息后，对后者的入局更抱期望。这表现在，李鸿章稍后给朱其昂的一份批文中称："胡道（按：即胡光墉）熟悉商情，素顾大局，既与朱守晤商，当可妥商合伙。"② 可以肯定，正是基于这种预期，胡光墉的名字才被李鸿章列入奏请设局的奏折之中。很可能也是对朱、胡达成合作抱有极大信心，李鸿章才急于向朝廷奏明设局之举，并将胡光墉的名字列入奏折。但事实表明，这仅仅是李鸿章的一厢情愿。就在上奏设局后仅三天，即十一月二十六日（12月26日），李鸿章就不无懊丧地致信告知丁寿昌，胡光墉以"所虑甚多"为辞，"似决不愿入局搭股"③。而李鸿章与胡光墉自直隶赈务开办以来所达成的热切交往，亦就此烟消云散。由此亦可知，胡光墉与盛宣怀在招商局根本就没有发生交集的机会，所有关于两人在该局中明争暗斗的描述，纯属无稽之谈。

　　最后需要解释的一个问题是，《行述》中关于盛宣怀就招商局开局事务与沈葆桢发生联系的叙述，极有可能也是运用了移花接木的手法，来掩饰盛宣怀的真实处境。要解释这一

---

① 佚名辑：《晚清洋务运动事类汇钞》，上册，第231页。
② 同上书，第232—233页。
③ 同上书，第245页。

问题，则不能不对该局首次改组后的情况稍加分析。

以往研究早已清楚地表明，招商局勉强开局后，朱其昂力有未逮，经营状况十分糟糕①。为了改变招商局的窘境，李鸿章不得不在开局半年后便对领导层进行重大改组。一开始，这似乎为盛宣怀的命运带来了转机。同治十二年（1873）四月间，他奉李鸿章之命重新拟定了一份《轮船招商章程》。并且，此时受李鸿章委派主持招商局改组行动的丁寿昌，对这份章程一度颇为赞赏，曾经致函盛宣怀称："办理招商，必应选举商董数人，集资办事，而以委员总其成，官商方能一气联络。阁下抒论在先，诚中肯綮。"② 是年八月间，盛宣怀被李鸿章委任为该局会办，从而首次在局中有了一个正式名分③。只不过，当此次改组行动尘埃落定之时，担任总办的人士是新入局的、来自广东买办群体的唐廷枢。按照夏东元的看法，此时的盛宣怀虽然仅作为会办之一，"却取得兼管漕运和揽载二事，兼了'官''商'两个方面的工作，足见其地位之重要了"④。那么，这是否意味着盛宣怀从这时起能够主导招商局事务了呢？

事实上，尽管盛宣怀此时在招商局中的地位比此前有了一定的提高，但是与具有深厚商业背景的唐廷枢、徐润等粤籍人士相比，仍居于较为次要的位置。这主要表现在以下三个方面：

---

① 张国辉：《洋务运动与中国近代企业》，第145-147页；张后铨主编：《招商局史（近代部分）》，第41-43页。
② 转引自夏东元编著：《盛宣怀年谱长编》，上册，第20页。夏先生在《盛宣怀传》中曾把丁寿昌此信时间订为同治十二年春（该书第17页），但在《盛宣怀年谱长编》中确认该信为同治十三年四月间发出。
③ 转引自夏东元编著：《盛宣怀年谱长编》，上册，第21页。
④ 夏东元：《盛宣怀传》，第19页。

第一，改组后的招商局其实更多是以唐廷枢为中心而建立起来的。同治十二年（1873）五月，李鸿章委任唐廷枢为招商局总办①。唐廷枢随即在拟定的章程中提出，由他本人"作为商总，以专责成"，并且"事属商办，似宜俯照买卖常规……请免添派委员"②。这就否定了盛宣怀"以委员总其成"的意见。同时，为了避免盛宣怀意气用事，丁寿昌甚至向其转述了李鸿章的警告："奉谕，唐景星（按：唐廷枢字景星）既已入局，一切股分听其招徕，两淮盐捐似可不必。如阁下顾全全局，愿出综核，即在沪上与唐景星诸公面议公禀可耳。"③

第二，虽然李鸿章曾对盛宣怀给予了"漕运、揽载及一切规画事宜，均令会同商办"④的批示，但是盛宣怀并未因此全权在握。已有研究指出，在改组后的招商局中，真正掌握局务的是唐廷枢和徐润两人⑤。李鸿章在光绪三年（1877）十一月间给沈葆桢的一封信中，也明白地称盛宣怀不过是"挂名"会办⑥。这就难怪盛宣怀在光绪四年（1878）间向李鸿章抱怨道："职道在局，除却为难之事，绝无一语会商，局内视为无足轻重之人。"⑦更有甚者，李鸿章在光绪七年（1881）

---

① 张后铨主编：《招商局史（近代部分）》，第44页。
② 转引自夏东元编著：《盛宣怀年谱长编》，上册，第21页。
③ 《丁寿昌致盛宣怀函》，盛宣怀档案未刊稿。转引自夏东元编著：《盛宣怀年谱长编》，上册，第21页。这里"股分"为原文，以后所引资料中多有类似情形出现，不再注明。
④ 《沈能虎致盛宣怀函》，载王尔敏、吴伦霓霞编：《盛宣怀实业朋僚函稿》，中册，第1305页。
⑤ 张后铨主编：《招商局史（近代部分）》，第45页。
⑥ 《复沈幼丹制军》，载吴汝纶编：《李文忠公全书》，《朋僚函稿》卷17，第2756页。
⑦ 《盛宣怀禀李鸿章文》，盛宣怀档案未刊稿。转引自夏东元：《盛宣怀传》，第35页。

给朝廷的上奏中称:"至盛宣怀向未驻局办事,臣于派委唐廷枢、徐润之初,因与该二员素不相识,由盛宣怀为之介绍……遂委以会办之衔,使之往来查察。盛宣怀与臣订明不经手银钱,亦不领局中薪水……臣向未责以专司招商局务,固与唐廷枢、徐润不同也。"①

第三,盛宣怀向唐、徐等人夺权的行动始终不曾成功。为培植私人势力,盛宣怀于同治十三年(1874)间,曾试图通过局中另一会办朱其诏,推荐戚友在局中任职,但唐廷枢"一概不用"②。其后,盛宣怀曾就局务问题在李鸿章面前"屡以唐、徐咎",可是给李鸿章造成的印象是,"局中如唐、徐、朱近均和衷,惟杏荪多龃龉,亦久不闻局务矣"③。李鸿章在光绪三年(1877)底给沈葆桢的信中甚至称,盛宣怀"倘再求退,可否听其自去,免致意见歧出,风浪暗生"④。大约与此同时,对于盛宣怀提出"是否须添派大员督办,以一事权"的要权之举,李鸿章和沈葆桢也都没有给予支持⑤。

正是在这种处处不顺的局面下,为了改变自己的处境,盛宣怀在招商局购并旗昌公司一事上表现得十分积极,也是其因招商局事务而与沈葆桢发生直接联系的机会。不可否认,盛宣怀在这次并购活动中起到的作用,确实是他进入招商局

---

① 《光绪七年二月十一日直隶总督李鸿章片》,载中国史学会主编:《中国近代史资料丛刊·洋务运动》,第6册,上海:上海人民出版社,1961,第57—61页。
② 《朱其诏致盛宣怀函》,盛宣怀档案未刊稿。转引自夏东元编著:《盛宣怀年谱长编》,上册,第23页。
③ 《复沈幼丹制军》,载吴汝纶编:《李文忠公全书》,《朋僚函稿》卷17,第2751页。
④ 同上书,第2756页。
⑤ 对此可参见夏东元编著:《盛宣怀年谱长编》,上册,第58—59、81—82页。沈葆桢对此要求的批示是"所有招商局务,仰仍照前认真筹办,以副委任",李鸿章则未置一词。

后作用最大的一次。其中最为关键之处,便是他说动了沈葆桢借拨官款100万两,才使招商局终于凑足了并购旗昌的资本。不过,从事件的整个过程来看,盛宣怀终究不是中心人物,也没有因此彻底改变自己在局中的地位。对此,盛宣怀本人在光绪三年(1877)给徐润的一封信中的抱怨之词可谓明证:

> 忆去冬吾兄亲来武穴,议办归并旗昌之举,弟即说筹款不难,而特以船多货少、洋商争衡为虑,故于秣陵、上海之行,晨夕与诸公再三辩论,逮至所虑各层,吾兄与景翁(按:即唐廷枢)均有解说,乃始毅然请于幼帅(按:沈葆桢字幼丹),以定此议……正月间驰抵上海,即欲妥筹整顿,乃彼此均不能虚心采纳,且归并旗昌一切布置,均不及会商,而已定矣。①

另外,李鸿章于光绪七年(1881)给朝廷的上奏中亦称:"况当日者,唐廷枢等与洋商已有成议,始邀盛宣怀由湖北前赴金陵,谒见沈葆桢,其事前之关说,事后之付价,实皆唐廷枢等主之也。"② 由此可知,徐润后来的相关回忆,即"光绪三年定买旗昌轮船公司,筹款、付价虽杏翁一人之力,然当初议时,唐景翁、盛杏翁均不在局,只余一人主持,三日

---

① 《盛宣怀致徐润函》,盛宣怀档案未刊稿。转引自夏东元编著:《盛宣怀年谱长编》,上册,第69—70页。另外,陈旭麓、顾廷龙、汪熙主编《轮船招商局——盛宣怀档案资料选辑之八》(上海人民出版社,2002,第48—49页。以下简称《盛档之八》)中收有盛宣怀致徐润一函,该信中亦有类似内容,但此信有个别段落与《盛宣怀年谱长编》中所引信函相异,且考订所作时间亦不同。

② 《光绪七年二月十一日直隶总督李鸿章片》,载中国史学会主编:《中国近代史资料丛刊·洋务运动》,第6册,第57—61页。

之内已将草约主决"① 的说法，也算不上夸大其词。

不无讽刺的是，恰恰是盛宣怀进入招商局后作用最大的这次活动，出乎意料地给他带来了厄运。光绪六年（1880）秋间，国子监祭酒王先谦以购并旗昌公司案为核心，提起了对招商局的弹劾②。虽然王先谦的不少指控都查无实据，但是为了暂时平息这个弹劾案背后的南北洋之争，李鸿章不得不抛出一只替罪羊，盛宣怀则不幸地成为这只替罪羊。大概在弹劾案发生后不久，李鸿章就向朝廷声明已令盛宣怀"不预局务"③。而总理衙门也顺水推舟地于次年初奏明，盛宣怀"应不准再行干预局务"④。可以肯定，李鸿章的这个做法颇有丢车保帅的意味。也就是说，他首先要维护的是当时对招商局更为重要的唐廷枢，盛宣怀则由于作用相对较小而可以暂时委屈一下。而盛宣怀要在洋务道路上顺利发展，还得等待另外的机遇。

总之，盛宣怀开始走向洋务事业之路，绝非通常所说的那样一帆风顺，而是一个大体包括从军、办赈、入局三部曲构成的曲折过程，也是盛宣怀个人发展道路经历了根本性转向的结果。同样，轮船招商局的创办，也不是一个简单地落实顶层设计的企业建设活动，而是多种复杂因素和脉络相互

---

① 《徐愚斋自叙年谱》，载中国史学会主编：《中国近代史资料丛刊·洋务运动》，第 8 册，第 128 页。
② 《光绪六年十月二十六日国子监祭酒王先谦奏》，载中国史学会主编：《中国近代史资料丛刊·洋务运动》，第 6 册，第 37—40 页。
③ 《复查盛宣怀片》，载吴汝纶编：《李文忠公全书》，《奏稿》卷 43，第 1348 页。
④ 《光绪七年四月十四日总理各国事务奕䜣等奏》，载中国史学会主编：《中国近代史资料丛刊·洋务运动》，第 6 册，第 66—69 页。

交织的结果。洋务运动能够以创办招商局来标志"求富"取向的实现，盛宣怀能够走上洋务建设事业之路、实现从军营文员到洋务人员的转换，都是政治、经济和社会等多方面复杂互动的结果。与此同时，这一研究过程中还需深刻认识文献自身的特定属性。通过对盛宣怀《行述》和李鸿章奏折的分析可以看出，《行述》对盛宣怀筹办招商局作用的夸大手法，与李鸿章奏折中抬高胡光墉、漠视盛宣怀的做法，可谓是异曲同工。因此，无论是面对一手资料还是二手资料，研究者都不能仅仅着意于从中摘取作为论据的信息，而忽视了这些作为独立文本的资料所蕴含着的特定叙事脉络。如若不然，则很容易陷入被这些文本的基调所诱导而不自知的境地。

第二章

从囧途到坦途：
河间赈务与盛宣怀洋务事业的转危为安

光绪七年（1881）是盛宣怀步入洋务之路的第十个年头，更是其洋务生涯中一个非常跌宕起伏的年份。数十年专注于盛宣怀研究的夏东元，在仔细排比了盛宣怀在这一年前后的经历后，禁不住发出了这样的感叹："盛宣怀在这个光绪七年也够倒霉的，但也够辉煌的。"① 所谓"倒霉"，是指盛宣怀除了因王先谦挑起的招商局弹劾案而被逐出招商局外，其主持经营了数年之久的湖北煤铁矿务也遭到了彻底的失败；所谓"辉煌"，则是因为他本年主持建设津沪电报的工作进展得十分顺利，成为中国电报业的良好发端。不过，夏东元并未追问以下问题：盛宣怀为什么会在这一年里出现"倒霉"与"辉煌"的境遇互相交织的现象呢？他之所以能够从"倒霉"的囧途走向"辉煌"的坦途，又经历了一个怎样的曲折过程呢？最后，这次境遇的转换在盛宣怀事业发展过程中又具有怎样的意义呢？对于这些问题，如果仅仅把目光着眼于盛宣

---

① 夏东元编著：《盛宣怀年谱长编》，上册，第134—135页。

怀的洋务活动而不及其余，恐怕很难得到清楚的解释。这是因为，盛宣怀在这一时期的个人际遇，其实还关联着更为深远和广阔的社会变迁问题。而要厘清这些头绪，就必须更为全面地认识这一时期的具体历史进程及其实践脉络。

第一节　光绪初期盛宣怀的顿挫与李鸿章的难局

在某种意义上，盛宣怀在光绪七年（1881）遭遇的所谓"霉运"，当然不是一个突如其来的结果，而更应该视为他在洋务事业发展初期面临各种不利因素的一次集中反映。本书第一章的论述表明，盛宣怀步入洋务事业之初，其背景是非常孱弱的。这就导致他在轮船招商局中一直处于较为弱势的位置，一开始无法匹敌朱其昂，改组后也不能与唐廷枢等人相比肩。在这种局面下，盛宣怀要继续在洋务事业方面求得发展，在很大程度上取决于李鸿章的提携力度；反过来说，其在洋务建设中的受挫，也不可避免地受到来自李鸿章的巨大影响。对此状况，以往研究中曾有所涉及，但颇为零散。因此，这里就有必要将李鸿章在19世纪70年代开展洋务建设的整体走势，与盛宣怀在这一时期从事洋务活动的状况，纳入同一个历史进程中加以综合考察。

李鸿章于同治九年（1870）八月接任直隶总督后，终于改变了此前不停迁转的任职状态，也改变了以军务为活动重心的局面，从而得以再度迈开洋务建设的步伐。无疑，作为直督的李鸿章所拥有的权力和资源，都迥非其在江苏任职时期可比，使其得以在洋务建设上大展宏图。所谓大展宏图，主要是指李鸿章上任后不久，便迅速推动了多方面的洋务建设行动。就19世纪70年代前半期而言，这种建设行动呈现出多头出击、齐头并进的态势。从当时最具影响的军事工业、海防建设和民用工业三个方面，可以有力地证明这一局面。

就军事工业方面而言，这种推进势头的显著表现是，三个创办于60年代的军工企业，即江南制造局、金陵机器局及天津机器局，在70年代前期都得到了很大的扩展，成为当时最具规模的大型军工厂。而它们之所以能够超过从前，最重要的因素就在于李鸿章的着力操控①。

天津机器局原本是三口通商大臣崇厚接受恭亲王奕訢的指派，于同治六年（1867）创办，至九年（1870）秋，先后建成西局和东局，但是其建设规模和生产能力都十分有限，只能算是一座小型兵工厂②。李鸿章接任直隶总督兼北洋通商大臣之后，天津机器局也奉旨一并接办，于是他便立即调派得力人手前来主持局务，大力筹措经费，对该局进行了大幅扩充。从接手到光绪元年（1875），该局共得到经费130余万两，增设了3座火药厂以及大量各式机器。因此，到光绪二年（1876），该局制造的新式军火在产量上已较前两年增加三四倍，更不用说与崇厚时期相比了③。

江南制造局和金陵机器局虽然皆由李鸿章创办，但在其

---

① 天津机器局为李鸿章接办的情况，见下文所述。江南制造局和金陵机器局虽然在名义上属于两江总督管辖，但以往研究早已表明，李鸿章通过人事、经费及供销等多方面手段，在19世纪70年代对该两局始终保持着较大的控制权。有关此方面的详细论述，可参见樊百川：《清季的洋务新政》，第二卷，第1249、1260—1261页；刘广京、朱昌崚编：《李鸿章评传：中国近代化的起始》，陈绛译校，上海：上海古籍出版社，1995，第70页。

② 樊百川：《清季的洋务新政》，第二卷，第1275—1279页。

③ 以上内容，主要根据张国辉《洋务运动与中国近代企业》（第56—57页）以及樊百川《清季的洋务新政》（第二卷，第1279—1281页）的相关论述所做概括。

离开江苏之前，都未取得太大的发展。而在接任直隶总督后，李鸿章对该两局的发展都做出了很大的贡献。江南制造局之所以能够成为经费最为充裕的军工企业，很大程度上便得益于李鸿章一直同意以淮军军饷名义拨归该局一成洋税的做法①。另如以往研究所揭示的那样，也主要因李鸿章"希望江南制造局能够以其更大的成套设备，从事更大规模的来复枪和火炮制造"，并为之大力筹划，该局才于70年代初相继成功制造出来复枪和铸铁大炮②。至于金陵机器局，自创办之始便在经费上依靠淮军军需项下拨付。同治九年（1870）开始大加扩充，得到的经费持续增长，至光绪二年（1876），已达到14万余两，先后添设了火箭分局（按：原文如此）、铁炉房、汽炉房、翻砂厂和火药局，成为各省机器局中的佼佼者③。

在海防建设方面，李鸿章的行动也在70年代前期取得了决定性的进展。70年代之前，李鸿章在海防事务上所做的唯一值得一提的举动，不过是于同治六年（1867）底将丁日昌所拟议的、有关创建轮船水师的条陈进呈朝廷而已④。而在同治十三年（1874）下半年，清廷内部展开的关于海防问题的大讨论中，李鸿章不仅成为"海防论"的头号代表人物，甚至为了强调海防而提出了放弃西征新疆的极端意见⑤。最终，朝廷决定在不放弃塞防的同时，也要大办海防，定议自光绪

---

① 樊百川：《清季的洋务新政》，第二卷，第1252—1253页。
② 刘广京、朱昌峻编：《李鸿章评传：中国近代化的起始》，第70页。
③ 樊百川：《清季的洋务新政》，第二卷，第1267—1268页。另可参见夏东元：《洋务运动史》，上海：华东师范大学出版社，1992，第119—120页。
④ 《密陈丁日昌拟议修约片》，载顾廷龙、戴逸主编：《李鸿章全集》，第3册《奏议三》，第170—176页。
⑤ 有关此方面详情，可参见谢世诚：《李鸿章评传》，第236—241页。

元年（1875）起，向北洋和南洋海防各拨解经费200万两，由李鸿章和沈葆桢分任督办北洋和南洋海防事务大臣。因沈葆桢随即奏明愿将南洋经费先尽北洋海防应用，李鸿章遂成为整个海防建设中最为重要的人物，而近代海军性质的北洋水师亦由此拉开建设的序幕①。

另外，因为海防问题，李鸿章这一时期在铁路问题上的动向也值得一提。李鸿章原本对铁路不甚热心。同治六年（1867）底，总理衙门就修约交涉中有关铁路建设问题向各省督抚咨询时，李鸿章的见解是，此事"有大利于彼，有大害于我"，"一时断难成议，或待承平数十年后"②。而在同治十三年（1874）清廷筹议海防的讨论中，他的口气则为之一变，转而宣称"有事之际……有内地火车铁路屯兵于旁，闻警驰援，可以一日千数百里，则统帅尚不至于误事"③。并且，他绝非仅是说说而已。在光绪三年（1877）给郭嵩焘的一封信中，李鸿章称自己在同治十三年（1874）年底谒见奕䜣时，曾"极陈铁路利益，请先试造清江至京，以便南北转输。邸（按：即奕䜣）意亦以为然，谓无人敢主持。复请其乘间为两宫言之，渠（按：亦指奕䜣）谓两宫亦不能定此大计，从此遂绝口不谈矣"④。此事虽然无果，但也表明李鸿章很可能在70年代前期就有过建造铁路的念头，更从一个侧面表达了其意欲广泛铺开洋务建设宏图的急迫心情。

---

① 樊百川：《清季的洋务新政》，第二卷，第970—971页。
② 宝鋆等修：《筹办夷务始末（同治朝）》，第5157页。
③ 《议复条陈》，载顾廷龙、戴逸主编：《李鸿章全集》，第6册《奏议六》，第165页。
④ 《复郭筠仙星使》，载顾廷龙、戴逸主编：《李鸿章全集》，第32册《信函四》，第75页。

以"求富"为目标的洋务民用工业建设，也是以李鸿章倡办轮船招商局为始而拉开了序幕。有关该局的开办及初期运营情况，以往研究十分深入，此处无须赘述。这里所要强调的是，招商局只是李鸿章建设民用工业的第一步，因为在该局刚刚站稳脚跟之际，他在短短两三年间便发动了一连串的筹办厂矿行动：大约在同治十三年（1874）秋间，李鸿章奏准试办直隶磁州煤矿，派江南制造局的冯焌光和天津机器局的吴敏兰筹建，该两局各垫银 10 万两作本，并拟另招商股 10 万两①；光绪二年（1876）初，李鸿章委派其幕僚、道员魏纶先赴上海筹办机器纺织事务，期望由江苏、直隶"各筹公款十万金，定购机器，存局生息，再招商股"②；同年九月，招商局总办唐廷枢复奉李鸿章面谕，带同英国矿师赴唐山开平镇查看煤铁矿③。从这些密集开展的行动可以看出，李鸿章此时很可能是想将民用工业尽快打造为洋务工业体系的重要组成部分。

正是在李鸿章大力构建洋务体系的背景下，自招商局开办以来始终处境不顺的盛宣怀，又获得了一个新的从事洋务建设的机会，这就是负责湖北煤铁矿开采事务。按照盛宣怀本人在光绪元年（1875）初的一个说法，他之所以承办此次办矿活动，是因为李鸿章在上年曾密谕："中国地面多有产煤产铁之区，饬即密禀查复"④。是年秋，李鸿章正式委派盛宣

---

① 孙毓棠编：《中国近代工业史资料第一辑（1840—1895 年）》，下册，北京：科学出版社，1957，第 569 页。
② 《复沈幼帅》，载顾廷龙、戴逸主编：《李鸿章全集》，第 31 册《信函三》，第 356 页。
③ 孙毓棠编：《中国近代工业史资料第一辑（1840—1895 年）》，下册，第 617 页。
④ 《盛宣怀密札张斯桂文》，载陈旭麓、顾廷龙、汪熙主编：《湖北开采煤铁总局、荆门矿务总局——盛宣怀档案资料选辑之二》，上海：上海人民出版社，1981，第 3 页。以下简称《盛档之二》。

怀主持试办湖北煤铁矿务，并从直隶练饷中拨借20万串为开办费用①。光绪二年（1876）初，李鸿章在给盛宣怀的批文中指示："现在中国制造轮船、枪炮，以煤铁为大宗，酌仿洋法，就地开采，实富强之根本。"②以往研究者大多据此认为，此次开矿活动的起因是李鸿章急于为洋务工业的发展寻找原材料。这方面的原因当然不容否认，却也不能忽视这样一个情况，即李鸿章委派盛宣怀办矿之举，很可能也包含着为之另谋他途的意味。一旦以这个情况为参照，李鸿章和盛宣怀在此次办矿期间的许多行为也就可以得到更为深入的理解了。

就李鸿章而言，委派盛宣怀独当一面办理湖北矿务，很大程度上带有让其另创一番洋务局面的意思，也很可能考虑到了盛宣怀之父盛康曾长期在湖北任职的因素。因此，李鸿章在筹办伊始，就不厌其烦地再三嘱咐盛宣怀："必须切实查勘，妥细试炼，并将需用经费通盘筹画，确有把握，始可设厂试办，渐求扩充，切勿轻率从事，致遭物议"③；"惟系开创利源，易招谤忌，务望实心实力，廉正为本，精核为用，先自立于不败之地，始终不移，庶几可大可久。而执事为中土开此风气，志愿宏，斯勋名愈远矣"④；"惟缔造伊始，局面不必阔大，必须试办有效，再行逐渐开拓，方为稳著"⑤。而在这种关照的背后，正如李鸿章于光绪三年（1877）七月初给盛宣怀的一封信中所点明的那样，此次办矿，与盛宣怀在洋

---

① 孙毓棠编：《中国近代工业史资料第一辑（1840—1895年）》，下册，第572-573、577页。
② 《李鸿章批》，载陈旭麓等主编：《盛档之二》，第45页。
③ 《李鸿章致盛宣怀函》，盛宣怀档案未刊稿。转引自夏东元编著：《盛宣怀年谱长编》，上册，第36页。
④ 《李鸿章致盛宣怀函》，载陈旭麓等主编：《盛档之二》，第52页。
⑤ 同上书，第144页。

务事业中的前途密切相关:

> 鄂省矿务,中外具瞻,成败利钝,动关大局,一涉颓沮,势必旁观窃笑,后来裹足。兴、济虽不必株守,鄂省则阁下立足之地,自应在鄂得手,方为办理有效。若宜煤冶铁规画难成,不得已而改图北来,议其后者将谓不克取效于南,亦必不能取效于北。①

在稍后的一封信中又称:"直隶开平矿产……现尚未筹办,欲俟阁下在鄂开采有效,庶开平仿办亦易。若湖北奏办数年,竟以毫无成效,改而他徙,则多谋少成,适足以贻局外之口实也。"② 也就是说,除了军国大计外,盛宣怀还必须借此机会为自己赢得"立足之地",并改变外界对其"多谋少成"的印象。

从盛宣怀的角度来说,在经历了招商局内的种种失意后,肯定也把开办湖北煤铁矿务行动看作是证明自己能力的良机。有关盛宣怀办理湖北矿务行动的基本情况,以往早有细致研究,此处不赘。从以往研究可以清楚地看出,盛宣怀确实为这一行动付出了极大的努力,但不幸的是,他此次办理湖北矿务之举,到 70 年代末便已陷入困境,从而在洋务道路上又一次遭受了重大挫折。对于这次开矿活动的失败原因,以往多有探讨③。综合起来,主要因素归结为以下三点:

---

① 《李鸿章致盛宣怀函》,载陈旭麓等主编:《盛档之二》,第 212 页。
② 同上书,第 225 页。
③ 对此,主要可参见夏东元:《盛宣怀传》,第 48-65 页;梁华平:《论盛宣怀早期创办湖北煤铁矿务夭折的主观原因》,《江汉论坛》1993 年第 3 期,第 57-62 页;袁为鹏:《中国近代工矿业区位选择的个案透视——盛宣怀试办湖北矿业失败原因再探讨》,《中国经济史研究》2002 年第 4 期,第 134-144 页。

其一是认为盛宣怀规划欠妥。这方面的主要根据,是指他在尚未勘明矿藏的情况下就贸然设局兴工。盛宣怀曾在试办时声称,自己"从前随官鄂中,见广济县禀禁开挖武穴煤山……怦怦于中将十年矣"①,其实并未掌握湖北矿藏的实际情况,从而造成了后续行动的混乱。这表现在,他先于光绪元年(1875)六月间便在广济县阳城山及盘塘山一带"设厂雇工开挖",继而又在十一月底禀请于盘塘"建立总厂";尔后,其聘请的英国矿师郭师敦却在光绪三年(1877)七月间报告说,广济之煤"挖之无益"、兴国之煤"机器开挖,均毋庸议"②。这确实也是此时的盛宣怀缺乏办事经验的一个证据。

其二是认为盛宣怀在选用矿师问题上走了弯路。虽然盛宣怀曾经意识到:"事当创始,督斯役者……重听命于洋师而已矣……是以开矿不难在筹资本,而难在得洋师……矿事之成败利钝,实以洋师之得人不得人为定。"③ 但是,他在实际行动中恰恰犯了因急于得人而任用非人的错误。光绪元年(1875)底,他曾托人从日本聘请到一位英国矿师马立师④。而在"初亦闻其议论,倘恍迷离,迥不如台湾翟萨条理井井"的情况下,仍决定与之"定半年之约",负责勘矿工作。等到盛宣怀最终发现此人"并不谙于地学化学"的时候,已经浪费了长达九个月的时间⑤。

---

① 《湖北煤厂应归湖北筹办并拟改归官办议》,载陈旭麓等主编:《盛档之二》,第 32 页。
② 《李明墀、盛宣怀谕吕益大等》、《李明墀、盛宣怀上李鸿章详》、《郭师敦勘矿报告》(两份),载陈旭麓等主编:《盛档之二》,第 8、40、218、224 页。
③ 《盛宣怀致○○○论矿事书》(按:○为原文阙字,后同),载陈旭麓等主编:《盛档之二》,第 107 页。
④ 《徐黼升致盛宣怀函》,载陈旭麓等主编:《盛档之二》,第 33-34 页。
⑤ 《盛宣怀致李鸿章函》,载陈旭麓等主编:《盛档之二》,第 138 页。

其三是认为盛宣怀在办矿资本和形式上也没有做好准备。试办之初，盛宣怀曾根据李鸿章"仍先集股本，酌议章程，禀请檄饬汉黄【德】道会同筹办，地方呼应较灵"的指示①，拟定了一个以"官督商办"为主旨的《湖北煤厂试办章程八条》，并声称"现在遵饬招徕，业已集成商本银十万两"②。然而，从后来的情况看，这很可能是他为了让李鸿章安心而提出的一个含有水分的说法。这是因为，官办的"湖北开采煤铁总局"后来改为商办的"荆门矿务总局"后，全部招到的股金也不过 5 万两，而且主要也不是靠盛宣怀的力量招募的（后文将对此再做出说明）。反过来说，如果他此时果真招募了 10 万两资本，那么何以在开局半年后仅仅用去制钱 5 500 串（约合银 4 000 两）③，并且只是在风闻"湖北已成之煤厂改而归并轮船"的情况下，就向李鸿章提出改归官办，并要求拨发官本制钱 30 万串（约合银 20 万两）呢④? 由此推知，盛宣怀开局时关于招股的说法并不可信。

客观而论，以上三个因素虽然对盛宣怀的办矿活动产生了很不利的影响，但是将之作为办矿活动失败的决定性原因，恐怕尚有疑问。首先，这些因素毕竟都发生在起步阶段。以往研究也表明，在盛宣怀的努力下，前两个方面在后来已大有改善，经费问题至少在光绪五年（1879）以前亦未出现太大短缺。其次，盛宣怀此次办矿活动并非一直毫无希望。正

---

① 《李鸿章致盛宣怀函》，载陈旭麓等主编：《盛档之二》，第 7 页。
② 《湖北煤厂试办章程八条》，载陈旭麓等主编：《盛档之二》，第 24-27 页。
③ 对此，可参见《盛档之二》编纂者在该书附录中的分析（第 484 页）。
④ 《湖北煤厂应归湖北筹办并拟改归官办议》，载陈旭麓等主编：《盛档之二》，第 31-33 页。

如夏东元论证的那样，到光绪四年（1878）炼出铁样之时，这次办矿活动已经出现了较为有利的局面①。这就提醒我们，如果仅仅围绕盛宣怀自身来分析其办矿活动的失败原因，很可能无法脱离就事论事的窠臼而不能自拔。也就是说，在这个时候，会不会还存在着不为盛宣怀所控制却又对其形成极大制约的其他因素呢？

李鸿章这时的一些表现，为寻找这种制约因素提供了有益的线索。首先，当盛宣怀于光绪五年（1879）初重新核办开煤成本，发现原有资金"不敷支用"之后，提出在江南制造局和天津机器局额拨海关洋税和海防经费中"每年各拨一万五千两"的建议时，结果遭到了李鸿章的断然拒绝②。李鸿章为开办湖北矿务曾一次性投入制钱20万串的资本，况且，此时盛宣怀已经炼出铁样、查明优质煤矿，何以此时却不愿继续投入了呢？其次，到光绪七年（1881）湖北矿务的失败已成定局之际，李鸿章的反应也显得过于激烈。他先是严厉地批评盛宣怀："前办武穴煤矿数年，既无丝毫成效，反多亏累官帑。此次开采荆煤，未几交金董接手，皆官气太重，事不躬亲，一任司事含混滋弊……实属办理荒谬。"③ 继而在盛宣怀试图以"及至续勘略有端倪，缺资难筹大举"等语来为自己辩护时，激起了李鸿章更大的怒火：

> 前办武穴煤矿，迄无成效，反亏官本，本系自不谨慎……该董办事本未精慎，又不常川在局照料，一任司事含混贻误，遂致物议沸腾。而该道等尚谓办理不谬，

---

① 夏东元：《盛宣怀传》，第59—60页。
② 《李鸿章批》，载陈旭麓等主编：《盛档之二》，第384页。
③ 《李鸿章札盛宣怀文》，载陈旭麓等主编：《盛档之二》，第449页。

于事有益,人言冤诬,何其昧昧若此!①

李鸿章这里的火气未免太大了。后文将会说明,李鸿章一再指责盛宣怀未能亲自长期驻局办事,实际上正是他本人要负有相当大的责任。此外不应忘记的是,正是李鸿章亲自委任盛宣怀这样一个初出茅庐的洋务新手来办理湖北矿务,所以李鸿章对盛宣怀的这些批评无疑有些苛刻了。

可以肯定,导致李鸿章对盛宣怀的失败之举颇为恼怒的原因,与他此时面临洋务事业发展的难局大有干系。概括地说,李鸿章接任直督后全面推进洋务建设的宏图,在70年代前半期较为顺利地展开之后,却突然在后半期陷入低谷。大致从光绪二、三年(1876—1877)之交开始,他主持开办的各项洋务建设活动几乎全部一路走低,从而使其洋务事业整体上呈现出高开低走的态势。对此,仍可从其洋务体系的三大组成部分,即军用工业、海防建设和民用工业的建设情况中得到确证。

军用工业方面的低迷走势,首先表现在,李鸿章掌控下的三大军火局厂,都在70年代后期出现了生产经费持续下降的状况。天津机器局的经费在光绪元年(1875)之前本来呈持续上升之势,光绪元年(1875)的经费甚至达到了36万余两,之后的四年时间里却一直呈下降之势,年均经费回落为25万余两②。江南制造局的经费在光绪元年(1875)达到55万余两的数额后,次年即开始出现小幅下降,光绪三年

---

① 《盛宣怀再上李鸿章禀》《李鸿章批》,载陈旭麓等主编:《盛档之二》,第455、456页。

② 这些经费数量的统计,转引自樊百川:《清季的洋务新政》,第二卷,表41,第1361-1362页。

(1877)更减少了近20万两,光绪四、五年(1878—1879)间虽有所回升,但甚至都未达到同治十三年(1874)的水平①。金陵机器局的经费在光绪二年(1876)达到14万余两的最高点后,接下来的三年中,每年仅略高于10万两②。

其次,与经费紧张所匹配的情况,自然是这些局厂在生产和运营方面都陷入困境。关于天津机器局的窘迫状况,李鸿章曾在光绪四年(1877)三月间向朝廷奏称:

> 天津自同治五年奏设机器局,雇匠、购器、制造军火,所需经费,惟指津海、东海两关四成洋税为专款……且津海、东海两关四成洋税,近年收数短绌,连招商局轮船四成税银并计,岁不过十五六万,而应拨各路军火增多,局用日形竭蹶。海关六十九结以前四成税早经告罄,现计定购外洋料物应付价银三万数千两,及其余逐月用款,尚多悬欠,暂由海防项下通融匀借,是已寅食卯粮,无可提取。③

大致同时,江南制造局则由沈葆桢出面奏报了此际面临的困局:

> 至江南机器局,只有奏留二成洋税一款,前此关税赢则二成亦从而赢,近日关税绌则二成亦从而绌,供应制造,不敷本巨,采办物价,积欠尚多。造船早已议停,而养船修船断无可省。现制枪炮子药,凡直隶督臣饬拨

---

① 这些经费数量的统计,转引自夏东元:《洋务运动史》,第88页。
② 这些经费数量的统计,转引自樊百川:《清季的洋务新政》,第二卷,表39,第1357—1359页。
③ 《海防机器局款难分拨折》,载顾廷龙、戴逸主编:《李鸿章全集》,第8册《奏议八》,第29—30页。

之项,及江南通省应用之项,皆取给焉。即使海波不扬,而平时操练之需,已不能不随用随造。况目前灾区如此之广,饥民如此之众,设有匪人乘机蠢动,军火器械,若非豫储于平日,安能取办于临时?①

至于金陵机器局,则因经营问题而不得不最终与乌龙山机器局合并。原来,两江总督李宗羲于同治十三年(1874)在江宁府的乌龙山设立了一个小型机器局,完全归南洋方面掌管。但到光绪五年(1879)初,两江官府以乌龙山机器局"地段太窄"为由,实现了与金陵机器局的合并,而此后李鸿章方面所承担的局费,则从先前每年四五万两减少至每年二万两。这也意味着,李鸿章从此向南洋方面让出了对金陵机器局的一半控制权②。

李鸿章主持下的海防建设,也在70年代后期陷入了停滞状态。对此,在购买铁甲舰问题上出现的波折是最明显的确证。按照李鸿章的构想,铁甲舰是筹建北洋水师的核心所在。因此,在同治十三年(1874)力倡"海防论"之时,他就向朝廷反复陈述了购办铁甲舰的必要性和急迫性③。在朝廷确认海防决策后,他又于光绪元年(1875)向总理衙门提出,北洋创设水师一军,"内应有铁甲船一两只,声势稍壮"④。光绪二年(1876)初,他还特地从福州船政局商调洋员日意格前

---

① 《筹议海防经费并机器局未便停工折》,载吴元炳辑:《沈文肃公政书》,卷7,收入沈云龙主编:《近代中国史料丛刊》(54),台北:文海出版社,1967,第1415—1416页。
② 樊百川:《清季的洋务新政》,第二卷,第1269—1272页。
③ 《议复条陈》《筹办铁甲兼请遣使片》,载顾廷龙、戴逸主编:《李鸿章全集》,第6册《奏议六》,第162—163、170页。
④ 《致总署论海防筹饷》,载顾廷龙、戴逸主编:《李鸿章全集》,第31册《信函三》,第241页。

来天津，商办铁甲舰购置的具体问题①。但进入光绪三年（1877）后，李鸿章在此问题上的立场却变得游移起来。他在光绪五年（1879）给沈葆桢信中颇为无奈地称，自己这几年"所以徘徊四顾，未敢力倡铁甲之议，一无巨款，一无真才也"②。与此对应的是，他于光绪六年（1880）初在给总理衙门的函件中也发出这样的感慨："惟念中国购办铁甲之举，自同治十三年中外倡议，忽忽已阅七年，迄无成局。"③ 这些说法表明，在海防政策定议之后的五年间，清朝的海防建设其实根本未取得多少进展。

李鸿章所主导的民用工业建设，进入70年代后期，也一改先前大干快上的局面，同样整体陷入了举步维艰的状态。

这方面最为明显的证明，来自70年代唯一投入正常运营的、也是当时最大的民用企业轮船招商局。该局本来自改组后实力一直呈上扬之势，并在光绪三年（1877）初实现了购并美商旗昌公司的壮举。但恰恰在此之后，该局的形势开始急转直下。其最显著的证据有二点。其一是该局招收股本的数量急剧下降，光绪元年（1876）底还能达到8万余两，而次年即下降为4万余两，下年更降至2万余两④。其二是因盈利情况不理想，该局由李鸿章出面，先向朝廷提出"拟请仿照

---

① 《复丁雨生中丞》，载顾廷龙、戴逸主编：《李鸿章全集》，第31册《信函三》，第370页。
② 《复沈幼丹制军》，载顾廷龙、戴逸主编：《李鸿章全集》，第32册《信函四》，第463页。
③ 《复总署议请定购铁甲》，载顾廷龙、戴逸主编：《李鸿章全集》，第32册《信函四》，第520页。
④ 张后铨主编：《招商局史（近代部分）》，第50页。

钱粮缓征、盐务帑利缓交之例",将该局所领各省官帑利息,从光绪三年(1877)起缓缴三年①;稍后又改变先前附局"商股按年给息一分"的做法,改为"将每年应付一分息银,以一半给各商收领,一半存局作为续招股本","自光绪三年七月起,按年截数,其有盈余银两,暂缓派分,全数留局作为公股"②。这种缓付股息特别是商股利息的变动,对企业信用的不利影响是可想而知的,但不得不采用此种下策,则该局的窘况亦可见一斑。

至于其他各厂矿的情况,更属苦苦支撑,迟迟不能进入运营阶段。盛宣怀开发湖北矿务所遭遇的顿挫,决不是此际新建事业中唯一失败的例子。奉李鸿章之命前赴上海办理机器纺织事务的魏纶先,在一年多时间中,招商未见成效,原先期望的官款亦皆化为泡影③。有鉴于此,也就可以理解后来李鸿章允准彭汝琮来办理机器织布局之举了。李鸿章虽然早就知道彭汝琮的劣迹背景,但之所以仍会入其骗局,很有可能是被其自行招募商本的说法所打动,从而萌生了病急乱投医的侥幸之心④。相较之下,开平矿务的情况尽管略好一些,可是也与当初的期望有较大的落差。本来,按照唐廷枢勘探后提出的规划,整个开发行动是煤铁矿并举,全部投资为80万两。然而,从光绪三年(1877)秋间发布开平矿务局章程,并开始公开招集资本后,一年多时间里仅招募到20余万两。

---

① 《致总署论维持招商局》,载顾廷龙、戴逸主编:《李鸿章全集》,第32册《信函四》,第146页。
② 《整顿招商局事宜折》,载顾廷龙、戴逸主编:《李鸿章全集》,第7册《奏议七》,第498页。
③ 张国辉:《洋务运动与中国近代企业》,第272—273页。
④ 有关彭汝琮办理上海机器织布局的情形,以易惠莉的论述最为详尽,可参见其著:《郑观应评传》,第204—208页。

因此，该局只得集中力量开采煤矿，铁矿开发则再无下文。而在开办经费极度短缺之时，李鸿章所能给予的全部支持，也不过是借垫 3 万两而已①。对于还在筹办阶段的开平矿务局来说，这 3 万两经费只能说是杯水车薪。

李鸿章主持下的洋务建设行动在 70 年代出现的剧烈波动，显然不是一个无足轻重的问题。要知道，这些行动并非李鸿章个人的冒进行为，按照以往学界的通行说法，这是在朝廷层面上确定下来的"自强大计"。如前所述，在 70 年代前半期，除了铁路未能试办外，李鸿章提出的其他洋务建设行动，基本都得到了以奕䜣为首的政务中枢的支持。并且，在这十年左右的时间里，各项洋务事业的人事、制度与观念等方面，并未出现根本性重大变化，故而诸如观念落伍、决策低效、用人不当等因素，肯定也不是导致波折的主因。那么，为什么李鸿章甚至在盛宣怀主持的湖北矿务、唐廷枢主持的开平矿务建设显示出一定希望的时候，突然间不敢再做进一步的投入了呢？可以推测，李鸿章此时一定遇到了前所未有的压力。而要探讨这种压力，就需要较为全面地认识 70 年代中期朝政格局中的变化。这是因为，在当时的政治体系下，唯有朝政之中出现非同寻常的新情况，才会对"自强大计"产生根本性的影响。

第二节 "丁戊奇荒"对于洋务建设的挤压作用

自从 20 世纪 80 年代社会史研究在中国大陆学界复兴以

---

① 张国辉：《洋务运动与中国近代企业》，第 200–204 页。

来，学界的研究视野得到了极大的开拓。作为社会生活中一项重要内容的自然灾害，也随之得到了越来越多的关注。在19世纪70年代，中国境内爆发的、为海内外所瞩目的一个重大事件，便是肆虐于整个华北地区的特大旱灾——"丁戊奇荒"①。这场灾荒从光绪二年（1876）一直持续到五年（1879），席卷了山西、河南、陕西、直隶、山东五省，还波及了苏北、皖北、陇东和川北等地区。由于光绪三、四年（1877—1878）间灾情达到最高潮，且该两年干支为丁丑和戊寅，故后来文献多以"丁戊奇荒"呼之。其所造成的死亡人口总数，估计约在950万至2 000万之间②。这场旱灾堪称中国自明末大灾之后最为惨酷的一次灾荒，不仅何炳棣将之视为中国人口遭受"马尔萨斯式限制"（Malthusian checks）的一个显著表现③，连1994年出版的高等学校文科教材《中国近代史》（第四版）中都给予了专门阐述④。

对于这场特大灾荒，国内外学者的研究热情至今不衰，许多相关问题都得到了注意，所以其对洋务建设活动的影响自然也不会被长期忽视。不过，学界迄今还是忽视了这样一

---

① 对2000年以前相关研究状况的概述，可参见朱浒：《二十世纪清代灾荒史研究述评》，《清史研究》2003年第2期，第104-119页。2000年以后的研究概况，可参见郝平：《丁戊奇荒——光绪初年山西灾荒与救济研究》，北京：北京大学出版社，2012，第1-9页。

② 关于各种估计数字的来源及其推算情况，可参见李文海、程歗、刘仰东、夏明方：《中国近代十大灾荒》，上海：上海人民出版社，1994，第98-99页。

③ 何炳棣：《明初以降人口及其相关问题，1368—1953》，葛剑雄译，北京：生活·读书·新知三联书店，2000，第270-272、301页。Ping-ti Ho, *Studies on the Population of China, 1368–1953* (Cambridge, Massachusetts: Harvard University Press, 1959), pp. 230-233, 256.

④ 李侃、李时岳、李德征、杨策、龚书铎：《中国近代史》（第四版），北京：中华书局，1994，第124-125页。在20世纪90年代以前出版的历史教科书中，甚少提及此次奇荒。

个重要问题，那就是，这场灾荒为什么会对洋务建设活动产生很大影响，却基本没有妨碍同一时期西征行动的开展呢？这当然不是一个毫无由来的问题。其关键在于，著名的海塞防之争的结果表明，朝廷当初的战略决策是将两者置于某种平衡态势的；而在奇荒来袭之际，左宗棠主持的军事行动与李鸿章主持的海防建设却命运迥异。这未免令人生疑，海防、塞防之间的所谓平衡态势何以如此脆弱呢？

无疑，要探究上述问题，则必须先行考察这场灾荒对清政府造成了怎样的冲击，以及清政府应对冲击的考量和举措。已有研究表明，虽然此时赈灾力量出现了一定的多元化趋势，但是依然秉持"养民"这一传统政治理念的清政府，不仅为赈灾付出了极大的努力，而且在整个赈灾过程中居于主体地位①。因此，这场灾荒对清政府的冲击肯定也是最大的。而这种冲击最直观、最显著的一条传输渠道，就是因灾蠲、灾赈问题而对国家财政形成的挤压。就此而言，这里完全可以通过评估此种财政压力，来揭示灾荒的冲击烈度。另外应该指出，虽然以往研究对灾蠲、灾赈问题已有较为详尽的探讨，但是由于并未置于国家的财政格局之下加以衡量，也就不能充分反映这种压力，更不能准确理解清廷的应对逻辑。

那么，"丁戊奇荒"时期的国家财政格局究竟如何呢？

应该说，在奇荒爆发前，清政府财政已逐步走出此前长期的窘迫状态。众所周知，自咸丰军兴之后，清政府便陷入

---

① 所谓多元化，是指此时在朝廷和官府之外，还有相当活跃的、由民间力量和西方人士自行开展的赈灾行动。这方面较为概括的论述，可参见夏明方：《清季"丁戊奇荒"的赈济及善后问题初探》，《近代史研究》1993年第2期，第21-36页。另外，关于此次灾荒期间官府的赈救状况，迄今仍以何汉威《光绪初年（1876—79）华北的大旱灾》（香港中文大学出版社，1980）一书所论最为详细。

了巨大的财政危机。尽管缺乏足够资料进行精确统计,但按照学界公认的看法,在战火连绵的十余年间,清政府为全力应付军需,财政收支经常处于严重的赤字状态。太平天国失败后,政府财政才开始有所好转。同治末年,终于有了咸丰朝以来的第一次全国收支统计。据吴廷燮编纂、1914年刊行的《清财政考略》记载,同治十三年(1874)岁入总计为6 080万余两,岁出总数则在7 000万两上下①。而据史志宏等人分析,此时的缺口并没有这么大,收支应该大体上趋于平衡②。并且,清廷能于次年确立海塞防并重的政策,并派定此后每年另行筹拨海防经费400万两,也从侧面反映出清廷对此时的财政形势还是有几分信心的。

不过,在海塞防并重之策定议之后,清政府财政肯定就不会有多少机动的余地了。光绪五年(1879)八月,翰林院侍读王先谦对前几年的财政收支进行了一番评估,认为每年新旧入款总数为5 800万两上下,岁出之款为4 500万两左右,所以应该尚有盈余。户部则否认了这一估算,其理由是:"新增洋税以供机器、海防之用,旧有入款供应支者实无盈余,厘金、捐输为西征、各省防军所耗,则国用已不足。"③ 由此可知,户部承认新增洋税及厘金、捐输等款本来是可以带来一些财政盈余的,但在洋务建设和西征军务的消耗下,已经十分吃紧,甚至会出现赤字。换句话说,清政府本来可能持

---

① 吴廷燮:《清财政考略》,载北京图书馆出版社影印室辑:《清末民国财政史料辑刊》,第20册,北京:北京图书馆出版社,2007,第367-370页。该书原刊于1914年。

② 史志宏、徐毅:《晚清财政:1851—1894》,上海:上海财经大学出版社,2008,第274页。

③ 吴廷燮:《清财政考略》,第371页。

有的相当一部分财政机动款,在很大程度上被洋务和西征挤占了。

这里需要强调的是,无论是同治末年还是光绪五年(1879)的统计,其计算基础都是按照常规化口径进行的,其中并不包含意外性财政支出。即便如此,从前面论述可知,在光绪元年(1875)到五年(1879)这段时间里,清政府财政收支也大致一直处于勉强维持平衡的状态。这就意味着,一旦有较大的意外性支出造成的风吹草动,国家财政势必陷入被动之中。不幸的是,救荒问题造成的财政需求,向来都是较大的意外性支出。而更加不幸的是,由于"丁戊奇荒"是一次规模罕见的特大灾荒,这种意外性财政负担也相应地格外庞大,最终成为清政府必须面对的一个极其棘手的难题。

对于这种困难的程度,哪怕是按照最低限度的估算亦可概见。

首先应该估算的是灾蠲造成的计划外损失。马士(Morse)曾经做过一个估算,他认为,以山西、河南、陕西和直隶为主,加上其他一些遭灾地区,仅在光绪二、三、四年(1876—1878)因灾豁免的田赋总和,便会超过1 800万两,也就是"超过朝廷国库一年收入的五分之一"①。虽然马士估算的数字未免过于夸大,但此三年之田赋较一般年份而减少的数额,确是无法等闲视之的。近来有学者进行了更为确凿的统计,此三年间,直隶、山东、山西、河南和陕西五省蠲免或缓征田赋中,仅折色即征银部分便达到488万余两,

---

① 马士:《中华帝国对外关系史》,第二卷,张汇文等译,北京:商务印书馆,1963,第342-343页。

且尚未包括本色即粮米部分①。这就意味着，此三年平均每年财政至少减收 160 多万两。

其次则是必须从财政中拨解赈济的部分。据何汉威统计，在灾荒最严重的时段，即光绪二年（1876）下半年至五年（1879）初，由朝廷筹拨、各主要灾区省份实际接收到的救灾款和赈粮大致如下：直隶为银 46 万两、粮 22.8 万石，陕西为银 53.1 万两，山西为银 103 万两、粮 47 万余石，河南为银 48 万两、粮 33 万石②。需要说明的是，这 250 余万两赈银、100 多万石赈粮，绝非整个灾赈行动花费的总数，而是为了应付最紧急需求而必须火速筹办的救命款、救命粮③。正是在这个意义上，这里才把这部分款、粮作为最低限度需求（尽管事实上距离灾区的最低需求还有很大不足）。这也就意味着，这部分款、粮决不能等待诸如收捐等时日延宕的办法来解决，而必须先从国家财政中设法筹拨。那么，本来就在财政平衡的悬崖边缘徘徊的清政府，又是如何来应付这场特大灾荒造成的意外财政负担的呢？

按照清代荒政的一般做法，灾赈支出首先应由地方官府从自己管理的经费中设法筹办，再上报审批。大体上，这部分经费主要来自地方官府的"存留"。所谓"存留"，是指清代地方官府在征收钱粮赋税以后，各州县例应坐支及各省布

---

① 这里关于灾蠲数额的估算，主要依据李光伟的统计表所得（《晚清田赋蠲缓研究（1796—1911）》，下册，博士学位论文，中国人民大学历史学院，2013，第 220 页）。李光伟运用了大量清宫档案，对蠲免数额大多还原到村庄一级，其统计口径较以往更为可靠。

② 何汉威：《光绪初年（1876—79）华北的大旱灾》，第 75—78 页。

③ 虽然目前尚缺乏总体统计，但此次奇荒的整体耗费肯定是个惊人的数字。一个推测的依据是，仅山西省为此次灾荒的付出总数便为 1 346 万余两（该数字统计见王金香：《山西"丁戊奇荒"略探》，《中国农史》1988 年第 3 期，第 21—30 页）。

政使司照例留支的部分，主要是用来支付地方各项公费及驻军俸饷。至于其余部分，则一律听候户部调拨，大部分要上解中央，被称为"起运"部分①。不幸的是，在"丁戊奇荒"时期，指望各灾区的地方官府能够先行从地方经费中挖潜救急，实属奢望。

事后看来，在奇荒爆发前的光绪元年（1875），山西巡抚鲍源深的一个担心可谓是一语成谶。当时，他向朝廷奏报该省的财政窘况称：

> 岁入之项仅三百万有奇，应解京饷、固本饷一百零六万，应拨各路军饷一百九十余万，本省必不可少之用一百六七十万，以出衡入，窘竭情形，岂堪言喻？山西如此，他省可知……夫天时人事之变，常出于意外，所贵思患而预防于未然。今内地空虚若此，设猝有水旱刀兵之事，何以应之？②

果不其然，到救灾已急如星火的光绪三年（1877）初，山西省"查现在库司别无闲款，仅存上年下忙尾数钱银三四万两"③。

其余各遭灾省份的情况亦大概相同。谭钟麟于光绪元年（1875）接任陕西巡抚后即发现："民间元气未复，各属地丁钱粮征解仍未敷额，每年收储银两，又因筹拨边防各军口粮及旗、绿各营官兵俸饷、文职廉费，并杂支、制造、赈抚各款，搜括一空。现在库储万分短绌，即本省应发之款，亦已

---

① 这方面的简介，参见史志宏、徐毅：《晚清财政：1851—1894》，第 7 页。
② 朱寿朋编：《光绪朝东华录》，第 1 册，北京：中华书局，1958，第 23 页。
③ 同上书，第 409 页。

左支右绌。"① 另一个重灾省份河南的情况，则如前往督办赈务的钦差大臣袁保恒于光绪四年（1878）初所称的那样："豫省田赋额征三百余万两，岁收仅能至二百余万两，而京、协各饷拨解甚巨，库藏不敷。在常年已难支拄，今遇奇灾……进款益少，纵令蒙恩准将京、协各饷一律停解，除去本省用款，所余无几。"② 大约同时，据河道总督李鹤年证实，河南省当办赈之初，"藩库存银仅止二千余两"③。不无讽刺意味的是，就连李鸿章也曾加入过这个哭穷阵营。因为他于直隶灾象初现的光绪二年（1876）也曾奏称："直属素称瘠苦，前数年水患频仍，仓储久已空虚，库款万分支绌。"④

不仅灾区省份无力实现依靠自身力量救急，让非灾区省份从本地经费中挤出救急款项，同样绝非易事。对此，清廷数次指令其他省份协济灾区的行动可为明证。第一次大规模协济行动，出现在光绪三年（1877）十一月间。因山西急需大笔转运赈粮经费，清廷遂饬令江苏、江西、浙江、湖北、湖南、四川和广东"于关税、厘金项下"各借拨6万两，安徽借拨5万两，广西借拨3万两，并声明"该督抚即竭力筹拨，分批径解晋省，俟赈捐收有成数，即行如数扣还"⑤。另一次较大的行动出现在光绪四年（1878）三月间，清廷又命江苏、

---

① 谭泽闿、谭宝箴、谭延闿编：《谭文勤公（钟麟）奏稿》，收入沈云龙主编：《近代中国史料丛刊》（325），台北：文海出版社，1969，第136—137页。

② 丁振铎编：《项城袁氏家集》，收入沈云龙主编：《袁世凯史料丛刊》（2），台北：文海出版社，1966，第3037—3038页。

③ 同上书，第3056页。

④ 《直境被旱救荒折》，载顾廷龙、戴逸主编：《李鸿章全集》，第7册《奏议七》，第107页。

⑤ 中国第一历史档案馆编：《光绪宣统两朝上谕档》，第3册，桂林：广西师范大学出版社，1996，第437页。

安徽、江西、浙江、福建、湖北、湖南、山东、四川、广东等十省，每省"协济山西、河南两省银各数万两，俾资赈需"①。但这些协济行动的结果很不理想，正如曾国荃于光绪五年（1879）初向李鸿章抱怨的那样："各处协款，解者寥寥，频接覆音，竟未有诺如季布者，欲求如数如期，必不可得。"② 当然，曾国荃也并非是要一味指责其他各省坐视不救。他在给当时督办山西赈务的钦差大臣阎敬铭的一封信中，曾明确指出："九省协济之疏，已奉俞允，当即备函谆恳各省。各省多不宽裕，且有陵工、甘饷，恐未必能分济及晋。"③ 由此可见，对于各省财政紧张的状况，各位地方大员们其实都是心知肚明的。

既然从各省常规经费中的挖潜并不足以应付赈需，则灾赈对财政造成的冲击及其影响势必向更大范围扩散。从前述光绪五年（1879）王先谦的收支估算和户部回应的情形可知，从光绪元年（1875）起，本来有可能成为年度财政结余的1 000多万两收入，绝大部分被西征军饷和洋务建设经费所占用了。因此，不会令人意外的是，在救灾火急的情况下，这两部分经费肯定会被考虑是否可以接济赈需。而该两者在奇荒期间的遭遇何以大相径庭，就很有必要加以探究了。

就常理而言，西征军饷受灾荒的影响或许应该更大。这是因为，与同时期洋务建设得到的经费相比，西征军饷占据

---

① 中国第一历史档案馆编：《光绪宣统两朝上谕档》，第4册，第95页。
② 《复李中堂》，载萧荣爵编：《曾忠襄公（国荃）书札》，卷12，收入沈云龙主编：《近代中国史料丛刊》（571），台北：文海出版社，1966，第1325页。何汉威仔细爬梳了所能找到的各省协济数量，证明曾国荃此言不虚，见其著：《光绪初年（1876—79）华北的大旱灾》，第79—81页。
③ 《复阎丹初》，载萧荣爵编：《曾忠襄公（国荃）书札》，卷12，第1332页。

着更大的份额。就洋务建设来说，其中最大一笔经费，是名义上每年拨解 400 万两的海防经费，实则从一开始便每年仅能收到数十万两①。另据前文所述三大机器局经费情况，可知每年机器局经费至多不会超过 100 万两。而西征军费则是一个庞大得多的数字：从光绪元年（1875）到六年（1880）共六年时间里，实际用费共计 5 236 万两，平均每年高达 870 多万两②。两相比较，差距一目了然。

而从另一方面来说，由于奇荒造成了极大的意外财政负担，势必也会对如此高额的西征军饷形成牵制。这样一来，赈务和西征军务之间极有可能出现直接冲突。对此，连清廷似乎都早已有所意识。这表现在，尚在灾象初现的光绪二年闰五月十一日（1876 年 7 月 2 日），清廷便发布了这样一道上谕：

> 方今时势多艰，新疆军务未平，国用未丰，民生未遂。本年京师及直隶、山东等省天时亢旱，闾阎困苦，深宫宵旰焦劳，倍深兢惕。尔中外大小臣工，务当振刷精神，尽心职守，毋得稍事因循……庶几共济时艰，日臻上理，用副朝廷谆谆诰诫至意。③

将赈务与西征军务这样的军国大事相提并论，可见清廷非常担心同时负担这两方面支出所要面临的压力。但正所谓"怕什么来什么"，当赈务真真切切地要冲击军务之时，清廷又是怎样的态度呢？

---

① 王家俭：《李鸿章与北洋舰队：近代中国创建海军的失败与教训》（校订版），北京：生活·读书·新知三联书店，2008，第 376-377 页。
② 同上书，第 94 页注释 1。该数字原为刘石吉所统计。
③ 中国第一历史档案馆编：《光绪宣统两朝上谕档》，第 2 册，第 201 页。

可以说，尽管晚清时期的朝廷仍然恪守"养民"之责，并未改变将赈务作为一项严肃的政治任务来对待的方针，但就整体政治格局而言，西征军务肯定被置于更高一层的位置。这就不难理解，在赈务与军务发生冲突时，清廷从未将两者放在同等地位来衡量，而是毫不犹豫地力保西征事务不被赈务所困扰。对此，以下三件事可以作为有力的证明。

第一件事是山西布政使林寿图的去职。本来，按照同治八年（1869）户部奏定的章程，山西应提供的西征军饷为每月5万两①。但在奇荒爆发之后，在赋税无法正常征收、赈灾款项也存在很大缺口的情况下，还要如期筹解军饷，显然令山西省财政捉襟见肘。正如曾国荃在给李鸿章的一封信中所说："赈费所需甚巨……上忙所收不及往年三分之一，已尽数凑解京饷与西征军饷矣。"② 于是，很可能由布政使林寿图提议了一个通融办法，即"请以广东、福建、浙江三省协晋之款"来抵拨西征军饷，以期减轻山西解款的压力。然而这一办法让左宗棠极为不满，其向朝廷奏称："如三省协晋本有著之款，则由晋催收，正资挹注，何庸转拨臣军？如系无著之款，则是画饼相贻，事同儿戏。"在左宗棠将矛头指向林寿图的情况下，朝廷很快以"指实饷为虚数，巧避不及八成处分，实属紊乱饷章"为由，将林寿图解职③。事实上，这种调换办法并未得到实施，而且山西的情形也确实十分艰难，所以曾国荃事后曾为林寿图叫屈称："民则待赈孔急，官则莫展一

---

① 《奏参山西藩司紊乱饷章折》，载杨书霖编：《左文襄公全集》，《奏稿》卷50，第2021页。
② 《复李中堂》，载萧荣爵编：《曾忠襄公（国荃）书札》，卷10，第1016页。
③ 《奏参山西藩司紊乱饷章折》，载杨书霖编：《左文襄公（宗棠）全集》，《奏稿》卷50，第2022–2023页。

筹，听之不能，办之无术，皆实在情形也。至应协西路饷项，日事追呼，颖叔（按：林寿图字颖叔）方伯竟因此被劾去官，事均出人意外。"① 而从朝廷的反应来看，对于左宗棠西征军饷不能受到干扰的立场，显然是予以坚决支持的，则无论山西赈务多么紧要和艰难，也不能允许林寿图寻找腾挪饷务的借口。

第二件事是河南省在供支西征军饷问题上的遭遇。按早先朝廷的规定，随同左宗棠参加西征的张曜、宋庆两军的月饷，是由河南省来供应的。而在"丁戊奇荒"期间，河南与山西是遭受灾荒打击最重的两个省份，以致许多当时文献提及这场灾荒时都经常使用另一个称呼，那就是"晋豫奇荒"。鉴于河南的窘境，巡抚李庆翱于光绪三年十月（1877 年 11 月）向朝廷提出，请将张、宋两军月饷"饬部指拨邻省协济"。对此请求，朝廷断然拒绝：

> 张曜、宋庆两军历年饷需，皆由豫省支给，从无贻误，是以士得宿饱，所向有功。若遽改拨他省，必至辗转迟延，有误军食。且张曜一军，万里西征，正在得手，设因饷运莫继，前敌不能得力，殊于大局有碍。所有张曜、宋庆两军饷需，仍著河南省筹拨，无论如何为难，总当设法源源接济，俾利师行。②

可以说，在改拨协济军饷这个问题上，河南、山西再一次同病相怜了。

第三件事是赈务和军务在请借外债问题上的不同待遇。

---

① 《复何小宋》，载萧荣爵编：《曾忠襄公（国荃）书札》，卷 10，第 1030 页。
② 《清实录》，第 52 册《德宗景皇帝实录（一）》，卷 60，光绪三年十月戊申（二十七日），北京：中华书局，1987，第 832–833 页。

以往研究表明，朝廷允准左宗棠举借总数达1 550多万两的外债，且利息高达每年70多万两，根本目的就是保证西征军饷①。并且，其中两笔合计为675万两的借款，恰恰就发生在光绪三、四年（1877—1878）②。与之形成鲜明对比的是，当赈灾事务也试图借用外债来加以缓解时，朝廷却从不松口，而一个重要的拒绝理由，恰恰是担心利息太重。光绪三年（1877）十一月间，河南巡抚李庆翱称各类支出及赈需"非二百数十万两巨款难以支持"，提出"仿照西征借款"举借外债200万两，"庶足拯民命于垂毙"③。但总理衙门和户部会奏称，赈务"较之军需紧急情形，究属有间"，且"恐中国有著之款项，尽耗于外洋无厌之利息"，故李庆翱之请"应毋庸议"④。次年二月间，清流派健将、詹事府左庶子黄体芳奏称，赈款"筹措之术已穷"，"止有速向洋商借银五六百万两"⑤。朝廷给出的回应是，"无论借款须给息银，徒亏帑项，且辗转筹商，必非一时所能集事……仍属缓不济急，所请著毋庸议"⑥。不久之后，又有兵部主事蒋元杰在所上赈灾条陈中再次提出"请借洋行银三四百万"，朝廷仍以"事属窒碍难行"为辞而断然拒绝⑦。

---

① 樊百川：《清季的洋务新政》，第二卷，第974页。
② 史志宏、徐毅：《晚清财政：1851—1894》，第202页。
③ 《筹办各省荒政案》，载孙学雷、刘家平主编：《国家图书馆藏清代孤本内阁六部档案》，第38册，北京：全国图书馆文献缩微复制中心，2003，第18561-18562、18564页。
④ 同上书，第18580-18581页。
⑤ 朱寿朋编：《光绪朝东华录》，第1册，第559-560页。
⑥ 《清实录》，第53册《德宗景皇帝实录（二）》，卷68，光绪四年二月己酉（二十九日），第60页。
⑦ 《清实录》，第53册《德宗景皇帝实录（二）》，卷69，光绪四年三月癸丑（初三日），第69页。

虽然在清廷的严防死守之下，赈务的需求始终未能从西征军饷那里获得些许通融，但是这一轮交锋仍然表现出了两层不容忽视的含义。其一是，这场奇荒对清廷所造成的负担，既沉重又无法回避，其累积起来的压力亦如同不断泛涨的洪水，在整个朝政的范围内蔓延不已，甚至连西征这样的军政要务也不能不受到这股洪流的威胁。其二是，既然西征军饷不能触动分毫，常规经费中也没有足够的挖潜余地，而开办捐纳又属缓不济急，这就意味着，赈灾压力所形成的洪流，必定还会在其他方面寻找宣泄的缺口。正是在这样的背景下，洋务建设恰恰成了一个相当引人瞩目的宣泄口。

那么，洋务建设又是为何以及怎样成为这样一个宣泄口的呢？在这里，有必要重新审视一下光绪二年闰五月十一日（1876年7月2日）的那份上谕。从中可以看出，面对"国用未丰"的严峻形势，朝廷首先系念的是西征军务和赈务之需，而未曾有片语及于洋务问题。据此可以推论，在这一紧急时刻，朝廷的隐晦态度是，军务和赈务的急迫性肯定都大于洋务。此外，正如上节论述中表明的那样，朝廷决策又把军务放在急于赈务的位置。如此一来，当赈务对洋务资源形成正面冲击之时，定然不会再处在与军务一样的弱势了。

可以肯定，朝廷的此种隐晦态度，在当时并不是一个秘密。对此，以"清流派"为主体的一批言官的做法可为证明。崛起于同光之际的清流群体，向来以大胆直言、积极品评时政而著称。在"丁戊奇荒"期间，这批言官对赈务投入了极大的关注，多人多次向朝廷上书，除大力指陈荒政积弊外，还就赈灾措施提出了非常广泛的建议①。而在他们有关筹措赈款的各类建言中,锋芒却一再指向洋务建设经费,对西征军饷则从无一词。与此相应,朝廷的反应也十分耐人寻味。由此看来,言官们的此类建言显然不是病急乱投医的随意之举。

由言官们掀起的赈务对洋务建设的第一波袭击,出现在光绪三年(1877)秋间。在这次袭击中,打出第一枪的是太子洗马温中翰。他于七月初奏称,海防经费"约计每年所入甚巨",然"海防则虑在久远,饥民则患在目前",故而建议"饬下直隶督臣于海防经费项下借拨银一二十万两,以应急需,俟晋省捐款集有成数,即行拨还"②。同月下旬,河南道监察御史张观准提出了一个更为激进的方案,他奏请朝廷"饬令直隶、江苏、福建、广东、江西等省暂停机器局、船政局各工,将此款分拨江苏、河南、山西、福建各省办赈,速济民困"。他解释这种做法的理由是:"查各局每年所费,不止数千万两。明知海防乃当时之急务,器具倍精于前人,而荒政实民命所攸关,筹款难缓于一日。以制器与保民相较,孰轻孰重,孰缓孰急?"③八月间,兵部右侍郎夏同善再次提出挪用海防经费以加拨赈款的建议。据他的估计,"现在户部四成关税除借拨西饷外,尚存二百万有奇,天津所存海防经费,亦有一百四十余万",所以奏请"于关税项下拨银四十万两,海防项下拨银三十万两,合银七十万两,约以七成给晋,三成给豫,庶于救灾弭患,两有所裨",并称此举系属"移缓

---

① 陈勇勤:《晚清清流派的恤民思想》,《历史档案》2003年第2期,第105-112页。
② 《筹办各省荒政案》,载孙学雷、刘家平主编:《国家图书馆藏清代孤本内阁六部档案》,第38册,第18480-18481页。
③ 同上书,第18488-18489页。

就急,势固有不得不然者"①。不难看出,温中翰、张观准和夏同善三人共同的中心思想是,洋务为"缓",赈务为"急",必须"移缓就急"。

面对言官们的连番建议,朝廷又是怎样的态度呢?温中翰的上奏看来还是比较温和的,所以朝廷毫不犹豫地表示完全赞同,于七月初四日(8月12日)发布上谕称:

> 晋省被灾较重,叠据该抚(按:指曾国荃)奏报情形,赈抚势难稍缓。温中翰所奏请拨海防经费接济,目前自系为移缓就急起见,即酌李鸿章酌量借拨,咨照曾国荃派员领解回晋,核实散放。俟山西库款稍裕,即行拨还。②

至于后两个明显过分挤压洋务建设的意见,朝廷则没有立即表态,而是采取了先行讨论的方式。对于张观准的意见,朝廷饬令户部与总理衙门会商复奏③。对于夏同善的建议,朝廷则令户部与李鸿章"迅速筹议具奏"④。据此综合判断,朝廷虽然不见得同意过分挤压洋务建设,但肯定也不会拿出维护西征军饷的态度来对待洋务事业。

之所以说朝廷不会同意过分挤压洋务建设,针对张观准意见的最终定议可谓明证。显而易见,张观准的方案并非针对李鸿章一个人,而是把打击面扩大到了要全面停办洋务企业的程度。因此,有总管洋务事业之责的总理衙门对此方案

---

① 《夏同善折》,载顾廷龙、戴逸主编:《李鸿章全集》,第7册《奏议七》,第422–423页。
② 中国第一历史档案馆编:《光绪宣统两朝上谕档》,第3册,第186–187页。
③ 《筹办各省荒政案》,载孙学雷、刘家平主编:《国家图书馆藏清代孤本内阁六部档案》,第38册,第18486页。
④ 中国第一历史档案馆编:《光绪宣统两朝上谕档》,第3册,第250页。

断然否定，明确宣称，"至机器、船政等局，均属海防急务，势不能轻议停工"。既然有总理衙门的强硬表态，朝廷也就此顺水推舟，在总理衙门回奏递上的当天（即八月初一日，阳历 9 月 7 日），立即批示"依议"①。

而当焦点集中在李鸿章身上时，就是另外一番情形了。本来，鉴于温中翰建议的温和性以及朝廷明确支持的谕令，李鸿章的姿态也十分爽快。虽然他并不同意从海防经费中拨借赈需，但表示还是能够凑集 10 万两借款的。这是因为，"天津有解存练饷制钱一款，前经奏明，发交江浙典商分领生息"，可以"易银十万两，以为借拨晋省赈款"②。在某种意义上，这批练饷可谓是李鸿章手里一笔压箱底的款项。这是因为，在当年轮船招商局和湖北煤铁矿务的创办资本中，有很大一部分就来自这种练饷的支持③。因此，李鸿章主动提出动用这笔压箱底的经费来应付晋赈借拨之需，肯定也是希望能够就此息事宁人。

不料，李鸿章的隐忍策略，换回的只是进一步的紧逼。这表现在：其一，夏同善的方案已没有任何"借拨"之意，而是对海防经费的无偿提用；其二，朝廷虽然没有立即表态，却在下令议复的那道上谕中又称"海防经费除已用外，现存若干，并著李鸿章查明奏闻"④，其中隐寓的威压意味显而易见。李鸿章对此当然心领神会，故而赶紧声明，此前之所以

---

① 《筹办各省荒政案》，载孙学雷、刘家平主编：《国家图书馆藏清代孤本内阁六部档案》，第 38 册，第 18501–18503 页。

② 《借拨晋赈折》，载顾廷龙、戴逸主编：《李鸿章全集》，第 7 册《奏议七》，第 417 页。

③ 许涤新、吴承明主编：《中国资本主义发展史》，第二卷上，北京：人民出版社，2005，第 388、404 页。

④ 中国第一历史档案馆编：《光绪宣统两朝上谕档》，第 3 册，第 250 页。

无法立即从海防经费中借拨款项，主要是因为担心"拟订购外洋军火，一经购成，即须付价，势难先作他用，临时无以应急"，而这回幸而"上年原订美国黎氏鱼水雷，该洋人先行运到一具，因其价值太贵，设法退回，尚可匀出经费，暂拨赈款"，故而"拟请即于天津海防经费项下拨银二十万两"。并且，为了凑足 30 万两的数额，李鸿章甚至答应，"连前拨晋省练饷银十万两"亦可"毋庸筹还"[①]。有鉴于此，朝廷也同意李鸿章只需"再行筹拨银二十万两"即可了结[②]。但这终究意味着，在这一轮赈务对洋务的袭击中，李鸿章掌握的洋务经费凭空损失了 30 万两。

毫无疑问，李鸿章对这 30 万两经费的损失十分心痛，也肯定希冀防止再度发生这类损失。这方面的表现是，就在同意拨解 20 万两海防经费来支付赈需的当天（即八月二十三日，阳历 9 月 29 日），他又特地递上一份奏片，着重申明"海防为军国大计，洋务之变故难言，无事时以为此项可缓，漠然置之，迨有事时则已措布不及"，故而奏请朝廷"敕下总理衙门、户部查照，嗣后此项经费，仍遵原奏专为海防要用，免再抽分他拨，仍随时由部切实行催各省关照数划解，毋任短缺贻误"[③]。而从朝廷迅速给出"著照所议办理"[④] 的批示来看，大概也是意识到需要安抚一下李鸿章的情绪所做出的姿态。

可是，后来的事实表明，朝廷的上述表态并不诚心，李

---

① 《筹拨晋豫赈款折》，载顾廷龙、戴逸主编：《李鸿章全集》，第 7 册《奏议七》，第 420–421 页。
② 中国第一历史档案馆编：《光绪宣统两朝上谕档》，第 3 册，第 262 页。
③ 《筹办晋赈片》，载顾廷龙、戴逸主编：《李鸿章全集》，第 7 册《奏议七》，第 421–422 页。
④ 《筹办各省荒政案》，载孙学雷、刘家平主编：《国家图书馆藏清代孤本内阁六部档案》，第 38 册，第 18519 页。

鸿章也未因之得到更加坚实的保障。鉴于上一轮袭击的结果，很可能使言官们进一步看清了朝廷在回护洋务问题上的暧昧态度，从而助长了他们继续向洋务事业发难的底气。这就不难理解，光绪四年（1878）春，在灾荒依然肆虐、筹赈日益艰难之际，言官们再度发起了一波对洋务事业的猛烈攻击，朝廷的态度则一如既往地暧昧不清。

事后来看，第二波攻击的起点，应为翰林院侍讲张佩纶的上奏。二月初二日（3月5日），他在一份长篇奏折中直言不讳地宣称："圣祖（按：即康熙帝）尝谕，赈济饥民较剿策妄阿喇布垣（按：原文如此，通常作'坦'）更紧要，则海防经费可缓矣。"① 是月底，黄体芳进一步扩大了对洋务事业的打击面，其以"灾区太广，部库支绌，京饷尤应筹备"为由，建议将"所有海防经费、制造机器之江南厘税等款，请饬南北洋大臣酌留数万，以充工匠及修理器厂之用，其余均暂停一年，悉充京饷"②。几日后，先有翰林院编修吴观礼奏请"节省海防经费，移济赈需"，随后给事中李宏谟又奏请朝廷"饬南北洋大臣，将各省协解轮船、机器各局用款，暂提十分之五，分解晋豫办赈"③。

至于最为激进的建议，则来自御史欧阳云。他在四月中旬的上奏中提出，"开船政局、招商局，购造轮船，动费数百万金，购造铁甲船，又费数百万金……以兵凶空乏之后，此数百万金之费从何而出？出之于国则国困，出之于民则民亦

---

① 朱寿朋编：《光绪朝东华录》，第1册，第532页。
② 《清实录》，第53册《德宗景皇帝实录（二）》，卷68，光绪四年二月戊申（二十八日），第59页。
③ 《清实录》，第53册《德宗景皇帝实录（二）》，卷69，光绪四年三月壬子（初二日）、癸丑（初三日），第67、71页。

困"。他认为，"其船政、招商、机器等局费用可渐裁汰，更不得续行购办"，进而"即借裁汰各项经费，为赈济之用"①。显然，欧阳云与此前张观准一样，都是要求全面停办洋务事业来支持赈务之需。

与上一波攻击中的情形相仿，朝廷当然不会同意这种对洋务事业进行吹灯拔蜡式的打压。因此，总理衙门于六月初出面，针对欧阳云的上奏，具体解释了"各项经费均有未能遽行裁减者"的理由，以及洋务经费并未达到"动费数百万金之多"的实际情况，表示反对停办各项洋务事业。接到总理衙门的复奏后，朝廷再次给出了"依议"的批示②。

然而，朝廷不同意对洋务事业釜底抽薪，也并非意味着意欲贯彻上年曾对李鸿章做出的表态。这表现在，当黄体芳上奏后，朝廷谕称："海防固系要图，部库支绌，亦不可不豫为之计。该庶子所奏是否可行，著李鸿章、沈葆桢、吴元炳酌度情形，妥筹具奏。"针对吴观礼的建议，朝廷复令李鸿章等"悉心商酌，此项经费能否移缓就急，匀拨若干，拯济灾黎，即著迅速奏明办理"③。三月初三日（4月5日），朝廷再次综合黄体芳、吴观礼和李宏谟的奏议，以"所奏是否可行"为辞，谕令李鸿章、沈葆桢等"一并妥筹，其各省局用，并著通盘筹画，迅速奏明"④。在这里，朝廷似乎把自身上年才对李鸿章做出的、免再抽拨海防经费的表态，忘记得一干

---

① 《筹办各省荒政案》，载孙学雷、刘家平主编：《国家图书馆藏清代孤本内阁六部档案》，第38册，第18681-18687页。
② 同上书，第18782-18787页。
③ 《清实录》，第53册《德宗景皇帝实录（二）》，卷68、69，光绪四年二月戊申（二十八日）、三月壬子（初二日），第59、67页。
④ 《清实录》，第53册《德宗景皇帝实录（二）》，卷69，光绪四年三月癸丑（初三日），第71页。

二净。

面对朝廷的出尔反尔,李鸿章这回决定不再隐忍退让了。三月十三日(4月15日),李鸿章递上以"北洋海防经费、天津机器局专款难再分拨邻赈"为主题的长篇奏折,断然回绝了从洋务事业经费中筹拨赈款的要求。在奏折中,他先是声明,"海防经费原议各省关每年额拨银四百万两",实则"自光绪元年七月起至四年二月底止,将届三年,所收之数,远不及一年额拨之数";况且,除了上年奉命筹拨给晋、豫二省的30万两赈款之外,为了应付朝廷其他各类协助赈需的谕令,李鸿章又已从海防经费中挪借了40多万两用来应急。所以,到了这个时候,李鸿章在明里讽刺了那些提出拨济建议的言官,暗里也不忘狠狠地将了朝廷一军:"今此区区存款,必欲全数借拨者,似由更事太少,虑患未深,殊非老成谋国之道,亦显与历次谕旨相违。"①

应该说,李鸿章此次的强硬表态,乃是一次迫不得已的防御姿态。首先,正是自从接受温中翰的提议后,李鸿章手里的洋务经费才开始落入一次又一次被用来剜肉补疮的境地。在总体损失高达70多万两的情况下,李鸿章必须有所行动来制止这种势头的蔓延。其次,面对洋务事业一再遭受攻击的局面,作为推进洋务事业的代表性人物,李鸿章当然也有责任站出来捍卫洋务事业的地位。

那么,李鸿章的强硬姿态是否能使洋务经费免遭侵占呢?表面上看,李鸿章赢得了第一回合的交锋,因为朝廷确实没有下达让其抽拨洋务经费的命令。但这很可能是个假象。其

---

① 本段所引文字,全部来自《海防机器局款难分拨折》,载顾廷龙、戴逸主编:《李鸿章全集》,第8册《奏议八》,第29—30页。

依据是，赈务与洋务的这一轮交锋，其实并非仅仅到李鸿章这里为止。而要考察全局状况的话，就必须涉及另外一位关键人物的行为，此人就是两江总督兼南洋大臣沈葆桢。

早有研究表明，在作为同年进士的李鸿章和沈葆桢之间，从同治中期起便保持着密切联系，尤其是李鸿章还在沈葆桢于光绪初年得以出任两江总督一事上发挥过十分积极的作用①。这就不难理解，在光绪元年（1875）议定海防专款分解南北洋后，李鸿章深虑各省关不能如数拨解，提出将专款暂行全解北洋使用的意见后，迅速得到了沈葆桢的全力支持②。而这种全部由北洋接收专款的状况，一直维持到了光绪四年（1878）二月。

而接下来的状况则有些让人雾里看花了。就在前述张佩纶上奏"海防经费可缓"的次日，即二月初三日（3月6日），沈葆桢即上奏称，三年来北洋所收海防经费，"除拨给晋豫赈款及借发滇案银两外，约计积存之款，兴办水师，似可略有端绪"，而此际"南洋则厘金日减，税课日绌，海防之款丝毫无存，从前尚可设法腾挪，今则各台局司库无不奇窘"，从而奏请将原定拨解南洋经费"照案仍行分解南洋"③。如前所述，李鸿章收到的海防经费从未足额，且已被赈务挤占了70多万两，以致购办铁甲舰的计划都不得不一再拖延，哪里谈得上"略有端绪"呢？可是，对于沈葆桢这种十分牵强的理由，李鸿章竟然未有任何异议。

---

① 刘广京、朱昌峻编：《李鸿章评传：中国近代化的起始》，第105—114页。
② 王家俭：《李鸿章与北洋舰队》，第373页。
③ 《原拨海防经费现拟照案仍行分解南洋折》，载吴元炳辑：《沈文肃公政书》，卷7，第1397—1400页。

随后发生的一幕更加离奇。本来，对于沈葆桢收回南洋经费份额之举，以往研究者多认为是其对李鸿章一再将海防经费挪为他用而不满所致①。可是，在李鸿章上奏的次日即三月十四日（4月16日），沈葆桢在上奏中竟慷慨地表示，愿意提取本年南洋海防经费的一半用来助赈："其四年以后甫经奏定，仍行分拨南洋，尚未准各省关解到，究竟本年能解若干，尚难豫计，拟请旨敕下各省关，凡报解海防经费，于南洋项下提银五成，分解晋豫。"同时，作为某种交换，他明确拒绝了从江南制造局、福州船政局等企业中抽拨资源的做法②。朝廷也接受了沈葆桢的建议，于二十一日（23日）颁布上谕称："各省关应解光绪四年南洋经费，即著户部查明数目，咨照各该省关，于此项银两内提出五成，迅速分解山西、河南，俾资办赈。"③

沈葆桢的这些举动是否出于跟李鸿章的合谋？迄今尚无证明材料。但从最终结果来看，这肯定是一个极大地降低洋务经费损失的方案。其一，李鸿章手里的海防现款自此再未遭受被抽拨他用的损失，天津机器局、江南制造局亦得以照常运营。其二，至于被转为赈需的南洋海防经费，从李鸿章以往的经验来判断，其中相当大部分属于难以解交的虚数。果不其然，曾国荃在光绪四年（1878）底就抱怨称："前经幼丹制军奏明，以五成之半解晋，半载以来，解到者仅山海关、

---

① 刘广京、朱昌崚编：《李鸿章评传：中国近代化的起始》，第116—117页；樊百川：《清季的洋务新政》，第二卷，第971页注释1。
② 《筹议海防经费并机器局未便停工折》，载吴元炳辑：《沈文肃公政书》，卷7，第1413—1414页。
③ 《清实录》，第53册《德宗景皇帝实录（二）》，卷70，光绪四年三月辛未（二十一日），第87页。

上海、粤海、闽海数处,合计不及万金,其余各处,屡经函促,嗣接回书,均难实靠。"① 同样值得强调的是,沈葆桢的举动,无疑还为李鸿章和朝廷提供了良好的脱困台阶:李鸿章表面上未再后退,朝廷也得到了继续贯彻"养民"理念的口实。但盘点一下总账,赈务对洋务的第二波攻击,仍是以洋务经费的受损宣告了局。

在"丁戊奇荒"的冲击下,就连海防建设和军事工业这样的洋务核心工程都无法避免赈务的倾轧,所以民用洋务事业自然也无法独善其身。当然,相对于海防和军工来说,此时民用洋务事业的体量实属单薄,很难为赈务提供太多的经费或其他直接性资源。所以在此期间,民用洋务事业主要遭受的损失大体可谓是间接性的。但是,对于刚刚起步的民用洋务事业来说,这些间接性损失的后果仍然是不能低估的。那么,这种损失何以出现,又主要体现在什么地方呢?

民用洋务企业因灾受损的第一个主要表现,是洋务企业对正常经营的偏离。此次灾荒期间仅有的一家处于正式运营状态的企业,即轮船招商局,便出现了此种情形。其因灾受损的原因,乃是该局以无利可图的方式承运了大批接济华北灾区的赈粮。为了转运从远离灾区之处筹集的大批赈粮,李鸿章在光绪三、四年(1877—1878)中,迭次指令招商局承运的赈粮数量超过了 20 万石。且该局不仅需要代为采买粮食,往往还要垫付不菲份额的购买费用,而运费又十分低

---

① 《复夏子松》,载萧荣爵编:《曾忠襄公(国荃)书札》,卷 12,第 1274-1275 页。

廉①。更有甚者，该局还要亏本运输。例如，光绪三年（1877）九月初，该局奉命承运晋、豫两省赈米，"其时客商涌运各粮，共资灾济"，而该局"船只不敷，另雇洋船协运，租费既多，又因时届封河，即在大沽起货，夫车驳运，贴费亦巨"。此外，即便在亏本运输的情况下，该局还要于"水脚项下分提闽、晋、豫等三省赈捐"，总计1.8万余两②。

民用洋务事业因灾受损的第二个主要表现，是企业建设资金的削减。光绪三年（1877）以前，李鸿章多次为民用洋务企业的创办提供了很大力度的支持。例如，轮船招商局开办时的实收资本为18万余两，而其中李鸿章借拨的直隶练饷即达制钱20万串（约合银12万两）；光绪二年（1876），该局资金周转困难，又得李鸿章筹拨官款50万两，才使局面得到缓解③。另外，在支持盛宣怀创办湖北矿务的总资本30万串制钱中，来自李鸿章借拨的直隶练饷亦达到20万串④。可是，在温中翰的建议使李鸿章拿出10万两直隶练饷作为赈款后，所有在70年代后期遇到资本困难的民用企业，除了前述开平矿务局得到难堪大用的3万两，无论是试办中的湖北煤铁矿、上海机器织布局，还是陷入难局之中的轮船招商局，李鸿章再未予以分文援助。无疑，其间很可能既有李鸿章手里的机动款陷于紧张的因素，也免不了他担心再遭外间觊觎的成分。在这种情况下，盛宣怀还希望李鸿章能够对湖北矿务继续投入，也就无异于缘木求鱼了。

---

① 此方面详情，参见张后铨主编：《招商局史（近代部分）》，第74—75页。
② 胡政、李亚东点校：《招商局创办之初（1873—1880）》，北京：中国社会科学出版社，2010，第132、140页。
③ 张后铨主编：《招商局史（近代部分）》，第30—31、51页。
④ 夏东元编著：《盛宣怀年谱长编》，上册，第34—35页。

民用洋务企业因灾受损的最后一个表现，是企业管理力量的削弱。既有研究表明，在朝廷内外的共同期望下，李鸿章事实上成为"丁戊奇荒"时期赈灾活动的一大枢纽，承载了在全国范围内为灾区筹措、转运赈灾物资的繁重任务①。为了应对这一任务，他不得不从各方面调派人手。他在洋务企业中抽调的一个重要人员，乃是时任轮船招商局会办的朱其昂。此时朱其昂虽然业已降格为负责漕运的会办②，但因当时承运漕粮业务是该局最主要的收入来源之一③，所以仍是该局中十分重要的经理人。而在购运赈粮成为该局一大事务后，朱其昂又被李鸿章委派为这一事务的负责人。朱其昂则先因"购办豫省赈米，事务愈繁，焦劳愈甚"，"近因京城平粜，往来跋涉，心力交瘁"，竟于光绪四年五月初一日（1878年6月1日）"殁于天津差次"④。朱其昂的去世，可谓是招商局管理层的一大损失。

另一个因赈务而被李鸿章调动的洋务人员，正是盛宣怀。光绪四年（1878年）三月，盛宣怀基于郭师敦查明"武【昌】、【大】冶铁矿业经炼有铁样，其铁质之佳、矿质之旺，众所共见"，并且"荆【门】、当【阳】煤质坚好……开挖尚可合算"的情况，故而向李鸿章汇报"有此地产，有此矿师，有此开办之端倪，如竟畏难中止，尽废前功"⑤时，李鸿章却丝毫不予理睬，反而令其前来直隶办理河间府赈务，而且一

---

① 此方面详情，可参见欧阳萱：《大祲奇荒中的李鸿章》，硕士学位论文，中国人民大学历史学院，2013，第54—62页。
② 张国辉：《洋务运动与中国近代企业》，第147页。
③ 许涤新、吴承明主编：《中国资本主义发展史》，第二卷上，第403、406页。
④ 《为朱其昂请恤折》，载顾廷龙、戴逸主编：《李鸿章全集》，第8册《奏议八》，第84页。
⑤ 《盛宣怀上李鸿章禀》，载陈旭麓等主编：《盛档之二》，第286页。

待便长达将近八个月时间。对于正急于在洋务道路上谋求发展的盛宣怀来说,这次河间赈务当然是一个非常意外的插曲,无疑也分散了他很大一部分精力。正是这一原因,前面才指出李鸿章对盛宣怀长期未能驻局办事的指责十分不公平。不过,这里随之产生的问题是,李鸿章为什么在湖北办矿行动的紧要时刻,忽然要调派盛宣怀前来直隶从事赈务活动呢?

第三节 盛宣怀的赈务活动在洋务事业中的收获

要解释李鸿章何以非得调派盛宣怀前去办理河间赈务,还需要更为全面地了解这一时期李鸿章的处境。可以说,此时的李鸿章委实处于左支右绌的艰难境地。一方面,如前所述,面对来自朝野的压力,他要竭力维护被言官们大肆攻击的洋务事业不至于中辍;另一方面,直隶也是遭受"丁戊奇荒"打击的一个重灾区,作为直督的李鸿章当然不能对本省赈务掉以轻心。而李鸿章之所以将盛宣怀从湖北调往直隶,也正与直隶赈务逐渐积聚起来的巨大压力有关。

在这次华北大旱中,直隶自光绪元年(1875)起便已显露旱象。是年四月初七日(5月11日)的一道上谕即称:"京师入春以来,雨泽稀少,节逾立夏,农田待泽孔殷"。五月间,"张家口、古北口等地,天气亢旱,麦收大坏"。到是年冬间,"全省雨水较少,田多龟坼,每遇微风轻飏,即尘埃四起,几至眯目,故出门殊乏味耳。津郡四周五百里内，麦尽枯槁无收，或有势将萎败者"①。次年（1876）四、五月间，据李鸿章奏报："虽得雨数次，但皆未深透，麦苗多已枯萎，秋禾未能遍种。"②进入光绪三年（1877），直隶旱情更趋严重。据翰林院编修何金寿于九月间奏称："直隶境内亦大半灾荒，粮价腾踊，秋令缺雨，种麦已迟，新陈不接，为期不远。近日外县饥民来京觅食者，络绎不绝。"③李鸿章亦于是年底奏称："查直属本年四月以后，天气亢旱，并有蝗蝻萌生处所。嗣虽得雨数次，但多未深透，或此有彼无，以致天津、赵州、定州、大名、顺德、广平六属秋禾被旱，保定、河间、正定、深州、冀州五属情形较甚。"④直到光绪四年（1878年）三月间，直隶境内仍是"甘霖尚未渥沛"⑤。

　　这次旱灾显然比同治十年（1871）水灾更为严重，李鸿章安排赈抚工作的繁重程度可想而知。而在这个时候，执行赈抚事务的官赈系统又给他增添了额外的麻烦。光绪三年（1877）九月中旬，何金寿便向朝廷奏称可能有讳灾之处："保定、河间、正定、滦州、冀州所属数十州县，其秋收差可支持者不过数处，其余收成大率不过一分。此外大名、广平亦俱荒歉，困苦不堪，逃亡北来者纷纷不绝，沿途僵毙。闻

---

　　①　以上三条资料，皆转引自李文海、林敦奎、周源、宫明：《近代中国灾荒纪年》，长沙：湖南教育出版社，1990，第341页。
　　②　《直境被旱救荒折》，载顾廷龙、戴逸主编：《李鸿章全集》，第7册《奏议七》，第107页。
　　③　《何金寿折》，载顾廷龙、戴逸主编：《李鸿章全集》，第7册《奏议七》，第452页。
　　④　《查明本年灾歉州县来春接济折》，载顾廷龙、戴逸主编：《李鸿章全集》，第7册《奏议七》，第519页。
　　⑤　《久旱民饥疆吏不职自请严谴折》，载顾廷龙、戴逸主编：《李鸿章全集》，第8册《奏议八》，第38页。

该州县尚报五六分、六七分不等。"① 李鸿章也通过自己的访查，在同年十一月初一次性奏参了13名在办赈中"庸劣不职之员"②。然而，这些参奏并未能够阻止官赈人员失职行为的继续发生，其代表性事件则是年底的天津粥厂大火。十一月中旬，天津城内的武学粥厂就曾"夜间起火，正配殿房、山门一时俱成灰烬"，只因"此厂初立"，才"尚未延伤多命"。不幸的是，办赈官员并未从中吸取教训。十二月初四日（1878年1月6日），设于天津城东南角康家花园地方的妇女粥厂，因"该监粥厂委员不戒于火，立时火焰冲天"，并且，

> 是厂初立时，出入止留一门，四周纯是篱笆，只计及妨嫌，未虑其有变。可恨该厂司阍人于火起时，反将此门锁闭，厂内妇女、孩子们见火，觅门逃生，因锁闭难出，死于门内者不计其数。③

据统计，该厂当时收容的2 800名妇女、儿童中，有2 287人葬身大火④。此事也引起了朝廷的震怒，除谕令将"平时漫不经心，临时又不力筹救护"的两名委员"即行革职，永不叙用"外，还饬令将"防范不严及失于查察"的津海关道黎兆棠、长芦盐运使如山、天津道刘秉琳"分别交部议处"，李鸿

---

① 《何金寿片》，载顾廷龙、戴逸主编：《李鸿章全集》，第7册《奏议七》，第453页。
② 《查明本年直属秋禾被灾州县请豁缓粮租折》《特参庸劣不职之员片》，载顾廷龙、戴逸主编：《李鸿章全集》，第7册《奏议七》，第486、492页。
③ 《津郡火灾》，载《万国公报》，第7册，台北：华文书局，1968，第4648页。
④ 中国第二历史档案馆、中国社会科学院近代史研究所合编：《中国海关密档——赫德、金登干函电汇编（1874—1907）》，第二卷，北京：中华书局，1990，第11页。

章亦连带着"交部议处"①。

可以推断,正是鉴于上述状况,促使李鸿章生发了调整办赈人员以改善现有官赈系统的念头。同时,由于赈务既紧急又繁重,所以他并不可能在短时间内对办赈人员进行大规模调换,而只能采取抓重点的办法。其表现便是,他在光绪四年(1878)初为河间府安排了一个特殊的办赈机构。河间府地区之所以被作为重点,除了因"河属灾区尤多",且该府所辖阜城、献县、交河、景州、东光等处"情形极为困苦"外②,其实还有更加复杂的隐情,对此后文将加以说明。此次河间赈务的主持人选,是李鸿章煞费苦心组建的一套"三驾马车"。其一为翰林院编修吴大澂,由于此人是清流派的著名成员,且当时清流派的一些重要成员正以赈务为辞与李鸿章发生争执③,因此李鸿章的这个选择,可能也含有与清流派缓和关系的意思;另一人为当时因办理义赈而名声大噪的江苏绅士李金镛,关于他的情况,后面还有进一步的说明④。或许由于前述两人与李鸿章的关系毕竟都算不上紧密,所以李鸿章又选定了关系更为紧密且在同治十年(1871)大水期间有过赈灾经验的盛宣怀加入此次赈务。

应该说,盛宣怀在这次河间赈务中没有辜负李鸿章的委

---

① 《津郡火灾》,载《万国公报》,第 7 册,第 4648 页。
② 《奏办赈抚情形片》《灾重之区筹给籽种片》,载顾廷龙、戴逸主编:《李鸿章全集》,第 8 册《奏议八》,第 22、61 页。
③ 艾志端(Kathryn Edgerton-Tarpley):《晚清中国的灾荒与意识形态——1876—1879 年"丁戊奇荒"期间关于灾荒成因和防荒问题的对立性阐释》,丁蕊、朱浒译,载李文海、夏明方主编:《天有凶年:清代灾荒与中国社会》,北京:生活·读书·新知三联书店,2007,第 509-536 页。
④ 《吴大澂督饬办赈片》,载顾廷龙、戴逸主编:《李鸿章全集》,第 8 册《奏议八》,第 45-46 页。

任，整体上表现得十分出色。这主要体现在以下三个方面：

首先，他在办赈过程中始终坚持了认真负责、亲力亲为的态度。例如，在办理献县赈务期间，他亲自带同随行人员"挨户详查"，并且亲尝灾民食物，甚至还在受灾村庄"疫病相染""绅董同去者足皆不肯入户，谓秽气所蒸，疫易传染"的情况下，毅然"以身先入"①。这些做法自然使他能够确切掌握灾区实情，进行较具针对性的救济，他也敢于信心满满地向李鸿章表示："职道自问尚能惠及极贫，毫无浮冒等弊。"②因此，《行述》中对盛宣怀从事河间赈务的这段描述，也的确不算夸大：

> 戊寅，河间府属被灾剧重，吴愙斋中丞时以编修自请放振，文忠奏派府君及李秋亭太守金镛与偕。府君稔知州县查户假手胥役不足恃，每躬自巡行村落，风日徒步，按户抽查，在东光县某乡，竟至露宿终夜，归而欬逆，上气大作，盖毕生喘疾所由萌芽也。③

其次，他在官方的各种救济措施之外，施行了颇具创意的新方法。这方面最突出的例子，就是他在献县设立纺织局的举措。约于光绪四年（1878）三月底四月初，即盛宣怀在献县开办赈务后不久，因发现"该县男妇向皆能织"，故禀明李鸿章，在县属"东西乡设局收买线带"，以"稍济其生机"④。稍后，他又在收养灾孩的抚幼局中"择其中年稍长者，

---

① 《盛宣怀禀李鸿章文》，上海图书馆藏盛宣怀档案，档案号 SD005798。
② 《河间赈务稿簿》，上海图书馆藏盛宣怀档案，档案号 SD005019。
③ 《行述》，载盛宣怀：《愚斋存稿》卷首，第 8 页。
④ 《李鸿章致盛宣怀函》《河间赈务稿簿》，上海图书馆藏盛宣怀档案，档案号 SD034187、SD005019。

雇人购机，教之纺织线带"①。而为了使纺织局能够运行下去，盛宣怀也想了不少办法。如他曾禀请李鸿章"于借款内提出二千金"作先行收买之资，再将"收买布匹带赴关东易粮"②。另外还劝说丁寿昌"函商各营采购，以备军用，彼此获益"③。这个既能够因地制宜又带有组建手工工场意味的工赈措施，在当时就引起了注意。李鸿章就曾称赞此举为"养民不若令民自养"的措施，并指示盛宣怀"收买布匹，运沪寄售，必不折本，可放手为之"④。远在上海的《申报》闻知此举，也给予了积极的评价："若得各灾省皆仿此行之，则民悉力于耕作，又安见不可补当前之缺憾而冀此后之丰亨欤！"⑤

最后，盛宣怀在处理河间赈务期间出现的、影响甚大的"景州赈案"中发挥了很大的作用。"景州赈案"是景州境内的一批绅富与官府在捐款赈灾的问题上发生了严重的矛盾，而后，御史李桂林于光绪四年（1878）四月中旬向朝廷奏参该州官府"不论贫富，概行勒派"，从而酿成了京控大案⑥。对于这一可能影响赈务大局的突发事件，李鸿章在接到朝廷下令追查的谕旨后，立即委派盛宣怀"不动声色，就近驰往景州，按照所参各节，严密逐细查访"⑦。由于此案牵涉的地方绅富人数众多，并且景州官府在劝捐中确有失措之处，所

---

① 《河间赈务稿簿》，上海图书馆藏盛宣怀档案，档案号 SD005019。
② 《李鸿章致盛宣怀函》《丁寿昌致盛宣怀函》，上海图书馆藏盛宣怀档案，档案号 SD034187、SD034185。
③ 《丁寿昌致盛宣怀函》，上海图书馆藏盛宣怀档案，档案号 SD034177。
④ 《李鸿章致盛宣怀函》，上海图书馆藏盛宣怀档案，档案号 SD034187。
⑤ 《论招民归耕宜兼兴水利、施教化》，载《申报》，第 12 册，上海：上海书店，1982，第 522 页，光绪四年五月初八日（1878 年 6 月 8 日），第 3-4 版。
⑥ 关于此案的基本情况，可参见冯金牛、高洪兴：《"盛宣怀档案"中的中国近代灾赈史料》，《清史研究》2000 年第 3 期，第 94–100 页。
⑦ 《李鸿章札盛宣怀文》，上海图书馆藏盛宣怀档案，档案号 SD043352。

以要彻底查清是非常困难的。在此情况下,盛宣怀把重点放在了对地方绅富施行怀柔之策上。他先是提出"查明书捐各户,其有已缴未清及全未呈缴者,仰即再行邀集公正绅董,秉公确实复核"①,继而又对原先写定的捐户名单及数目做了大幅度的调整,"将实系无力者,核准免缴,其有力而未逮者,分别核减"②,这才最终较为平稳地解决了这一案件。

总体看来,李鸿章对盛宣怀在河间赈务中的表现十分满意,顺带着也宽宥了盛宣怀此前并不顺利的湖北办矿活动。这主要表现在,李鸿章于光绪四年(1878)底为盛宣怀向朝廷请奖时,在大力强调了其在办赈期间"尽心筹画,亲查户口散放,实惠及民……出力出资,不辞劳怨,殊于地方有裨"的功劳之后,还称赞他"历办招商开矿要件,久著劳绩,其才能洵堪任使"③。而借由这次保奖的铺垫,李鸿章复于次年九月间向朝廷上奏,成功地为盛宣怀争取到了署理天津河间兵备道之职④。对于当时在洋务事业方面并未做出多少成绩、又没有地方任职经历的盛宣怀来说,这次居然能够得到生平第一次出任实官的机会,办理河间赈务肯定是一个非常重要的履历。

由于盛宣怀署理天津河间兵备道的时间并不长,因此,他通过办理河间赈务而在洋务事业中的收获,对他而言才更具长远意义。从事后情况来看,河间赈务不啻给身处洋务困

---

① 《盛宣怀咨吴大澂、札扎克丹、恩廉文》,上海图书馆藏盛宣怀档案,档案号SD043362。

② 《盛宣怀禀李鸿章文》,上海图书馆藏盛宣怀档案,档案号SD043361。

③ 《盛宣怀请擢奖片》,载顾廷龙、戴逸主编:《李鸿章全集》,第8册《奏议八》,第280页。

④ 《盛宣怀接署天津道折》,载顾廷龙、戴逸主编:《李鸿章全集》,第8册《奏议八》,第476页。

境的盛宣怀提供了一次非常及时且难得的转圜机会。正如以往研究表明的那样，湖北开采煤铁总局到光绪五年（1879）已难以为继。但令人颇感诧异的是，李鸿章并没有因此将盛宣怀逐出洋务建设之列的意思，反而在是年底又开始与盛宣怀商讨创建电报事宜，并于次年委任盛宣怀负责筹办中国电报局。对盛宣怀来说，这可谓是他继招商局、湖北矿务之后，第三次得到的在洋务道路上证明自己的机会。而他也终于没有错过第三个机会，正是依靠从光绪七年（1881）起成功推动了中国电报业的建设，才全面扭转了自己在洋务事业中的颓势。而以往很少有人注意的一个问题是：盛宣怀为什么能够以办理电报业为起点，成功地摆脱此前的囧途而走向洋务坦途呢？与前两次洋务建设活动相比，盛宣怀办理电报业时有了一个很不相同的条件，那就是他此时开始有了一批可以共同奋斗的合作者。而他结交这批合作者的起点，正是这次河间赈务。

　　与盛宣怀结交的第一位合作者，正是前述那位同样受命办理河间赈务的江南绅士李金镛。盛宣怀主要通过结识李金镛，又与当时十分活跃的江南义赈群体建立了密切联系，而正是这一群体对盛宣怀办理电报业起到了重要作用。要厘清这当中的关系，当然需要先对李金镛的情况略做说明。李金镛籍隶江苏无锡，咸丰六年（1856）时便投入江南著名善士余治门下，开始随其在江南一带办理慈善活动。太平天国运动后期，他又协助淮军相继经办了苏州、常州等地的善后救济事务，成为一名有相当知名度的地方善士①。"丁戊奇荒"

---

① 谢家福：《李金镛行状》，光绪年间刻本。原书无页码。

的发生，更为其提供了大显身手的机会。光绪二年（1876）底，因苏北地区大批灾民南下，在苏州、常州和上海等绅商的支持下，李金镛募集了约13万两赈银，带同金德鸿（按：金德鸿字少愚）等十余名江南籍赈友奔赴苏北，开展了卓有成效的赈济行动①。随后，因得知山东灾情甚重，李金镛又率先从江南社会中筹集大量人力、物力和财力，于光绪三年（1877）春带领人手在受灾最重的青州府一带开办了近五个月的赈务，共救助灾民26万余口，散钱15万余串②。李金镛的这次山东赈务，不仅使其善于办赈的名声为朝廷所知③，更成为江南社会掀起大规模义赈活动的开端④。李金镛本人亦因此被奉为晚清时期新型义赈活动的创始人之一⑤。很可能因其办赈声名鹊起，加之当年参加过淮军，李鸿章才会有调派李金镛前来直隶办理河间赈务之举。

乍看起来，在此次河间赈务之前，盛宣怀与李金镛乃至江南士绅社会之间似乎早已有着相当密切的关系。这方面最重要的一个依据，是著名广东买办、同治十二年（1873）与唐廷枢一起进入招商局领导层的徐润，曾在亲撰年谱中的同治七年（1868）栏下记有这样一条内容：

---

① 《海州查赈章程》，载《申报》，第12册，第273页，光绪四年二月二十五日（1878年3月28日），第2版。
② 苏州博物馆编：《谢家福日记（外一种）》，北京：文物出版社，2013，第124-125页。另可参见山东巡抚文格的奏报（《文格片》，载《申报》，第13册，第366页，光绪四年九月二十日（1878年10月15日），第4版）。
③ 早在光绪三年九月间，山东巡抚李元华就因李金镛办赈之举而向朝廷请奖。对此参见《李元华片》，载《申报》，第11册，第410页，光绪三年九月二十一日（1877年10月27日），第3-4版。
④ 朱浒：《江南人在华北——从晚清义赈的兴起看地方史路径的空间局限》，《近代史研究》2005年第5期，第114-148页。
⑤ 李文海：《晚清义赈的兴起与发展》，《清史研究》1993年第3期，第27-35页。

> 历年同办公益善举之友：余莲村（按：**余治字莲村**）、李秋亭（按：**李金镛字秋亭**）、谢绥之（按：**谢家福字绥之**）、施少钦（按：**施善昌字少钦**）、严佑之（按：**严作霖字佑之**）、陈竹坪（按：**陈煦元字竹坪**）、胡雪岩、盛杏荪。①

如果这条材料确实反映了盛宣怀在同治年间就与这些江南绅商有了慈善活动方面的合作，倒也可以说盛宣怀在从事洋务事业之前，就在"上海赈务活动中历来系头面人物"，是江浙绅商社会中"有影响的人物"②。但问题是，这条材料恐怕根本不是对同治年间这些人物进行慈善合作的记载。准确地说，这更有可能是徐润对自己在同光年间参与善举活动中交往人物的追记。

对于这一判断，从盛宣怀和李金镛的关系就可得到一个有力的证明。这是因为，盛宣怀自咸丰十年（1860）因战火而离开家乡，其后长时间跟随其父盛康（盛康此时为湖北盐法道）生活在湖北，直到同治五年（1866）才返回常州。并且，迄今亦未发现，盛宣怀在投奔李鸿章幕府以前，曾有过在上海生活的经历③。同时，李金镛虽在同治初年投效淮军，但大约没过两年便脱离了淮军队伍④。从此直到河间赈务之前，他始终未再出现在李鸿章身边，也就不可能与盛宣怀共事。另外一个情况是，李金镛曾在办理苏北赈务时向盛宣怀

---

① 徐润：《徐愚斋自叙年谱》，收入沈云龙主编：《近代中国史料丛刊续编》（491），台北：文海出版社，1976，第29页。
② 易惠莉：《郑观应评传》，第219—220页。
③ 对于盛宣怀1870年前的活动状况，夏东元编著《盛宣怀年谱长编》时进行了详尽考订。
④ 谢家福：《李金镛行状》。

之父盛康寻求过帮助①。如果盛宣怀与李金镛此前就已熟识，不大可能对李金镛的行动不置一词。可是，在所有关于李金镛的苏北和山东之行的资料中，从未出现过盛宣怀的名字。而在盛宣怀光绪四年（1878）前的洋务事业中，也从来没有发现有来自李金镛或其他江南绅商的帮助。

大致可以断定，正是以河间赈务为纽带，盛宣怀才与李金镛有了较为深入的结交。支持这一判断的证据，主要来自以下两个事例。其一是，盛宣怀在处理"景州赈案"的过程中，与李金镛形成了密切的配合。在盛宣怀重新核定当地捐户及各户捐数后，随即便让李金镛前往景州承担了很大一部分劝捐工作，"传集各该捐户，当面剀切劝谕"，甚至"舌敝唇焦"②。不仅如此，李金镛还协助盛宣怀对买奏抗捐之事进行了追查③。其二是，李金镛创办天津广仁堂之举，也得到了盛宣怀的大力支持。李金镛在河间赈务大体告竣后，又"于天津创设广仁堂，收养【天】津、河【间】两府贫孩节妇"，"为赈务之善后"。而此举的顺利进行，离不开盛宣怀"力赞其成"④。也正是因为盛宣怀对创建广仁堂之举给予了有力的支持，以至于后来甚至还被说成是该堂的创始人⑤。

与李金镛的结交，为盛宣怀结识更多的义赈人士铺平了

---

① 《恽光业、盛康、刘翙宸等呈○○○文》，上海图书馆藏盛宣怀档案，档案号 SD062614。
② 《盛宣怀禀李鸿章文》，上海图书馆藏盛宣怀档案，档案号 SD043363。
③ 《李金镛致盛宣怀函》，载王尔敏、吴伦霓霞编：《盛宣怀实业朋僚函稿》，中册，第 756 页。
④ 《奏保李金镛片》，载顾廷龙、戴逸主编：《李鸿章全集》，第 8 册《奏议八》，第 281 页。另可参见潘功甫编：《津河广仁堂征信录》，载李文海等主编：《中国荒政书集成》，第 9 册，第 6357 页。
⑤ 《福润片》，载《申报》，第 42 册，第 153 页，光绪十八年八月初四日（1892 年 9 月 24 日），第 14 版。

道路。一个明显的事实是，正是在河间赈务之后，盛宣怀才开始与义赈活动及义赈群体有了日益密切的联系。光绪五年（1879）夏，盛宣怀逗留上海期间，适逢经元善、郑观应等上海义赈同人领袖在广肇公所内集议赈务，盛宣怀也特地前往该公所参加了他们的会议①。早在光绪三、四年（1877—1878）的时候，上海地区的义赈活动就已在当时社会上具有很大的影响②。盛宣怀虽然在此两年中多次到过上海，但在当时义赈活动所留下的丰富而详细的各类记载中，从未提到过他的名字。直到光绪五年（1879）这次会议留下的资料，才确实证明了盛宣怀首次在义赈活动中的现身。而盛宣怀除亲身与会外，还对义赈同人此时筹议赈济山西的活动提供了不少帮助，他本人也因此被推举为上海协赈公所的董事之一③。

更加凑巧的是，光绪五年（1879）夏秋之交，天津、河间等处于久旱之后又突降暴雨，以致洪水为灾④。而盛宣怀与义赈同人的关系，恰因这场水灾进一步密切。原来，此时的盛宣怀正当就任署理天津河间兵备道不久，又因这场水灾而受命主持直隶筹赈局的工作⑤。同时，以苏州、上海、扬【州】镇【江】、杭州为中心的江南义赈力量在得知这场水灾后，也从是年秋到次年底全力投入了对直隶的救济行动。除

---

① 虞和平编：《经元善集》，武汉：华中师范大学出版社，1988，第 277 页。郑观应虽然出身广东买办，但他实际上与江南绅商群体的关系更为密切，所以在以江南绅商为主体的义赈活动中，其表现远比唐廷枢、徐润等其他广东买办活跃，而他也是通过义赈才结识盛宣怀的。对此，可参见易惠莉的细致分析（《郑观应评传》，第 214-219、225-226 页）。

② 虞和平编：《经元善集》，前言第 2-4 页。

③ 同上书，第 37 页。

④ 李文海等：《近代中国灾荒纪年》，第 407-408 页。

⑤ 《津门通信》，载《申报》，第 21 册，第 55 页，光绪八年五月二十五日（1882 年 7 月 10 日），第 2 版。

募集大量捐款外，还选派了包括严作霖、金福曾和经元善等重要人士在内的大批义赈绅士前往直隶办理赈务，并与盛宣怀主持的筹赈局（该局中还有当时已成为李鸿章幕僚的李金镛）进行了多方面的密切合作①。而当这场水灾救济活动结束的时候，盛宣怀的洋务事业也终于开始显现出了曙光。

正如盛宣怀在光绪七年（1881）的霉运并非突如其来的那样，其在洋务事业上的这缕曙光同样经历了一个逐步发展的过程。如前所述，通过河间赈务，盛宣怀一方面得以维持李鸿章对他的信任和赏识，另一方面通过李金镛结识了一批江南义赈同人。正是主要依靠这两个收获，才使得盛宣怀有机会摆脱自己洋务事业初期举步维艰的困境。这是因为：基于第一个收获，他得以继续在李鸿章的洋务体系中谋求发展，被委以办理电报业的新任务；基于第二个收获，他为自己的洋务事业获得了前所未有的丰富的社会资源，并使自己终于在洋务道路上成功地淘到第一桶金。这样便形成了一个颇为有趣的场面：对于盛宣怀及其洋务事业来说，河间赈务本来属于干扰其洋务事业的意外插曲，但从后来的结果来看，又恰恰成为盛宣怀走出洋务困途的序曲。

当然，在理解河间赈务从插曲到序曲的这种转化现象时，并不能过分强调它在客观上给盛宣怀带来的收获和机遇，而同样应该看到，盛宣怀本人在此转化过程中抓住机遇、变被动为主动的能力。可以肯定，盛宣怀当初被调来办理河间赈务，更多地属于一种被动行为。并且，无论是他自己还是李鸿章，都不可能从一开始就认识到，此举会对洋务事业的发

---

① 苏州桃花坞协赈公所编：《齐豫晋直赈捐征信录》，卷末《北直支放工赈录》，载李文海等主编：《中国荒政书集成》，第 8 册，第 5797 页。

展产生什么作用。而后来的情况表明，正是盛宣怀率先意识到这次赈务有可能为其洋务事业带来新的发展契机，并且将之付诸行动。这样一来，人们才不会意外地发现，正是主要由于盛宣怀不断地向李鸿章引荐具有义赈背景的绅商作为洋务事业的经理人，才使盛宣怀在赈务中建立的社会关系，最终演化为能够为洋务事业所利用的社会资源。

盛宣怀试图把赈务关系转化为洋务资源的想法，很可能产生于河间赈务即将结束的某个时候。而他引荐为合作者的第一个赈务伙伴，就是刚刚在河间赈务中建立较深关系的李金镛。光绪四年（1878）八月间，盛宣怀以"矿务既属兴利之大端，而得人尤为办事之先务"，以及自己事务繁忙为由，正式向李鸿章举荐李金镛出任湖北开采煤铁总局总办：

> 职道时有别项差委事件，南北纷驰，未能专顾矿务，而工程一经开办，实不可一日擅离，以致旋作旋辍。事关富强大局，亟应遴派干员坐驻矿场，专心总理，方能观其成效。查有运同衔补用同知李丞金镛居心诚悫，任事勤奋，于矿务尤加留意，心精力果，必能始终其事，堪以总办局务。①

同时，盛宣怀还向李鸿章建议，调派苏州绅士金德鸿"随同李丞前往工次，以收用人之效"。而这位金德鸿，正是前面提到曾随同李金镛先后办理苏北和山东赈务的同人。显然，盛宣怀之所以在这个时候举荐李金镛，只能解释为他在办赈过程中对李金镛的能力和社会背景有了深入了解。就李鸿章而言，基于对盛宣怀的信任和李金镛办理河间赈务中表露的才

---

① 《盛宣怀上李鸿章禀》，载陈旭麓等主编：《盛档之二》，第339—341页。

干，也很快就批准了这项任命①。这里需要说明的是，曾有论者认为，盛宣怀举荐李金镛之举，是为谋求从湖北矿务的"脱身之计"起见②。这肯定是一个不准确的判断。这是因为，盛宣怀根本就无法从中脱身，他在举荐李金镛后，不仅仍旧专任"督办之责"③，而且最终湖北矿务开发的失败责任也完全是由他来承担的④。因此，在促使盛宣怀举荐李金镛的动机中，更多的成分应该在于他通过河间赈务而相信后者是一个可靠的合作者。

另有论者指出，李金镛在湖北矿务中不过是个挂名总办，并没有担负什么具体责任⑤。这同样是不符合事实的说法。诚然，李金镛在接受委任后，由于"须绕往山东，将前办赈务了结"而造成一定的耽搁，从而未能立即接手湖北开采煤铁总局的工作⑥。但是，当他在光绪五年（1879）初正式投入工作后，立即成为湖北矿务中一个非常重要的人物。这主要表现在：

首先，在湖北开采煤铁总局改组为荆门矿务总局的过程中，李金镛确实发挥了作为一个负责人的重要作用。盛宣怀本人就承认，此次将湖北矿务从官办改为商办的计划，就是他与李金镛"通盘商榷"的结果⑦。尤其是作为荆门矿务总局

---

① 《李鸿章札盛宣怀文》，载陈旭麓等主编：《盛档之二》，第341页。
② 袁为鹏：《中国近代工矿业区位选择的个案透视——盛宣怀试办湖北矿业失败原因再探讨》，《中国经济史研究》2002年第4期，第134-144页。
③ 《盛宣怀上李鸿章禀》《李鸿章札盛宣怀文》，载陈旭麓等主编：《盛档之二》，第340-341页。
④ 夏东元：《盛宣怀传》，第63-65页。
⑤ 陈建林：《荆门矿务总局始末——官督商办企业个案研究之一》，《中南财经大学学报》2000年第5期，第91-95页。
⑥ 《盛康致周锐函》，载陈旭麓等主编：《盛档之二》，第352页。
⑦ 《盛宣怀致李瀚章函》，载陈旭麓等主编：《盛档之二》，第383页。

重中之重的招商事务，更多是由李金镛承担的。从光绪五年（1879）四月间发布的《湖北荆门矿务招商章程》中就能看出，该章程试图产生的号召力，几乎完全来自李金镛及其办理义赈的经历：

> 前经宣怀据实禀奉南、北洋大臣、湖广督抚宪批准招商试办，并蒙札委金镛总办局务，在沪纠集股分，会商筹办。窃维东南士民莫不急公好义，前金镛经办三省助赈数十万金，尚蒙信任。此次矿务，实为中国富强之基，试办有效，获益全局，想官绅商富同抱公忠，必能众力相扶，乐观厥成。①

另外，很可能是出于李金镛的设计，该章程甚至还开创性地把义赈活动的筹赈办法引入了招股事务之中："开办以前，陆续收集股分，开办以后，各项支用款目及煤吨收销各数，悉照办赈章程，随时录数，刊登《申报》，以供众览，俾得周知。"联想到前述盛宣怀筹集办矿资本时的表现，可以说，如果没有李金镛，盛宣怀是否敢于提出将湖北矿务改为商办的计划，很可能都会成为一个问题。这是因为，盛宣怀向李鸿章汇报此次招商情况时，就直截了当地称，湖北矿务"改归商办之后，股分皆由李守金镛所招徕"②。

其次，荆门矿务总局开办后，李金镛也确实承担了许多重要事务。例如，在决定设局后，盛宣怀并未亲往湖北，而是由李金镛偕同金德鸿从"上海起程，先赴镇江、汉口、沙市等处，筹商转运，即行径赴荆门试办"③。光绪五年（1879）

---

① 《湖北荆门矿务招商章程》，载陈旭麓等主编：《盛档之二》，第415–418页。
② 《盛宣怀上李鸿章禀》，载陈旭麓等主编：《盛档之二》，第453页。
③ 《盛宣怀、李金镛上李鸿章详》，载陈旭麓等主编：《盛档之二》，第419页。

六月初，李金镛又亲赴当阳县查看地形、煤质和运输条件，并确定观音寺为荆门矿务总局所在地①。直到光绪六年（1880）下半年，李金镛还经常为运煤之事而与盛宣怀进行筹商②。另外，对于作为荆门矿务总局所产煤炭最重要销售地点之一的上海栈房，其司事杨廷杲亦是李金镛举荐的人选③。在此值得一提的是，杨廷杲也是一位老资格的义赈同人，他从光绪三年（1877）起就是义赈活动的积极参加者④。因此可以说，虽然该局开办后主要是由金德鸿驻扎荆门，李金镛待在湖北的时间确实不多，但是其为该局奔波的状况表明，其从未置身事外。

遗憾的是，虽然盛宣怀依靠延揽李金镛而把官办的湖北开采煤铁总局改组为商办的荆门矿务总局，但是这并未能使湖北矿务起死回生。最终，荆门矿务总局不得不于光绪七年（1881）九月间被迫停撤⑤。这不仅标志着盛宣怀开发湖北矿务活动的彻底失败，而且意味着他把赈务关系转化为洋务资源的初次尝试，亦未取得成功。至于这次尝试未能成功的一个最为直接的原因，应是李金镛承担的招商活动只实现了原定计划的一半即5万两，从而导致该局从开办之初就受到了资本上的极大限制⑥。

不过，这次招股活动的失败，并不等于说李金镛把筹赈

---

① 《盛宣怀、李金镛上李瀚章禀》，载陈旭麓等主编：《盛档之二》，第423页。
② 《李金镛致盛宣怀函》《盛宣怀致李金镛函》，载陈旭麓、顾廷龙、汪熙主编：《上海机器织布局——盛宣怀档案资料选辑之六》，上海：上海人民出版社，2001，第22-26页。以下简称《盛档之六》。
③ 《杨廷杲致盛宣怀函》，载陈旭麓等主编：《盛档之二》，第425页。
④ 苏州博物馆编：《谢家福日记（外一种）》，第83页。
⑤ 《李鸿章札盛宣怀文》，载陈旭麓等主编：《盛档之二》，第462-463页。
⑥ 《盛宣怀、李金镛上李鸿章详》《盛宣怀致〇〇〇函》，载陈旭麓等主编：《盛档之二》，第419、463页。

办法运用于招商的这个思路一定是错误的。这里应该说明的是，李金镛接手经理湖北矿务时，恰恰也是整个义赈活动大力开展山西、直隶等地赈务之时①。因此也就不难发现，在李金镛为湖北矿务招商引资的过程中，根本看不到他曾经得到过其他义赈同人给予的帮助。在很大程度上，这可以算是李金镛招商失败的一大原因。这是因为，与此形成鲜明对照的是，光绪六年（1880）九月间，也就是义赈活动业已度过最繁忙阶段的时候，另外一位义赈同人依靠义赈体制的支持，同样运用了这套化筹赈为招商的方法，却取得了巨大的成功。这个例子就是中国近代经济史上非常著名的、由经元善主持的上海机器织布局招商活动。

关于经元善的这次招股活动，以往已多有论述，这里无须再详细介绍其来龙去脉。不过，对于经元善借鉴筹赈办法的思路和做法，很少有研究者予以认真的考察。事实上，经元善虽然没有像李金镛那样明白地打出"悉照办赈章程"的旗号，但其办法同样贯彻了筹赈经验。经元善本人后来解释自己的做法是："即以筹赈平实宗旨，变而通之，凡所招股本、户名、银数，及收款存放何庄，每月清单布告大众。"并且，这之中的渊源，甚至连义赈活动之外的人士都有明显的感觉。例如，当时织布局的官方代表戴恒和龚寿图之所以对经元善产生不满，一个重要原因便是他们认为"此系商务，非办赈，收款何必登报"②。另外，经元善的招商活动亦从义赈体制中受益匪浅。这方面的一个主要反映是，在织布局设

---

① 朱浒：《江南人在华北——从晚清义赈的兴起看地方史路径的空间局限》，《近代史研究》2005 年第 5 期，第 134-144 页。
② 虞和平编：《经元善集》，第 286 页。

立的 36 个股份代收处中，许多地方都是以先前经收义赈捐款处为基础的①。而这是李金镛所不曾得到的支持。最终，经元善这次招股的成绩也是惊人的：在织布局招商章程发布后仅一个月，认购股金即达 30 多万两，不久又增至 50 万两，甚至出现了"尚有退还不收"的情形，从而大大超过了原定 40 万两的计划②。

织布局招商活动的显著成绩，显然使盛宣怀重新认识了义赈同人办理商务的能力，特别是这套化筹赈为招商办法的价值。这方面最明显的表现是，约在光绪七年（1881）下半年的某个时候，盛宣怀反思了办理湖北矿务失败的教训，曾经不无懊悔地认为，自己从试办之初或许就应该借鉴赈务办法：

> 试办无一定把握……惟试挖时必须拼出一万金，如同放赈。此款何来？或先布告同人，愿附股一千两者，先出一百两，得红则准其再出九百两，不得红则将试挖工本刻信录了结。将来大利之根在此百两，得红以后不准外人揽股，则人或乐捐百两，从祈大福之来。③

然而，对于盛宣怀来说，这样的懊悔已经没有什么必要了。这是因为，大约稍前于他说这番话的某个时候，经元善、郑观应和谢家福等义赈领袖已经接受盛宣怀的邀请，开始共同办理中国电报业，并很快使之走上了正轨。而盛宣怀化赈务关系为洋务资源的努力，也终于从这里取得了极大的成功。

---

① 虞和平编：《经元善集》，前言第 8 页。
② 虞和平编：《经元善集》，第 287 页；张国辉：《洋务运动与中国近代企业》，第 276 页。
③ 《盛宣怀致金福曾函》，载陈旭麓等主编：《盛档之二》，第 397—398 页。

众所周知，中国电报业的起步始于光绪六年（1880）。是年八月，经李鸿章向朝廷奏准，盛宣怀开始主持办理津沪电报。尽管电报总局起初设在天津，但由于"上海电报分局为南路各局总汇"，所以上海在筹建过程中的地位，一开始就不在天津之下①。盛宣怀在领命之后，亦深知"天津而外，自以上海为最重"，故此处"用人一端"尤为其"所兢兢者"②。在这种情况下，盛宣怀首先确定的上海电报分局总办人选就是作为上海义赈活动主持人之一的郑观应。其后不久，同样身为当时义赈领军人物的谢家福和经元善也先后加入，从而与郑观应一起组成了上海电报分局的领导机构，整个电报业的建设亦从此得以全面展开。对于该局的初创状况，经元善曾经做过极为清楚的描述：

> 光绪辛巳孟夏，电务正在开办之际，郑陶斋（按：郑观应字陶斋）为总办，谢绥之为会办。适谢君病危，举元善自代。承郑君推心置腹，畀以全权。受任以后，励精图治，事属创举，用人极少，而南北同时兴工，运料、运木络绎于道，以一身而兼仆役之事，其劳众所周知。迨壬午春改归商办，先集股湘平银八万两，督办盛公派善出一万两，当时电利茫无把握，实以同德同心，力顾大局，不得不勉而行之。是电局商办开首股东，善固八分之一也。嗣郑君专务纺织，兼会办轮船，应接不暇，改委善总办沪局，添本扩充。又公议创始入股者为

---

① 《北洋通商大臣李傅相批示》，载夏东元编：《郑观应集》，下册，上海：上海人民出版社，1988，第1000页。

② 《盛宣怀致谢家福函》，载谢行惠编：《谢氏家藏同光诸老尺牍》，卷3，1927年石印本。原书无统一页码。

商董，共支商董月薪五百元，盛得二，郑、谢、经各得一。是电局商董职任仔肩，善又五分之一也。诸君子固皆推诚布公，善亦公而忘私。①

在郑、经、谢等人与盛宣怀的通力合作下，电报局很快就取得了非凡业绩。在中国第一条电报线路即全长约3 000里的津沪电报竣工后，电报局于光绪八年（1882）春间改为官督商办，并在上海进行了招商工作。此次招商进行得极为顺利，其股价在公开招股后一个月内就上涨了15%，甚至"已挂号而不得票者"亦大有人在②。光绪九年（1883）间，电报总局从天津迁至上海，由此带动了电报局进一步迅速发展③。虽然该局招商工作一度受到了上海金融风潮的影响，但是该局仍顺利完成了第二条干线即苏浙闽粤沿海陆线的铺设，其营业额亦从光绪八年（1882）的6.1万两增长到光绪十二年（1886）的41万两，并还清开办之初官垫款项17.8万两，成为这一时期经营状况最好的一家洋务企业④。

另外应该指出，郑、经、谢等人对上海电报局和中国电报总局的经营，还不足以反映义赈同人参与电报业的全貌。因为国内设立电报分局的地方并不限于上海一地，同时义赈同人的身影也不仅仅活跃在上海。在筹建初期设立的七个电报分局中，除上海外，盛宣怀最为看重的是苏州和镇江两地的电局，而他对这两处所做的人事安排是：主管苏州电局的

---

① 虞和平编：《经元善集》，第276页。
② 严中平主编：《中国近代经济史，1840—1894》，下册，第1441页。
③ 丁日初主编：《上海近代经济史》，第一卷，上海：上海人民出版社，1994，第581—582页。
④ 许涤新、吴承明主编：《中国资本主义发展史》，第二卷上，第397页。

是谢家福之侄谢庭芝，主管镇江电局的则是张世祁和严作霖①。需要说明的是，谢庭芝的任职并非完全依靠其与谢家福的亲缘关系，因为他与张世祁一样，都是原先苏州义赈活动中的重要人物②。与此同时，谢家福还受盛宣怀委托，负责督查苏州、镇江两处的电报业务③。此后，随着电报业向全国范围的展开，义赈同人出掌各地电局的情况愈来愈多。目前能够找到确切名字的就有：光绪九年（1883），主管扬州电局的是原先扬州义赈领袖李培松④；光绪十三年（1887），主管广东电局的是曾与经元善同办直隶赈务的沈嵩龄⑤；光绪十五年（1889），主管南昌电局的何梅阁原先亦是苏州义赈活动的成员⑥；光绪十八年（1892），谢庭芝又被盛宣怀任命为烟台电局总办⑦；光绪十九年（1893），主管泸州电局的王柳堂和主管泉州电局的章蔚斋，"皆桃坞（按：系指'丁戊奇荒'期间作为苏州义赈中心机构的桃花坞）旧侣也"⑧。

尽管中国电报业的成功创办与迅速进展肯定包含着许多复杂原因，但是，盛宣怀从一开始就选择郑观应、谢家福和

---

① 《盛宣怀致谢家福函》，载谢行惠编：《谢氏家藏同光诸老尺牍》，卷3。
② 苏州桃花坞协赈公所编：《齐豫晋直赈捐征信录》，卷2《南豫赈捐收解录上》，载李文海等主编：《中国荒政书集成》，第8册，第5475页。
③ 《盛宣怀致谢家福函》，载谢行惠编：《谢氏家藏同光诸老尺牍》，卷3。
④ 《上海陈家木桥山东赈捐公所催捐启》，载《申报》，第23册，第316页，光绪九年七月二十日（1883年8月22日），第4版。
⑤ 《上海陈家木桥电报总局豫皖赈捐初五、初六日事略》，载《申报》，第31册，第1128页，光绪十三年十一月初八日（1887年12月22日），第3版。
⑥ 《上海文报局协赈公所六月朔至十七日止赈捐事略》，载《申报》，第35册，第119页，光绪十五年六月二十二日（1889年7月19日），第9版；苏州桃花坞协赈公所编：《齐豫晋直赈捐征信录》，卷2《南豫赈捐收解录上》，载李文海等主编：《中国荒政书集成》，第8册，第5475页。
⑦ 《谢庭芝履历单》，上海图书馆藏盛宣怀档案，档案号SD035459。
⑧ 《江浙同人振晋记二》，载《申报》，第44册，第166页，光绪十九年四月初九日（1893年5月24日），第4版。

经元善等义赈同人作为合作伙伴,并通过义赈机制获得了先前不曾具备的丰富社会资源,无疑是一个不容低估的重要因素。更重要的是,正是从办理电报业开始,盛宣怀在洋务事业中的命运才得到了彻底扭转。如前所述,盛宣怀在80年代之前的洋务活动曾一再受挫。而电报业方面的成功,不仅使他终于在洋务道路上站稳了脚跟,也拥有了扩展自身事业的重要资本。此后,又经过艰苦奋斗,盛宣怀到90年代初终于全面控制了两家最重要的洋务企业,即经营规模和影响最大的轮船招商局,以及经营业绩最好的中国电报局。正是以长期掌控轮船招商局和电报局为基础,盛宣怀后来才得以应对许多危难局面。特别是在甲午战争后并未受到李鸿章失势的太大影响,反而成功地实现了对自己实业活动的全新布局,有效扩大了其经济势力。毫不夸张地说,盛宣怀走上洋务发展道路的坦途,其起点是与义赈同人在电报业中的成功合作。而这种合作关系在盛宣怀后来的实业活动中,还有更多更大的作用。

俗话说"事不过三"。盛宣怀在相继遭受轮船招商局的失意和办理湖北矿务活动的失败后,终于通过光绪六年(1880)开始办理电报业的活动而走出了洋务道路上的困途。对于盛宣怀的这段曲折经历,以往研究大都简单地跳过,未能做出清楚的解释。从前面的论述可以看出,盛宣怀在湖北矿务行动中的失利,虽然有他个人举措失当的因素,但在更大程度上与李鸿章此时洋务事业在整体上的发展颓势有关。而李鸿章的洋务事业此时之所以处于颓势,无论如何也不能忽视华北大旱灾即"丁戊奇荒"对整个时局造成的巨大影响。对盛宣怀来说，奇荒固然也对其洋务活动形成了极大的干扰，同时又为其开创洋务事业的新局面做了铺垫。正是通过详尽分析河间赈务这一环节，才能理解盛宣怀何以能够在办理电报业之时突然获得一大批可靠的合作者，从而首次突破了此前基本上只能依靠李鸿章提供支持的状况。因此，如果仅仅将河间赈务置于灾荒史的范围内来考察，或者仅仅将之视为一项纯属社会史领域的内容，则无论如何也不足以充分说明其在盛宣怀生平事功中的地位和作用。

第三章

从救灾到救世：
盛宣怀与江南义赈绅商的群体联合行动

在关于盛宣怀的传记中，从19世纪80年代初到甲午战争的十余年，是其生平中稍显平淡的一段时期。就个人履历而言，他在这段时间中的亮点，除了担任山东登莱青兵备道和天津海关道外，也就是终于成为轮船招商局的督办了。事实上，放眼社会结构的变迁进程，此时的盛宣怀正处于一个意义深远的身份转型期。按照通行已久的论述，随着洋务运动的推进，从19世纪80年代起，中国社会逐渐出现了一个新兴的有产者阶层，成为中国近代社会结构发生根本性变动的显著标志。对于这个阶层，早先一般称为早期资产阶级，后来则多以近代绅商呼之①。至于这个阶层的社会来源，学界的共识是，主要由加入洋务事业建设的三类人物转化而来，即官僚、买办和旧式商人的上层②。以往在列举该阶层代表人物的

---

① 用"近代绅商"替代"早期资产阶级"，马敏论之最力。见其著《官商之间：社会剧变中的近代绅商》，天津：天津人民出版社，1995。

② 张国辉：《洋务运动与中国近代企业》，第339—346页。马敏也承认该阶层"主要由一部分官僚、地主、商人和买办通过投资【新】式企业而转化形成的结论，完全符合历史的实际"（马敏：《过渡形态：中国早期资产阶级构成之谜》，北京：中国社会科学出版社，1994，第55页）。

时候，盛宣怀从来都赫然在列。然而，迄今很少有人探究的问题是：盛宣怀是如何一面担任实职官员，一面又位居新兴绅商阶层代表人物的呢？换而言之，他究竟参与了什么样的活动，又有怎样的作为，才能证明自己的确具有新兴绅商的属性呢？随着对这些问题的探究，可以发现，在盛宣怀这段看似平淡的时期中，其实暗含着许多值得注意的潜流。

第一节　洋务建设运动中绅商群体的演变

对于"洋务运动"这一提法，曾有学者对其合理性深表怀疑。其所认为的一个重要理由是，官府主导的洋务建设"根本不可能出现众多商人自备资金或招收股分，自行办理的群众性活动局面"，"当然也就不会有什么'运动'了"①。而洋务建设促生新兴绅商阶层的事实，恰好构成了对这种质疑的回应。可以肯定，官僚、买办和旧式商人上层等不同来源的人物，都参与到洋务建设事业中来，不可能只是立足于非常狭隘的社会基础之上。不过，以往对新兴绅商阶层的考察，大多着重于论述三种人物的类型划分和代表人物的个人活动，而未能深入揭示这些不同类型的人物在洋务建设总体进程中的相对地位及相互关系，也就无法回答所有这些人物是否以及如何能够融合为一个阶层的问题。事实上，这三个类型在洋务建设中的作用并不相同，而且以往被归入这三个类型的人物也并不是都完成了向新兴绅商阶层的转化。从洋务建设

---

① 樊百川：《清季的洋务新政》，第一卷，第 21—22 页。

事业的发展进程和新兴绅商阶层的演变过程来看，可以说，唯有盛宣怀与一批江南绅商通过赈务关系而形成的洋务合作，才真正具备了群体联合行动的态势，从而体现了"群众性活动局面"的意味。

无论是在"早期资产阶级"还是在"近代绅商阶层"名义下的研究中，官僚群体都是首先被论及的一个类型。从时间上看，官僚人员也确实是最早涉足洋务建设的类型。这方面的代表人物，便是李鸿章在筹创轮船招商局时先后委派的两位幕僚林志道、盛宣怀。他们两人的创业活动并不成功，林志道很快成为局外人，盛宣怀则在局中沦为次要角色。而从更大的范围来看，他们两人的这种境遇决非个案。在轮船招商局之外，上海机器织布局的情况提供了另一个显著证明。在该局筹建过程中，李鸿章最初委派的人选皆为官宦人员，却无一堪当大任。光绪二年（1876），李鸿章始有策划织布局之举，派遣世家出身的幕僚魏纶先前往上海试办，而此人得不到任何社会支持，很快销声匿迹①。随后，李鸿章又允准前四川候补道彭汝琮创办织布局，结果此人举措毫无章法，使整个局面残破不堪，随之被逐出局②。光绪五年（1879）秋，李鸿章又委派浙江候补道戴景冯和两名官宦子弟吴仲耆、龚寿图主管局务，但这些人接手后一筹莫展，整个局面毫无起色③。此外，如前所述，盛宣怀在光绪初期对湖北矿务的经营，同样也是举步维艰。可以说，最早一批以官僚背景主持

---

① 张国辉：《洋务运动与中国近代企业》，第272-273页；易惠莉：《郑观应评传》，第203页。
② 易惠莉：《郑观应评传》，第204-207页。
③ 张国辉：《洋务运动与中国近代企业》，第275页；易惠莉：《郑观应评传》，第208-209页。

或参与洋务企业建设的人员，几乎没有人取得像样的业绩，当然也不可能在洋务建设中起到多大作用。至于盛宣怀在80年代以后的脱颖而出，则是凭借了其他的机缘。对此，后面再做说明。

客观而论，使得洋务企业建设略具雏形的第一批人员，应是以朱其昂为代表的一些江南商人。本书第一章里的论述业已表明，李鸿章经过权衡，最终决定以出身江苏沙船世家的朱其昂和著名红顶商人胡光墉作为创办轮船招商局的主要人员；而在胡光墉于开局前夕意外退出的情况下，朱其昂仍然设法完成了设局的任务，中国第一家近代企业遂得以创立。

不过，朱其昂等人并没有在洋务企业建设的道路上取得进一步发展。这主要是因为，他们在至关重要的资金和人事两方面都存在重大缺陷。就资金而言，他们向社会进行的招股活动始终不见起色。在该局的创办资本中，除朱其昂"自以身家作抵"外，仅有同样来自上海沙船世家的郁熙绳投资1万两，而更多的沙船商对于投资招商局的态度居然是"群起诧异，互相阻挠"，"竟至势同水火"①。其他各类商人也是态度迟疑，入股极不踊跃②。在人事方面，首要的困难是朱其昂本人的能力。虽有学者称其为"从旧式商人中游离出来具有新兴倾向的人物"③，但在另一方面，正如刘坤一指责的那样，朱其昂"既于外洋情形不熟，又于贸易未谙，买船贵而运货

---

① 《清查整理招商局委员会报告书》，下册，第18页；《字林沪报》，光绪九年十月十一日（1883年11月10日）。皆转引自张国辉：《洋务运动与中国近代企业》，第145-146页。

② 《英国领事报告》，1873，第85页；《北华捷报》（North China Herald），1874年9月19日，第293页。皆转引自张国辉：《洋务运动与中国近代企业》，第146页。

③ 严中平主编：《中国近代经济史，1840—1894》，下册，第1536页。

少，用人滥而靡费多，遂致亏折"①。其次的困难则是朱其昂未能从商人圈子中得到更广泛的支持，从其经营活动来看，其主要依靠的人手是朱其诏、朱其莼等亲属，而这些人并未表现出良好的经营能力。这就难怪朱其昂主持局务期间，招商局在业务上屡遭挫折。他本人也被迫在开局仅半年之后，便辞去总办之职。

在朱其昂为首的这批江南绅商集体乏力的情况下，从19世纪60年代起就在上海商业社会中十分活跃的另一个群体，也就是以唐廷枢、徐润为代表的广东买办商人，得以步入洋务企业建设的舞台。正如前辈学者指出的那样，近代买办商人是当时最熟悉新生产力的中国人士，并且最早拥有在中国兴办近代工业的知识和资本②。由于较早接触西方而得风气之先，广东人不仅首先显示出胜任买办的能力，也是崛起最早、最具实力的买办群体③。于是，在轮船招商局开业半年后不得不进行的改组中，朱其昂辞去总办职务，由唐廷枢接任总办。从此之后的约十年时间中，该局的经营主要控制在唐廷枢和徐润手里④。有关唐、徐两人的个人情况，已无须再加说明，这里所要强调的是，他们入局后不久，便扭转了此前的局面。其成绩是：除接手后一年时间里便新招股本40余万两外，还从同治十三年（1874）起使该局船舶拥有量年年稳定增长，

---

① 中国科学院历史研究所第三所工具书组校点：《刘坤一遗集》，第2册，北京：中华书局，1959，第601页。
② 许涤新、吴承明主编：《中国资本主义发展史》，第二卷上，第181-182页。另可参见汪敬虞：《中国资本主义的发展和不发展》，北京：中国财政经济出版社，2002，第81-100页。
③ 郝延平：《十九世纪的中国买办——东西间桥梁》，李荣昌等译，上海：上海社会科学院出版社，1988，第57页。
④ 张后铨主编：《招商局史（近代部分）》，第43-45页。

到光绪三年（1877）已拥有各种船只29艘，总吨位达3万多吨，该年度的总收入亦达154万多两，此外还开辟了许多新的航线，甚至还有远洋航线①。

以经营轮船招商局的业绩为起点，在80年代以前洋务企业建设过程中，广东买办是最受官府大力借重的绅商群体。这一时期，进入实际操作阶段的洋务企业共有3座煤矿和1家纺织厂。在3座煤矿即分别开办于光绪三年（1877）的安徽池州煤矿、光绪四年（1878）的直隶开平煤矿和光绪五年（1879）的湖北荆门煤矿中②，池州煤矿的主要经营者杨德是一位广东买办③，规模最大的开平煤矿则由唐廷枢一手经理④。至于当时唯一一家开始兴建的纺织厂，即上海机器织布局，虽然其领衔创办人彭汝琮为官僚身份，然而其禀请之所以会被李鸿章批准，与他提出由时为太古洋行买办的郑观应充任该局会办有很大关系⑤。这里应该说明的是，此时的郑观应实际上并未与李鸿章发生直接联系，也没有在织布局或者其他洋务企业中起过实际作用，仅仅是挂名而已。而他真正在洋务企业建设中开始扮演重要角色，主要也不是因其广东买办的背景，反而更多与江南绅商社会的人脉有关。对此，后文论述中将再加以说明。

虽然唐廷枢等广东买办推动了洋务企业建设的初步发展，但是并未促进洋务企业建设的社会化和本土化进程。具体而言，他们不但没有能够使新生产力更为深入、广泛地被

---

① 张后铨主编：《招商局史（近代部分）》，第49、60、63页。
② 夏东元：《洋务运动史》，第252-253页。
③ 张国辉：《洋务运动与中国近代企业》，第211-212页。
④ 许涤新、吴承明主编：《中国资本主义发展史》，第二卷上，第413-414页。
⑤ 夏东元：《洋务运动史》，第389-390页。

中国社会所接受，其自身反而遭到了非常明显的排斥态度。特别是他们因参与洋务建设而获得社会地位的急剧上升后，在其主要寄居的上海社会中，这种排斥态度表现得最为强烈。这方面较为显著的表现是：19世纪70年代在上海频繁出现的嘲讽商人的"竹枝词"，其实主要就是针对广东买办而发[1]；同治十二年（1873）底发生在上海的名伶杨月楼偷情案，更是成为江南社会宣泄对广东买办敌对情绪的突破口[2]；同时，有人甚至在《申报》上发表了以"香山既多寡廉鲜耻之人"为主题的激烈人身攻击[3]。寓沪广东人士当然不甘心忍气吞声，特别是由于《申报》上不断表达来自江南社会的对立情绪，广东买办们遂于同治十三年（1874）创办了一份《汇报》[4]，并与《申报》每每在与广东买办利益相关的问题上发生激烈争论[5]。

基于上述情况，也就不难理解唐廷枢等人在洋务招商时面临的困境了。这种困境的表现是，他们虽然在招股方面有所进展，但是这些股本基本上依靠他们自身以及与之联系密切的其他买办商人的投资。例如，唐廷枢和徐润接手招商局后所招的首期股本中，徐润一人即入股24万两，唐廷枢则不少于8万两[6]。另外唐廷枢本人也承认，在投资者中，"其最初附股之人，固由廷枢招至，即后来买受者，廷枢亦大半相

---

[1] 李长莉：《晚清上海社会的变迁：生活与伦理的近代化》，天津：天津人民出版社，2002，第178、185页。
[2] 易惠莉：《郑观应评传》，第228页。
[3] 《论粤东香山县民事后》，载《申报》，第4册，第61页，同治十二年十二月初二日（1874年1月19日），第1版。
[4] 汪敬虞：《唐廷枢研究》，北京：中国社会科学出版社，1983，第181页。
[5] 易惠莉：《郑观应评传》，第230页。
[6] 张后铨主编：《招商局史（近代部分）》，第50页。

识"①。同时,徐润也"设法招徕各亲友"投入了大量股份②。张国辉的分析表明,即使不能把凡与唐、徐交往的商人都看作买办,但以他们为代表的买办资本在这一时期招商局的资本构成中无疑占据了压倒性地位③。在开平煤矿的招股活动中,情况亦复相同。在光绪六年(1880)前招到的20余万两资本中,主要投资者仍然是与唐廷枢、徐润联系密切的"港粤股商"④。与此形成鲜明对照的是,江南社会根本没有兴趣加入广东买办主持的洋务建设。对此,湖州丝商兼旗昌洋行买办陈竹坪提供了一个典型例证。早在60年代,陈竹坪就已是上海"最有实力【最富有】的人之一"⑤。连当时琼记洋行的经理人都表示:"陈竹坪……是一个掌握钱财的人,我们要向他磕头求拜。"⑥ 但是,当招商局购并旗昌公司之后,拥有大量旗昌股份的陈竹坪宁愿撤股,也不愿意投资招商局⑦。就此而言,广东买办主导下的洋务建设,还不足以构成一种"群众性活动"。

在广东买办之后介入洋务建设并真正造成群众性活动局面的经营群体,基本上来自以往所说的"旧式商人的上层"。较早也较为全面地提及这一类型代表人物的学者是张国辉。他在很早以前便指出,这类人物主要包括经元善、李金镛、李培松、谢家福、蔡鸿仪等。不过,张国辉本人坦率地承认,

---

① 《沪报》,1885年12月5日。转引自汪敬虞:《唐廷枢研究》,第178页。
② 《上合肥相国遵谕陈明前办商局各事节略》,载中国史学会主编:《中国近代史料丛刊·洋务运动》,第8册,第176页。
③ 张国辉:《洋务运动与中国近代企业》,第140页。
④ 同上书,第203页。
⑤ 郝延平:《十九世纪的中国买办》,第31页。
⑥ 同上书,第122页。
⑦ 严中平主编:《中国近代经济史,1840—1894》,下册,第1516-1517页。

由于历史资料的缺乏,他只对朱其昂和经元善的情况稍有了解,其他人的出身和社会关系则付诸阙如①。因此,张国辉在相关论述中忽视了两个关键问题。首先,他把朱其昂与这些人并列为同一类型的人物,而忽视了这些人步入洋务企业建设,既不与朱其昂同时,也跟朱其昂毫无关联。其次,张国辉还忽视了这些人身上具有一个显著的地域性背景,那就是都来自江南地区。后文还将说明,这些人确实都与江南绅商社会有着极深的渊源。那么,这两个被张国辉所忽视的情况究竟含有怎样的特殊意味呢?

原来,经元善等人得以步入洋务企业建设的契机,都与"丁戊奇荒"时期兴起于江南地区的新型义赈活动相关。本书第二章里曾经提及,久已脱离淮军的李金镛之所以会再度受到李鸿章的注意,并委以办理直隶赈务,主要就是凭借其在这场义赈活动中建立起来的名望。这里提到的义赈活动,是江南社会针对华北地区的严重灾情而发起的大规模救助行动。这是一种与传统民间赈灾不同的新型救荒机制,它不仅大大突破了通常民间赈灾多限于本地乡土的范围,而且实现了极为广泛的社会动员。它以苏州、上海、扬州及镇江、杭州等处设立的组织机构为依托,从以江南为中心的民间社会中集结了大量赈灾资源。在历时四年多的行动中,这场义赈活动总共募集并向灾区散放赈银约达 100 万两,先后救济山东、河南、山西、直隶四省灾民总数亦超过百万。义赈活动亦由此成为一项极具影响力的社会事业②。

---

① 张国辉:《洋务运动与中国近代企业》,第 346、367、369 页。
② 朱浒:《江南人在华北——从晚清义赈的兴起看地方史路径的空间局限》,《近代史研究》2005 年第 5 期,第 134—144 页。

张国辉所提及的经元善等人，正是义赈活动的活跃成员。其中，李金镛、谢家福和经元善位居义赈活动最重要的主持人之列，他们分别籍隶无锡、苏州和上虞①。扬州盐商李培松和宁波商人蔡鸿仪在义赈活动中的地位和作用虽然略逊于李金镛等三人，但也是扬州和宁波义赈组织中的重要人物②。从目前掌握的材料来看，在19世纪70年代以前，这五人在江南商业社会中的名声并不显赫，更未与近代工商业有过密切联系。而他们的社会知名度和地位开始迅速提高，进而获得参与洋务企业建设的机缘，主要依赖于举办义赈活动。另外应指出，这场义赈活动中唯一成为重要主持人的广东人士是郑观应③。并且，郑观应真正开始在洋务企业建设中发挥重要作用，同样主要借助于义赈活动提供的路径。

那么，义赈为这些江南绅商及郑观应步入洋务企业建设提供了怎样的特殊机缘呢？对此，易惠莉曾经敏锐地指出："1870年代后期，正值民用洋务企业活动处在筹议、筹建的起步阶段，以持续数年的华北赈务活动为契机，中国官方与江浙绅商界之间的关系取得进一步的发展和融洽……对于此后不久即出现的近代企业活动的投资热潮，这是一个不能忽略的因素。"她强调，通过"赈务这个纯粹传统的事务"在这一

---

① 朱浒：《地方性流动及其超越：晚清义赈与近代中国的新陈代谢》，北京：中国人民大学出版社，2006，第151页。有关李金镛、谢家福和经元善的详细情况，可分别参见谢家福：《李金镛行状》，光绪年间刻本；柯继承：《我国电报事业的开拓者——谢家福》，《苏州杂志》2002年第3期，第26-27页；虞和平：《经元善集》，前言第1-29页。

② 李培松参与义赈活动的证明，参见苏州桃花坞协赈公所编：《齐豫晋直赈捐征信录》，卷四《南豫放赈录一》，载李文海等主编：《中国荒政书集成》，第8册，第5576页。蔡鸿仪作为义赈同人的证据，参见朱浒编：《中国近代思想家文库·经元善卷》，北京：中国人民大学出版社，2014，第429页。

③ 朱浒：《地方性流动及其超越》，第151页。

特殊时代背景下发生的特殊作用，可以看出"江南作为中国传统社会经济、文化最发达的地区，它所具有的内在积极因素如何在近代环境下转化为推动社会变迁的动力"①。这些表述无疑非常恰当，但遗憾的是，由于她的视角是以郑观应的活动为中心，所以，关于赈务如何使官方与江浙绅商界之间的关系得到发展和融洽，以及赈务究竟怎样起到特殊作用等问题，其论述并不充分，尤其是对盛宣怀的角色关注不够。有鉴于此，还需对经元善等人步入洋务企业建设的过程再做一番揭示。

无疑，义赈活动得以促进官方与江南绅商界的关系，盛宣怀是最重要的一条渠道。本书第二章里业已说明，原本与江南社会颇为隔膜的盛宣怀，通过办理河间赈务和稍后主持直隶筹赈局的机会，与江南义赈同人有了深交，使其在洋务建设事业中得到了前所未有的援手，这才终于在洋务道路上转危为安。不过，这是一个从盛宣怀个人角度而言的方面。另一方面，正是借助于与盛宣怀在救荒活动中建立起来的联系，身为义赈同人的李金镛、经元善等江南绅商以及郑观应，才有机会得到李鸿章的赏识，并由此纷纷步入洋务企业建设的行列。

拿李金镛来说，虽然他曾在同治初年投效淮军而有可能结识李鸿章②，但是李鸿章对之恐怕并没有太多深刻印象。毕竟，在李鸿章从江苏离任到这次河间赈务发生前，迄未发现他们两人有过任何联系。光绪三年（1877）冬，李金镛在赈济山东灾荒期间，曾就赎田救荒事宜向李鸿章求助，大概是

---

① 易惠莉：《郑观应评传》，第221—222页。
② 闵广纶辑：《李阁学政迹录》，光绪二十六年（1900）刻本，第14页a。

两者十多年来第一次发生直接联系①。随后，李鸿章便因直隶赈务需人而札委李金镛前来直隶②。就李鸿章的初心而言，大概并没有让李金镛进入洋务事业的打算。直到盛宣怀与李金镛合作办理河间赈务之后，对李金镛有了更多了解，从而向李鸿章举荐李金镛出任湖北开采煤铁总局总办，这才使李金镛得到了从传统士绅转变为近代绅商的机会。至于其他义赈同人，在"丁戊奇荒"之前，李鸿章很可能皆不知晓。而他们与直隶官府的接触，最早主要都是通过盛宣怀。光绪五年（1879）夏，盛宣怀前往上海，与主持当地义赈活动的经元善等人有了直接交往。稍后，因直隶水灾救济行动，主持直隶筹赈局的盛宣怀又与大批义赈同人来往更密③。与此相应，李鸿章对义赈活动及同人的认知亦更为深入了。这方面的一个典型事例，是李鸿章于光绪七年（1881）特地为两位义赈同人谢家福和严作霖（按：字佑之）的办赈劳绩向朝廷请奖之举④。事实上，此时李鸿章与谢家福从未谋面，与严作霖亦仅有一面之缘。据此而言，李鸿章对这些人的了解，盛宣怀必定是条重要渠道。

那么，义赈同人究竟有怎样的表现，才给盛宣怀和李鸿章留下深刻印象，进而产生将之引入洋务企业建设的念头呢？就比较直接的方面而言，可能主要与这样两点有关：其一是

---

① 苏州博物馆编：《谢家福日记（外一种）》，第134—136页。另可参见《山东助赈局上直督江督东抚苏抚漕督请准灾民赎田禀并批》，载《申报》，第11册，第494页，光绪三年十月十七日（1877年11月21日），第3版。
② 苏州博物馆编：《谢家福日记（外一种）》，第62页。
③ 易惠莉：《郑观应评传》，第220页。
④ 《表扬义赈人员片》，载顾廷龙、戴逸主编：《李鸿章全集》，第9册《奏议九》，第518页。

他们的筹捐成效，其二则是其经世情怀。

关于义赈同人筹捐能力之强、成效之显著，只要对比一下这样两组数字即可略见一斑：从光绪三年（1877）到六年（1880）初，轮船招商局、开平矿务局和荆门矿务总局三家企业招股总数为 45 万余两①；同一时期，义赈同人为山东等华北四省灾区筹集赈款总数在 93 万两以上②。这里必须重申的一个背景是，在"丁戊奇荒"期间，盛宣怀和李鸿章都遇到了洋务建设资金紧张的难题。本书第二章曾指出，此时朝廷曾多次下令从洋务事业中筹助赈需，李鸿章不得不从海防经费中先后拨解 70 多万两充当赈款，同时对盛宣怀追加投资的请求置之不理。在这种情况下，盛宣怀和李鸿章都对义赈的筹捐成效印象甚深。就盛宣怀而言，他对当初开办湖北矿务时没能大力借鉴筹赈办法深表懊悔③。而光绪六年（1880）底出现的一个情况，则充分表明了李鸿章对义赈资金的格外重视。当时，严作霖因江苏省内灾荒堪虞，准备将直赈结存的义赈款项 5 万余两带回江南助赈，李鸿章竟然命其将此款"仍作直隶赈济要用，无须汇回南省"④。本来，义赈活动根据需要，将剩余资金拨助不同灾区是个惯例。如光绪五年

---

① 轮船招商局招股数量见张后铨主编：《招商局史（近代部分）》，第 50 页。开平矿务局招股数量见许涤新、吴承明主编：《中国资本主义发展史》，第二卷上，第 411 页。荆门矿务总局招股数量见夏东元：《洋务运动史》，第 266 页。

② 齐赈款项见《光绪四年九月初七日京报全录》，载《申报》，第 13 册，第 366 页，光绪四年九月二十日（1878 年 10 月 15 日），第 3-4 版。豫赈、晋赈和直赈款项见苏州桃花坞协赈公所编：《齐豫晋直赈捐征信录》，卷二《南豫赈捐收解录上》、卷九《西晋放赈录》、卷末《北直支放工赈录》，载李文海等主编：《中国荒政书集成》，第 8 册，第 5477、5719、5798 页。其中，豫赈款减去了移拨晋赈的 1.2 万两，晋赈款项不计移拨直赈的 6.3 万两。

③ 《盛宣怀致金福曾函》，载陈旭麓等主编：《盛档之二》，第 397-398 页。

④ 苏州桃花坞协赈公所编：《齐豫晋直赈捐征信录》，卷末《北直支放工赈录》，载李文海等主编：《中国荒政书集成》，第 8 册，第 5803 页。

(1879)初将豫赈余款拨助山西①,以及从晋赈款项中拨解 6 万余两分赈直隶时②,河南和山西官府都没有表示任何异议。因此,李鸿章阻止义赈资金南下的举动,很能深刻体现这一时期他对资金问题的敏感性。

这批义赈同人不仅是具有极强活动能力的社会人士,而且还具有浓厚的经世情怀。通过义赈活动而名声大噪的这批绅商,在办赈过程中大都显示出了全心全力、任劳任怨的办事素质,以及组织和管理长时期、远距离、大规模社会活动的能力。更难得的是,他们大多都对国权问题高度关切。事实上,早有研究清楚地表明,义赈活动兴起的一个重要动力,就是谢家福、李金镛等人针对西方传教士发起的对华赈灾行动进行抗争的强烈意识③。谢家福曾自述平生之志称:"生平最恨人称善长,并请善安。区区心中但为中国保自主之权,无所谓善事也。"④ 李金镛在与盛宣怀联合发出的第一份招股章程中,就对兴办洋务企业"实为中国富强之基"的认识表示了高度认同⑤。其后,他更以纺织一事系"提倡商务",且可"为民兴利"为由,劝说经元善参与筹办上海机器织布局事务,而后者亦基于此举具有"收回通国利权"之意而答应下来⑥。至于郑观应的情况,不仅其早已是声名卓著的买办商

---

① 《节录协赈晋豫同人来函》,载《申报》,第 14 册,第 508 页,光绪五年四月初四日 (1879 年 5 月 24 日),3-4 版。
② 苏州桃花坞协赈公所编:《齐豫晋直赈捐征信录》,卷九《西晋放赈录》,载李文海等主编:《中国荒政书集成》,第 8 册,第 5722 页。
③ 有关详情,参见朱浒:《地方性流动及其超越》,第 99-101 页。
④ 《九月二十四日待死述怀》,载谢行惠编:《谢氏家藏同光诸老尺牍》,卷 6,第 59 页 a。
⑤ 《湖北荆门矿务招商章程》,载陈旭麓等主编:《盛档之二》,第 415 页。
⑥ 《中国创兴纺织记》,载朱浒编:《中国近代思想家文库·经元善卷》,第 154-155 页。

人,更是在商务、利权等问题上有深刻见解的思想家,所以无须赘述。总而言之,不仅盛宣怀很快与这些人士相交甚深,李鸿章也对他们给予了高度评价。如李鸿章在奏保李金镛时,称"其才具心力,足胜表率之任"①;光绪七年(1881)间,他又向朝廷奏称,谢家福"才识闳通,心精力果"、严作霖"品诣端方、坚苦有为",故而"若出居民上,必可为民造福"②。所有这些情况,为这些义赈人士步入洋务企业建设铺平了道路。

与李金镛孤身步入湖北矿务的情形不同,多位义赈同人相互援引加入了筹办上海机器织布局的活动。前已述及,郑观应曾因彭汝琮的举荐而被委任为该局会办,但其实涉足并不深。而通过办理义赈,郑观应才博得了李鸿章的器重。光绪五年(1879)下半年,李鸿章在给郑观应的批文中称:"该道于直、晋、豫赈捐竭力苦劝,集资颇巨,全活饥民甚众,足见志趣迥超庸俗。来春开河后,务即北来一晤为盼"③。虽然郑观应并未北上面见李鸿章,但是他及时通过盛宣怀向李鸿章表明了继续关注织布局的心迹,也随即被李鸿章任命为总办④。郑观应随后提出,此次入局必须邀请经元善加入,则"我方敢预闻",李鸿章亦表示应允。光绪六年(1880)夏间,织布局在郑观应、经元善主持下再次改组,蔡鸿仪、李培松亦加入进来,且"各认集股五万两",并由郑观应"总持大

---

① 《奏保李金镛片》,载顾廷龙、戴逸主编:《李鸿章全集》,第8册《奏议八》,第281页。
② 《表扬义赈人员片》,载顾廷龙、戴逸主编:《李鸿章全集》,第9册《奏议九》,第518页。
③ 《北洋通商大臣李傅相批示》,载夏东元编:《郑观应集》,下册,第529页。
④ 易惠莉:《郑观应评传》,第209—210页。

纲"，经元善"驻局专办"①。另外，涉足该局的义赈同人还包括李金镛和谢家福。就李金镛而言，他不仅是说动经元善入局的关键人物，而且在布局选址和移交等问题上，都给予了郑、经二人以积极的协助②。谢家福则在经元善的邀请下介入了织布局事务③，尽管谢家福并未就任织布局帮办之职，但仍是对该局事务颇具影响的人物④。

这批义赈同人在织布局中的集结，不仅为该局，甚至为整个洋务企业建设都带来了一个全新的局面。而这种局面的发端，正是织布局的招股活动。本书第二章业已指出，19世纪70年代后半期，民用洋务企业建设受到了资金上的极大制约。特别是面向社会的招股活动，始终处于较为寥落的情况。例如，招商局虽然在唐廷枢入局后的一年多时间里招收资金47.6万两，从光绪二年（1876）起却每况愈下，到光绪六年（1880）止，每年招到的股金都在5万两以下，始终没有招足最初预定的100万两股本⑤。开平矿务局原定计划招收资本80万两，到光绪六年（1880）仅招到30万两⑥。相较于招商局和开平矿务局的招股情况，由义赈同人担纲的织布局招股行动，毫无疑问是空前成功的招商之举。不仅如此，织布局招股行动的大获成功，还带动了其他洋务企业的投资热潮。这

---

① 《中国创兴纺织记》，载朱浒编：《中国近代思想家文库·经元善卷》，第154页。
② 《李金镛致盛宣怀函》，载陈旭麓等主编：《盛档之六》，第22-24页。
③ 《中国创兴纺织记》，载朱浒编：《中国近代思想家文库·经元善卷》，第155页。
④ 《盛杏荪宫保来函一》，载谢行惠编：《谢氏家藏同光诸老尺牍》，卷3，第1a-3a页。
⑤ 张后铨主编：《招商局史（近代部分）》，第49-50页。
⑥ 许涤新、吴承明主编：《中国资本主义发展史》，第二卷上，第411页。

方面最显著的证明是，在织布局完成招股之后，招商局和开平矿务局都迅速扭转了此前集资困难的局面：招商局完成第一次招股100万两的计划用了8年时间，而第二次招股100万两的目标仅用1年就实现了；开平矿务局亦在1年中便使自身资本总额从30万两增长到100万两①。并且，两局股票的价格在此期间也大幅上扬：到光绪八年（1882）初，招商局股票已涨至220两（票面额为100两），开平煤矿涨为170两（票面额为100两）②。

织布局招股行动的成功，当然不止于为该局募集到充足的经营资金。这次成功更重要的意义是，其标志着中国近代企业的投资进入了一个新阶段。对此，就连作为当事人的经元善都已意识到了这种深远的转变。他在对比了唐廷枢等广东人士与自己的集资方法后，曾经明确指出："溯招商、开平股份，皆唐、徐诸公因友及友，辗转邀集。今之登报招徕、自愿送入者，从此次始。"③ 对于这种转变的意义，正如张国辉指出的那样，这反映出近代企业投资"开始突破商帮亲友的狭隘范围，扩大到以全国主要商业城市的商人作为争取对象"④。也就是说，从这时起，中国近代工业化所需资金已不再仅仅依靠官款和买办资本，而拓展到了更广泛的社会范围。这方面的一个显著反映是，光绪八年（1882）间，《申报》报道当时购股的热烈情形是："现在沪上股分风气大开，每一新

---

① 张后铨主编：《招商局史（近代部分）》，第49—50页；许涤新、吴承明主编：《中国资本主义发展史》，第二卷上，第411页。

② 《申报》，1882年2月2日。转引自张国辉：《洋务运动与中国近代企业》，第301页。上海书店影印本《申报》中未找到此条资料的记载。

③ 《中国创兴纺织记》，载朱浒编：《中国近代思想家文库·经元善卷》，第155页。

④ 张国辉：《洋务运动与中国近代企业》，第368—369页。

公司起，千百人争购之，以得股为幸。"① 而到了这个时候，以洋务企业为龙头的中国近代工业化建设，当然可以说是一场具备"群众性活动局面"意味的社会运动了。

义赈同人在织布局的行动，肯定极大地激励了盛宣怀。这就很容易理解，他在光绪六年（1880）底奉命开始办理电报业后，很快就决定邀请郑观应、谢家福和经元善等人加入。也就是说，主办织布局的这些义赈同人，又组成了电报局的领导机构。本书第二章的论述表明，电报业也是义赈同人参与人数最多的一个行业。有赖于义赈同人创造的集资方法为近代企业投资所赢得的社会信任，刚刚投入运营的电报局，在还没有显示出多少绩效的时候，竟然就在光绪八年（1882）成功完成了招商计划②。正如易惠莉所说的那样，电报局的创办可谓是"在赈务活动中建立起来的同人关系转化为创办企业活动的合作关系的典型范例"③。不仅如此，这种关系对盛宣怀本人来说也印象深刻。他在多年后明确地说："吾侪数人以赈务始，相期并不仅以电务终，道义之交，甘苦与共。"④就此而言，电报业建设之所以能够比其他所有产业取得更快更好的进展，盛宣怀与义赈同人达成良好的深度合作无疑是个非常重要的因素。

另外值得一提的是，很可能由于电报建设的顺利进行，重新鼓起了盛宣怀在开办矿务上的热情。这方面的第一个重

---

① 《抽增股分银助赈启》，载《申报》，第21册，第254页，光绪八年六月二十九日（1882年8月12日），第3版。
② 严中平主编：《中国近代经济史，1840—1894》，下册，第1467页。
③ 易惠莉：《郑观应评传》，第222页。
④ 《盛杏荪观察亲笔函》，载朱浒编：《中国近代思想家文库·经元善卷》，第128页。

要举动，是他为延续湖北矿务而与浙江绅商沈善登进行的合作。沈善登也是义赈活动的资深成员，其作为义赈同人的经历始于光绪三年（1877）①。在上海出现近代企业投资热潮的光绪八年（1882）九月间，以经元善、郑观应和谢家福等人为见证人，沈善登与盛宣怀订立合同，在盛宣怀先前勘探基础上招商开办荆门窝子沟、大云堡煤矿，并议定"所有旧股亏折银九千余两，亦归新局偿补"②。同一时期，盛宣怀发起的另一个较具规模的办矿行动，是开发金州（按：即今锦州）矿务局之举。郑观应自称其时曾受盛宣怀委派出任总办，并应允为之招股 10 万两③。谢家福这一时期致盛宣怀的函中，也表明其承担了为该局招股的活动，甚至还听说"金州矿股已经满额"④。不过，到光绪九年（1883）中，这两项办矿活动皆以失败而告终：荆门煤矿在招收股金 11.8 万两后，沈善登便因"股票跌价愈甚，荆门股商以开办难必，索退愈坚"，不得不匆匆中止⑤；金州矿务局则因"闽粤电线道远费繁，商股观望"，盛宣怀"只得暂挪金州矿款十数万，以凑急需"，由此遂致该局烟消云散⑥。

在荆门煤矿和金州矿务局皆告失利的结局背后，有一个共同的也是异常重要的因素，那就是光绪九年（1883）下半年上海金融危机的爆发。学界对这次危机已多有研究，此处

---

① 苏州博物馆编：《谢家福日记（外一种）》，第 80 页。此处所提到的"沈谷成"，即沈善登之字。
② 《议办荆门窝子沟、大云堡煤矿合同议单》，载陈旭麓等主编：《盛档之二》，第 464-465 页。
③ 《郑观应年谱简编》，载夏东元编：《郑观应集》，下册，第 1537 页。
④ 王尔敏、吴伦霓霞编：《盛宣怀实业朋僚函稿》，上册，第 530、544 页。
⑤ 《沈善登致李鸿章函》，载陈旭麓等主编：《盛档之二》，第 466 页。
⑥ 孙毓棠编：《中国近代工业史资料》，第一辑下册，北京：中华书局，1962，第 1103 页。

无须赘述。总之，这是近代中国发生的第一次危害巨大的金融风潮，不仅对中国近代企业的发展造成了极其不利的影响，而且对新兴绅商阶层造成了极大的打击和深度分化。其中最为知名的事件是，红顶商人胡光墉因这次危机而彻底破产。但总体而言，在这次危机中遭受打击最重的绅商群体，是以唐廷枢、徐润也包括郑观应在内的广东人士。他们从此失去了先前在近代企业中的主导地位，在政治上也彻底失势，社会信誉亦一落千丈①。这方面的一个显著事例是，李鸿章在光绪十一年（1885）间接见经元善时，便当其面"大骂轮局总办（按：即唐廷枢）跋扈飞扬，布局总办（按：即郑观应）假仁假义"②。而与粤东群体的失势形成鲜明对照的是，以江南义赈同人为主体的绅商群体，却在这场风潮中显示出了中坚作用。盛宣怀正是主要依靠与这些义赈同人的合作，才能够在艰难时势下，既为自己的事业，也为中国近代企业建设保住了一线生机。就此而言，盛宣怀和这些江南义赈同人在某种程度上可谓是逆势而上的救市者。

这种救市作用的第一个突出表现，当属电报局的发展。虽然该局一度也因这场金融风潮而出现过资金紧张的局面，甚而导致盛宣怀不得不挪用金州矿务局的股金应急，但是该局总体上受风潮的影响很小，特别是在此期间还展开了全国电报网的建设活动。李鸿章对盛宣怀这一时期的建设业绩高度满意，其于光绪十一年（1885）为之向朝廷请奖时称："盛宣怀总理其事……规划精审，调度悉合机宜，用能妥速告成，

---

① 这方面详情，参见易惠莉：《郑观应评传》，第 353—354 页。
② 《中国创兴纺织记》，载朱浒编：《中国近代思想家文库·经元善卷》，第 155 页。

远近无扰……俾公家久享其利，商人亦获什一致之盈，实能有裨大局。"① 而盛宣怀的这一业绩，肯定离不开大批具有义赈同人背景的江南人士的极大努力。这首先表现在，李鸿章在为盛宣怀请奖的同时，同样也为电报经营做出很大贡献的谢家福进行了请奖②。更重要的是，大批义赈同人还具体承办了电报网的大量建设活动。例如，谢庭芝和杨廷杲于光绪九年（1883）至十一年（1885）间主持了沿江沿海线路的铺设③；接下来的两年间，谢庭芝又继续奔波于鄂、川、黔、滇、豫线路的建设④。光绪十二年（1886）至十三年（1887）间，两广境内线路主要是在沈嵩龄的经理下完成的；同一时期，李金镛负责完成了东北地区唯一的线路铺设；杨廷杲则于光绪二十一年（1895）间主持了江苏境内诸多线路的铺设工程⑤。有赖于全国电报网的顺利建设，该局的经营状况也呈现出良好的发展势头，到光绪十二年（1886）便还清了开办之初的全部官垫款项。到光绪二十一年（1895），电报局年收入上升到 115 万多两，在不到 15 年的时间里增长了几近 20 倍⑥。这样的发展速度和经营效益，堪称是洋务企业中的佼佼者。

---

① 《盛宣怀请奖片》，载顾廷龙、戴逸主编：《李鸿章全集》，第 11 册《奏议十一》，第 193 页。
② 《奏保谢家福片》，载顾廷龙、戴逸主编：《李鸿章全集》，第 11 册《奏议十一》，第 194 页。
③ 《谢庭芝履历单》《杨廷杲履历单》，上海图书馆藏盛宣怀档案，档案号 SD035459、SD050655。
④ 《谢庭芝履历单》，上海图书馆藏盛宣怀档案，档案号 SD035688。
⑤ 有关沈嵩龄、李金镛和杨廷杲主持线路建设的情况，参见王尔敏：《盛宣怀与中国电报事业之经营》，载《近代经世小儒》，第 339—350 页。沈嵩龄系资深义赈同人，曾于光绪六年与经元善一起赴直隶办赈（参见朱浒：《地方性流动及其超越》，第 145 页）。
⑥ 张国辉：《洋务运动与中国近代企业》，第 248 页。

盛宣怀与江南义赈同人合作开展的又一项救市活动，相对来说具有更加重要的意味，那就是对招商局的整顿。如前所述，盛宣怀于光绪七年（1881）作为替罪羊而被逐出招商局，从而成为局外人。恰恰是上海金融风潮对招商局造成的严重危机，给了盛宣怀重返招商局的机会。原来，唐廷枢、徐润等人大量挪移招商局资金，被李鸿章认为是该局难以应对金融风潮的重要原因。其批文中明白地斥称："乃唐、徐二道，因开平、承德矿务，擅自挪移局本、息款八十余万，几致掣动全局，实有应得之咎。"① 显然，到了这个时候，李鸿章已经无法信任唐、徐等人。因此，在徐润发出由盛宣怀出面维持局务的请求后，李鸿章迅速于光绪九年（1883）十月初委派盛宣怀"随时随事就近稽查商办"。不过，随后因中法战争爆发而导致招商局与旗昌公司售产换旗的纠葛，盛宣怀直到赎回招商局后的光绪十一年（1885）六月间，才正式就任该局督办一职，并展开了对局务的全面整顿②。也正是他主持下的一系列行动，该局的运营才终于开始好转③。

在盛宣怀整顿招商局的过程中，当然少不了义赈同人的有力帮助，而最能反映这种帮助作用的人物是谢家福。盛宣怀还在刚刚重返招商局的光绪九年（1883）冬间，就计划由谢家福和当时主持上海文报局协赈公所的王松森一起负责招商局上海分局事务④。而在盛宣怀正式出任招商局督办时，谢家福也被李鸿章任命为该局会办，从而与盛宣怀及另一会办

---

① 《李鸿章批》，载陈旭麓等主编：《盛档之八》，第130页。
② 夏东元编著：《盛宣怀年谱长编》，上册，第234页。
③ 易惠莉：《盛宣怀评传》，上卷，第215页。
④ 《盛宣怀致唐廷枢函》，载陈旭麓等主编：《盛档之八》，第134页。

马建忠一起，成为此际主持局务的三驾马车之一①。谢家福在局中的职责，除"总管运漕股诸事"外，还负责会同马建忠、沈能虎"互相勾稽"最为重要的银钱股，即"马道核对联票签名，沈道核对流水帐簿签字，谢牧核对月总签字"②。同时，正如以往研究所揭示的那样，盛宣怀与马建忠对招商局主导权的争夺，持续了相当长一段时间③。在这一争夺过程中，谢家福对盛宣怀来说处于一个非常举足轻重的地位。特别是盛宣怀在光绪十二年（1886）年中出任登莱青兵备道后，必须常驻山东烟台，谢家福更是成为其遥制招商局事务的重要一环④。因此，尽管谢家福以电报局事务繁忙以及自己对"船务更未讲求"为由，在光绪十二年（1886）秋间要求辞去招商局会办之职，但始终没有得到李鸿章的批准⑤。甚至在光绪十四年（1888）因丁艰回籍后，他也没有被开去招商局的差使。当马建忠于光绪十七年（1891）八月间被排挤离局以后，谢家福在局中的地位更为抬升。一方面，李鸿章正式委派谢家福会同沈能虎"逐渐秉公整顿"招商局事；另一方面，盛宣怀称谢家福为代替马建忠的最佳人选，并力劝其出任商总，请其"为局计、为公计、为弟计，皆宜出山，不宜坚辞"⑥。因此，谢家福在是年九月初回到上海后，成为综理局务的负

---

① 张后铨主编：《招商局史（近代部分）》，第157页。
② 《李鸿章致招商局札文（盛宣怀拟）》，载陈旭麓等主编：《盛档之八》，第242页。
③ 有关详情，可参见夏东元：《盛宣怀传》，第155—165页。
④ 关于盛宣怀在山东遥制招商局的情形，参见易惠莉：《盛宣怀评传》，上卷，第226页。
⑤ 《禀批纪略》，载《申报》，第29册，第765页，光绪十二年十月初七日（1886年11月2日），第2版。
⑥ 《盛宣怀致谢家福函》，载陈旭麓等主编：《盛档之八》，第340—341页。

责人①。不幸的是，在这次回局之前，他的病情就已相当严重，故而仅仅支撑到次年初便不得不回苏州养疾②。此后因病情加重，他直到去世，再也没有返回上海。当然，谢家福的离去并不意味着义赈同人与招商局的绝缘。这是因为，就在谢家福离局后不久，曾因金融风潮影响而被迫离开上海的郑观应，接受盛宣怀的邀请，再度加入了招商局。其于光绪十八年（1892）起就任该局帮办，成为盛宣怀掌控局务的得力助手，直到光绪二十九年（1903）因盛宣怀失势才告离局③。

盛宣怀与江南义赈同人合作进行的第三项救市活动，是对上海机器织布局的维持。在金融风潮的打击下，加之时为布局总办的郑观应先前多有不当举措，导致该局很快陷入危急状态④。无奈之余的郑观应试图以中法战事为借口谋求脱身之计，于光绪十年（1884）初向李鸿章建议由盛宣怀督办局务，李鸿章也立即表示允准⑤。盛宣怀受命之后，即刻委托经元善具体处理局务⑥。经元善为了尽快"结束前账"，采用"以减轻原本为要义，告明各押户，如无现银，准以本局布股抵赎"的办法，迅速回笼了大量布局股票，盘清了该局的收支账目⑦。然而，他在大力清理追欠事务的过程中，与李鸿章委派的官方代表龚寿图发生了矛盾。后者甚至诬告经元善与

---

① 《谢家福致盛宣怀函》，载陈旭麓等主编：《盛档之八》，第382—384页。
② 《谢家福致盛宣怀函》，载陈旭麓等主编：《盛档之八》，第384—385页。
③ 夏东元：《郑观应》，广州：广东人民出版社，1995，第126—129页。
④ 易惠莉：《郑观应评传》，第296—302页。
⑤ 《郑官应致李鸿章电》《李鸿章致郑官应电》，载陈旭麓等主编：《盛档之六》，第66—67页。此处"郑官应"为原文。当时文献中，"郑官应"与"郑观应"往往交互出现。
⑥ 《经元善上李鸿章禀》，载陈旭麓等主编：《盛档之六》，第77页。
⑦ 《中国创兴纺织记》，载朱浒编：《中国近代思想家文库·经元善卷》，第155页。

郑观应同有侵挪布局经费之事，导致经元善愤然辞去了布局差事①。但毫无疑问，经元善主办的清理工作，仍是布局在金融风潮之后得以继续生存的重要基础。此外值得一提的是，光绪十九年（1893）布局大火之后，盛宣怀再次规复纺织事务时，仍然将义赈同人作为主要助手。在盛宣怀为华盛纺织总厂搭建的领导班子中，负责银钱的董事是严作霖，杨廷杲则为管理买卖棉花、纱布的三名董事之一②。不仅如此，作为新一代义赈同人的严信厚这时也加入了与盛宣怀合作办理纺织事宜的行列，不过这一情况需要后文再加以说明了。

第二节　超越山东地域社会的小清河工程

几乎在所有关于盛宣怀的传记中，都会述及其在山东登莱青兵备道任上主持小清河工程的事迹。这是清代最后一次对小清河的全面治理，不仅减轻了该流域的水患，也大体固定了该水系的面貌，堪称晚清水利工程中少有的成功之作。不过，这些传记大都将这项工程单纯描述为盛宣怀为官期间造福一方的业绩，基本上不涉及盛宣怀能够成功完成这项工程的原因。而在专注于这项工程的相关研究中，大多将其性质定义为一项由地方官府主导的水利活动。唯有个别研究者注意到，这项工程的成效在很大程度上得力于一套新颖的行

---

① 《经元善致李鸿章函》，载陈旭麓等主编：《盛档之六》，第 101-103 页。
② 《盛道来电》，载顾廷龙、戴逸主编：《李鸿章全集》，第 23 册《电报三》，第 441 页。

动机制,即官方与义赈力量通力合作的机制①。遗憾的是,有关义赈力量为何要与官方进行合作、义赈力量又为何能够在工程中发挥重要作用等问题,皆未得到深入阐明,自然无法充分揭示其中蕴含的复杂社会脉络。其实,这项工程决不能仅仅当作盛宣怀个人的业绩,更不是一项官方与地方社会力量的简单合作。更准确地说,这项工程应是盛宣怀与江南义赈同人开展群体性合作活动的又一个典型事例。所以要准确把握其意义,决不能局限于山东地域社会的范围。

今日的小清河是山东境内的一条独立水系。据考证,小清河干道当为古济水之一段②。东汉以后,黄河改道,从河南滑县东北,经河北、山东两省入海。因济水在河南已注入黄河,而山东境内之汶水等河仍循济水故道入海,故唐朝时改称此水道为清河③。民国《山东通志》称:"宋南渡以后,始有大小清河之分。"④ 其时,因黄河已于建炎二年(1128)被宋朝东京留守杜充挖决,改由滑县西南夺淮入海,鲁北地区各河多有淤塞。金国扶植的刘豫在山东建立傀儡政权期间,为解决水患而疏浚新道,是为小清河定名之始。因此,小清河其实是一条在古河道基础上加以人工整治的、较为年轻的河流。

---

① 唐旭平:《明清时期山东小清河治理述论》,硕士学位论文,中国人民大学清史研究所,2003。
② 王涛:《清代山东小清河沿岸的河患与水利建设》,硕士学位论文,中国海洋大学,2010,第4-7页。
③ 宋文田:《小清河的回顾》,载中国人民政治协商会议山东省委员会文史资料研究委员会编:《文史资料选辑》,第七辑,济南:山东人民出版社,1979,第149-166页。
④ 杨士骧、孙葆田纂:《山东通志》,卷125《河防志第九·小清河考》,济南:山东通志刊印局,1918,第2a页。

作为一条长度仅有 200 多千米的小区域性河流，小清河在晚清时期以前，并不具有太大的社会影响和知名度。直到咸丰五年（1855），黄河于河南兰考境内的铜瓦厢决口，造成迄今为止最后一次大改道后，小清河流域的总体格局和灾患形势也随之发生了巨变。著名历史地理学家侯仁之早在其 1940 年完成的硕士论文《续〈天下郡国利病书〉山东之部》中，就明确指出：

> 特自咸丰五年，黄河北徙由大清河入海之后，河身渐高，向入大清之水，如历城之渠野（按：即巨野）、章邱之绣江，皆为黄堤所阻，无从宣泄，泛滥成灾。下至邹平、长山、新城、高苑、博兴、乐安诸县，悉被其害。而沿河居民之盗决杀伤，亦倍烈于前。前此小清河之治导，犹可专重下游，至是则历城、章邱间久淤之上游，亦不得不兼治矣。①

简单地说，这次黄河改道之前，小清河致灾主要集中在下游地区；改道则使小清河与黄河水情发生了紧密的联系，其成灾的影响范围也大为扩张。如此一来，小清河就与黄河之间存在着相当显著的关联性。光绪九年（1883），因黄河在历城等处多次决口，受命督办治黄事宜的仓场侍郎游百川会同山东巡抚陈士杰，在兴工修筑黄河堤防的同时，为分泄水势，也力图对小清河水域进行全面整治②。然工程未竣之际，黄河再度漫溢，小清河"遽被黄水由历城、齐东决口窜入，致新旧小清河上下游之南陂岸全数漫出，清、黄连为巨浸，汪洋

---

① 侯仁之：《我从燕京大学来》，北京：生活·读书·新知三联书店，2009，第 273 页。
② 民国《山东通志》，卷 125《河防志第九·小清河考》，第 12b-13a 页。

一片"①。遂致其后数年之间，小清河沿岸"小民荡析离居，几与沿黄州县相埒"②。

更重要的是，铜瓦厢改道后的山东河务问题已经决不仅仅是山东地域社会内部的问题了。要理解这一点，就必须提及改道后引发的新旧河道之争问题。这个问题的起源，是清廷内部在改道后形成了两种对立观点，即主张对决口因势利导的"改道派"和主张规复江南河道的"复道派"③。在同光年间，这一争论时起时伏。对改道说持之最力者，正是就任直隶总督后的李鸿章。他其最广为人知的支持改道的言论，是其于同治十二年（1873）间致函王文韶所说的那样，黄河改道可谓是以河务换洋务的良机：

> 承平无事时，河弊、漕弊，陈陈相因，一漏卮、一蠹薮也。天忽令黄河北徙，使数百年积弊扫而空之，此乃国家之福。人又欲逞其穿凿之智，于无事后求有事。不知从前办河漕时，并无洋务，今洋务繁兴，急而且巨，盍不移办河办漕之财力精力，以逐渐经营，为中华延数百年之命脉耶？④

与李鸿章认为改道有利的立场形成鲜明对比的是，改道后的历任山东巡抚基本上属于复道派的支持者。毕竟，这次改道使得山东突然成为黄河下游干道最重要的流经省份，从

---

① 水利电力部水管司科技司、水利水电科学研究院编：《清代黄河流域洪涝档案史料》，北京：中华书局，1993，第723、729页。
② 毛承霖纂：《续修历城县志》，卷9《山水考五·水一》，历城：历城县志局，1926，第25b—26a页。
③ 贾国静：《黄河铜瓦厢决口改道与晚清政局》，北京：社会科学文献出版社，2019，第61—62页。
④ 《复王夔石中丞》，载吴汝纶编：《李文忠公全书》，《朋僚函稿》卷13，第2666页。安徽教育出版社版《李鸿章全集》中所收此信文字有舛误。

而意味着山东巡抚必须兼顾二百多年来所未有的河防任务。而其中最感无奈的一位山东巡抚,大概应是张曜。本来,张曜先于光绪十一年(1885)五月间被授予广西巡抚之职。是年底,朝廷忽然命其前往山东勘察黄河水道,而在勘察工作尚未结束之际,又于次年改授其为山东巡抚。面对十分棘手的山东河防事务,张曜在不得不悉心筹办之余,还一再提出以复道为主的建议,但始终未能获得朝廷的支持①。张曜后来曾不禁向朝廷大倒苦水:

> 论者以巡抚兼办河务,经费可期节省。此从前河未淤垫,民埝民修民守,津贴无多……近年以来,无一不以民价采买,且近河居民叠遭水患,赈济不暇,何可再加苛派?是今日抚臣之办河工,实与河臣无异。②

也就是说,如今的山东巡抚事实上还要兼任以前南河总督的差使,其负担不可谓不重。作为后话,不幸的张曜最终亦于山东巡抚任上病故。

基于上述情况,对于光绪十二年(1886)间出任登莱青兵备道兼东海关监督的盛宣怀来说,作为李鸿章派系的人员,如果能够在山东水利问题上做出一番突出贡献,其意义决非仅仅是在张曜治下寻求某种两全之道,而且在客观上还有利于缓解河务与洋务之间的对立关系。但问题在于,盛宣怀究竟如何才可以获得做出突出贡献的机会,又依靠怎样的基础才能做出贡献呢?

事后看来,这一时机的最初苗头,是随着光绪十五年

---

① 贾国静:《黄河铜瓦厢决口改道与晚清政局》,北京:社会科学文献出版社,2019,第87—95页。
② 中国第一历史档案馆编:《光绪朝朱批奏折》,第98辑,北京:中华书局,1995,第815页。

(1889)夏间黄河在山东境内造成严重灾害而萌发的。是年入夏不久，因黄河水势骤涨，而下游"南岸大堤……不但溜刷为患，即风浪汕击，已纷纷坍塌"①。同时，齐东等8州县复"受小清河山水暴涨，秋禾被淹，颗粒无收"②。六月二十五日（7月22日），因章邱县境内数处"护庄圈埝被冲，水入圈埝，灌满之后即将南面大堤一并漫溢，堤身三十余丈立时塌陷"，随即导致"漫溢之水由小清河东流入海"③。紧接着，黄河"大堤漫溢以后，黄水分溜十分之二，由小清河经乐安县境入海。其附近小清河两岸章邱、邹平、新城、青城、高苑、博兴境内，均有被水村庄"④。八月初，张曜向朝廷奏报此次黄河伏汛成灾情形称：

> 所有漫出之水，灌入小清、徒骇等河，加以雨水、山水、泉流汇注，两岸村庄多被漫淹……齐东、高苑、博兴、乐安、齐河、惠民、济阳、禹城为最重，章邱、濮州、寿张、范县、历城、邹平、常山、滨州、沾化、阳信、临邑、海丰、商河次之。又有南岸东平、平阴、长清、东阿山水各河，为黄流所阻，无从消导，遂致泛滥。各该州县境内，皆历年被水之区，民情困苦异常。⑤

由于博兴、乐安等重灾州县都为青州府所辖，身为登莱青地区官员的盛宣怀积极投身救灾事务，自是应有之义。也

---

① 水力电力部水管司科技司、水利水电科学研究院编：《清代黄河流域洪涝档案史料》，第782页。
② 《上海文赈局东赈收解处接到潍县经培卿先生六月初一日来函》，载《申报》，第35册，第150页，光绪十五年六月二十七日（1889年7月24日），第4版。
③ 水力电力部水管司科技司、水利水电科学研究院编：《清代黄河流域洪涝档案史料》，第772页。
④ 同上书，第777页。
⑤ 同上。

正是在此次办赈期间，盛宣怀深切体会到了黄河与小清河之间的密切关联，从而产生了从整治小清河入手以减轻黄河水患的想法。是年五月中旬，他从烟台乘坐兵船至羊角沟上岸，亲自查勘青州府属寿光、博兴等县灾况后，发现该数县"自光绪八年至今，秋禾无岁不被淹。除十三年分中稔，此外皆歉，故已筋疲力尽"，进而认为"实非开浚小清河，使水顺流出海，方不为患"。然而，他将这一设想禀告张曜时，后者却以此项工程"巨款难筹"为由，并未表示支持①。而张曜之所以没有表示支持的主要原因，很大程度上与其此时意欲实施一项规模宏大的治河方案有关，那就是迁民让河之举。

光绪十五年（1889）初，道员黄玑提出迁移滨临黄河居民于堤外的建议，张曜遂向朝廷奏请试办②。盛宣怀也遵照张曜的指示，积极投入了这次迁民行动。至于他所依靠的主要力量，正是江南义赈同人。六月间，他与同人会商，"皆以为非优给银钱，听其自行迁徙，或有亲友可靠，则携钱前往，依附成家，或一无去路，则在堤内购隙地、盖土屋，逃死谋生"。盛宣怀随即提议，即将现有"南北义捐之款"交严作霖等人先行试办青城、利津等县；他还估计，"其至苦、非救不生者，即以三万户计之"，至少"亦需三十万两"，故而希望"义捐如能救得一半，办出规模，或可奏请拨款续办一半"③。义赈同人接到盛宣怀来信后，对迁民让河之议深表赞同。谢

---

① 《上海文报局东赈收解处接到盛杏荪观察六月十一日烟台来函》，载《申报》，第35册，第110页，光绪十五年六月二十一日（1889年7月18日），第4版。

② 董龙凯：《清光绪年间黄河变迁与山东人口迁移》，《中国历史地理论丛》1998年第1期，第49—69页。

③ 《上海文报局东赈收解处接到盛杏荪观察六月十一日烟台来函》，载《申报》，第35册，第110页，光绪十五年六月二十一日（1889年7月18日），第4版。

家福认为，此举"较之从前年年放赈，以养必死之民，远胜百千万倍"①。上海文报局赈所则为此事特地刊发筹捐公启称："敝所于月前接山左友人及放赈诸君书，知今岁伏汛必有决口之患，移民迁地为第一要义……无如灾深地广，且迁徙让河，为一劳永逸计，真非常功德。但非常之事，必待非常之人而后成。同人等不敢呼吁烦渎，惟有瓣香默祝，仰候福缘而已。"②

然而，这次迁民让河行动的进展并不如意。据张曜于光绪十六年（1890）五月间奏称，"前经南绅严作霖周历各村庄，劝令迁移大堤以外，每户发给迁费银十两，上年先后搬移二千余户"，但是"本年南绅施则敬、潘民表等于大堤之外高阜之处，购买地亩，以资安插"时，"惜经费不继，未能同时办理。惟是初迁之户，生业未安，未迁之民，仍属被水"③。其后，严作霖在续办过程中也遇到了很大困难，他在是年十月底致函上海同人称：

> 杏翁（按：即盛宣怀）嘱弟办迁民，拟将大清河两岸极苦灾民，择千户迁至福山沿海淤地……惟去海不过二里之遥，地虽可种，然不能决疑者三：风潮之患难免，一也；地土瘠薄，难保丰收，二也；土客相杂，不能相安，三也。有此数患，不敢以人命为儿戏，决计从缓。④

---

① 《上海协赈公所接苏州桃坞谢君绥之请合筹三十万金解济山东移民让河一劳永逸书》，载《申报》，第35册，第122页，光绪十五年六月二十三日（1889年7月20日），第3版。

② 《上海文报局东赈收解处接到烟台周村盛杏翁严佑翁发来急电》，载《申报》，第35册，第144页，光绪十五年六月二十六日（1889年7月23日），第3版。

③ 中国水利水电科学研究院水利史研究室编校：《再续行水金鉴·黄河卷》，第5册，武汉：湖北人民出版社，2004，第2241—2242页。

④ 《上海六马路仁济堂接到严佑之大善士由烟台来书照登》，载《申报》，第37册，第1068页，光绪十六年十一月初四日（1890年12月15日），第4版。

与此同时，张曜主持的迁民活动也进展有限①。在这种情况下，盛宣怀和义赈同人不得不放弃推进迁民行动。但是，盛宣怀和江南义赈同人并未在山东救灾问题上就此罢手。如前所述，他们之所以愿意投入这次迁民活动，是因为该活动符合以治本为目标的救灾思路。也正是因为这种思路的指引，他们很快达成了在小清河治理工程上的通力合作。

正在迁民行动难以为继的时候，盛宣怀转而向江南义赈同人建议，尽快把治理小清河提到日程上来："不迁民即办小清河，以免高、博、乐、寿之害。放赈不过一时，疏通水利，不世之益。"② 盛宣怀于光绪十六年（1890）六月底邀请严作霖、谢庭芝等人，与自己派遣的幕僚何景贤等人一起，对小清河再度进行实地勘测③。严作霖经考察后亦明确表示，"小清河一日不浚，高、博、乐、寿四县地界不能一年免灾。与其年年放赈，不如多筹以工代赈，为一劳永逸之计"。他在十月底给上海义赈同人的信中，还表达了勇挑重担的意愿，称自己对"河工本不熟习"，但此举如能"成功，则上下游八九县受无穷之益；不成，充类至尽，弟等担不善办事、糜费善款之罪……天下事难策万全，只求于灾民无害。若事之成败，人之毁誉，可不计也"④。严作霖的这一表态，意味着盛宣怀的小清河治理计划终于有了得力的执行人选。盛宣怀遂于光

---

① 贾国静：《黄河铜瓦厢决口改道与晚清政局》，第169—170页。
② 《上海六马路仁济堂接到严佑之大善士由烟台来书照登》，载《申报》，第37册，第1068页，光绪十六年十一月初四日（1890年12月15日），第4版。
③ 《禀为遵饬覆勘支脉、小清、预备等河酌拟办法请批示遵照由》，上海图书馆藏盛宣怀档案，档案号SD033993。
④ 《上海六马路仁济堂接到严佑之大善士由烟台来书照登》，载《申报》，第37册，第1068页，光绪十六年十一月初四日（1890年12月15日），第4版。

绪十六年（1890）十一月下旬，向张曜提交了长篇禀文，全面阐述了治理小清河的设想，并拟定了次年先行办理下游河道的方案。盛宣怀在禀文中的说法清楚地表明，工程中最关键的问题都不会给山东地方官府造成负担。例如，工程经费主要是他本人通过义赈筹集而来，工程经费的管理也由身为义赈同人的严作霖来负责：

> 综计工款，约需银二十余万两，拟请专指捐奖一款动用。除已随时拨赈外，尚存银六万二千余两，现向上海银行借银三万七千余两，凑足银十万两，发交各州县易钱备用。如奉准后，拟向洋行再借银十万两，统由职道劝捐归补。惟工程首重管理银钱，此项赈捐核奖，多属义赈……可否发交义绅国子监助教衔严作霖总司支放，工竣核实开单报销。①

盛宣怀的这个方案，对于张曜来说无疑是一大利好消息。毕竟，自铜瓦厢改道以来，历任山东官府都为应付河防事务而疲于奔命。这也就容易理解，盛宣怀最初向张曜禀商官府办理小清河工程时，后者基本上是拒绝的态度。而如今这个方案基本上无须动用山东官府的资源，张曜欣然接受。他首先表示，盛宣怀"所拟应挑工段，援古证今，折衷至当"，而"严绅作霖等好善有素，派以综理收支及监工挑挖一切事宜，必能筹计尽善，实事求是"，所以完全同意由盛宣怀"分饬布置，开春冻解，赶紧动工"②。随着张曜做出这一批复，小清河治理工程正式上马，严作霖也成为实施首期工程的具体负

---

① 《禀为遵饬覆勘支脉、小清、预备等河酌拟办法请批示遵照由》，上海图书馆藏盛宣怀档案，档案号SD033993。
② 《张曜批盛宣怀禀文》，上海图书馆藏盛宣怀档案，档案号SD033992。

责人。

这次小清河治理工程之所以不能被视为山东官府的水利业绩，最关键的一点正是小清河工程局是一个山东地域色彩很少，更不受山东官方主导的机构。盛宣怀坦承，局中人员既"不用山东候补官员，亦不用本省绅士"①。也正是因为这样的背景，盛宣怀谆谆告诫这些员董称："本道以在事诸君皆属旧友，故以全工付托，不用本省人员。倘各存意见，贻误大局，岂止为东员耻笑，信赏必罚，幸各和衷努力。"② 的确，除了该局总办严作霖和帮办孙传鸿都是江南义绅外，在一期工程划定的13个工段中，13名监工委员中的12人为来自直隶的候补官员，仅有一人身份不详；至于更为重要的13名负责施工的绅董人选，不仅绝大部分都有义赈背景，而且"大半系严绅（按：即严作霖）所保"③。其中，唯有监工委员沈廷栋的情况稍微有点特殊。他本是驻扎烟台一带的海防练军管带，然因海防练军属于北洋海防体系，所以他并不能被简单地当作山东地方官员。当然，其管带身份也使之多了一项任务，即于开工时，"带领练军一哨，由陆路驰赴寿光、乐安，分扎三岔、尚家道口、石村三处，以资照料弹压"④。

在山东地面上活动的小清河工程局，自然也需要山东官府给予地方事务上的配合。因此，盛宣怀在筹划开工之初，

---

① 《各员董薪水月费章程》，上海图书馆藏盛宣怀档案，档案号 SD033965。
② 《札饬修补预备等河各坝由》，上海图书馆藏盛宣怀档案，档案号 SD033953。
③ 《移咨派办河工各员绅衔名由》《札饬仍照前札充当河工总办由》，上海图书馆藏盛宣怀档案，档案号 SD033955、SD033966。绅董人选在开工前只确定了九名，其中几人是严作霖所推荐，无法确知。但开工后补缺之四人，确是其所保荐（《移咨续派河工段绅四员由》，上海图书馆藏盛宣怀档案，档案号 SD040068）。
④ 《札饬会同练军营弹压工赈由》，上海图书馆藏盛宣怀档案，档案号 SD033970。

便向张曜明确提出："该处聚集夫役，至二三万人之多，官民交涉、员绅交涉，以及河身堤身分别官地民地，必须大员驻工督率，方有率循，可否仰祈宪台俯赐遴派老成练达之候补道一员，会同职道办理。"① 张曜同意这一请求，委派其幕僚、山东候补道李翼清率同"本省（按：这里指山东省）正佐委员六人，到工稽查"，"会同督率弹压，办工员绅与地方交涉事件，就近由李道转饬遵照"②。但就总体而言，张曜所派人员对工程局仅具辅助作用。首先，按章程规定，李翼清必须与严作霖"居住一处，是为总局，一切可以商办"，而仍由严作霖"总司收放银钱、核算土方"③。其次，所有驻局人员"如有丝毫舞弊"行为，皆须严作霖认定后禀请官府加以惩办④。最后，河工所涉各处地方官必须担负协助之责："所有浚河筑堤以及绕用民地、兑换银钱、稽查夫役一切事宜，均关重大，应由地方官随工，妥为照料弹压，以昭慎重。"⑤

事实证明，这样一套由山东省外力量主导的工程机制，切实保障了首期工程较为顺利地完成。特别是在严作霖的一手管理下，经费方面没有发生任何舞弊行为，这在整个晚清时期的水利活动中都是十分罕见的。盛宣怀对工程局的成绩也非常满意，光绪十七年（1891）四月间，当首期工程即对下游河道的治理大体告竣时，他在给张曜的禀文中，自信满

---

① 《禀为筹议清河工程拟分先后办理请派大员会办由》，上海图书馆藏盛宣怀档案，档案号SD033989。
② 《各员董薪水月费章程》《张曜批盛宣怀禀文》，上海图书馆藏盛宣怀档案，档案号SD033965、SD033988。
③ 《各员董薪水月费章程》，上海图书馆藏盛宣怀档案，档案号SD033965。
④ 《照会支放挑修小清等河经费由》，上海图书馆藏盛宣怀档案，档案号SD033986。
⑤ 《札饬前赴河工照料弹压由》，上海图书馆藏盛宣怀档案，档案号SD033958。

满地称道了办事人员的辛劳:

> 本年禀蒙宪台饬令开浚小清等河,系为七州县历年沉灾,非使小清河深通,泄之入海,不足收效……职道度支不精,系责成严绅作霖一手经理。该绅任劳任怨,不特丝毫无侵蚀之弊,并丝毫无滥支之款。职道向不谙练河工,全赖南北员董群策群力,分任其劳。尤难者,招用民夫五万人,皆系灾民,俱非熟手,不谙抽沟掣水之法,每于河底积水不干,流沙愈涌之际,在工员董,莫不胼手胝足,身先锹畚,实属奋不顾身,始终罔懈。①

与此同时,盛宣怀又向张曜表示,对小清河上游河道亦应接续进行治理,"以期一律深通,不仅上下游州县清水之患可除,且使海口船只直达省城,似乎费省功多"②。不幸的是,张曜在七月间即告病故,二期工程亦因官场交接而耽搁了一段时间。好在继任山东巡抚福润不仅大力支持盛宣怀的二期治理计划,甚至又加派了任务。本来,自曹家坡以上一百余里的河道全部位于济南府境内,对其整治属于"近省工程",故原议"由司局筹款办理"。然而,福润以官府"无款可筹"为由,遂饬由盛宣怀一并办理③。因此,二期工程也大大超过了首期的规模。

既然首期工程的进展相当顺利,盛宣怀组建二期工程局时也就大体延续了首期工程局的架构。在组织框架上,该局

---

① 《禀为南北员董承办小清等河工程劳苦出力请将衔名先行咨部立案由》,上海图书馆藏盛宣怀档案,档案号 SD040010。
② 《禀报奏办小清等河工竣日期请将筹捐工赈银两奏准照推广例核奖以归垫款而免久悬由》,上海图书馆藏盛宣怀档案,档案号 SD040002。
③ 《京报》第 4664 号,载《申报》,第 46 册,第 174 页,光绪十九年十二月二十一日(1894 年 1 月 27 日),第 12 版。

仍沿用分段办理、员绅会办的体制。只是鉴于上游河道长于下游，从而将工段"分作十五段"①。至于具体承办人员，更是大批留用了首期工程中的得力人手，尤其是那些具有义赈背景的人员。在筹划二期工程之初，盛宣怀就向福润声明，此次仍须"责成严绅总理其事"②。稍后，当正式确定二期工程局核心人员时，除严作霖仍受命"综理工程并总司银钱收支一切"外，那些奉命"总管收放监挖"事宜的也都是"熟悉工员"：

> 查有原勘委员候补府经历何景贤堪以总管收放工程，南绅吴鸿英堪以帮管收放工程，管带练军候补游击沈廷栋、候补知州谢庭芝、直隶候补知县高维敬，堪以总管各段监挖，以期妥速。③

不仅如此，就连派定的上游十五段监工委员、绅董，也大多是承办过首期工程的人选④。与首期工程局相比，二期工程局在人员方面的最大变动，是更换了驻局协助的山东地方官员。首期工程期间的官方代表李翼清，很可能是因张曜的去世而离开了山东官场。至于二期工程山东的官方代表，则换成了"候补知府戴守○○驻工，提调地方交涉事宜，候选知府徐守金绶总司稽查"⑤。只不过，这方面的人员变动并未影响二期工程的进行。

山东官方驻局代表的变化之所以影响不大，主要原因当

---

① 《盛宣怀札文》，上海图书馆藏盛宣怀档案，档案号 SD049986。
② 《盛宣怀禀福润文》，上海图书馆藏盛宣怀档案，档案号 SD049985。
③ 《盛宣怀札文》，上海图书馆藏盛宣怀档案，档案号 SD049987。
④ 《拟分十五段所用工员名单》，上海图书馆藏盛宣怀档案，档案号 SD049923。
⑤ 《盛宣怀札文》，上海图书馆藏盛宣怀档案，档案号 SD049987。

然是盛宣怀与江南义赈同人之间通力合作的基本框架并无改变。也正是这种合作框架确保了小清河治理工程作为群体性合作活动的性质，而非仅仅归于盛宣怀个人的一项劳绩。这种性质的第一个典型表现是，基于义赈活动的主体性，小清河工程局决不只是负责工程实施的机构，而是始终注重工程与工赈并重。无论是严作霖还是盛宣怀，都明确表达了这项工程所寓含的工赈宗旨，也格外强调在实际活动中的执行。由此也就不难理解这样一个现象，在留存下来的小清河治理档案中，"工程局"的名目其实较少出现，更多映入人们眼帘的名称其实是"工赈局"。这显然不是一个简单的名称变换。

关于工程局的这种工赈意味，首先体现在招用夫役的问题上。较早开始具体考虑这个问题的，正是久办义赈的严作霖。光绪十六年（1890）十月末，也就是他刚刚受邀承办工程之际，就阐述了工赈优先的意见："以工代赈，弟拟实做此四字。不日即先往高、博、乐拣选灾民中之壮丁，造成夫册，然后至黄河两岸召集灾民，年内选定两万夫。"① 盛宣怀完全赞同这个意见，在十一月下旬向张曜禀请开办工程时，也明确提出：

> 严绅等会议，前开新河，系按亩派夫，民以为累。此次拟由严绅、孙绅、谢牧等亲赴各村庄造册，即以庄首为夫头，灾民内之丁壮为夫，三十名为一棚，先尽有灾村庄，再推广无灾之地，先尽高、博、乐、寿四县，再推广邻邑，力求以工代赈之实义。②

---

① 《上海六马路仁济堂接到严佑之大善士由烟台来书照登》，载《申报》，第37册，第1068页，光绪十六年十一月初四日（1890年12月15日），第4版。
② 《禀为遵饬覆勘支脉、小清、预备等河酌拟办法请批示遵照由》，上海图书馆藏盛宣怀档案，档案号SD033993。

按照严作霖等人最初的意见,因"筹款均系赈捐",故而"力主全用灾民"。有人则认为,"灾民挖土甚慢,恐顾赈转以误工"。因此,盛宣怀、严作霖等人经过会商后又提出一个变通办法:"拟准参用熟手官夫,为生手民夫引导,先从下游挖起,俟八面河、预备河、龙注河挖成,再令原班员董督夫移挖支脉沟。"①从具体施工情况来看,不仅确实执行了这个办法,而且起到了顾恤灾民的作用。盛宣怀于十七年(1891)二月下旬特地向张曜禀明了这一情况:

> 现用官夫一万余名,皆系挖河熟手,民夫三万数千名,皆系寿、乐、博、高之灾民。严绅意在实办以工代赈,每三十名为一棚,以本庄首事为棚头,另给工食,井井有条。②

工赈性质的另一个重要反映,则在于工程管理人员身上。一方面,工、赈兼通成为一项用人原则。严作霖与何景贤在设计管理机构时就建议,所有工段之委员、绅董,必须具备"工程熟悉,赈务兼通"的能力③。而盛宣怀在确定谢庭芝等人为监工挑挖人员时,亦主要因其皆为"素办工赈熟手"④。另一方面,办工人员也按照办赈人员来管理。盛宣怀在工程开办之前,便指示严作霖:"办工亦系赈款,必须涓滴归公。各委员皆应清白自矢,其余小委员弁、丁夫、头人等,如有丝毫

---

① 《禀为筹议清河工程拟分先后办理请派大员会办由》,上海图书馆藏盛宣怀档案,档案号 SD033989。
② 《禀报小清等河驻工开办日期及现在筹办大概情形请示祇遵由》,上海图书馆藏盛宣怀档案,档案号 SD033902。
③ 《何景贤禀筑坝调派员绅定期开办由》,上海图书馆藏盛宣怀档案,档案号 SD033974。
④ 《札饬开浚八面河及预备等河工程由》《禀为筹议清河工程拟分先后办理请派大员会办由》,上海图书馆藏盛宣怀档案,档案号 SD033981、SD033989。

舞弊,即请贵绅立即禀请照吞赈惩办,以重赈款。"① 在稍后与李翼清会衔发给各监工员董的札文中,盛宣怀再次明确了这一点:

> 此次浚河,系因该处年年被灾,民不聊生,不得已劝募赈捐,以工代赈。倘挖河多费一钱,即放赈少得一钱,是以禀明抚宪,责成严绅认真查弊。如果查出侵蚀弊病,即由严绅径禀照吞赈例惩办,以重赈款。②

与这两个方面相对应,各员董也表示,"俱知此工经费虚糜一分,即赈款实短一分",故而"无不自矢清白,效力行间"。特别是李翼清、严作霖两人,虽据章程应可开支薪水,然"以办工皆系赈款,核实工款,撙节靡费,意见相同,均不肯开支薪水"③。

工赈性质的第三个明显反映,是对夫役人员的特殊照顾。其一是进行合理分工。何景贤于开工前拟定、得到盛宣怀同意的施工办法中,就对以工代赈进行了细化处理:"各段员到工,必先分别工程之难易,安插棚铺,工难夫多,工易夫少,计实做工两个月左右,一律告竣为妥,过迟恐误工,太速亦恐夫不合算,似宜为工赈两字计也"④。其二是保障做工实惠。按照预定的津贴方案,"此两河水旱方通扯每方银一钱四分,约合京钱四百文"。但开工不久出现了"民夫众多,粮价昂

---

① 《照会支放挑修小清等河经费由》,上海图书馆藏盛宣怀档案,档案号SD033986。
② 《札饬、照会帮同挑挖小清等河由》,上海图书馆藏盛宣怀档案,档案号SD033975。
③ 《各员董薪水月费章程》,上海图书馆藏盛宣怀档案,档案号SD033965。
④ 《何景贤禀盛宣怀文》,上海图书馆藏盛宣怀档案,档案号SD033980。

贵"的情况，盛宣怀为此一方面"与工赈总局义绅再四筹商，格外加增，水旱方通扯每方实发京钱四百八十文"，另一方面则"在天津、营口购买大米一万石、小米一万石"，以备运到后"即照原价平粜"，其价值则可以"在于方价内扣算"①。并札饬转运人员称："此系工赈民食所关，不得稍有延误"②。其后，谢庭芝等人发现八面河工程中有些工段"施工甚为费力，各夫均赔累不堪"，即禀求"加贴钱文，以示体恤……方合以工代赈之意"。盛宣怀也随即批示照办③。此外，灾民背景的夫役家庭生计也被一并考虑进来。何景贤提出，凡愿来之灾夫，"每名先给大钱一千文，俾留家用，并作锅碗各具之资"④。严作霖则考虑到，灾民中不仅"有老幼残疾不能做工者，并有一夫做工而家有老弱数口不能养活者"，故请上海义赈同人施善昌等另筹义赈款项相辅而行，并称，如若不然，则"以工代赈亦不能周到"⑤。

由于资料限制，二期工程期间有关工赈的情况不够详细，但可以肯定，其基础性地位并未改变。首先，盛宣怀于禀请开工时，即声明以工赈为基点："拟仍由南省自行劝捐筹垫，作为工赈，无庸借支公款，事竣仍照赈捐例准其核奖，以葳全工而符奏案。"⑥ 其次，盛宣怀在派定各段办工员董时，亦如前重申了办工即办赈的原则："此次浚河，系因该处年年被

---

① 《示谕八面河、预备河官民夫》《示谕十三段工次、收发三局》，上海图书馆藏盛宣怀档案，档案号SD040072、SD040099。
② 《盛宣怀、李翼清札文》，上海图书馆藏盛宣怀档案，档案号SD040096。
③ 《谢庭芝等禀盛宣怀文并批》，上海图书馆藏盛宣怀档案，档案号SD040039。
④ 《何景贤禀盛宣怀文》，上海图书馆藏盛宣怀档案，档案号SD033980。
⑤ 《上海文报局东赈收解处接到严佑之先生山左来书》，载《申报》，第38册，第230页，光绪十七年正月初九日（1891年2月17日），第4版。
⑥ 《盛宣怀禀福润文》，上海图书馆藏盛宣怀档案，档案号SD049985。

灾，民不聊生，不得已劝募赈捐，以工代赈。倘挖河多费一钱，即放赈少得一钱……如果查出侵蚀弊病，即由该绅（按：即严作霖）等径禀照吞赈例惩办，以重赈款。"① 最后一个证明是，山东巡抚福润在光绪十八年（1892）六月间给朝廷的奏折中，也强调上游工程"仍由南绅严作霖等集捐办理。需用人夫，悉系附近贫民，以工代赈，使捐赈之款，涓滴仍归灾黎"②。而根据严作霖的一贯表现，福润的这番话定然不至于徒托虚言。

由于这项工程深刻贯彻了义赈活动的宗旨，义赈力量对于小清河工程的倾力投入，也就理所当然了。对于义赈力量来说，这项工程并非仅仅是一次救济灾民的机会，而更在于这是一项能够贯彻"救人救彻"宗旨的活动。这里应当说明的一个背景是，在小清河工程启动以前，山东对义赈造成了极大的压力。据谢家福统计，从光绪九年（1883）到十四年（1888），义赈向连年灾荒的山东助赈总额达到83万余两③。而小清河工程的全部用费，不过是70多万两。因此，在盛宣怀提出小清河首期工程经费需要20万两的计划后，义赈力量予以积极配合。除提供工程启动资金外，所有向上海地区银行借贷的部分也"仍由南绅劝办义捐归补"，最终皆"归入义赈项下造报"④。另外，在首期工程期间出现预定经费不及到位的情况时，亦多由义

---

① 《盛宣怀札文》，上海图书馆藏盛宣怀档案，档案号SD049986。
② 《京报》第4116号，载《申报》，第41册，第541页，光绪十八年六月二十九日（1892年7月22日），第13版。
③ 《上海协赈公所接苏州桃坞谢君绥之请合筹三十万金解济山东移民让河一劳永逸书》，载《申报》，第35册，第122页，光绪十五年六月二十三日（1889年7月20日），第3版。
④ 《张曜札盛宣怀文》，上海图书馆藏盛宣怀档案，档案号SD009904。

赈加以转圜。例如，光绪十七年（1891）二月间，严作霖因"乐安工赈不敷钱数尚多，特又向上海协赈公所筹借规银二万两，存于乐安县库"①。同时，因潍县"需用工赈等款甚巨，亟应筹款接济"，盛宣怀又"于义赈项下提出规银一万两"供该县之用②。相反，山东官方在经费方面不仅未见给予多少支持，甚至还会制造阻碍。这方面的一个典型事例是，光绪十七年（1891）六月间，山东赈捐局以小清河工需"不与现办肆成推广新章赈捐缪辕"为由，反对盛宣怀"以十省赈捐为小清河工挪用"③。这就难怪盛宣怀会公然在示谕中声称"此次开河，系南方捐款，为本地灾民力除水患"④。

到了开办二期工程的时候，义赈的支柱性地位得到了更加鲜明的体现。除了前述人员方面的作用外，这种地位在工程经费问题上更为关键。盛宣怀在筹划经费时发现，再依靠首期工程时的借垫办法，已无法满足需要。因此，他在光绪十七年（1891）十月底向主持上海义赈活动的施善昌、经元善等人求援，请其先为"代筹十万两"工程经费。不仅如此，他甚至还要求施善昌等人将此时其他义赈款项暂为挪济，提出"可否议定章程，平时以三分之二助山东青州工赈，以三分之一助他省偏灾。如遇各省有重灾，以三分之二助各省重灾，以三分之一助青州工赈"。盛宣怀最后强调，小清河工程

---

① 《札饬将库存工赈规银二万两按照上次定价易钱解交严绅验收由》，上海图书馆藏盛宣怀档案，档案号SD033903。
② 《札饬验收规银一万两听候提用由》，上海图书馆藏盛宣怀档案，档案号SD040065。
③ 《张曜札盛宣怀文》，上海图书馆藏盛宣怀档案，档案号SD009904。
④ 《示谕水旱土方加增钱数由》，上海图书馆藏盛宣怀档案，档案号SD033906。

能否继续进行，"即以尊处筹款能否定夺为行止。数十年、数十万生灵，成败利钝，系乎诸公一言为定"①。由此可见，盛宣怀这回决心要从义赈活动中分一大杯羹了。

面对盛宣怀的上述要求，施善昌等人表示"敢不黾勉以从，共襄斯役"。随即决定将他处赈务暂缓，于十一月初从上海各协赈公所中"先行悉索，勉凑第一批工赈规银一万两"，并告知"此后惟当尽心力而为之，做到那里是那里"②。这无疑给盛宣怀吃下了一颗定心丸，于是，他在年底向福润禀报开工事宜时，亦强调此次经费的首要来源就是与义赈筹捐活动的合作：

> 现与南绅严○○（按：即严作霖，原文阙字）及施善昌等筹商，拟仍由南省自行劝捐筹垫，作为工赈，无庸借动公款，事竣仍照赈捐例准其核奖，以葳全工而符奏案。③

应该说，对于这项筹集工费的任务，义赈同人确实是将之作为一次常规化义赈募捐活动来对待的。首先，为了与筹赈的一贯话语相符合，他们劝捐时便突出宣传了"工赈"的名义。施善昌在首次发布的公启中就称，此次助捐是为了"山左正本清源之工赈，一劳永逸之功德"④。《申报》馆赈所亦在公启中称，此次疏凿小清河是"以工代赈"之举，且由严

---

① 《盛宣怀致施善昌、经元善等函》，上海图书馆藏盛宣怀档案，档案号 SD035716。
② 《施善昌等致盛宣怀函》，上海图书馆藏盛宣怀档案，档案号 SD024443。
③ 《盛宣怀禀福润文》，上海图书馆藏盛宣怀档案，档案号 SD049985。
④ 《上海六马路仁济善堂会同各公所起解山东小青河工赈第一批赈款启》，载《申报》，第 39 册，第 972 页，光绪十七年十一月初八日（1891 年 12 月 8 日），第 4 版。这里的"青"字为原文。

作霖主持兴办①。此后，义赈同人但凡言及小清河工程，皆以"工赈"呼之。其次，其活动方式亦基本等同于义赈筹捐的常用手法。这主要表现在，与通常筹赈活动一样，义赈同人不仅多次发布专为工程筹捐的公启，有关助捐和收解批次等方面的情况，也都在报纸上公开。除此之外，《申报》馆赈所还仿照散发义赈募捐册的惯常做法，特地印制数千本《劝募小清河经费册》，从光绪十八年（1892）正月初起，"附入报章分送"②。

同时，义赈同人对这项任务的态度也十分积极。为了尽快筹捐，上海地区所有赈所可谓全体出动，频频发布催捐告白、求助函电。其努力程度，从他们所感受到的巨大压力即可见一斑。对于这种压力，一个颇为有趣的例子可资证明。光绪十八年（1892）二月初，施善昌鉴于当时小清河筹款处于"弩末之势，万分为难，绘图分册劝募，而捐款寥寥"的状况，无奈之下，只得用扶乩之法，仰叩两位仙人吕洞宾、韩湘子"逾格赐佑，俾捐款远远接济"。神仙很通人情，随即示谕称："诚大善举也。弭灾流于千古，仁政及于万民。求名得名，求寿得寿，是乃天使之验而助之成也。"这才稍微舒缓了施善昌的焦虑之情③。并且，盛宣怀肯定也非常了解义赈同人的这种压力。为舒缓这种压力，他打着为其长子盛昌颐中举完愿的名义，将还愿规银五千两捐至施善昌主持的赈所名下，并指定此项捐款作为小清河工费④。

---

① 《今日附送劝募小清河经费册》，载《申报》，第 40 册，第 165 页，光绪十八年正月初八日（1892 年 2 月 6 日），第 1 版。
② 同上。
③ 《施仁恩等禀神文》，上海图书馆藏盛宣怀档案，档案号 SD005777。
④ 《巨款助赈来书照登》，载《申报》，第 40 册，第 304 页，光绪十八年二月初二日（1892 年 2 月 29 日），第 4 版。

随着义赈为小清河工程筹捐活动的日益展开，这项工程也被披上了越来越浓厚的义赈色彩。在这方面，《申报》上的宣传话语可谓典型。光绪十八年正月十一日（1892年2月5日），该报在头版文章中宣称："近日筹款办振，莫大于开浚小清河。"同时，又强调严作霖是这项工程的开创者，且这项工程对于治理黄河亦具有重要意义："严佑之先生创为开浚小清河之举，盖使黄河之水得以畅流入海，斯不至时时壅阻，以致决荡……此举克成，不特国家可以塞此漏卮，即下民亦皆可以高枕而卧。"① 三日后，该报又在头版文章中表达了同样的意思：

> 　　山左河患频仍……不旋踵而河决如故，田庐之漂没如故，民生之颠沛如故。严佑之善士以议筑不如议浚，遏其流不如分其势，遂议开浚小清河，以通水道。将来大工告成，河水畅流，河堤永无溃决之患，即山左居民永免及溺之患，诚为一劳永逸之计。②

二月初四日（3月2日）的头版文章中，该报复称："近来赈款需用浩繁，今年又须开办挑浚小清河，俾黄河之水得以畅流，庶几一劳永逸，得免飘荡之苦，此最大之善举也。严佑之先生主其议而为其难，其所费以亿兆计。"③

　　更有甚者，在光绪十九年（1893）小清河工程告竣之后，《申报》还刊发了一篇基本上将该工程完全归功于义赈的长篇

---

① 《录本馆协振所辛卯年收解清单并书其后》，载《申报》，第40册，第183页，光绪十八年正月十一日（1892年2月5日），第1版。
② 《及时行善说》，载《申报》，第40册，第201页，光绪十八年正月十四日（1892年2月12日），第1版。
③ 《善非望报说》，载《申报》，第40册，第315页，光绪十八年二月初四日（1892年3月2日），第1版。

社论：

> 小清河之举，专为黄河之水为害青齐，故办赈诸公悉心筹度，以为一劳永逸之计。买归民间屋舍地土，开掘成河，俾黄流得以有所宣泄，有所归宿，而不至于有横决泛滥之患。以故东南义士闻此善举，莫不踊跃输捐，不几时而全功竟已告竣……夫开办小清河，全赖东南义捐，以工代赈，方得集事……且办理此事者，皆义赈诸君，不若寻常河工之比，所谓款无虚糜、功归实际者，固天下所共信者也。①

《申报》的上述说法，未免太过强调了义赈在小清河工程中的地位。而在山东官府看来，盛宣怀对工程更具主导作用。福润在光绪十八年（1892）六月间便向朝廷奏称，不仅下游已办之工是盛宣怀"督同南绅严作霖招集附近灾黎，以工代赈，分段挑挖"，其上游整治方案亦是"盛宣怀与南绅在该处放赈查河，五历寒暑，始敢议请规复小清河正轨，而不拘牵小清河故道"②。当小清河工程于光绪十九年（1893）底全部告竣时，福润在朝廷的奏报中，甚至将筹集工程经费的功劳全数归于盛宣怀名下：

> 伏查此工筹办三年之久，统共用银至七十余万两。盛宣怀……创议挑修，因库款支绌，力筹劝捐办理。其始施工也，会同南绅严作霖周历各处，反复查勘，或生开，或取直，悉心筹度，要以规复正河，为斯民永除水

---

① 《小清河客述》，载《申报》，第 45 册，第 785 页，光绪十九年十一月二十日（1893 年 12 月 27 日），第 1 版。
② 《京报》第 4116 号，载《申报》，第 41 册，第 541 页，光绪十八年六月二十九日（1892 年 7 月 22 日），第 13 版。

患……南绅严作霖、候选道徐金绶经营开挖，始终其事，卓著勤劳。盖捐款赖盛宣怀筹集，办理工程则该绅等之力居多。①

不料，福润对小清河工程出力人员的保奖，却遭到了吏部的驳回。在盛宣怀看来，吏部的这一决定，很可能是因为将这项工程当作了一项地方官主持的分内事务。因此，他随即向新任山东巡抚李秉衡提出了申诉。其申诉理由是，这项工程是作为外来力量的义赈人士的殊勋：

> 东省小清一河……叠经南省义绅于查赈之暇，察访情形，禀请奏明劝捐浚办。竭三年之力，集款七十余万两，开通大河四百数十里。各员绅等常川驻工，昼夜辛勤，不辞劳瘁，如遇海潮盛涨、山泉汹涌之际，与水相争，性命呼吸，均能奋不顾身，迅赴事机，已于光绪十九年四月间全工告竣。核其劳绩，实与黄河抢险工程无异……在部臣以挑浚河道系属应办之件，不准保奖，并以未奉准其酌保谕旨议驳，自系为核实保举起见。惟该员绅等并无地方之责，所用工款，悉系自行劝捐，不动丝毫帑项……似与部驳情节稍有区别。②

盛宣怀把自己完全撇清的这个说法，固然是为小清河保奖起见，但对后来的研究者难免会造成误导。此中道理在于，如果盛宣怀不起作用，"并无地方之责"的江南义赈力量，如何愿意投入如此巨大的人力、物力和财力，并能够顺利完成一

---

① 《京报》第 4664 号，载《申报》，第 46 册，第 174 页，光绪十九年十二月二十一日（1894 年 1 月 27 日），第 12 版。

② 《京报》第 5287 号，载《申报》，第 51 册，第 262 页，光绪二十一年八月二十二日（1895 年 10 月 10 日），第 12 版。

项山东境内的水利工程呢？

第三节　甲午期间的义兵义饷议及其余波

由于资料限制，小清河奖案后来的情况尚不清楚。而对盛宣怀来说，恐怕也无暇继续关心此事了。这是因为，李秉衡接到盛宣怀提出的申诉时，适逢中日甲午战争爆发。此时业已调任天津海关道的盛宣怀，其绝大部分注意力自然要被战争所牵扯。有关盛宣怀在战争期间的活动，以往较多论及的内容是其为前线转运物资、传递信息等直接服务于战事的事务。而盛宣怀试图在清朝军事体系之外开展的一项活动，即筹议义兵义饷之举，迄今仅见虞和平、易惠莉曾有提及[①]。由于此举基本上流于纸上谈兵，所以既有论述皆未对其进行更为深入的考察。事实上，这场看似并未掀起波澜的筹议，却包含着两条意义深远的社会脉络。首先，这是盛宣怀和江南义赈绅商在政治领域进行群体性合作的一次尝试，也是近代绅商阶层登上政治舞台的一次预演。其次，这场筹议本身虽然无果而终，但是其在近代绅商群体与维新知识群体之间提供了串联的契机，从而提供了理解从甲午战争到戊戌变法运动之间所发生的社会结构演变的线索。而要确切解析这两条脉络，就必须完整审视这场筹议所关联的历史进程。

---

① 虞和平是在论述经元善生平时，注意其参与了甲午义兵义饷的活动（虞和平编：《经元善集》，前言第 21—22 页）。易惠莉揭示了盛宣怀发起义兵义饷的大致情形，对此举的评价是"由于完全缺乏社会基础而完败"（《盛宣怀评传》，上卷，第 288—289 页）。

要解释盛宣怀为何会生发募集义兵义饷的念头,就得从甲午战争期间清廷筹商练兵之事说起,因为盛宣怀乃此事的主要创议者。自中日宣战之后,清军连战连败,日军于九月下旬渡过鸭绿江,战火延至辽东一带。光绪二十年九月三十日(1894年10月28日),恭亲王奕䜣、庆亲王奕劻以及户部尚书翁同龢、军机大臣李鸿藻等朝廷重臣在总理衙门召见了两位德国人士,即天津海关税务司德催琳(Gustav Von Detring)和从黄海海战中生还的北洋海军总教习兼副提督汉纳根(Constantin Von Hanneken)。在这次会面中,汉纳根强烈建议,"另募新兵十万人,以洋法操练,舍此无以自立矣"①。据易惠莉分析,这次会面得以实现,很大程度上有赖于盛宣怀的事先沟通与铺垫②。这就可以理解,在此次会面的次日即十月初一日(10月29日),盛宣怀亦紧急致电总理衙门和户部,进一步阐述了仿照德式编练新兵的必要性和大致计划:

> 湘淮将领多不服西法,虽亦购其枪炮,习其操阵,仅学皮毛,不求精奥……平壤、九连两战两北,可信西法用兵胜于中法。查德国陆队二百五十人为一哨,一千人为一营,六千人为一小军,一万二千人为一大军,额不缺,饷不扣,枪炮不杂,号令不歧。敢请速练枪队两大军,计二万四千人,炮队一军计三千人,马队一军计三千人。募德国小兵官二百余人为统领,营哨官,皆一汉人,一西人,相辅而行。拟请李傅相先派武备学堂德国教习先练五百人为规式。如蒙奏准,即电德国赶紧选

---

① 陈义杰整理:《翁同龢日记》,第5册,北京:中华书局,1997,第2744页。
② 易惠莉:《盛宣怀评传》,上卷,第282—283页。

募洋员,一面选将募勇,约六个月可操练成军。

对于经费问题,盛宣怀也进行了通盘考虑:

> 练兵之费,一年约需银三百万两,津海关与长芦运司现遵部章,先借华商一百万两,数月收齐,即可留为开办经费。其余二百万两,拟请由粤海(按:疑缺"关"字)借款内酌拨……若练兵三百万两,较之调募各省零星无用之兵,转以器械资寇,所向披靡,一样縻饷。两样打仗,孰得孰失,当可决断。①

汉纳根的进言和盛宣怀的建议,对清廷朝臣们造成了极大触动。对此,翁同龢可谓是一个最明显的例证。十月初四日(11月1日),他与李鸿藻在总理衙门再次与汉纳根会面,"并以事急宜如何布置"相询。次日于宁寿宫觐见慈禧,他便趁机"奏汉纳根事",并"力保之"②。不少官员对盛宣怀的建议也积极响应,如御史余联沅等42人于初六日(3日)上奏,"请照盛宣怀条陈速办"③。同日,盛宣怀致电翁同龢称:"仍须赶练西法,三万人为游击之师。后路有援应,则前路气不馁,不致一逃数百里。"④ 接下来几天,翁同龢数次与胡燏棻等人就练兵事宜进行了商谈⑤。在此基础上,翁同龢很可能与光绪帝沟通并得到了允准,这样才能解释他于十五日(12日)

---

① 《盛宣怀上总理衙门、户部电》,载王尔敏、吴伦霓霞编:《清季外交因应函电资料》,第160—161页。
② 陈义杰整理:《翁同龢日记》,第5册,第2746页。
③ 同上书,第2746—2747页。
④ 《盛宣怀上翁同龢电》,载王尔敏、吴伦霓霞编:《清季外交因应电资料》,第167—168页。
⑤ 关于这些商谈,易惠莉根据翁同龢的日记进行了概括(《盛宣怀评传》,上卷,第284页)。

"拟添练洋队奏稿,并电致胡臬司(按:即广西按察使胡燏棻),令速与汉纳根定议开招"之举①。

事后看来,翁同龢的步子还是太快了些。这是因为,清廷内部的意见远未达成一致。约在十月中旬,总管京师电报局的王庭珠便致函盛宣怀称:"汉纳根练兵之事,李高阳(按:即李鸿藻,籍隶高阳)颇不以为然。张小传(按:即此时为李鸿章幕僚的张绍华,又作'筱传')与汉纳根素有嫌隙,在高阳前极言汉不可用,用则后患无穷。"② 并且,持反对意见的当然不止李鸿藻一人。就在翁同龢电告胡燏棻与汉纳根"定议开招"后仅两天,即十七日(14日),督办军务处再次会议练兵之事时,枢臣之间的分歧更加明显。不久前奉命帮办军务的荣禄,在会议上坚决反对这项练兵计划。据翁同龢在日记中称:"两邸(按:即奕䜣和奕劻)皆集,议洋队事,仲华(按:荣禄字仲华)力争不可,乃发电致胡臬,谓三万最妙,至多不过五万,非余意也。"③ 但不知何故,次日光绪帝所下旨意中,仍以十万人为度,并称:"详察汉纳根所议,实为救时之策,著照所请……所有一切章程,均责成臬司胡燏棻会同该员悉心筹画,禀明督办王大臣,立予施行,不令掣肘。"④ 荣禄在稍后给鹿传霖的函件中,愤愤不平地叙述了其与翁同龢之间的这番争执,并且怀疑翁氏在光绪帝那里另有动作:

---

① 陈义杰整理:《翁同龢日记》,第 5 册,第 2750 页。
② 《王庭珠致盛宣怀函》,载陈旭麓、顾廷龙、汪熙主编:《中日甲午战争——盛宣怀档案资料选辑之三》,下册,上海:上海人民出版社,1982,第 339 页。以下简称《盛档之三》,下册。
③ 陈义杰整理:《翁同龢日记》,第 5 册,第 2750 页。
④ 中国第一历史档案馆编:《清代军机处电报档汇编》,第 1 册,北京:中国人民大学出版社,2004,第 318 页。

> 日前常熟（按：即翁同龢）欲令洋人汉纳根练兵十万，岁费饷银三千万，所有中国练军均可裁撤，拟定奏稿，由督办军务处具奏。鄙人大不以为然，力争之；两王及高阳均无可如何，鄙人与常熟几至不堪，始暂作罢议。及至次早，上谓必须交汉纳根练兵十万，不准有人拦阻，并谕不准鄙人掣肘云云，是午间书房已有先入之言矣，奈何！①

练兵十万之说，显然不切实际。胡燏棻便鉴于"时势急迫，十万人未易骤集"的情况，与汉纳根"再三拟议，始定先练三万人，购备五万人枪械，并募洋将八百员，约需经费一千余万两"的计划②。随后，清廷也只得向汉纳根下令"练兵三万人，悉仿德国之制"③。不过，即便是这个压缩方案，对清廷来说也是一个巨大的负担。一个最显著的证明是，按照汉纳根的估算，三万人每月饷项"共需银五十五万五千余两"，故"一年计需饷六七百万两"，以致连盛宣怀都担心"现在物力艰难，款项支绌，将来应付不及，转使洋员有所借口"④。而与汉纳根同办练兵事宜的胡燏棻，对汉纳根主导练兵之举产生了更深的疑虑。十月二十九日（11月26日），他向朝廷奏称："汉纳根练兵募将之说，固属良策，而其中办理

---

① 《荣禄致鹿传霖便条》，载中国史学会主编：《中国近代史料丛刊·中日战争》，第4册，上海：上海人民出版社，1957，第576页。
② 《广西按察使胡燏棻奏统筹洋员汉纳根呈请召募洋将练兵添船购械各节折》，载故宫博物院文献馆编：《清光绪朝中日交涉史料》，卷25，台北：文海出版社，1970，第486页。此处"召募"二字为原文。
③ 《汉纳根练兵办法》，载陈旭麓等主编：《盛档之三》，下册，第355-356页。
④ 同上书，第377页。在月饷55.5万多两的估算之前，汉纳根可能还向翁同龢提出过一个10万人月饷170万两的方案。对此参见谢俊美：《翁同龢人际交往与晚清政局》，上海：上海书店出版社，2018，第508-509页。

棘手之处，厥有数端。"在历述筹款之难、购械之难、求将弁之难等具体问题后，他怀疑汉纳根"此次建言，本意似欲多购船械，为牟利起见"，而更严重的是，"窃恐事权过重，所用洋员过多，积久难以钤束"①。

胡燏棻的上奏，给了力挺汉纳根练兵的翁同龢以重重一击。十一月初二日（11月28日），清廷收到胡燏棻奏折，遂令翁同龢等人"速议胡燏棻请拨招募费一千万、粮台四百万"之事②。这种情况的确令翁同龢为难。荣禄在次日发给鹿传霖的函件中便称："常熟自觉办不动，从此即不提起矣。"③ 翁同龢亦在日记中称"以胡燏棻与汉纳根练兵事甚费踌躇"④。至二十日（12月16日），无奈之下的翁同龢只好"夜草驳洋队稿"，并将责任主要归之于胡燏棻："此事全系胡燏棻簧鼓以致中变，余不谓然也。"⑤ 二十三日（12月19日），督办军务处由奕䜣领衔，奏请停止汉纳根练兵之事⑥。不难猜测，这份奏折应当就是翁同龢起草的那份底稿。

颇具讽刺意味的是，到了这个时候，一直被屏逐在汉纳根练兵活动之外的盛宣怀，竟然是对练兵之事仍然抱有希望的人。当然，鉴于当下情形，盛宣怀也不可能继续把希望寄托在翁同龢身上，而是转向了李鸿章。十一月二十二日（12月18日），盛宣怀已经得知停办汉纳根练兵之事，即致函李

---

① 《广西按察使胡燏棻奏统筹洋员汉纳根呈请召募洋将练兵添船购械各节折》，载故宫博物院文献馆编：《清光绪朝中日交涉史料》，卷25，第486-487页。
② 陈义杰整理：《翁同龢日记》，第5册，第2755页。
③ 《荣禄致鹿传霖便条》，载中国史学会主编：《中国近代史料丛刊·中日战争》，第4册，第576页。
④ 陈义杰整理：《翁同龢日记》，第5册，第2758页。
⑤ 同上书，第2761页。
⑥ 对此，可参见马忠文：《荣禄与晚清政局》，北京：社会科学文献出版社，2016，第109页。

鸿章，直言淮军已不可恃，必须另行练兵，并且强烈希望李鸿章能够出面主持练兵事宜：

> 查倭兵全用西法，战无不利。淮军虽素称劲旅，当之辄靡。现在调募各军，未必能后来居上（恐快枪、快炮亦恐资敌）。朝廷欲以威令驱各将于敢死之地。窃恐技与械俱不相若也（一切用兵机宜，似亦我正彼谲，我拙彼巧）。中堂受恩深重，难释重负。倘再迟疑不决，翻然改练大枝劲兵（拿问皆属淮将，非改头换面，恐无以自强），战不能转负为胜，和不能挟兵自重，且和以后亦不能保全威望于华夏。
>
> ○○【宣怀】一再思维，练兵之策不可疑滞；练兵之权不可旁移。可否即请中堂据○○【宣怀】所禀条陈，奏请开办……至汉纳根前议，因何停止。本无将此兵柄使外人倒持之理。然亦未可因噎废食，仍宜中堂慨然自任也（上海用戈登，赖西洋枪炮起家。安知以后不可用洋将，练新队为结束）。①

与十月初一日（10月29日）给总理衙门和户部的建议相比，盛宣怀给李鸿章的这次建议显然做了更多的准备工作。这首先表现在，盛宣怀对练兵办法进行了较为全面的策划。盛宣怀对汉纳根先前提出的9条练兵办法进行了审核，在指出"其中亦有必须力争不能依照各条"的基础上，草拟了一份包含16款内容的练兵条议，力图从根本上防范外人把持练兵的局面②。其次，盛宣怀对可以担当练兵任务的淮军将领亦

---

① 《盛宣怀致李鸿章函》，载陈旭麓等主编：《盛档之三》，下册，第370页。
② 《盛宣怀练兵条议》，载陈旭麓等主编：《盛档之三》，下册，第370–377页。

有较为确定的目标。他向李鸿章提出："华将似聂士成、孙金彪、刘世俊可用。袁世凯有智略,肯讲西法,如能病痊,似可任用。"同时还表示,自己一方面"愿先垫捐银十万两,准照海防例请奖",另一方面则"愿充营务处,调停华洋将士"①。由此可见,盛宣怀向李鸿章提出练兵建议,决不是一时心血来潮,而是做了相当准备的行为。

在清廷都已决定放弃练兵计划的背景下,盛宣怀此时为什么还有继续推动练兵事务的意愿和底气呢?原来,盛宣怀的确不是无的放矢。他很可能在十月初就盘算了一个双管齐下的行动方针,即在向朝廷提出练兵建议的同时,也展开了在体制外开展练兵活动的策划,这就是关于义兵义饷的筹议。约在十月初,盛宣怀便与当时正在奉天、直隶办赈的严作霖"筹商义饷义兵之议"。但是严作霖南返之后,一时未有音讯,加之朝廷启动练兵计划后又将盛宣怀排除在外,所以到了十月中旬,盛宣怀又命其幕僚钟天纬起草一份《募义饷兴义兵公启》,寄交在上海的经元善,希望其能作为"领袖之人",出面"约严佑之、谢绥之诸君,合志并力,布告宇内,共筹义饷,兴义兵"②。不难看出,对于推进义兵义饷之议,盛宣怀的主要希望就是寄托在这些江南义赈绅商的身上。

这份公启里面的说法更加显著地表明,对于义兵义饷而言,义赈构成了进行社会动员的一个重要基础和旗号。公启中首先宣称,义赈活动昔日救灾之举与今日兴师救国之举具有同等大义:

---

① 《盛宣怀致李鸿章函》,载陈旭麓等主编:《盛档之三》,下册,第370页。
② 《钟君鹤笙来函》,载朱浒编:《中国近代思想家文库·经元善卷》,第142-143页。

> 昔年各省灾荒，筹办赈济，集款至数千万金，活人至千百万命，称为义赈，上荷天葆。今刀兵之劫，更深于水旱；外寇之祸，更迫于饥馑。若不通力合作，共谋济师，上何以抒九重宵旰之忧，下何以伸薄海忠义之气？

其次，赞助义兵义饷以报国，亦与捐助义赈活动的救民宗旨相符。其说辞是：

> 故特奉告天下忠义杰士、好善仁人，共筹义捐以助义饷，纠集义旅以兴义师，务使富者捐其财，贫者捐其躯，智者捐其谋，勇者捐其力。合众志以成城，练为铁骑；驱强邻以出境，完我金瓯。上以报国，原非贪慕乎虚名；下以救民，实阴行其赈济。①

对于盛宣怀"请沪上协赈同人相助为理"的期望，经元善是最为积极回应的一个。经元善后来回忆说，自己当时本来"卧病床褥"，接到公启后，随即"跃然而兴，不避出位之嫌，驰书各处义赈旧侣，一面编辑暗码电本，并发宏愿，成则为国家振士气……不成则赴东海而死，不致如草亡木卒"②。经元善的回忆迨非虚言，他确实试图唤起集结义赈力量投入筹募义兵义饷的活动。光绪二十年十一月十四日（1894年12月10日），经元善在《致各路义赈同志公函》中呼吁：

> 驰启者：中东构衅，吾华士不用命，师徒挠败，望

---

① 《募义饷兴义兵公启》，载朱浒编：《中国近代思想家文库·经元善卷》，第143页。
② 《拟筹甲午义兵饷始末记》，载朱浒编：《中国近代思想家文库·经元善卷》，第142页。

风披靡，日军节节进逼。现在旅顺失守，大沽戒严，辽阳、榆关，处处告急。凡有血气者，无不共抱义愤，而同仇敌忾也。一昨接津关幕府钟君来书，并募义饷兴义兵公启，特照录附呈荩鉴。前承气求声应，仝筹义赈，为救民也。今者创筹义师，为忠君也。想好义行仁者，必肯致身效忠，披发缨冠，不待劝勉。惟此举机缄须速，除先驰陈大略外，一面编辑义字号密码，倘荷见义勇为，合志同方，伫盼德音，即将密码电本寄呈，并咨照各处敝局，凡有筹商机要，准列公报转递。①

经元善的上述反应，定然使盛宣怀备受鼓舞，大概也是盛宣怀向李鸿章建议推进练兵之举的一个因素。这方面的一个旁证是，在致函李鸿章之后两天，即十一月二十四日（12月20日），盛宣怀还郑重地就义兵义饷之事征询过袁世凯的意见："有人劝宣，劝捐义饷，募义兵，但必须延客将，购利炮、利枪。公有何妙策？乞密示。"② 此外值得一提的是，当初替盛宣怀向经元善传话的钟天纬，也对筹募义兵义饷之举充满期待。约在十二月间，钟天纬不仅将义兵义饷视为挽回时局的要策，甚至力劝盛宣怀亲自回南方主持这项活动。其函中称：

> 汉纳根练兵之议亦已罢论。目前北洋兵势，一无足恃。此亦智者当早自为计之时矣。欲思挽回大局，终不外筹义饷以练义兵之一策。侧闻吾师创议之初，本愿担

---

① 《致各路义赈同志公函》，载朱浒编：《中国近代思想家文库·经元善卷》，第146页。
② 《(2106) 石山站去电》，载陈旭麓、顾廷龙、汪熙主编：《中日甲午战争——盛宣怀档案资料选辑之三》，上册，第325页。以下简称《盛档之三》，上册。

当此事。趁此代理有人,曷不禀请开缺回南,与东南善士共筹义饷、义兵之事,于国于身两有裨益……如吾师得请回南,一则宪体违和,可以不药自愈;二则善捐踊跃,可以不招自来。①

直到光绪二十一年(1895)初,盛宣怀仍对义兵义饷之举抱有希望。正月初四日(1月29日),他致电当时署理两江总督的张之洞,首先回顾了汉纳根练兵活动的大致始末:"十月朔条陈,总署代奏。募客将,照西法练精兵三万人,上意许可,派胡臬司与汉纳根议办。汉欲独揽饷权,胡请停罢。今和议难成,上意颇悔。"然后对张之洞表示:"如欲制胜,仍须募练。宣可设法筹款,即在徐州开练,六月可接仗……如京师急,可入卫恢复。"② 盛宣怀对张之洞所说的"徐州开练",正是指其筹划的义兵之事。其一是,在钟天纬起草的那份公启中,就明确将徐州作为募兵的核心区域;其二是,钟天纬劝告盛宣怀回南主持义兵活动的信中,也是将徐州作为中心活动地点。张之洞对盛宣怀的这一计划颇感兴趣,初六日(31日)回电称:"徐州练兵入卫,诚为要策。惟饷既难筹……来电谓,阁下能设法筹款。能筹若干?大约从何处设法?"③ 盛宣怀迅速于次日回电,并且信心满满地表示,根据自己以往办理海防捐和赈捐的经验,筹集饷项不成问题:"拟

---

① 《钟天纬致盛宣怀函》,载陈旭麓等主编:《盛档之三》,下册,第386-387页。钟天纬这里所说的"代理有人",是指此时盛宣怀因病请假,暂由黄建筦代理津海关道职务,对此参见夏东元编著:《盛宣怀年谱长编》,上册,第462页。

② 《初四日去电(750)宁督署》,载陈旭麓等主编:《盛档之三》,下册,第606页。

③ 《初六日来电(754)南京来电》,载陈旭麓等主编:《盛档之三》,下册,第607页。

先借洋债，随后筹捐归补。前两年宣办山东海防捐收三百万，赈捐百余万，似不难。"① 其实，他这时筹饷主要就寄希望于义饷。这方面的一个显著表现是，他在初十日（2月4日）给其侄盛春颐的电报中便称："和局不成，练兵急务似可号召四海多筹义饷。"②

盛宣怀此时很可能还不甚清楚，义兵义饷之议实际上已成空中楼阁了。这主要是因为，经元善等义赈核心成员并未能够切实开展义兵义饷活动。本来，经元善的确对于这项活动非常积极，也很快就此事与其他几位长期合作的义赈核心人物进行了商讨。不料，这些人物的意见很不一致。首先回信的沈善登态度最为消极。他认为此事"无论所议必难成，成必乌合无用"，并劝告经元善："阁下纵有长才，无赤手孤立能办之理……敢劝高明且安顿家室，宁甘赍志入地。"③ 其次回信的严作霖则表示，自己只能居于追随者的角色："义兵义饷，虽有此议，而人微言轻，岂能成此义举？非我公及在沪诸君子，熟商如何筹饷之法，筹成解归何人，先请何人入奏，俟奏定奉旨后，方可举办……诸公如肯倡率，弟岂甘自外生成？"④ 谢家福给出的意见是，朝廷决策不明，不可轻举妄动："所难者，宫廷之和战未定，勤王之明诏未下，奋一时之义愤，徒成筑室道谋，为天下笑，尚不如留以有待之为

---

① 《初七日去电（758）宁督署》，载陈旭麓等主编：《盛档之三》，下册，第608页。
② 《初十日去电（764）江宁盛我彭》，载陈旭麓等主编：《盛档之三》，下册，第609页。盛春颐字我彭。
③ 《沈谷成太史来函》，载朱浒编：《中国近代思想家文库·经元善卷》，第146页。沈善登字谷成。
④ 《严佑之助教复函》，载朱浒编：《中国近代思想家文库·经元善卷》，第147页。

愈也。"①

其实，经元善基于光绪初年以来赈务合作的经历，非常想推举谢家福作为此次活动的主持人。因此，经元善再次致函谢家福称：

> 溯戊寅筹赈，得遇足下，我服君明慧机警，君服我愚等移山，而佑之笃实真诚，我两人均深钦佩。同心同德，金石能开，佑与兄譬诸关张，君卧龙也，三人合志，如鱼得水，再秉愚诚，广求同志，一粒粟可遍大千世界。此举端赖阁下，如戊寅筹豫赈，未识面通讯其事，彼此皆鼓动祖炁，绝不参后天杂念，有进无退，生死系之，敏则有功，切忌迂徐濡滞，庶不致远水救近火也。②

而谢家福的复函无异于给经元善泼了一瓢冷水：

> 现在所议，就弟看来，竟是事不可行，则泰山鸿毛，不可不审矣。尊意必以鄙议远水不救近火，诚哉是言，然所目为近火者，亦如杯水救车薪，且如藏醢之在邻，断断无济。适或到练军未成之日，款议已定，而所已用之资，既无裨于国事，尤难原璧以归赵，而所已练之人，既无饷之可筹，又无赀以遣散，则后患孔长，此不可不虑者也。③

客观来看，谢家福也的确挑不起这副担子。这方面的一个证明是，谢家福在甲午战争期间曾就军事问题向翁同龢发表过

---

① 《谢绥之学正复函》，载朱浒编：《中国近代思想家文库·经元善卷》，第147页。
② 《又致谢绥之书》，载朱浒编：《中国近代思想家文库·经元善卷》，第149页。
③ 《又接谢复函》，载朱浒编：《中国近代思想家文库·经元善卷》，第150页。

一些意见，可是就连翁氏这样的文臣，居然都在日记中留下了"得谢家福电报论军事，不中肯"的评语①。就此而言，盛宣怀对江南义赈同人筹办义兵义饷活动的期望，显然带有病急乱投医的意味。

尽管这场筹办义兵义饷的活动不了了之，对于甲午战争也没有发挥任何实际作用，但这并不等于说这场活动毫无意义可言。这是因为，正是这场活动提供的机缘，使得近代绅商群体与新型知识群体之间发生了密切的接触。本章第一节的论述业已表明，光绪九年（1883）上海金融风潮发生以后，一度在近代工业化进程中占据主导地位的广东买办备受打击，以江南义赈同人为核心的一批绅商成为近代绅商群体的中坚力量。康有为崭露头角的19世纪八九十年代，经元善、谢家福等江南绅商正是极具名望的社会人物。由于康有为此时主要活动区域局限于广东，使得他与江南绅商群体在甲午战争之前虽然彼此有所关注，但是并没有深入的交接。从目前掌握的材料来看，在江南绅商的高层人物中，大概只有沈善登在光绪二十年（1894）夏与康有为有过一次会面。从沈善登的语气推测，康有为很可能是主动的一方②。但此后不久，因御史余联沅奏请查禁《新学伪经考》之举得到朝廷允准，康有为在是年下半年不得不奔波于广东与广西之间③。在这种情况下，康有为似乎很难实现与江南绅商们的继续交往。

---

① 陈义杰整理：《翁同龢日记》，第5册，第2737页。
② 《沈太史笔谈》，载朱浒编：《中国近代思想家文库·经元善卷》，第151-152页。
③ 有关康有为在光绪二十年的活动情况，茅海建进行了详细爬梳。此处所做归纳，可参见茅海建：《从甲午到戊戌：康有为〈我史〉鉴注》，北京：生活·读书·新知三联书店，2009，第39-54页。

出人意料的是，恰恰是这次不成功的义兵义饷活动，为康有为提供了一条联系江南绅商的良好渠道。这一渠道的出现，首先是因为康有为虽然正处于避祸期间，但始终没有放弃对甲午战争的密切关注；其次则是因为，经元善筹办义兵义饷之举，迫切需要社会的广泛参与。正是在这两个背景的叠加之下，康有为门下弟子龙泽厚与经元善在光绪二十年（1894）间在上海的会面，才具有了不同寻常的意义。

龙泽厚是安排康有为前往广西讲学兼避祸的主要人物，可谓是这一时期康有为最看重的弟子之一①。从龙泽厚向康有为详细介绍自己与经元善的会面情况来看，此次上海之行很可能也有康有为的授意②。而龙泽厚与经元善的会面时间，则应该发生在经元善接到钟天纬来书之际。因此，龙泽厚当属较早知悉义兵义饷活动的人物。对康有为来说，这当然是一个抓紧联系经元善的机会。这方面的主要证据，是经元善很快接到了龙泽厚寄来的康有为作品。光绪二十年十一月二十三日（1894年12月19日），经元善致函谢家福，称自己"新识一友，临桂人，热心好善。近接函称，有问学友某君，渊博通才，附来保鲜、攻日两策，及罪言三篇，一并呈鉴，即可以觇其抱负"③。这里提到的"临桂人"便是龙泽厚，而"问学友某君"正是康有为④。十二月初一日（12月27日），

---

① 对此可参见吕立忠：《三位桂籍人士与康有为的交往》，《广西地方志》2009年第5期。

② 龙泽厚甚至对康有为介绍了经元善等人的师承来历及其从事救灾活动的情况，对此参见《书余莲珊〈尊小学斋集〉后》，载姜义华、张荣华编校：《康有为全集》，第2册，北京：中国人民大学出版社，2007，第11-12页。

③ 《致谢绥之函》，载朱浒编：《中国近代思想家文库·经元善卷》，第148页。

④ 对此情况，张海荣进行了确切辨识（《〈公车上书记〉作者"沪上哀时老人未还氏"究竟是谁》，《清史研究》2011年第2期，第138-144页）。

经元善又给龙泽厚回信称:"贵友大著,两策三言,及《尊小学斋书后》,盥薇三复,钦佩莫名。"① 从 2007 版《康有为全集》中,可以查到光绪十六年所作的《保朝鲜策》和光绪二十年所作《攻日策》两文,正可对应"保鲜、攻日两策"之说②。至于"罪言三篇",则未知具体对应篇目。不过,根据该两策便可知,正是借由对甲午战争进程的共同关切,康有为才急于将自己关于战争的见解寄给经元善。不仅如此,在"两策三言"之外,康有为还附寄了特地撰写的《书余莲珊〈尊小学斋集〉后》一文,对经元善、谢家福、严作霖等人的慈善背景及义赈事业进行了大力赞扬③。

康有为这次主动出击的第一个效果是,还在筹办义兵义饷活动期间,他便成为江南绅商圈子中的一个重要话题。就经元善而言,从他此际向自己的两位义兄谢家福和沈善登推介康有为及其著述的情况来看,他对康有为的初步印象肯定是不错的④。在光绪二十二年(1896)初给康有为的信中,经元善亦称自己"初读《长兴学记》及《伪经考》诸书,深佩足下之学"⑤。已与康有为会过面的沈善登,更是趁机大力揄扬:"康先生闻名已久,前读《伪经考》,颇有卓见,意必其人高不可攀,今夏曾邂逅晤面,始知仁心仁术,真积学有道君子,佩服之至。"⑥ 谢家福则在初次回信中称:"某君福未深

---

① 《致龙积之明府》,载朱浒编:《中国近代思想家文库·经元善卷》,第152页。
② 《保朝鲜策》,载《康有为全集》,第1册,第246—247页;《攻日策》,载《康有为全集》,第2册,第13—14页。
③ 《书余莲珊〈尊小学斋集〉后》,载《康有为全集》,第2册,第11—12页。
④ 关于经元善与谢家福、沈善登等人的结拜情况,可参见易惠莉:《郑观应评传》,第218—219页。
⑤ 《复南海康君书》,载朱浒编:《中国近代思想家文库·经元善卷》,第162页。
⑥ 《沈太史笔谈》,载朱浒编:《中国近代思想家文库·经元善卷》,第151—152页。

知,吴越士大夫皆以狂士目之。"① 在得知沈善登做出"若论学问,谢为康门生尚不配,并未相识,何得轻议"的批评后②,谢家福向经元善解释说:

> 至某君狂士一语,并非人云亦云,惟狂克念作圣,是善善从长之辞。弟亦读过《伪经考》《学记》,未尝不深佩其博学强毅,并世杰出人才,必非池中之物。然默窥中藏自是不虚,此君养到未深,而得时太早,恐难免步荆公后尘。③

尽管谢家福对康有为有保留意见,但他们的这番讨论也就意味着,康有为已经是江南绅商圈子值得重视的一个人物了。

康有为在甲午义兵义饷活动期间的主动出击,还达成了另一个间接效果,那就是梁启超也得到了经元善等人的重视。原来,经元善为培养人才起见,于光绪十九年(1893)底在沪南创办经正书院,"分授中西各学"④。龙泽厚在向经元善寄送康有为著述时,便提到"有梁孝廉(按:即梁启超)奉师命,愿来助成经正书院"⑤。经元善向当时掌管经正书院的沈善登征询意见,后者答以"梁孝廉学承渊源,能来总持书院最妙"。经元善随即回复龙泽厚称:"今蒙梁孝廉肯莅止掌教,同人闻之,感激靡涯。商诸谷翁(按:即沈善登),亦极佩师

---

① 《谢绥之复函》,载朱浒编:《中国近代思想家文库·经元善卷》,第149页。
② 《致沈君谷人书》,载朱浒编:《中国近代思想家文库·经元善卷》,第150页。
③ 《接谢绥之复函》,载朱浒编:《中国近代思想家文库·经元善卷》,第152-153页。
④ 《上海重开经正书院启》,载朱浒编:《中国近代思想家文库·经元善卷》,第234页。
⑤ 《致沈君谷人书》,载朱浒编:《中国近代思想家文库·经元善卷》,第150页。

承渊源,谆嘱勿失交臂……倘梁孝廉来主讲书院,肯期以岁月,或可望有志竟成也。"① 此事虽因梁启超错过与经元善的会面而作罢,但是经元善如此器重素不相识且名气不大的梁启超,当然是基于康有为的交往而产生的爱屋及乌效应。

甲午战后,维新思潮风气大开,康有为与经元善的合作关系也更进一层。这种合作关系首先在上海强学会中得到了体现。光绪二十一年(1895)十月间,康有为等人在张之洞的支持下,在上海开办强学会。张之洞则指示,其向该会拨助的款项,交由经元善"收存应用。并转告康主事"②。而经元善在负责管理款项之外,对会务也十分关心。是年底,他得知康有为在会中"孤立,岌岌可危"的情形,便为之苦心筹划,一面劝告康有为"宜速招汪穰卿(按:即汪康年)来沪夹辅",一面禀告张之洞,"冀或垂念,准待鹤(按:即郑观应)诸君勖襄,不致功败垂成"③。在强学会被封禁后,经元善还向汪康年表示惋惜:"强学会事,诚是当务之急,一唱百和,方期逐渐扩充,以树自强之本。忽然封禁,浩叹殊深。"④

而在上海强学会匆匆停止之后,康派人士与经元善等江南绅商又在创办中国女学堂的活动上进行了深入合作。光绪二十三年(1897)十月,经元善鉴于"甲午后,创巨痛深,朝野之间,竞言兴学"的氛围,联合严信厚、施则敬等江南

---

① 《沈太史笔谈》,载朱浒编:《中国近代思想家文库·经元善卷》,第152页。
② 茅海建:《从甲午到戊戌:康有为〈我史〉鉴注》,第156页。
③ 《复南海康君书》,载朱浒编:《中国近代思想家文库·经元善卷》,第162页。
④ 上海图书馆编:《汪康年师友书札(三)》,上海:上海古籍出版社,1987,第2425页。

绅商，以及郑观应、康广仁和梁启超等广东人士，筹议在上海创办中国女学堂①。康派人士对此举给予了大力支持：其一是康有为本人"允为局外竭力匡赞"②；其二是学堂中"凡银钱事"，由康广仁、梁启超与经元善共同负责，必有"三人签名条字"，送给钱庄"阅看支取，然后照付"③；其三是康有为的长女康同薇也参加了筹商会议④。此外，梁启超还在《时务报》上频频为中国女学堂发声，制造社会影响。女学堂开办后，梁启超因前往湖南时务学堂任教习而不能执掌院务，其接替者则为龙泽厚⑤。由此可见，康派人士在中国女学堂中的地位非同一般。而如果追源溯始，则盛宣怀当初发起的义兵义饷之举，无疑对江南绅商与康派人士在强学会和中国女学的合作上起到了无心插柳的助攻作用。

在通常印象中，洋务企业建设运动、小清河治理工程和甲午义兵义饷活动分属于经济、社会和政治领域，三者之间有极大的性质差异。这就无怪乎以往很少有人将这三项活动放在一起加以考察，更很少有人意识到此三者之间具有某种贯通的脉络。事实上，这里存在着一个认知上的盲点。具体而言，从人脉的角度来看，便可发现这三项看似性质差距很大的活动，其实都是盛宣怀和江南义赈绅商的群体性合作行

---

① 《中国女学集议初编·缘起》，载朱浒编：《中国近代思想家文库·经元善卷》，第68—70页。
② 《上海新设中国女学堂章程》，载时务报馆编：《时务报》，收入沈云龙主编：《近代中国史料丛刊三编》（322-328），台北：文海出版社，1987，第3191页。
③ 《沪上创办中国女学一品香会议第一集》，载朱浒编：《中国近代思想家文库·经元善卷》，第73页。
④ 《内董事桂墅里会商公宴驻沪中西官绅女客第三集》，载朱浒编：《中国近代思想家文库·经元善卷》，第76—77页。
⑤ 王尔敏：《近代经世小儒》，第360—361页。

动。在洋务运动的大潮中，盛宣怀正是依靠与江南义赈绅商的团结协作，才得以在上海金融风潮的打击下开展救市活动，从而挽救了中国近代工业化进程初期取得的不少成果。就小清河治理而言，其之所以能够成为晚清水利工程中罕见的成功案例，最重要的因素就在于盛宣怀与江南义赈绅商能够从外部筹集社会资源，使之成为一项超越地域背景的社会事业。而在筹议甲午兵义饷活动的背后，亦鲜明体现了盛宣怀与江南义赈绅商长期合作的社会基础，以及在国家意识上的共同取向。这些活动表明，以救灾合作为起点，盛宣怀与江南义赈绅商还在经济、政治和社会诸领域中进一步延伸了合作关系，表现出了强烈的救世取向，从而具备了某种事业共同体意味。对盛宣怀来说，正是这种事业共同体的磨砺，才使他真正完成了从官僚到新兴社会阶层的代谢之路。

第四章

从北洋到南洋：
甲午战后两湖灾赈与盛宣怀实业新布局

甲午战败，李鸿章势力垮台，以之为靠山的盛宣怀非但没有沉沦，反而在光绪二十二年（1896）迎来了其一生中的"大发迹开端"（夏东元语）①。按照学界长期通行的说法，盛宣怀此次成功转身的主因是找到了新后援即张之洞，而其委身张之洞的标志又是接手张之洞一手创办却难以为继的汉阳铁厂。至于盛宣怀愿意接手的原因，自费维恺、全汉升、陈锦江（Wellington K. K. Chan）诸名家以来，迄今学界大多认为，乃是张之洞为面临参案的盛宣怀提供庇护作为交易条件②。近年来，虽

---

① 夏东元：《盛宣怀传》，第176页。
② 费维恺：《中国早期工业化》，第86页；全汉升：《汉冶萍公司史略》，台北：文海出版社，1982，第72页及第75页注释6；陈锦江：《清末现代企业与官商关系》，王笛、张箭译，北京：中国社会科学出版社，1997，第87页。此说在21世纪的代表性论述，参见李培德：《论"包、保、报"与清末官督商办企业——以光绪二十二年盛宣怀接办汉阳铁厂事件为例》，《史林》2009年第1期，第28-38页；袁为鹏：《清末汉阳铁厂之"招商承办"再探讨》，《中国经济史研究》2011年第1期，第130-133页。另外，许多论述汉冶萍公司的研究都曾述及该问题，但皆未超出前述诸人的说法。此类成果之详目，可参见李江：《百年汉冶萍公司研究述评》，《中国社会经济史研究》2007年第4期，第97-106页。至于研究盛宣怀最力的夏东元，在论及接办汉阳铁厂时，仅称"铁厂的重任是非盛宣怀莫属的""盛宣怀来接办是最为适宜了"

有学者发现有关这一交易的证据并不充分，但苦于难以查证此两人何以能够实现联手，只好基于"政治权力的交易和运作属于潜规则"的理由予以化解，认定张、盛达成了某种潜规则式的交易①。然而，证据不足并非仅仅只能归之于潜规则，另外一种可能性是：这项交易会不会根本就不存在呢？甲午战后的两湖灾赈活动——这一看似与盛宣怀接手汉阳铁厂无关的事件——所提供的线索表明，这另一种可能性决非空穴来风，而盛宣怀在战后实业活动的新布局也就需要重新加以理解了。

第一节　两湖灾赈凸显出的人脉疑云

本书导言中曾做过统计，《行述》中有关盛宣怀赈灾事业的记录共达 3 800 余字，仅次于其政务活动和实业活动的记录。盛宣怀一生参与的重要赈灾活动，几乎都在这些记录中得到了反映。而此处之所以使用"几乎"一词，是由于其中关于盛宣怀从光绪二十年（1894）到二十二年（1896）这段时间里的赈灾记录，出现了明显的误差。具体而言，盛宣怀在这段时间里参与的重要赈灾活动其实有两场，即甲午期间

（《盛宣怀传》，第 191 页），从未谈到此中是否存在着交易问题。另外，本章关于王文韶保护盛宣怀的考证，系本人于 2013 年发表的《投靠还是扩张？——从甲午战后两湖灾赈看盛宣怀实业活动之新布局》（《近代史研究》2013 年第 1 期，第 54—70 页）一文中所论述，当时易惠莉之书尚未面世，无从得知其研究（该书版权页显示出版时间是 2012 年，而作者本人在后记中说明实际出版于 2014 年）。而易惠莉也注意到了王文韶为盛宣怀开脱的活动（《盛宣怀评传》，上卷，第 328—335 页）。所以，本人和易惠莉在这个问题上的结论可谓异曲同工。不过，本人所论是以张、盛关系为中心来考察盛宣怀摆脱危机的进程，易惠莉则着重揭示王文韶的保护行动，两者各有侧重。

① 李玉勤：《晚清汉冶萍公司体制变迁研究》，北京：中国社会科学出版社，2009，第 107—111 页。

的直奉灾赈和甲午战后的湖南灾赈,而《行述》中仅仅提到了湖南灾赈,对直奉灾赈却未置一词。如果说这只不过是《行述》作者的一个无心之失,那么为什么偏偏遗漏的是直奉灾赈而不是湖南灾赈呢?换一个角度来说,或许在《行述》作者心目中,湖南灾赈可能比直奉灾赈更值得重视,那么其中原因又何在呢?鉴于学界以往对这两场灾赈活动都缺乏深入探究,所以要回答前述问题,就必须先对这两场灾赈活动的具体情况进行一番揭示。

按照一般看法,盛宣怀参与直奉灾赈的活动可能更值得重视。李文海早已指出,甲午战争期间,与战区临近或重合的直隶、奉天两省境内都爆发了严重的灾荒,不仅与战争进程形成了"特殊的关系",而且"大大地增强了灾荒与战争之间的相互影响"①。可以说,在甲午战争这一重大事件的映衬下,直奉灾荒不是一场普通的灾荒,而相应的灾赈活动自然也与通常赈灾活动的意义颇为不同。此前由于资料不够充分,对直奉灾赈的活动情形长期不甚了了。现在则因盛宣怀档案中提供了不少关键史料,这场灾赈活动的面貌已经大体清晰了。

直隶地区这一时期的灾荒,始于光绪二十年(1894)夏间的水灾。据李鸿章是年底奏报,"自五月下旬起至七月底止,节次大雨淫霖,加以上游边外山水及西南邻省诸水同时汇注",以致直隶境内各河纷纷漫决,全省"计秋禾灾歉者一百二州县"②。继任直隶总督王文韶则于次年四月中奏称,毗

---

① 李文海:《甲午战争与灾荒》,《历史研究》1994年第6期,第7—16页。
② 《查明本年顺直灾歉州县来春调剂折》,载顾廷龙、戴逸主编:《李鸿章全集》,第15册《奏议十五》,第595页。

连奉天的永平及遵化两属,上年亦因"滦、青各河同时涨发,漫决横溢,庐舍民田,尽成泽国";天津沿海地区则于四月初突遭严重海啸侵袭:

> 四月初三日变生意外,暴雨狂风三昼夜不息,芦台、北塘一带海水腾啸,沿海村庄及驻扎防军营垒猝被淹没,唐山以上铁路皆为冲断。各河陡涨,甚于伏秋大汛,平地水深四五尺及七八尺至丈余不等。宁河、宝坻、盐山、沧州、静海、天津境内园地民居悉遭淹灌,压毙人口亦复不少……此实从来未有之奇灾。①

大水为灾之外,甲午兵灾亦对直隶造成极大影响。据王文韶奏称:

> 滦州所属唐山地方,为关东征夷大道,本年三月间,旬日之中,骤聚饥民数万口。派员前往查察,始知由于倭氛援及营口、牛庄等处,永平、遵化贫民向在关外负贩佣趁为生者,类皆失业,逃避入关。岁本灾歉之余,复值奉省禁粜,粮价奇昂,本地及外省穷民无所得食……迫至四月初间,人数愈来愈众,复于就近一二十里外添设粥厂多处,就食者至十数万口之多。②

奉天灾荒同样始于甲午年夏间大水。盛京将军裕禄于是年十一月中奏称,本年夏间,辽河等多条河流"同时泛溢出槽,所有附近各河之承德、新民、广宁、锦县、辽阳、海城、

---

① 《奏为永平遵化两属灾重近津各属骤被奇灾请拨东漕济赈事》,中国第一历史档案馆藏清代灾赈档案专题史料,录副奏折,档案号 03-107-5601-51。
② 《奏为滦州所属唐山地方粥厂饥民甚多并派员赈抚资遣事》,中国第一历史档案馆藏清代灾赈档案专题史料,录副奏片,档案号 03-107-5601-52。

牛庄、岫岩，及地处下游之盖州、复州、熊岳各厅州县……均被淹浸"①。裕禄的奏报尚未提及兵灾的影响，陵寝总管联瑞等则称，在日军侵入辽东之后，"地方受祸尤惨"，"又兼本年夏间，南路之辽、复、海、盖，西路之新民、锦县、广宁各城，以及省城附近地方，农田多被淹潦，灾歉甚广，数十万饥馁之民，嗷嗷待哺。瞬届天气严寒，无衣无食，更难免不乘间滋事。兵荒交困，万分危迫"②。在双重打击下，奉天灾情次年初愈发严重。据参与筹办奉天赈务的王文韶奏称："奉天锦州府、新民厅各属上年秋雨为灾，田禾尽被淹没，颗粒无收，道殣相望。今春又连绵大雪，民困饥寒，伤亡相继。惨苦情形，实与光绪初年山西旱荒无异。"③

这场与甲午战争相叠加的直奉灾荒，令本已深处难局的朝廷和官府更加疲于应付。就直隶而言，王文韶上任后虽然设法开展了一些救济活动，但是根本不能满足实际需要。无奈之下，他甚至于光绪二十一年（1895）五月间向其他各省共计20余位督抚发出了一份求捐公电，将此际直隶赈务的困境表露无遗：

> 百万嗷鸿，呼号望赈。青黄不接，时日方长。幸蒙恩赏东漕十万石，暂资抚恤，而地广灾重，赈急工繁，又以辽、锦接壤，兵后凶荒，谊当兼顾，非亟筹巨款，万难支柱（按：疑应为"持"）……计无复之，惟有仰

---

① 《奏为奉天滨河旗地被水成灾请分别蠲缓应征钱粮折》，中国第一历史档案馆藏清代灾赈档案专题史料，宫中朱批，档案号0107-26。
② 《陵寝总管联瑞等来电》，载中国史学会编：《中国近代史料丛刊·中日战争》，第3册，第219-220页。
③ 《奏为各省筹办奉天赈捐在事各员绅请奖事》，中国第一历史档案馆藏清代灾赈档案专题史料，录副奏折，档案号03-107-5601-118。

望公忠，顾全大局，或拨公款，或分清俸，或饬僚属代筹，或劝绅商乐助，将来可照部定新章三成实银核奖。务恳于无可设法之中迅赐设法接济，谨率畿辅灾黎望风叩祷。①

奉天官府的赈灾表现更加糟糕。据御史钟德祥于二月初奏称："顷闻奉天锦州一带地方，上年荒歉异常，加以倭贼所至搜掠，土匪继之，劫食一空，村聚穷民菜色满路。自冬、腊两月以来，四野已多饿殍。地方官吏为兵事所困扰，无力议及振救。"② 这里关于锦州当地官府无力办赈之说，决非空言。锦州电报局总办周冕四月初致电盛宣怀亦称："锦属……灾象之重，实为奉省二百余年所未有，而地方官因向未闻见，不准报灾。间有一二准者，亦未筹办赈抚。"③ 在稍后一份电报中更是直截了当地称："此间官赈无益，灾民太多。"④

在官赈乏力的情况下，通过盛宣怀寻求江南义赈力量的援助，很快成为官府的重要目标。首先向盛宣怀发出这种信号的，是直隶的办赈官员。三月下旬，奉命办理唐山一带赈务的开平矿务局总办张翼，便向盛宣怀提出："赈事方殷，未识何时能止，势非广集捐款，不足以持久也。刻下议借大名，冠诸捐册，寄与南中诸大善士，想众擎易举，或可免陨越贻

---

① 《顺直水灾恳迅赐设法接济电》，上海图书馆藏盛宣怀档案，档案号SD025516。该电文又见戚其章主编：《中国近代史资料丛刊续编·中日战争》，第3册，北京：中华书局，1989，第421页。但前者为时人抄稿，后者为今人整理稿，其中个别文字有所不同。

② 《御史钟德祥奏奉天锦州一带被敌搜掠请截漕运散赈片》，载戚其章主编：《中国近代史资料丛刊续编·中日战争》，第2册，第462页。

③ 《周冕致盛宣怀电》，上海图书馆藏盛宣怀档案，档案号SD025500。

④ 《周冕致盛宣怀电》，上海图书馆藏盛宣怀档案，档案号SD025560。

羞也。"① 稍后，负责直隶筹赈局事务的季邦桢等人亦致函盛宣怀称："弟等力筹官赈……难乎为继，若得吾兄再催严佑之早至，为之提倡，则此君为众善之望，义捐款项必能络绎而来，百万灾黎庶几有豸。"② 按照季邦桢等人估算，"附近唐山二百里内滦州、丰润之属四百余村……需银十六万，方能拯救"，而"义赈捐款断非一时所能凑集"，故而提出先由"赈局筹垫六万两，由招商局备赈项下借拨五万两"，再由张翼处"筹垫四万两"，此外"尚需一万，除杏翁（按：即盛宣怀）倡捐数千金，再由天津集捐凑足，以应目前之急，将来统由劝集义赈捐款陆续归还"③。对此计划，盛宣怀立即同意，"即电沪将备振款汇来四万，就此定见"，另外先交"数千金，自可作为义振倡捐之款，并入十六万之内"④。至四月末，因季邦桢等人给盛宣怀的信中有"唐山振款十六万如何分路匀拨"之语⑤，可知此时这笔垫款应该已经基本到位了。

相对而言，盛宣怀在奉天灾赈中的作用更加突出。如前所述，奉天的官赈力量十分薄弱。因此，周冕在四月初便向盛宣怀发出了筹赈的呼吁："锦【州】、广【宁】两邑总有数十万口，新民厅灾民尚不在内……惟有呼恳宪台一视同仁，迅筹巨款，多派干员，克日拨解来锦，俾得分投拯救。"⑥ 稍后，周冕再次致电盛宣怀，希望其能安排义赈人士前来办赈：

---

① 《张翼致盛宣怀函》，上海图书馆藏盛宣怀档案，档案号SD025524。
② 《季邦桢等致盛宣怀函》，上海图书馆藏盛宣怀档案，档案号SD025497。
③ 《季邦桢等致张翼函》，上海图书馆藏盛宣怀档案，档案号SD025498。
④ 《盛宣怀致季邦桢函》，上海图书馆藏盛宣怀档案，档案号SD025517。
⑤ 《季邦桢等致盛宣怀函》，上海图书馆藏盛宣怀档案，档案号SD025515。
⑥ 《周冕致盛宣怀电》，上海图书馆藏盛宣怀档案，档案号SD025500。

"若再无义赈接济,必将生变。冕处人手不敷,求宪多派强干熟手来此。倘得严佑翁来,更可多救饥民。"① 严作霖在办赈方面确是众望所归。季邦桢亦致函盛宣怀称:"关外灾荒无人援手,我公大发慈悲,倡捐巨款……佑之前往,更有实际。"② 然而,盛宣怀深知严作霖"向来只能查振,而劝捐非其所长"③,故而保证先行"挪垫十一万"后,才说动严作霖前往奉天主持赈务④。严作霖的表现也不负众望,他在办理义赈之外,还采取"化官为义"之法,散放了官赈 24 万两⑤。基于前述情况,周冕后来声称此次奉赈"功与德之大之厚,非我宪台(按:指盛宣怀)之归,将谁归欤"⑥,倒也不能说是过于夸大其词。

在甲午战争的背景下,对于这次直奉赈务,时人多已认识到其具有不同寻常的意义。四月末,严作霖甫一抵达锦州,便立即致电盛宣怀等人指出:"闻倭人在海城放赈,收拾人心。广宁与海城交界,拟办广海一带,以收涣散人心。"⑦ 五月间,陈宝箴、胡燏棻、季邦桢与盛宣怀等人共同刊发在《申报》上的义赈公启,也出现了类似说法:"且闻毗连锦州之地,日本已先放赈。我国家以民心为邦本,军旅饥馑,相因而至,亟宜宽筹抚恤,以顾民瘼。"⑧ 时任山东巡抚李秉衡

---

① 《周冕致盛宣怀电》,上海图书馆藏盛宣怀档案,档案号 SD025559。
② 《季邦桢致盛宣怀函》,上海图书馆藏盛宣怀档案,档案号 SD025527。
③ 《盛宣怀致季邦桢函》,上海图书馆藏盛宣怀档案,档案号 SD025517。
④ 《锦州严绅来电》,上海图书馆藏盛宣怀档案,档案号 SD025535。
⑤ 《灾电续登》,载《申报》,第 50 册,第 518 页,光绪二十一年闰五月二十八日(1895 年 7 月 20 日),第 4 版。
⑥ 《周冕致盛宣怀函》,上海图书馆藏盛宣怀档案,档案号 SD050370。
⑦ 《奉天锦州二十六日来电》,上海图书馆藏盛宣怀档案,档案号 SD025537。
⑧ 《奉直筹捐义赈公启》,载《申报》,第 50 册,第 224 页,光绪二十一年五月十二日(1895 年 6 月 4 日),第 3-4 版。

六月间致电盛宣怀亦称："金【州】、复【州】等处俟倭退后，诚宜优加抚恤，以固民心。"① 盛宣怀本人也多次使用"收拾人心"的说法来推广劝捐，如其给招商沪局和上海协赈公所的信中即称："新、广与海城连界田庄台一带七十余屯，中倭皆无人过问，其苦更甚，必须查放，以挽回人心。"② 由此可见，这场直奉赈务决非一场普通的赈灾行动，而是具有很强的战争善后意味。对盛宣怀而言，这当然可以成为其赈灾活动中十分重要的一笔，可是它为什么就被《行述》所忽略了呢？这就需要仔细考察一下湖南灾赈的情况了。

与甲午战争期间的直奉灾荒相比，发生在甲午战后的湖南灾荒就相对显得有些平淡了。这里所谓平淡，当然不是指灾情不重，而是指这次灾荒系属湖南一省之内的局部灾荒，其社会影响面自然要小得多。这次湖南灾荒的诱因是旱灾。光绪二十一年（1895）九月间，时任湖南巡抚吴大澂向朝廷奏报灾情称：

> 长沙府属之浏阳、茶陵、醴陵、湘乡、湘潭、攸县，衡州府属之衡山、安仁、衡阳、清泉，及宝庆府属之邵阳、新化各州县，均有被旱之区，收成歉薄……兹据委员会同各该州县履勘灾区，开折呈报，每有一乡数十村庄颗粒无收之处，民情困苦……据长沙、善化两县报称，醴陵等处灾民纷纷来省就食，扶老携幼，每起五六十人至八九十人不等，每日约有四五起，分住城外庙宇，颇

---

① 《山东巡抚李秉衡为金复等应加优抚以固民心致盛宣怀电》，载戚其章主编：《中国近代史资料丛刊续编·中日战争》，第3册，第508页。

② 《盛宣怀致上海招商局函》《盛宣怀致上海协赈公所函》，上海图书馆藏盛宣怀档案，档案号SD024153、SD024154。

形拥挤……查旱灾较重之区有十二州县,访诸父老,今年旱荒为数十年来所未有。①

十一月下旬,继任巡抚陈宝箴又奏报勘灾结果称:"查明长沙府属之醴陵、攸县、茶陵,衡州府属之衡山、衡阳、清泉、安仁,宝庆府属之邵阳等州县,均经被旱成灾,在五六分以上,轻重不等,甚有颗粒无收之处。至浏阳、湘潭、湘乡、新化各县,虽被旱较轻,收成亦属歉薄。"② 从吴、陈二人的奏报可以看出,这次旱灾固然为湖南历史上所罕见,但是其严重程度并不见得高于直奉灾荒。

按照《行述》的记载,此时的盛宣怀已经离开直隶,"借差回沪就医",恰好"值湘省长、衡、宝三郡大饥,湘抚陈右铭中丞宝箴(按:**陈宝箴字佑铭,有时又作'右铭'**)驰电告急,府君于岁暮百忙中,犹捐资募款以拯之"③。而这一记载表露出的一个明显疑点是,翻检一下《愚斋存稿》即可发现,首先致电盛宣怀通告湖南灾荒事宜并求助的人,根本不是湖南巡抚陈宝箴,而是当时远在千里之外的直隶总督王文韶。光绪二十一年十二月二十七日(1896年2月10日),时近年关,正准备从上海前往苏州与父亲盛康团聚的盛宣怀,接到了直隶总督王文韶发来的急电,催促盛宣怀尽快为湖南灾荒提供臂助:

湖南长、衡、宝三府大荒,右帅(按:**即陈宝箴**)

---

① 《奏为湖南各属灾区甚广拟办赈捐情形事》,中国第一历史档案馆藏清代灾赈档案专题史料,朱批奏折,档案号 01-02-94-6。
② 《被灾各属请来春分别接济折》,载汪叔子、张求会编:《陈宝箴集》,上册,北京:中华书局,2003,第46—47页。
③ 《行述》,载盛宣怀:《愚斋存稿》,卷首,第19页。

> 有电告急，筹赈局已拨济四万，兄亦捐廉三千。昨又有湘省京员三十二人，并翁、徐、钱、廖以次七十八人，公函送告，司道及尊处皆有，容另寄。似此情形，固非偏灾可比，不识尊处备荒项下，尚能借移一筹否？南省义赈，力尚从心否？兄于湘最习，不能不为尽力，希赞成为盼。①

乍看起来，身为直隶总督的王文韶出面为湖南求赈，似乎并不是一个特别值得注意的问题。原来，除了王文韶于同治十年（1871）至光绪四年（1878）、光绪十四年（1888）至十五年（1889）两次出任湖南巡抚而"于湘最习"外②，另一个重要因素在于陈宝箴身上。王文韶之于陈宝箴，可谓有知遇之恩。陈宝箴曾于光绪九年（1883）间被参奏而受到"降三级调用，不准抵销"的处分，一度仕途坎坷③。王文韶则于光绪十五年（1889）向朝廷保荐人才时奏称，自己"在巡抚任内，见其（按：即陈宝箴）学问优长，识量超卓，深器重之"，请朝廷"量予录用，俾回翔两司之间，以备封疆之选"④。有赖于此，陈宝箴方于次年补授湖北按察使⑤。此次湖南旱灾发生时，陈宝箴恰恰又是从直隶布政使任上转任湘抚的⑥。对陈宝箴来说，这次灾荒是个艰巨的考验。这是因

---

① 《王夔帅来电》，载盛宣怀：《愚斋存稿》，卷24《电报一》，第617页。
② 钱实甫编：《清代职官年表》，第2册，北京：中华书局，1980，第1713-1719、1728-1729页。
③ 《豫山、陈宝箴应请并与议处片》并上谕，载汪叔子、张求会编：《陈宝箴集》，上册，第4-5页。
④ 《遵旨查明获咎各员缘由吁恳恩施折》，载汪叔子、张求会编：《陈宝箴集》，上册，第8-10页。
⑤ 《谢补授湖北按察使折》，载汪叔子、张求会编：《陈宝箴集》，上册，第8页。
⑥ 《谢补授湘抚恩并恳陛见折》，载汪叔子、张求会编：《陈宝箴集》，上册，第24页。

为，此前吴大澂在任期间，为赈务落实的款项仅是从"粮道库储本年解部漕折项下截留银三万两"①；而陈宝箴接任后即发现，"惟库储支绌已极，筹款万分艰难"②。在这种情况下，陈宝箴向恩人兼老上司求助，看起来自属情理之中，而王文韶为老部下分忧解难，亦是应有之义。何况，王文韶不久前亦从自己负责的直奉灾赈中见识过盛宣怀的筹赈能力。但是，陈宝箴与盛宣怀并非陌路之人，两人此前不仅同在直隶为官，前述发出直奉义赈公启时，两人也曾共同署名。况且，陈宝箴当初受任湘抚、离开直隶的时候，还曾与盛宣怀"津门握别"③。那么，为什么这时陈宝箴不直接致电盛宣怀求助，却要从王文韶那里转手呢？

再回到前述王文韶的电报，其对盛宣怀的要求可以归纳为两个：其一是设法筹集赈款，其二是派遣义赈人员前往办赈。有趣的是，在一个多月前，盛宣怀也碰到过类似要求。当时，正准备回任两江总督的刘坤一因苏北地区被水成灾，故请盛宣怀"于义振款内拨若干，派熟谙之人前往查放，以助官振之不足"④。盛宣怀的答复简直是一片推搪之词：

> 从前捐存备赈银十万两，无可归补。原议随垫随还，而湘赈、川赈借用，无可归补。徐海灾重，已电调严作

---

① 《奏请截留漕折银三万两购谷平粜折》，载汪叔子、张求会编：《陈宝箴集》，上册，第32页。朝廷对吴大澂这一奏请的批准情况，见《清实录》，第56册《德宗景皇帝实录（五）》，卷376，光绪二十一年九月戊午（二十一日），第923页。
② 《灾民待抚孔亟急须开办赈捐折》，载汪叔子、张求会编：《陈宝箴集》，上册，第31页。
③ 《致盛宣怀（一）》，载汪叔子、张求会编：《陈宝箴集》，下册，北京：中华书局，2005，第1697页。
④ 《宁督刘岘帅来电》，载盛宣怀：《愚斋存稿》，卷99《电报总补遗》，第2077页。

霖回来，如川赈有剩款，当可赴徐海，或严到，亦可劝捐。各省民穷财尽，情形一日不如一日，奈何。①

而面对王文韶的要求，盛宣怀却在王文韶来电的次日即二十八日（1896年2月11日）便回电称：

> 湘南告灾，亟应筹助。招商局所捐备赈十万，除山东借拨五万外，现存松江各典五万难动，晋捐剩存备赈十万，除山东借拨五万外，现存纺织厂五万，可以借拨。刻与各董熟商，一曰筹垫倡捐，拟借拨备赈款五万两，并息借庄款四万两，宣亦捐廉一万两，共成十万。二曰择地派人，义赈中亦少可靠之人，只有请严佑之前往一行。款少地广，不足救澈，应电询佑帅，三属以何处为最重，只可择尤加放义赈。三曰劝捐归垫，备赈借款，奏明必须归还，否则以后无可再垫。顷与施则敬等面议，善捐甚微，仍赖奖捐为主。湘中咨部太远，请援协晋成案，由津道刊发实收，直督咨部，并请札委张道振榮在津总办。以上三端，是否有当？敬候钧裁。②

盛宣怀这里的表现可谓十分卖力：除备赈款项可以借拨外，又添加了向钱庄的借款以及自己的捐款，并且也不顾严作霖刚刚从四川办赈归来的劳顿，便促其立即带队前赴湖南，甚至还为如何尽快赶办赈捐出谋划策。不仅如此，盛宣怀稍后又商请作为义赈领袖人物之一的谢家福，"另行垫款二万"，故助赈湖南的总数达到12万两③。并且，为了消化这些垫款

---

① 《寄刘岘帅》，载盛宣怀：《愚斋存稿》，卷99《电报总补遗》，第2077-2078页。
② 《寄王夔帅》，载盛宣怀：《愚斋存稿》，卷24《电报一》，第617-618页。
③ 《寄湘抚陈右帅》，载盛宣怀：《愚斋存稿》，卷88《电报补遗六十五》，第1839-1840页。

和借款，盛宣怀又招集当时义赈活动中的多位头面人物，如严信厚、经元善、施善昌、施则敬、谢家福、王松森、郑官应、杨廷杲、席裕祺等人，与之联名在《申报》上发布公启，以义赈名义发起了专为湖南筹捐的活动①。王文韶显然对盛宣怀的这些举措非常满意，故而在日记中也写下了"杏荪电来，代筹湘赈不遗余力"之语②。陈宝箴于光绪二十二年（1896）三月间给朝廷的奏报也表明，盛宣怀所筹集的义赈款项，是湖南此次灾荒期间从省外接收赈款中数量最多的一笔③。

真可谓无巧不成书，就在湖南遭受旱灾的同时，湖北却遭遇了较为严重的水灾。据护理湖广总督、湖北巡抚谭继洵于光绪二十一年十二月初三日（1896年1月17日）奏称：

> 湖北本年夏、秋二汛，汉水叠涨，滨临襄河之钟祥、京山、潜江、天门、荆门、汉川等州县堤多漫溃，田庐淹没，小民荡析离居，嗷嗷待哺。而下游之武昌、汉阳、黄州三府所属州县，复因久旱，秋收失望，情形亦重……惟是本年被淹各处，至今积水尚未全消，受旱之区又值冬晴日久，二麦多未播种。

他继而指出，此际的湖南灾荒更让湖北形势雪上加霜，因为"湖北人稠地隘，素鲜盖藏，即值中稔之年，民食恒虞不继，每仰给于湖南。今则北省既遭巨浸，南省亦受旱灾，收成歉

---

① 《筹劝湖南义赈公启》，载《申报》第52册，第384页，光绪二十二年正月二十七日（1896年3月10日），第3版。
② 袁英光、胡逢祥整理：《王文韶日记》，下册，北京：中华书局，1989，第930页。
③ 《奏陈各省拨款协济助赈情形片》，载汪叔子、张求会编：《陈宝箴集》，上册，第352—354页。

薄，米谷下运无多，粮价现已渐长，转瞬腾贵，粮缺势所必然"①。此言确非多虑，其子谭嗣同于除夕日给湖南家乡的业师欧阳中鹄的信中便称："自岳州（**按：岳州为湖南通往湖北的重要粮道关口**）禁米之后，米价每石骤涨至四串八百文……安陆一带早已过五串，湖北之荒亦为近年所未有，江夏（**按：江夏为湖北省城之附郭县**）已经逃荒，何论外县？"②

谭继洵关于湖北灾荒的另一份奏折表明，因"司道各库向无闲款，赈捐屡经开办，已成弩末"，故办理赈务甚属棘手③。在这种情况下，此时湖广总督张之洞虽因署理两江总督而远在江苏江宁④，亦不得不出面为湖北寻求帮助了。光绪二十一年九月初五日（1895年10月22日），张之洞致电山东巡抚李秉衡称："该处（**按：即湖北省**）饥民不下数万，嗷嗷待哺，甚恐生事。鄂省库款如洗，无款可筹，当道万分为难。敝处已设法劝捐，量为协济。公拟筹济若干？祈酌定速示……若再迟，则恐已转沟壑矣。"⑤ 李秉衡次日即复电应允"拟筹济十万金"⑥。次年正月间，鉴于"鄂赈需米"甚急，张之洞又急电谭继洵称："鄙意拟在江南筹款借拨，就近电饬芜

---

① 《奏为遵查本年湖北被灾各属来春应筹接济事》，中国第一历史档案馆藏清代灾赈档案专题史料，录副奏折，档案号03-107-5601-124。

② 蔡尚思、方行编：《谭嗣同全集》（增订本），下册，北京：中华书局，1981，第454页。

③ 《奏为查明湖北各属被水成灾需赈孔殷请准截留本年漕粮事》，中国第一历史档案馆藏清代灾赈档案专题史料，录副奏折，档案号03-168-9638-97。

④ 因刘坤一于甲午战争中被调往前线主持军事，张之洞于光绪二十年十月至二十二年正月间始终以署理两江总督身份驻守江宁，其间仍保留湖广总督本任。对此参见许同莘：《张文襄公年谱》，载北京图书馆编：《北京图书馆藏珍本年谱丛刊》，第173册，北京：北京图书馆出版社，1999，第745、761页。

⑤ 《致济南李抚台》，载苑书义、孙华峰、李秉新主编：《张之洞全集》，第8册《电牍》，石家庄：河北人民出版社，1998，第6674—6675页。

⑥ 《李抚台来电》，载苑书义等主编：《张之洞全集》，第8册《电牍》，第6675页。

湖道购米一二万石，由商轮运鄂，以便平粜。"① 从这里可以看出，此次湖北赈务需要外部援助的急迫程度和力度，并不比湖南逊色多少。可耐人寻味的是，在张之洞和盛宣怀之间，有关此次两湖地区的赈务问题，竟然找不到任何有过联系的记录。

或许有人会提出，盛宣怀是否有可能不知道这次湖北灾荒呢？这个问题纯属多虑，因为此次湖北灾赈活动中也出现过盛宣怀的身影。然而，其在这次活动中态度之消极，与其向来热心助赈的面貌形成了巨大反差。对此，他两次面对助赈湖北的要求时所做反应堪称明证。

令人颇为意外的是，第一个让盛宣怀向湖北赈务提供帮助的人，居然又是王文韶。光绪二十一年除夕（1896 年 2 月 13 日），王文韶电告盛宣怀称：

> 昨接敬帅（按：谭继洵字敬甫）电，又以鄂灾告急，并有近年直赈，鄂曾迭助巨款之语。有挟而求，势难诿卸，而赈局甫拨湘款，开正工赈纷来，一时力实不逮。不得已或于尊筹十万内拨出二三万入济，遂作为直协之款，将来统由劝捐项下归还，可否？②

王文韶之所以让盛宣怀从湘赈款项中划给湖北一部分，是因为无法对谭继洵的求助置之不理，但直隶刚刚为湖南筹措赈款之后，再无余力。孰料盛宣怀却在次日的回电中断然拒绝了王文韶："鄂灾告助，谊亦难却。惟……义赈专办湘省，尚

---

① 《致湖北谭制台》，载苑书义等主编：《张之洞全集》，第 9 册《电牍》，第 6905—6906 页。

② 《王夔帅来电》，载盛宣怀：《愚斋存稿》，卷 24 《电报一》，第 618—619 页。顺便指出，《愚斋存稿》中所记王文韶此电发出时间有误。该书记录的时间是光绪二十一年十二月三十日，可是年腊月只有 29 天。参见郑鹤声编：《近世中西史日对照表》，北京：中华书局，1981，第 761 页。

恐力不从心,断难兼顾。"① 可以肯定,盛宣怀的这个答复,并非不顾王文韶的情面。这是因为,王文韶于除夕发出的电报中还有这样的话:"佑之能去固好,但恐过鄂时,鄂中又有祈恳,佑之亦甚为难,此层并当计及之。"由此可见,王文韶心里真正关切的是湖南,也很担心湖北的事情对湖南形成干扰。另外,由于盛宣怀回电没有涉及严作霖究竟该怎么办的问题,王文韶于光绪二十二年正月初四日(1896年2月16日)再次致电盛宣怀,提出了一个试图让严作霖免于为难的办法:"佑之肯赴湘否?或解款而不去人,准以十万为率,而分二三成与鄂,何如?"② 盛宣怀于同日回电,其拒绝的态度更为决绝:"义赈若不去人,则大众不信,无可劝捐归垫。若派人去,则至少十万,势难分鄂……佑之如肯去,当嘱不见鄂官。"③ 也就是说,即使在严作霖确定前赴湖南的情况下,湖北也不能从盛宣怀那里分得一杯羹。

盛宣怀对湖北赈务的消极态度,并非只在王文韶面前才表现出来。在应对来自一位湖北地方大员的请求时,同样有明显表露。这位湖北大员便是湖北按察使恽祖翼,他与盛宣怀既是常州同乡又兼世交④。更重要的是,在这一时期张之洞与盛宣怀商讨接办汉阳铁厂问题的过程中,恽祖翼也是为双方穿针引线的重要人物之一⑤。作为湖北高级官员,恽祖翼深知该省赈务危急的情况,因此向盛宣怀求助亦属人之常情。可是,盛宣怀在正月初十日(2月22日)的回电内容居然是:

---

① 《寄王夔帅》,载盛宣怀:《愚斋存稿》,卷24《电报一》,第619页。
② 《王夔帅来电》,载盛宣怀:《愚斋存稿》,卷99《电报总补遗》,第2084页。
③ 《寄王夔帅》,载盛宣怀:《愚斋存稿》,卷99《电报总补遗》,第2084页。
④ 有关详情,可参见李玉勤:《晚清汉冶萍公司体制变迁研究》,第54、113页。
⑤ 李玉勤书中对此有清楚体现,参见上书,第111-116页。

> 江电与廿五函同到，始知鄂灾与湘并重，公在鄂，尤应帮忙，惟允湘赈在先，且专派人去，非巨款不可。鄂捐只可竭力赶办实收，望速咨送五百张，如能照山东给空白咨文，功效乃速。①

而在收到这批实收后，盛宣怀又电告恽祖翼："实收已到，暂缓添寄，必竭力代劝。"② 可以说，盛宣怀这里的表现实在不够朋友：其一，从前文可知，他实际上在恽祖翼发出求助前就已知道湖北灾情，却说是刚刚知道；其二，他所应允的帮助，仅仅是代为销售 500 张实收而已——这显然不可能迅速转化为现款。

综上所述，在这场两湖灾赈中，盛宣怀鲜明地表现出了两副不同的面孔：第一副面孔是，对于同处在湖广总督管辖范围的湖南，他既大力筹集大批赈款，又派出得力助赈人手，热心程度非同一般，但其这番举动的关键，其实在于王文韶的要求，而与张之洞无关；第二副面孔是，对于连张之洞都要大费心力的湖北赈务，盛宣怀的态度却十分消极，基本没有提供多少有效帮助。据此可以判定，盛宣怀在这场两湖赈务中，并没有向张之洞示好的意思。这显然是一个令人诧异的反常现象。众所周知，这个时期正当张之洞与盛宣怀紧锣密鼓地商谈接办汉阳铁厂事宜。按照学界通行的说法，张之洞在这场谈判中居于主导地位，也对盛宣怀的命运具有决定性作用。而盛宣怀在两湖灾赈中的两副面孔，显露出了意味深

---

① 《寄武昌恽菘翁》，载盛宣怀：《愚斋存稿》，卷 88《电报补遗六十五》，第 1837 页。所谓"实收"，是指捐纳活动中的缴款证明，也是倒换官阶文书的凭证。

② 《寄武昌恽菘耘观察祖翼》，载盛宣怀：《愚斋存稿》，卷 24《电报一》，第 620 页。

长的问题：张之洞为什么不要求盛宣怀为处于艰难之中的湖北赈务提供帮助呢？精明过人的盛宣怀又为什么会坐失这样一个向张之洞大献殷勤的良机呢？基于这些问题，在学界关于此际张之洞和盛宣怀之间的关系的通行认识中，也就露出了必须深入勘察的裂痕。

第二节　盛宣怀参案问题的重新审视

应该说，李玉勤的研究中其实已经触及了这一裂痕。特别是她率先发现，有关张之洞和盛宣怀在接办汉阳铁厂问题上的交易，以往成说所依赖的主要证据都来自非当事人的说法，并且很难查到张之洞为盛宣怀提供庇护的具体事实。然而，由于她毫不怀疑张、盛之间存在以往公认的那种交易，所以对这种证据不足的情况基本上点到即止，没有进行更为充分的考察①。这样一来，要使她的发现成为质疑这项交易的证据，还必须配合更多疑点，进行深入系统的解析。

在某种意义上，关于张、盛在接办汉阳铁厂中存在交易的看法，并非现代研究者的创见。早在清末民初的时人叙述之中，这种看法就已经出现了，并且正是这些人的说法成为后世研究者的首要证据。其中，最为言之凿凿也更被常常引为实证的材料，按照出现的时间顺序，主要有以下三种：

第一种说法来自梁启超。他在光绪二十五年（1899）间所作《记芦汉铁路》一文中，对张、盛之间的秘密交易做了

---

① 关于李玉勤的具体论述，参见《晚清汉冶萍公司体制变迁研究》，第107-111页。

栩栩如生的描绘：

> 初，中东和议既成，都人纷纷劾合肥（按：即李鸿章），而以盛为合肥所信任，攻之尤力。有旨命盛开去天津关道缺，交南北洋大臣查办覆奏。时北洋则王夔石（按：王文韶字夔石），南洋则张香涛（按：张之洞字香涛）也。王固袒盛者，张则素与盛不合，盛乃诣张乞保全。当时张所创湖北铁政局，经开销公项六百余万，而无成效，部文切责。张正在无措之时，于是盛来见，张乃出两折以示盛，其一则劾之者，其一则保举之者。盛阅毕，乃曰："大人意欲何为？"张曰："汝能为我接办铁政局，则保汝，否则劾汝。"盛不得已，乃诺之，更进而请曰："铁政局每岁既须赔垫巨款，而所出铁复无销处，则负担太难矣。若大人能保举宣怀办铁路，则此事尚可勉承也。"张亦不得已而诺之，遂与王联名保盛督办铁路云。①

第二种说法来自叶景葵。他在 1912 年出任汉冶萍公司经理后，曾写就《汉冶萍产生之历史》一文，内中称："盛方以某案事交张查办，张为之洗刷，而以承办铁厂属之。盛诺，集股一百万两，冒昧从事。"②

---

① 梁启超：《记芦汉铁路》，载林志钧编：《饮冰室合集》，第 1 册《文集之四》，北京：中华书局，1989，第 48—49 页。
② 叶景葵：《汉冶萍产生之历史》，载汪敬虞编：《中国近代工业史资料》，上册，北京：科学出版社，1957，第 469 页。叶景葵此文初作于 1912 年 10 月，其后有多个版本流传，相关考证参见张实：《关于叶景葵及其〈述汉冶萍产生之历史〉的考证》，《黄石理工学院学报》（人文社会科学版）2008 年第 2 期，第 76—83 页。全汉升引自《民国经世文编》来证明盛宣怀涉及参案的材料（《汉冶萍公司史略》，第 75 页注释 6），出自原为阙名所作《述汉冶萍产生之历史》（上海经世文社辑：《民国经世文编》，第 8 册，北京：北京图书馆出版社，2006，第 4877—4881 页），对比后可以发现，是文实际就是叶景葵此文。

第三种说法来自黄鸿寿编纂的《清史纪事本末》，书中在"兴办铁路"栏目下有这样一段文字：

> 自中日战后……政府因军事上之失利，乃始谋次第修筑南北铁路……宣怀时任津海关道，以事得罪，著解任，交南北洋查办。朝旨严厉，咎且不测，宣怀乞缓颊于北洋大臣王文韶，许之，复乞援于南洋大臣张之洞。之洞任鄂督时，办铁厂，縻费六百万，而无成效，部责甚急。宣怀为出资弥缝之，之洞喜，复疏为宣怀洗刷前案，并保荐宣怀路才，时论谓之六百万金之奏折。①

此外，久任张之洞幕僚的许同莘约在民国初年纂成《张文襄公年谱》，其中亦言及张、盛交易之事称："二十一年六月，奉旨招商承办，盛意犹豫，乃询之洋商。则英法巨商，愿缴款合办者甚众。然虑其多后患，是时盛官津海关道，招之来鄂，强而后可。"② 按常理推断，张之洞既然能够迫使盛宣怀就范，肯定掌握了后者的把柄。与上述三种说法联系起来，将这一把柄解释为张之洞掌控着盛宣怀所面临的参案，似乎颇为严丝合缝。因此，也有不少学者将许同莘的说法视为以参案为中心的张、盛交易说的重要旁证③。

正所谓众口铄金，又有长期在张之洞左右的许同莘的说法可作旁证，所以单单指出这些人不具备当事人的身份，似

---

① 黄鸿寿：《清史纪事本末》，上海：上海书店，1986，第459页。是书初版于1915年。
② 许同莘：《张文襄公年谱》，载北京图书馆编：《北京图书馆藏珍本年谱丛刊》，第174册，第1页。二十多年后，张之洞的门生胡钧在许同莘所作年谱基础上，也编纂了一部《张文襄公年谱》，此段内容在文字上略有差别，但大意无二（北京图书馆编：《北京图书馆藏珍本年谱丛刊》，第174册，第308页）。
③ 最早使用许同莘说法为旁证的学者是费维恺（《中国早期工业化》，第86页及该页注释2），其他引证者甚多，故从略。

乎很难反驳他们的说法皆属空穴来风。当然，这四个人的说法毕竟在性质上属于二手材料，且皆未言明究竟是何参案，自然也不能令任何一个认真的研究者放心。有鉴于此，许多研究者都在引述其中某种说法后，试图添加具体参案的情况加以确认。然而，学界对这样一个参案的指认始终未能统一，居然成了一个迄今未决的悬案。更成问题的是，细究学界以往所指认的所有参案，竟然很难确认它们与张之洞有明确关联。为简明起见，这里不再一一说明何人所指某案，而将迄今曾列举出来的、甲午年以后的 7 件相关参案及其查办责任人情况，按时间顺序全数罗列如下：

（1）光绪二十年七月十七日（1894 年 8 月 17 日），江南道监察御史钟德祥参奏盛宣怀、袁世凯两人"罔识大体，以和议逢迎李鸿章"。其折中声称"津关道盛宣怀贪鄙谀佞……近来一味以和议逢迎李鸿章，盖私人也。闻俄、英、德国诸外人颇欲窃出为中国调处倭事，皆盛宣怀与袁世凯居间请托"，故而请朝廷将盛宣怀等"立予重谴，以明是非之公，而得义理之安"①。不过，并未发现朝廷对此奏有所反应。

（2）光绪二十年八月初九日（1894 年 9 月 8 日），江南道监察御史张仲炘抨击李鸿章"久为私人所惑，锢蔽已深"，盛宣怀即为这些"私人"之一。该折指斥盛宣怀称：

> 至盛宣怀直一牟利无耻之小人耳，其恶迹罄竹难书……第李鸿章引为心腹，公财、私财悉付其手，所有招商、电报、机器等局，以及南漕、税务、买洋械、借

---

① 《钟德祥奏盛宣怀袁世凯罔识大体以和议逢迎李鸿章请立予重谴片》，载中国史学会编：《中国近代史料丛刊·中日战争》，第 3 册，第 40—41 页。

> 洋款，利权皆彼所独揽，一年所入，何啻巨万？和局不成，则利源亦窒，故其罢战求和之心，较他人为更迫。天津竟有万寿前必议和之说，多谓出自彼口。阻挠国计，摇惑人心，贻误何所底止！拟请……谕派大臣，秉公密察，一经得实，即照例惩办。①

而朝廷对这份奏折的反应，迄今只发现令李鸿章查办其中有关军械局总办张士珩有无舞弊之举，于盛宣怀被参各事则未置一词②。

(3) 光绪二十年九月二十一日（1894年10月19日），据《清实录》载，朝廷颁布上谕称："有人奏，盛宣怀承办转运，采买兵米，浮冒多至数十万金。天津招商局突被火焚，兵米付之一炬，难保无侵蚀后希图掩饰之弊等语。著李鸿章确切严查。"李鸿章在复奏中则称："至前敌各营兵米，盛宣怀但司转运，并未经手采买，无从浮冒。招商局被焚，查无官米存储在内。该栈房产系洋商保险，照数赔修，盛宣怀无从侵蚀，更无可掩饰。"③ 此后，朝廷亦未再行追问。

(4) 光绪二十年九月二十九日（1894年10月27日），福建道监察御史安维峻对盛宣怀进行了最为严厉的攻击。安维峻奏称，盛宣怀是造成此次战事不利的罪魁祸首："窃维北洋大臣李鸿章督办军务以来，调度乖方，丧师失律，虽妇孺之

---

① 《江南道监察御史张仲炘奏陈北洋情事请旨密查并请特派大臣督办天津团练折》，载中国史学会主编：《中国近代史资料丛刊·中日战争》，第3册，第88-90页。

② 《清实录》，第56册《德宗景皇帝实录（五）》，卷350，光绪二十年八月甲寅（初十日），第437页。

③ 《清实录》，第56册《德宗景皇帝实录（五）》，卷350，光绪二十年九月甲午（二十一日），第495-496页。

侪,莫不切齿痛恨。推原误事之由,则津海关道盛宣怀实为罪魁。"在铺陈了自己"得之传闻"的盛宣怀的种种劣迹后,安维峻奏请"将盛宣怀立正典型,以为贪污不法、贻误军国者戒。其家产及寄顿资财,皆由侵吞公项而来,请一并查抄以充军饷"①。只不过,此奏并无实据可言,所以朝廷亦未立案查证。

(5) 光绪二十年十月十六日(1894年11月13日),朝廷颁布上谕称:"有人奏,前月底天津有戈什哈押船户运米两船,将赴海口,船户悄将米包拆开,俱是火药,惟面上数包是米。船户赴关道首告,查验果然,并有督署图记,关道即赴督署禀陈,至今尚无发落等语……著李鸿章据实具奏。"②这里提到的"关道",正是时任天津海关道的盛宣怀。而在李鸿章给出"其为谣传无疑"的回奏后③,再未见到朝廷过问此事。

(6) 光绪二十年十一月十九日(1894年12月15日),张仲炘再次对盛宣怀提出参奏。其理由是,"此次军务之坏,罪由李鸿章……则实由于盛宣怀、胡燏棻左右扶持"。并且,"盛宣怀始以拜认李鸿章之妻赵氏为义子作进身之阶……李鸿章夫妇以为忠,凡采办军火可获大利之事,一切任之。招商、电报各局,听其自为",又于"去冬串通张士珩,将津局值二百余万之前膛枪炮卖与日本。郎某得价八十万,以少

---

① 《福建道监察御史安维峻奏参贻误军事之津海关道盛宣怀折》,载故宫博物院文献馆编:《清光绪朝中日交涉史料》,卷22,第432—433页。
② 《清实录》,第56册《德宗景皇帝实录(五)》,卷352,光绪二十年十月己未(十六日),第542页。
③ 《查无米船暗藏火药片》,载戴逸、顾廷龙主编:《李鸿章全集》,第15册《奏议十五》,第516页。

归公，余皆分用。十余年来侵吞公项，剥取商民，拥家资数百万"，因此奏请"将盛宣怀革职治罪，借其家私以充军实"①。朝廷据此曾命兵部左侍郎王文锦查办②，然始终未见查办结果。

（7）光绪二十一年闰五月初八日（1895年6月30日），江西道监察御史王鹏运因上奏反对"北洋裁撤防军"一事，亦专门对盛宣怀进行了弹劾③。按照《清实录》的概括，王鹏运此次奏参的内容是："津海关道盛宣怀，此次撤军，系该道倡议。屡次馈送李鸿章，数皆盈万。承办电线，干没巨款。任东海关道时，克扣防军饷项，私设税关，私收护照，招权纳贿，任意妄为，与上海招商局员沈能虎朋比为奸。又买粤东有夫之妇刘氏为妾，请饬查办。"朝廷遂命山东巡抚李秉衡进行查办④。到十一月间，李秉衡回报查办结果称："原参各款，或事出有因，或查无实据。惟总办电报，害则归公，利则归己，复克扣军饷，搜罗股票，平日居官，亦多攀援依附，并请撤去该道电报局总办。"⑤也就是说，虽然所有参奏内容皆无实据，但是盛宣怀仍免不了贪

---

① 《御史张仲炘奏司道大员奸贪反覆不堪任用请分别严惩折》，载戚其章主编：《中国近代史资料丛刊续编·中日战争》，第2册，第22—23页。

② 《清实录》，第56册《德宗景皇帝实录（五）》，卷354，光绪二十年十一月辛卯（十九日），第595页。

③ 关于王鹏运奏参的证明，可参见李学通整理：《〈半塘言事〉选录》，载《近代史资料》，第65号，北京：中国社会科学出版社，1987，第60—62页。不过，此处给出的时间是"五月初八日"，但对照《清实录》以及张正吾、蓝少成、谭志峰编《王鹏运研究资料》（漓江出版社，1996，第116—117页）所载，该奏时间应为"闰五月初八日"。

④ 《清实录》，第56册《德宗景皇帝实录（五）》，卷369，光绪二十一年闰五月戊申（初八日），第826页。

⑤ 《清实录》，第56册《德宗景皇帝实录（五）》，卷380，光绪二十一年十一月甲寅（十八日），第969页。

利的猜忌。李秉衡的这次查办，确实使盛宣怀遭遇到了一次重大危机。但后文将说明，盛宣怀最终得以从中解脱，仍与张之洞毫无关系。

既然这7件参案中都没有发现张之洞的踪迹，那么是否可以断定张、盛之间不存在以政治换经济的交易呢？回答是为时尚早。其理由有三：第一，没有人能够穷尽所有资料，况且也可能发生资料缺失的情况；第二，上述各参案的相关材料都不够完整充分，故而同样无人敢保证，张之洞不会在某案的办理中暗中起到重要作用；第三，如果确实像李玉勤所说的那样，张、盛之间发生的是潜规则式的交易，则根本不会留下多少显白的文字记载。这显然就出现了一个困境：只要不解开这三个看似无从解开的死结，则张、盛之间的交易也就成了既无法证实也无法证伪的悬案。那么，还有什么办法继续追查下去呢？

幸运的是，张、盛两位当事人自身就提供了足以解开这些死结的旁证。

第一个旁证来自张之洞在甲午战争期间负责查办的一个案件，尽管其查办对象并非盛宣怀，而是李鸿章的亲信兼外甥张士珩。原来，光绪二十年（1894）九、十月间，张士珩曾两次被参奏倒卖军火，朝廷皆交王文锦进行查办①。十月十七日（11月14日），因王文锦奏称，张士珩自"军兴以来，始行败露。闻所卖军械，多被倭人买去，众口一词，盗卖属实"，且闻其"携眷而去，前往江南省城隐匿"，朝廷遂命张之洞（按：其时张之洞正在江宁署理两江总督）"设法密速查

---

① 《清实录》，第56册《德宗景皇帝实录（五）》，卷350、351，光绪二十年九月戊戌（二十五日）、十月庚戌（初七日），第500、527-528页。

拿，毋任远飏"①。十二月十七日（1895年1月12日），张之洞奏称张士珩已在江宁自行投案，朝廷随即又命张之洞就地先行审理②。

随着这场审理的展开，盛宣怀很快被牵连其中。这种牵连主要在于两点：其一是，张士珩在辩词中称，当"军务吃紧时，奸细太多，因接济前敌军械，恐被敌人知觉，皆系东征转运局津海关道盛宣怀分批领装河内民船，不用旗号，运至大沽北塘过载轮船，外人不免因疑生谤"；其二是，军械所会办张广生等人接受调查时亦称，"军械所只开拨单，送交东征转运局总办盛宣怀，由盛宣怀委员请领，押同送上兵轮交收接运"。为了进行质证，张之洞特地"札行津海关道照会税务司"，查询"有无洋枪运出海口之事"。而在这个过程中，他甚至发现了前述盛宣怀遇到的第3件参案即米船私运火药案的情况。因此，他还曾直接致电盛宣怀，要求其对所有前述情况一并做出解释③。

尽管盛宣怀确实能够解释自己的清白④，但如果张之洞确实意欲要挟盛宣怀来接手汉阳铁厂，这个案件完全可以成为一个良机。众所周知，由于甲午战败造成的庞大财政压力，以及多有官员奏称官办军工企业耗资巨大且办理不善，清廷

---

① 《清实录》，第56册《德宗景皇帝实录（五）》，卷352，光绪二十年十月庚申（十七日），第543页。
② 《清实录》，第56册《德宗景皇帝实录（五）》，卷356，光绪二十年十二月己未（十七日），第634页。
③ 本自然段内容，均参见《查讯张士珩参款拟议惩办折》，载苑书义等主编：《张之洞全集》，第2册《奏议》，第1046—1051页。
④ 《二十五日去电（1047、1048）宁督署》，载陈旭麓等主编：《盛档之三》，下册，第650页。并且，张之洞的结案奏报中也采纳了盛宣怀的解释，见《查讯张士珩参款拟议惩办折》，载苑书义等主编：《张之洞全集》，第2册《奏议》，第1046—1051页。

于光绪二十一年六月二十一日（1895年8月11日）颁布上谕，饬令各省船械机器等局均改为招商承办①。这就使本已面临资金极度短缺的汉阳铁厂，更加雪上加霜。张之洞在多方设法却始终招商无着的情况下，遂有延揽盛宣怀来接办铁厂之意。七月二十八日（9月16日），长期为张之洞办理实业活动的亲信蔡锡勇，电告盛宣怀之侄盛春颐称："令叔槃才硕画，承办此厂，必能日见兴盛……议请阁下电商令叔，有无接办之意，速复，再行详议。"②

然而，据后续事实推断，很可能没有发生过张之洞对盛宣怀的借案要挟。这里的依据是，就在蔡锡勇致电盛春颐前不久，张之洞刚刚向盛宣怀发出关于米船私运火药案和军械密运海口之事的质询③；并且，张之洞向朝廷奏报张士珩一案审理完毕的时间是九月初九日（10月26日）④。这就是说，如果张之洞要迫使盛宣怀答应接办铁厂，在结案之前完全有足够的时间加以运作。可是盛宣怀肯定没有表现出积极投靠的意思，以致蔡锡勇直到十月二十八日（12月14日）也只能含糊其词地向张之洞汇报："闻盛道已南来，揆度时势，似包于

---

① 这个时间来自《清实录》（第56册《德宗景皇帝实录（五）》，卷371，光绪二十一年六月庚寅（二十一日），第859—860页。而在湖北省档案馆所编《汉冶萍公司档案史料选编》上册中，该谕日期被误作六月十二日（中国社会科学出版社，1992，第123页）。

② 《蔡锡勇致盛春颐电》，载湖北省档案馆编：《汉冶萍公司档案史料选编》，上册，第124页。关于蔡锡勇为张之洞所信用的情况，可参见李玉勤：《晚清汉冶萍公司体制变迁研究》，第89页。

③ 张之洞原电迄今未见，但盛宣怀就此两事的回电时间是七月二十五日（9月13日），见《二十五日去电（1047、1048）宁督署》，载陈旭麓等主编：《盛档之三》，下册，第650页。据常理推断，对于这等要事，盛宣怀肯定不可能拖延很久才予以答复。

④ 《查讯张士珩参款拟议惩办折》，载苑书义等主编：《张之洞全集》，第2册《奏议》，第1046—1051页。

洋人，不如包于华人为宜。"① 不料，又过了一个月有余，盛宣怀竟然再无任何动静。显然有些沉不住气的张之洞，于十一月三十日（1896 年 1 月 14 日）亲自致电盛宣怀称："尊恙悬念之至，已渐愈否？何日可惠临？……粤湘汉铁路须速奏，电寄折稿，北洋缮发，迟则恐为外人强索矣。"② 正如李玉勤分析的那样，这是张之洞"暗示要以承办铁路为条件，作为他（按：即盛宣怀）接办铁厂的回报"③。只不过这分明是利诱，丝毫没有威胁的意味了。很难想象，张之洞居然能够忍气吞声地为一个原本可以实施要挟的对象，开出不菲的利诱价码。

第二个能够证明张之洞没有要挟盛宣怀承办铁厂的旁证，则是张之洞在商谈期间表现出来的弱势。对于这种弱势，张之洞本人便提供了第一手证据。约在光绪二十二年（1896）三月中下旬之间，张之洞在给私交极深的军机大臣李鸿藻的信中，详细叙述了自己与盛宣怀商谈承办铁厂问题的缘起和过程：

---

① 《蔡锡勇致张之洞电》，载湖北省档案馆编：《汉冶萍公司档案史料选编》，上册，第 124 页。该电又见苑书义等主编：《张之洞全集》，第 8 册《电牍》，第 6753 页。盛宣怀以赴沪整顿轮船招商局等事，确于十月二十三日从天津南下（袁英光、胡逢祥整理：《王文韶日记》，下册，第 920 页）。这里需要强调的是，从光绪二十一年七月到年底，这是最重要的一份涉及盛宣怀在接手汉阳铁厂问题上的动向的资料。据此电判断，张之洞于光绪二十二年间所谓"去冬因渠（按：即盛宣怀）事方急，其愿承铁厂之意甚坚"的说法，很可能不是实情。结合这个说法的上下文考虑，恐怕更多出于张之洞描绘盛宣怀"巧滑"一面的需要。关于张之洞这个说法，详见后文。

② 《鄂督张香帅来电》，载盛宣怀：《愚斋存稿》，卷 99《电报总补遗》，第 2080 页。

③ 李玉勤：《晚清汉冶萍公司体制变迁研究》，第 113 页。不过，李玉勤书中将该电日期误认为 1896 年 1 月 30 日。

> 铁厂……无如经费久罄，去秋业已奏明，只能支持勉至年底。廷旨责以招商，数月中极力招徕，殊无端绪……因前两年盛道宣怀曾有愿承办铁厂之议，当即与商，令其来鄂一看，以便议办……盛道此来，与之细谈，渠亦并无如许巨款，大意谓铁路若归鄂办，则铁有销路，炼铁之本可于铁路经费内挹注。正筹议间，适闻有芦（按：原文如此，下引文中亦有作"卢"之处，概从原文）汉铁路交王夔帅及敝处督率商办之旨（原注：廷寄尚未奉到，此夔帅电信），渠甚踊跃，谓亦愿招商承办。窃思从前许、韦诸商，断不能独肩此巨款重任……则拟即令盛招商成之。盛若令办铁路，则铁厂自必归其承接，如此则铁厂全盘俱活，晚亦从此脱此巨累矣。

按此说法，盛宣怀简直在上演空手套白狼的把戏：在不能提供盘活铁厂所需经费的情况下，他居然又要求以承办卢汉铁路作为接手铁厂的条件。而该信接下来的一段话更加令人惊讶，因为张之洞在这里一方面把盛宣怀刻画为一个出尔反尔的小人，另一方面却表示不得不满足盛宣怀提出的接办条件：

> 盛为人极巧滑，去冬因渠事方急，其愿承铁厂之意甚坚，近因风波已平，语意又多推宕，幸现有铁路之说以歆动之，不然铁厂仍不肯接也（原注：渠已向所亲言之）。盛之为人，海内皆知之，我公知之，晚亦深知之，特以铁厂一事，户部必不发款，至于今日，罗掘已穷，再无生机，故不得已而与盛议之，非此则无从得解脱之

法，种种苦衷，谅蒙垂鉴。①

张之洞的这种弱势，并非仅是他自己的感觉，连其身边的一些亲信幕僚都看得一清二楚。当时，应张之洞之邀担任湖北武备学堂总稽查的姚锡光，与张之洞的许多亲信幕僚过往甚密，从而探听到了如下情况：

> 先是，湖北铁政局自开办以来，历年亏耗，势不支。制府（按：即张之洞）乃召盛杏荪来鄂，命以招商股承办铁政。今年四、五月间，盛杏荪来鄂接受铁政局，即以铁路要制府，云若不兼办铁路事，则铁政局所炼出钢条无处出售，则铁政不能承办云云……制府见其嗜利无厌，要求无已，颇厌苦之。②

因此，在得知张之洞最终全部满足盛宣怀的要求后，姚锡光不由得感叹："盛杏荪之龙（按：原文如此）断把持，而制府之甘受挟制，亦一奇也。"③

行文至此，可以认为，寻找张之洞为盛宣怀提供庇护的参案，极有可能是徒劳无功。这是因为：其一，张之洞主办的张士珩案算得上一件大案要案，该案对盛宣怀的牵连又完全可以成为现成的要挟机会，张之洞却丝毫没有表现出加以利用的迹象，则再去寻找其他案件实施操控的可能性微乎其

---

① 《致李兰荪宫保》，载苑书义等主编：《张之洞全集》，第 12 册《著述·书札·诗文·附录》，第 10238—10239 页。该信又见湖北省档案馆编：《汉冶萍公司档案史料选编》，上册，第 127 页。这里应该指出，该两书均将此信日期定为正月间，肯定有误。因为信中言及盛宣怀已到武昌，而盛之抵达日期为三月十五日（此点见后文），故此信不可能早于这一时间。另外，关于张之洞和李鸿藻的私谊，可参见李玉勤：《晚清汉冶萍公司体制变迁研究》，第 105 页注释 5。

② 王凡、汪叔子整理：《姚锡光江鄂日记（外二种）》，北京：中华书局，2010，第 140 页。

③ 同上书，第 156 页。

微；其二，从张、盛之间的相对态势来看，盛宣怀虽被张之洞召来湖北，却显得颇为强势，反而是张之洞处处示弱，全然不符那种以往学界所说的掌握着盛宣怀把柄的形象。因此，正所谓"皮之不存，毛将焉附"，参案既然毫无确据，那么这种以参案为中心的所谓张、盛政治交易说，也就很难逃脱"三人言成虎"之类的传闻嫌疑。但随之而来的新问题是：如果盛宣怀不是因为要投靠张之洞而接手汉阳铁厂，他为什么又在李鸿章失势后便南下与张之洞接洽呢？

有个别学者曾经注意到，对于盛宣怀接手汉阳铁厂一事，清朝覆亡前夕还出现过一个不同版本的说法。所谓不同版本，是因为这个说法既不涉及参案，也不认为主导盛宣怀南下的人物是张之洞。这就是胡思敬在《国闻备乘》中所称：

> 王文韶继为北洋大臣，倚之（按：**即盛宣怀**）如左右手。北洋京畿左辅，为洋务总汇之地，湖广总督张之洞忌之。是时芦汉铁路议成，南端由之洞主政，北端由文韶。文韶欲保用宣怀，恐之洞不从，遣宣怀私诣武昌，探其意旨。之洞办武昌铁政，亏空过百万，方窘迫，莫知为计。宣怀至，许为接办，任弥补。之洞大喜，遂与文韶合疏保荐宣怀为督办芦汉铁路大臣。①

或许有人会指出，由于胡思敬与盛宣怀、张之洞、王文韶皆无密切关系，又没有亲身参与过汉阳铁厂、卢汉铁路等事，再加上这种说法属于孤证，那它不也属于非当事人的道听途说吗？又有什么参考价值呢？应该说，胡思敬的说法确

---

① 胡思敬：《退庐全集·国闻备乘》，卷1，收入沈云龙主编：《近代中国史料丛刊》（445），台北：文海出版社，1970，第1764页。据胡思敬自序，《国闻备乘》成书于宣统三年（1911）三月间。

实有明显不符事实的地方，但其中有一条线索，恰恰与前文所述两湖灾赈期间的一个情况形成了印证。如前所述，在面对王文韶提出的为湖南助赈的要求时，盛宣怀十分卖力，与他对刘坤一、张之洞的态度形成了鲜明对比。在这个情况与胡思敬的说法之间的一个共通点是，对于这一时期的盛宣怀来说，王文韶是一个非常重要的人物。这是否纯属巧合呢？那么，王文韶究竟具有怎样的重要性，甚至使盛宣怀不怕得罪刘坤一和张之洞也要对王文韶毕恭毕敬呢？

原来，盛宣怀的确在甲午战后遭遇了一场严重危机，而他之所以能够逢凶化吉的最重要保护伞，正是王文韶。

关于这场危机，还得从前面提到的对盛宣怀的第 7 件参案说起。这次参案发生后，备感压力的盛宣怀约于光绪二十一年（1895）十月上中旬之间向王文韶提出，除请将现在担任的津海关道之职开缺外，还愿意将自己掌管的所有洋务企业全部交卸："职道久握利权，亟宜解脱，亦不敢爱惜一身，致毁成局，容俟到沪会督商董人等，另拟结束办法，详请奏咨核定。"① 如果盛宣怀的这些请示成为现实，那就意味着他多年来在北洋范围内的苦心经营要付诸东流了。与盛家素有深交的王文韶②，当然不愿看到这种局面，因此并未批准盛宣

---

① 《盛宣怀上北洋大臣王文韶禀》，载陈旭麓等主编：《盛档之八》，第 679-680 页。需要指出，该书编者将此禀定为光绪二十一年冬从上海发出，显然有误。因为盛宣怀在禀文中申请开缺回沪，所以不可能是在上海发出此文。另外，从后面所引《王文韶日记》的记载可知，王文韶在十月十四日针对此禀发出了给朝廷的奏片，所以此禀时间当在此前不久。

② 王文韶与盛家之密切关系，学界多为人云亦云，至今缺乏深入研究。兹特从《王文韶日记》中举两例：其一，同治年间，王文韶在湖北任汉黄德道及总办陕甘后路粮台时期，与当时任湖北盐法道的盛宣怀之父盛康有很多往来，私交甚笃；其二，光绪四年六月间，王文韶奉调入京任兵部左侍郎，路经直隶，时盛宣怀正在忙于办理河间赈务，仍专程从献县县赴沧州砖河镇迎谒，并一直陪送到青县才辞别。这些情况，参见袁英光、胡逢祥整理：《王文韶日记》，上册，第 1、2、7、12、30、430 页。

怀的开缺及交卸之请，仅于十月十四日（11月30日）上奏，请朝廷允准盛宣怀前赴上海"整顿招商、纺织各局"①。很可能在得到朝廷允准后，盛宣怀才于十月二十三日（12月9日）向王文韶"辞行赴沪"②。

然而，盛宣怀在上海尚未来得及开展多少整顿活动，其面临的形势便进一步恶化。这主要是李秉衡向朝廷回复查办意见后引起的。十一月十八日（1896年1月2日），朝廷向王文韶发下了一道对盛宣怀极为不利的上谕。该谕称：

> 有人奏，津海关道盛宣怀招权纳贿、任意妄为各节，当交李秉衡确切查明。兹据查明具奏，原参各款，或事出有因，或查无实据，惟总办电报，害则归公，利则归己，复克扣军饷，搜罗股票，平日居官，亦多攀援依附，并请撤去该道电报局总办各折片。盛宣怀所管电报、招商局务，关系紧要，接手之人，必须才识兼长、操守廉洁者，方能胜任。著王文韶将各局现在情形详细确查，并酌保熟悉电报、招商等局妥实之员，以备任使，毋稍迁就。③

从这道上谕来看，朝廷显然有要把盛宣怀剥夺殆尽之意。同时，这无疑也把盛宣怀"久为人訾议，推诚相信重者颇不多见"的困境进一步放大，而陈宝箴在赈务为难之时不直接首先联系盛宣怀，很可能就与此情形有关④。据此可知，前述张

---

① 袁英光、胡逢祥整理：《王文韶日记》，下册，第919页。
② 同上书，第920页。
③ 《清实录》，第56册《德宗景皇帝实录（五）》，卷380，光绪二十一年十一月甲寅（十八日），第969-970页。这道上谕亦见王彦威纂辑的《清季外交史料》（第2册，书目文献出版社，1987，第2009页），但文字略有出入。
④ 此语即为陈宝箴于光绪二十二年初所发，参见《致王文韶（二）（稿）》，载汪叔子、张求会编：《陈宝箴集》，下册，第1670-1671页。

之洞给李鸿藻的信中,称"渠因年来言者指摘太多,东抚复奏不佳,意甚自危"以及"去冬渠事方急"①,应该就是指盛宣怀此时的处境而言。

对于王文韶来说,这道上谕也是一次不小的考验。原来,御史王鹏运曾在十月十八日(12月4日)上奏《严谕疆臣痛除因循旧习折》,在痛斥李鸿章"任北洋大臣有年,任用私人,妨贤病国"后,复指责王文韶就任直隶总督以来,"巨奸大蠹依然盘踞要津"。其中特地指出,"现招商、电报各局,依然贪污狡猾之津海关道盛宣怀总持其事,欲祛积弊,其道何由"②。朝廷亦颁布上谕称:"王文韶自简任直隶总督以来……尚属周妥,惟据该御史奏称,该督所用文武各员,皆李鸿章旧用私人,积习甚深,恐致贻误等语。嗣后该督务当振刷精神,力求整顿,于所属各员详加察看,如实有贪污狡猾积习,即著勿避嫌怨,据实严参惩办。"③ 一个月前王鹏运参奏王文韶的着眼点之一就是盛宣怀,如今朝廷又明令考虑替换盛宣怀的人选,这无疑对王文韶形成了巨大的压力。虽然王文韶在日记中的相关记载十分简略,但是从这一过程仍可看出王文韶此际的艰难选择以及格外谨慎的态度。十一月十九日(1896年1月3日),他"奉到十八日寄谕一道,参案饬复查"④。踌躇了二十多天,到了十二月十五日(1月29日),他才完成初稿:"手拟遵旨复奏折(原注:十一月十八

---

① 《致李兰荪宫保》,载苑书义等主编:《张之洞全集》,第12册《著述·书札·诗文·附录》,第10238-10239页。
② 《御史王鹏运奏请严谕疆臣痛除因循旧习折》,载戚其章主编:《中国近代史资料丛刊续编·中日战争》,第3册,第622-623页。
③ 中国第一历史档案馆编:《光绪宣统两朝上谕档》,第21册,第397-398页。
④ 袁英光、胡逢祥整理:《王文韶日记》,下册,第923页。

日寄谕饬查），事本繁重，日间又无片刻闲，每夜于子丑间腾出数刻功夫为之，至此脱稿盖三日矣。"而又过了四天后，即十九日（2月2日），该稿才最终专差发给朝廷①。

经过反复权衡的王文韶，终于下定决心力保盛宣怀。他在奏折中坚称，盛宣怀是掌管电报、招商各局的最合适人选，根本难以替换：

> 臣维泰西各国由商而富，由富而强，中国仿而行之，二十年来，惟电报、招商两局成效已著。而一手经营，虽屡经波折而卒底于成者，盛宣怀也。只以利权所在，疑忌环生，播为风闻，遂滋物议……蒙谕酌保熟悉电报、招商等局妥实之员，以备任使，臣亦岂敢谓盛宣怀之外，竟无一人堪以胜任者？惟或则历练未深，或则声望未著，急切求之，实难其选。盖盛宣怀具兼人之才，而于商务洋务，则苦心研究，历试诸艰者，已逾二十年。设以二十年前之盛宣怀处此，臣亦未敢保其必能接手也……以现在时局而论，首在振兴商务。若盛宣怀者，于商务实所讲求，舍短用长，量材器使，于中国力图自强之道不无万一之裨。②

这份奏折肯定是挽救盛宣怀的主因。首先，王文韶本人在次年三月二十八日（1896年5月10日）致电张之洞称"盛道实济时之彦，上年冒不韪以保全之"③，正与这次保护行动符合若契。其次，盛宣怀档案中保存了此折的抄件，所以盛宣怀对

---

① 袁英光、胡逢祥整理：《王文韶日记》，下册，第928页。
② 《奏为遵旨确查奏参盛宣怀招权纳贿任意妄为各节事》，中国第一历史档案馆藏清代灾赈档案专题史料，录副奏折，档案号03-144-7148-12。夏东元在盛档中发现该折抄件时，因未载时间，误判此折写于十一月下旬（《盛宣怀年谱长编》，下册，第503—504页）。
③ 《王夔帅致张香帅电》，载盛宣怀：《愚斋存稿》，卷24《电报一》，第626页。

王文韶的行为显然知情。如此说来，盛宣怀此次经历无异劫后余生，所以无论他对王文韶怎样卖力，都是理所当然的了。

第三节 接手汉阳铁厂与实业的扩张

尽管王文韶使盛宣怀免遭不测，但胡思敬关于王文韶一手安排了盛宣怀与张之洞接洽的说法，则既低估了盛宣怀的能动性，也不符合事实。实际上，染指汉阳铁厂可以说是盛宣怀的一个夙愿。毕竟，盛宣怀早在光绪初年就在湖北主持开办了开采煤铁矿事务。当张之洞开始筹办汉阳铁厂而与盛宣怀联系时，盛宣怀不仅向其提供了自己先前的经验，还一再表示出了参办意愿。但因张之洞和李鸿章之间的门户之见而未果①。当然，盛宣怀并未因此失去对汉阳铁厂的关注，也一直留意寻找与张之洞在铁厂问题上的合作机会。以往很少有人注意到的是，就在甲午战争进行期间，盛宣怀就与张之洞进行了在铁厂合作问题上的试探。

在这次试探中，首先出牌的是盛宣怀。而其之所以有此试探之举，直接背景是李鸿章已被解除兵权、自己又被一再奏参的处境。为了达到顺利离开北洋的目的，并且鉴于汉阳铁厂自从开办以来举步维艰的状况②，盛宣怀把主要希望寄托在了张之洞身上。光绪二十一年正月初一日（1895年1月26日），盛宣怀致电张之洞，以养病需要南下为由，表示了愿意

---

① 有关详情，可参见李玉勤：《晚清汉冶萍公司体制变迁研究》，第72—79、93—98页。

② 同上书，第100页。

接手铁厂事务的意愿:

> 宣患痰饮,近四年触寒即发,非天暖不能出门。去冬在沪,病不发,今冬发更甚。事冗故请假两月,正月底即假满。医谓此病不宜北方。拟倭事了□,□南方差使,曾托缪小山代禀。如蒙委办铁厂,将来造枪炮、开铁路,必仰副宪□。□蒙电商调办粮台劝捐,知己之感,亦愿效力。惟目前津防较急,留津固无裨军事,去津又觉未便。盱衡大局,为江南筹饷,不如为户部筹饷,北员南来,名正言顺。如由南洋奏派,集款自可归南洋分拨……傅相(按:即李鸿章)传谕令自酌,似无成见。①

按照盛宣怀的盘算,此际抛出接办铁厂之意,很大程度上可中张之洞下怀。所以这里的调办江南粮台之说,实质上也属于掩盖南下目的的某种障眼法。张之洞则于初五日(1月30日)回电称:"江南筹饷大半皆供北军用。如阁下南来,实系为户部筹饷也。至转运专为北军,更不必言。如能来南,以后铁厂诸事自可从容渐次引入矣。"② 该电表明,张之洞果然对盛宣怀接办铁厂之说有所动心,但对其以调办粮台为南下的理由并不完全认可。

事实上,盛宣怀在发出正月初一日(1月26日)电报后,很可能也意识到调办粮台的理由可能并不充分。这就可以解释,他在张之洞尚未回电时,便在初四日(29日)再次向张之洞发去了以西法练兵问题为主题的电报。盛宣怀在概述了

---

① 《光绪二十一年正月初一日去电(748)宁督宪》,载陈旭麓等主编:《盛档之三》,下册,第605页。
② 《初五日来电(753)宁督来电》,载陈旭麓等主编:《盛档之三》,下册,第606页。

此前朝廷练兵活动始末，以及探听到"今和议难成，上意颇悔"停办练兵之举的消息后，又向张之洞推出了自己的徐州练兵计划：

> 详探倭兵皆西法，枪炮有准，韬略尤精。我军乱打，虽有小胜，终必溃败。如欲制胜，仍须募练。宣可设法筹款，即在徐州开练，六月可接仗……如京师急，可入卫恢复，此远着也。宪台如有同心，再当详禀。此事能否电奏，调赴江宁，禀商定议？乞先密示。①

从张之洞于初六日（1月31日）的回电来看，他的确对盛宣怀的这个练兵计划有更大的兴趣：

> 徐州练兵入卫，诚为要策。惟饷既难筹，将亦不易……来电谓阁下能设法筹款，能筹若干？大约从何处设法？尊意中有何将可任用？汉纳根现在情形若何？想已不用，能调来江否？均祈迅速详示，方能酌办。②

基于张之洞的这两次回电，盛宣怀制定了双管齐下的商谈手法。一方面，他仍然不放弃说动由张之洞出面调办粮台以达到离开北洋的可能性。对于这里面包含的如意算盘，他在初六日（1月31日）给盛春颐的电报中曾有明确指示：

> 香帅来电，拟先调江南粮台，再商铁政。我因痰疾，甚愿南行。惟北洋现有军务，我虽不管事，中堂（按：即李鸿章）面上亦难自启齿。帅（按：即张之洞）既电

---

① 《初四日去电（750）宁督署》，载陈旭麓等主编：《盛档之三》，下册，第606页。有关盛宣怀练兵条陈之详情，可参见本书第三章第三节的论述。

② 《初六日来电（754）南京来电》，载陈旭麓等主编：《盛档之三》，下册，第607页。

第四章 从北洋到南洋：甲午战后两湖灾赈与盛宣怀实业新布局

传,如到宁,可密禀帅迅速奏调,不必再电商合肥（**按：即李鸿章**）,须言某（**按：即盛宣怀**）在津并不经管军务,粮台转运均归胡臬司一手。关道现无要事,乃可蒙允。我正月十九假满,至迟月底回任。能趁未回任前更好。俟到宁,禀见后即密复。外间勿泄。①

同日,盛宣怀亦将此意电告张之洞:"江南筹饷,半供北军。宪筹全局,尤重拱卫……大概须言某在津并不经管军务,北洋粮台转运均归胡臬司一手,关道现无要事,必可允准。宣正月十九假满,至迟月杪回任。能趁未回前更好。"② 这里之所以说调办粮台是盛宣怀的如意算盘,是因为如果张之洞应允以此举上奏,则盛宣怀正好可以在为北军筹饷的名义下悄然离开北洋,更有可能大大减少李鸿章产生其希图改换门庭的疑心。另一方面,既然张之洞对练兵计划颇感兴趣,盛宣怀更是趁热打铁。其于初七日（2月1日）复电表示,自己对练兵饷项及练兵将领早已有通盘筹划:

拟先借洋债,随后筹捐归补。前两年宣办山东海防捐收三百万,赈捐百余万,似不难。此外筹款,必须面商。至统将须兼智勇,黄军门少春、□军门春发可用否？汉纳根颇骄纵,深怨胡而德宣。胜于汉者尚有人。如欲调,须先抑之。宪意决否？乞速示。③

---

① 《初六日去电（755）武昌我彭》,载陈旭麓等主编:《盛档之三》,下册,第607页。盛春颐当时奉张之洞之命,从武昌调至江宁省城当差,故顺便在张之洞与盛宣怀之间充当联系人角色。
② 《初六日去电（756）宁督署》,载陈旭麓等主编:《盛档之三》,下册,第607页。
③ 《初七日去电（758）宁督署》,载陈旭麓等主编:《盛档之三》,下册,第608页。

不料，张之洞接下来几天却再无动静，令盛宣怀直如热锅上的蚂蚁一般。在初十日（2月4日）致盛春颐的电报中，盛宣怀发出了一连串的催问："初六复电到否？汝何日到宁？香帅如何面谕？是否入奏？和局不成，练兵急务似可号召四海，多筹义饷。帅意定否？"① 而盛春颐直到十五日（2月9日），才终于回复了情况的进展："侄顷谒帅，当将两次钧电情形婉禀。帅意亦极愿叔南来襄助，但因闲言过多，必须斟酌尽善，方可出奏。"为了促成张之洞进一步的动作，盛春颐向盛宣怀提出了"能由叔拟电奏稿电侄否"的要求②。盛宣怀遂据此起草了以练兵为主旨的奏稿，于十七日（2月11日）电告盛春颐。同时，他又表示自己"久随合肥，亦颇踌躇"，所以叮嘱盛春颐转禀张之洞，如其同意调派自己南下办理练兵，则"到宁商妥后，宣仍当回津，不必调办粮台，致招人忌"③。从这里可以看出，盛宣怀希望张之洞把办理练兵与调办粮台区分开来，从而可以达到既不引起李鸿章的疑心又可名正言顺地离开北洋的目的。岂料张之洞也看穿了盛宣怀意欲左右逢源的算盘，乃于二十二日（2月16日）电告盛宣怀："前拟奏调阁下南来，专为筹饷劝捐。兹来电云，不必提粮台，且仍须回津，似与鄙意不合。此举应作罢论。"④ 至此，张之洞断然中止了与盛宣怀的这次接洽。

---

① 《初十日去电（764）江宁盛我彭》，载陈旭麓等主编：《盛档之三》，下册，第609页。
② 《十五日来电（771）南京来电》，载陈旭麓等主编：《盛档之三》，下册，第610页。
③ 《十七日去电（780）江宁盛我彭》，载陈旭麓等主编：《盛档之三》，下册，第611页。
④ 《二十二日来电（792）宁督【署】》，载陈旭麓等主编：《盛档之三》，下册，第613页。

世事的发展往往十分吊诡。从前面的论述可以看出，在甲午战争期间的接洽中，盛宣怀愿意接办铁厂之举，明显带有投靠张之洞以求改变处境的意味，而张之洞并不想为盛宣怀所利用，这就导致双方接触的中止。到了甲午战后，双方再次就铁厂问题发生联系时，这次采取主动的一方却非盛宣怀，而是张之洞，并且盛宣怀也不会轻易地答应接手了。

如前所述，朝廷在战后谕令官办企业改归招商承办后，铁厂迅速陷入资金危机之中。蔡锡勇致盛春颐的电报，不啻是困境中的张之洞首先向盛宣怀发出的求援信号。而盛宣怀没有对蔡锡勇的来电做出积极回应，很可能是前述王鹏运参案的缘故。其实，盛宣怀此时也在密切关注着铁厂的情况。一个十分显著的证据是，大约在他从直隶前往上海之前，他还特地向武昌电报局中的亲信下属"垂问铁政情形"①。至于张之洞第二次发出邀请时，盛宣怀正因朝廷发出的撤换之令而处于极度危险之中，自然也不可能有与张之洞接洽的余暇。

在李秉衡的复奏意见所引发的危机被王文韶解除之后，盛宣怀接手铁厂的客观形势，已与甲午战争期间的情况大不相同了。其一，由于继续掌管着北洋系统所属的多项大型企业，他还是那个拥有诸多资源的官商；其二，此际李鸿章的体系已经陷入瓦解，盛宣怀与张之洞之间已不存在先前因门户之见所造成的根本性障碍；其三，通过在湖北安插的眼线

---

① 《沈鉴致盛宣怀函》，载陈旭麓、顾廷龙、汪熙主编：《汉冶萍公司（一）——盛宣怀档案资料选辑之四》，上海：上海人民出版社，1984，第65页。以下简称《汉冶萍公司（一）——盛档之四》，因该主题档案资料共分三册出版，且时间皆非同时。

们的多方打探，盛宣怀对铁厂的窘况非常了解。这就不难理解，当张之洞于光绪二十二年（1896）正月初通过恽祖翼、恽祖祁兄弟①，邀请盛宣怀迅速前赴湖北筹商铁厂事宜时，盛宣怀却是一副气定神闲的讨价还价之势：他一方面频繁与之进行各种商洽，另一方面却又任凭张之洞如何催促，仍以种种借口滞留上海，按兵不动。其实，盛宣怀业已对接办铁厂下定了决心。据陈宝箴此际致信王文韶透露：

> 杏荪自去岁南还，折节向上，壹意扫除自私自利之见，为中国振兴商务，力塞漏卮。在沪与恽藩司（**按：即恽祖翼**）论议，志意奋发，指天日自誓，是以定计承任湖北铁政。○○闻之，极为庆幸，推"以友辅仁"之义，贻书劝勉，至于再三。盖以杏荪之才，以之创兴商务，于时局关系至大。②

直到张之洞于二月间祭出请洋商前来湖北商讨合办铁厂之举，盛宣怀才终于决定动身赴鄂③。可以肯定，盛宣怀这次赴鄂之举，决非出于王文韶的安排。因为盛宣怀在即将动身的三月初四日（4月16日），居然还告诉王文韶，自己是因"赴长江一带察看商务"而前往湖北，丝毫没有透露涉及铁厂之事④。另外，向张之洞提出以承办卢汉铁路作为接办铁厂的条件，更是盛宣怀本人的策划。原来，在朝廷于三月十二

---

① 恽祖祁是恽祖翼的胞弟，张之洞署理两江总督期间，随侍左右。对此参见李玉勤：《晚清汉冶萍公司体制变迁研究》，第113页。
② 《致王文韶（二）（稿）》，载汪叔子、张求会编：《陈宝箴集》，下册，第1670—1671页。
③ 对于这里所述过程，李玉勤已有详细论述，但并未查明盛宣怀这种表现的原因（《晚清汉冶萍公司体制变迁研究》，第113—118页）。
④ 《寄王夔帅》，载盛宣怀：《愚斋存稿》，卷24《电报一》，第622页。

(4月24日)颁布了由王文韶、张之洞"会同办理"卢汉铁路的上谕后①,第一时间将此消息告知盛宣怀的人不是王文韶,而是翁同龢②。盛宣怀立即于十五日(27日)向王文韶提出了自己意欲参与铁路建设的意思:"昨接琴川(按:即翁同龢)密电,谓铁事将交南皮(按:即张之洞)与钧处……钧处奉旨后,可否饬令与议,借抒管见。"也正是在这份电报中,盛宣怀才把自己来湖北洽谈接手铁厂的真实目的告诉王文韶:"宣沿江查察各局,今日到汉,香帅约观铁政。上方锐意求矿,鄂厂已糜五百万,但可设法补救。宣系创始得矿之人,颇愿为之区画,特恐自用道谋,难竭智虑耳。"③

虽然没有见到王文韶针对此电的回复,但从他十六日(28日)回电允许盛宣怀与张之洞商酌铁路事宜的情况来看,肯定没有责难盛宣怀的匿情不报④。在这种情况下,盛宣怀放心地展开了与张之洞的谈判。而在铁厂问题上已经无计可施的张之洞,也只好迅速答应了盛宣怀的接办条件。在二十六日(5月8日)给王文韶的电报中,张之洞盛赞盛宣怀是办理卢汉铁路的不二人选:

> 昨招盛道来鄂,商办铁厂,连日与议卢汉路事,极为透澈。环顾四方,官不通商情,商不顾大局,或知洋

---

① 《清实录》,第57册《德宗景皇帝实录(六)》,卷387,光绪二十二年三月丁未(十二日),第49—50页。
② 翁同龢告知盛宣怀的时间是三月十四日,参见《寄直督王夔帅》,载盛宣怀:《愚斋存稿》,卷24《电报一》,第623页。凑巧的是,王文韶也是在此日将该旨意电告张之洞的,参见《王制台来电》,载苑书义等主编:《张之洞全集》,第9册《电牍》,第6963页。
③ 《寄直督王夔帅》,载盛宣怀:《愚斋存稿》,卷24《电报一》,第623页。"琴川"为翁同龢的籍贯常熟的古称。
④ 《直督王夔帅来电又》,载盛宣怀:《愚斋存稿》,卷24《电报一》,第623页。

> 务而不明中国政体，或易为洋人所欺，或任事锐而鲜阅历，或敢为欺谩、但图包揽而不能践言，皆不足任此事。该道无此六病，若令随同我两人总理此局，承上注下，可联南北，可联中外，可联官商，拟……即行会奏。①

盛宣怀终于如愿以偿了。其于二十七日（5月9日）给王文韶的电报中，也兴奋地报告了自己与张之洞商谈卢汉铁路的结果：

> 昨勘厂回鄂，香帅面谕，已将卢汉事电商钧处，并拟会同奏派总理，以联南北，以联官商。答以高阳（**按：即李鸿藻**）属意有人，未便搀越，事权不专，尤恐贻误。香帅谓我意已决，高阳必为疏通。答以如蒙两帅委任，中无隔阂，再拼数年精力，为中国挣一口气，亦所不惜。②

四月初二日（5月14日），也正是张之洞札委盛宣怀为汉阳铁厂督办的那一天③，盛宣怀才在又一次给王文韶的电报中，和盘托出了自己将铁厂与铁路进行捆绑处理的既定策略：

> 吾华造路无已时，从前觅得大冶铁山，条陈醇邸开铁政，皆为今日。现详审勘验，铁无穷，钢极佳，两炉齐开，每年可成极好钢轨千余里，正敷卢汉工用，免使巨款外溢。铁政得此，亦足次第推广……路与轨

---

① 《张香帅致王夔帅电》，载盛宣怀：《愚斋存稿》，卷24《电报一》，第624-625页。值得注意的是，张之洞这里对盛宣怀的褒扬，显然与他给李鸿藻的信中所言形成了强烈反差。
② 《寄王夔帅》，载盛宣怀：《愚斋存稿》，卷24《电报一》，第626页。
③ 《张之洞委盛宣怀督办汉阳铁厂札》，载湖北省档案馆编：《汉冶萍公司档案史料选编》，上册，第129页。

两局综于一手，路成厂亦成。香帅拟先奏派总理厂务……质之夫子，倘以为然，拟即允承接，遴派坐办股董，布置大概，再由沪回京，禀商路事，而轨已无求于外洋矣。①

对于盛宣怀的这一实业宏图，姚锡光在其日记中也不禁感叹："盛杏荪之认办湖北铁厂，本意在铁路，今果入其掌握。伊已专招商、电线之利，今复将铁路之利攘而有之，甚矣其善据利权，而中国亦舍是人无此气魄也。"②

然而，如果张之洞（也包括王文韶）以为盛宣怀就此满足的话，那就太过低估盛宣怀的雄心了。随着铁厂、铁路相继得手，盛宣怀扩展实业范围的势头更加强劲，很快将其另一个夙愿的实现也提上了日程，这就是开办银行。

之所以说开办银行是盛宣怀的夙愿之一，是因为他在这方面的活动最早可以追溯到光绪八年（1882）。其时正当电报局招股大见成效之际，盛宣怀基于该局股份"多收则无可推广，多却则徒起怨尤"的考虑，便向李鸿章提出了趁机创办银行的建议："因思银行之议久未图成，与其另开局面，不及就题发挥，庶几立可成功。现拟凑集商股二百万两……即在电报局内附设电报汇银局，如保险局之附于招商局也。"③ 尽管未见李鸿章对此建议有所反应，但是盛宣怀对银行的关切自此不绝如缕。光绪十一年（1885）九月间，盛宣怀还向李鸿章表示："竭我生之精力，必当助我中堂办成铁矿、银行、

---

① 《寄王夔帅》，载盛宣怀：《愚斋存稿》，卷24《电报一》，第627页。
② 王凡、汪叔子整理：《姚锡光江鄂日记（外二种）》，第131页。
③ 《盛宣怀上李鸿章说贴》，载王尔敏、吴伦霓霞编：《盛宣怀实业函电稿》，上册，第214页。

邮政、织布数事，百年之后，或可以姓名附列于中堂传策之后，吾愿足矣！"① 光绪十三年（1887）五月间，美国商人米建威（Mitkiewicz）向李鸿章提出禀请，拟"集中美商一千万元，在中国通商各口开设华美银行"。李鸿章指派周馥、盛宣怀与马建忠一起参与磋商，并于六月初"会议简明章程十二款，又专条一款"②。盛宣怀对此举寄予了很高期望，他在为李鸿章草拟的致驻美公使张荫桓的信中称："凡中国兴利大事，该行均可随时议办，实于两国商务大有裨益。"③ 只是在当时环境下，兴办银行的条件还远不成熟，所以此次华美银行之议也就不了了之。

在中日两国达成和议后不久，面对巨额战争赔款的压力，盛宣怀再次提出了创办银行的建议。其于光绪二十一年（1895）四月中旬致函翁同龢称："亟宜仿照招商局，速开招商银行，并可鼓铸银钱，通行钞票，悉归商办，而官持护之……以通各国银行，代国家借洋债。"④ 七月间，盛宣怀再次向翁同龢进言，称"铸银币、开银行两端，实为商务之权舆，亟宜首先创办。不必畏难避嫌，一年即可观成，一年即可见效"⑤。盛宣怀此处决非空言，从这时拟就的《开银行意

---

① 《盛宣怀上李鸿章禀》，载王尔敏、吴伦霓霞编：《盛宣怀实业函电稿》，上册，第46页。
② 《李鸿章咨周馥、盛宣怀、马建忠文》，载陈旭麓、顾廷龙、汪熙主编：《中国通商银行——盛宣怀档案资料选辑之五》，上海：上海人民出版社，2000，第697页。以下简称《盛档之五》。
③ 《致驻美公使张樵埜函》，转引自夏东元编著：《盛宣怀年谱长编》，上册，第283—284页。
④ 《盛宣怀致翁同龢函》，载陈旭麓等主编：《盛档之三》，下册，第449—450页。
⑤ 《【盛宣怀】上翁同龢禀》，转引自夏东元编著：《盛宣怀年谱长编》，上册，第488页。

见》说帖中可以看出,他已经对经营方式、招商章程等问题都有具体考虑了①。然而,由于王鹏运的奏参以及李秉衡的查复意见造成的牵连,盛宣怀开办银行的设想也只得再次被搁置起来了。

在张之洞应允了盛宣怀承办铁路的要求之后,盛宣怀显然认为创设银行的时机终于成熟了。因此,在铁路招商活动开展不久的六月十七日(7月27日),盛宣怀便向张之洞提出,请其支持自己开办银行的要求。其理由是:"铁路之利远而薄,银行之利近而厚,华商必欲银行、铁路并举,方有把握。"② 张之洞可能一时还没有看清其用意,所以于十九日(29日)简单回称:"铣电所论银行、铁路之利,自以兼营并举为最妥……惟铁路、银行究属创举,措词必须斟酌,利弊尤当揭明,即请拟一电稿见示,当与夔帅商定。"③ 盛宣怀则迅速于二十日(30日)便以如下言辞见告:

> 铁政奉旨招商,逾年无效。推原其故,华商无银行,商民之财无所依附,散而难聚。现与熟悉商务员绅筹议,铁路收利远而薄,银行收利近而厚,若是银行权属洋人,则铁路欲招华股,更无办法。国家本有开银行之议,钧电铁路既以集华股、归商办为主,银行似亦应一气呵成,交相附丽。集华股则利不外溢,归商办则弊不中生。④

---

① 《开银行意见》,转引自夏东元编著:《盛宣怀年谱长编》,上册,第489-490页。

② 《寄鄂督张香帅》,载盛宣怀:《愚斋存稿》,卷89《电报补遗六十六》,第1861页。

③ 《张香帅来电》,载盛宣怀:《愚斋存稿》,卷89《电报补遗六十六》,第1862页。

④ 《寄张香帅》,载盛宣怀:《愚斋存稿》,卷89《电报补遗六十六》,第1862页。

张之洞很可能到了这时候才意识到，盛宣怀包含着一个试图集铁厂、铁路和银行三位一体的巨大野心，那么自己当初招其承办铁厂之举，简直无异于开门揖盗。张之洞显然对盛宣怀的野心开始有所提防了。在接到盛宣怀来电的当天，他便通过恽祖翼婉言转告盛宣怀称："银行一层，在此时似不宜夹杂上陈。且利权并一人，亦炫观听，随后上紧续奏，便无痕迹。"① 二十一日（31日），张之洞更是直接致电盛宣怀，表达了自己的不满："铁路、银行为今日最大利权，人所艳羡者，独任其一，尚恐众忌所归，一举兼营，群喙腾议，恐非所宜。"② 稍后，张之洞也向王文韶明确表达了这层疑虑：

> 盛道来电，谓银行利近而厚，铁路利远而薄，无银行不能办铁路。意欲兼办。惟铁路、银行究属两事，均为今日最大利权，人所艳羡者。独任其一，尚恐为众忌所归，一举兼营，迹近垄断，必为众口訾议阻挠，恐非所宜。③

据姚锡光探听，张之洞这时甚至考虑到，如"不允盛杏荪官银行诸事，恐盛杏荪即不办芦汉铁路。伊既不办铁路，则铁政局一事，伊亦必即辞退"，所以一度有意招刘鹗前来商谈接办铁路和铁厂之事，以防备盛宣怀留下的真空④。

---

① 《武昌恽崧云方伯来电》，载盛宣怀：《愚斋存稿》，卷89《电报补遗六十六》，第1863-1864页。
② 《张香帅来电又》，载盛宣怀：《愚斋存稿》，卷99《电报总补遗》，第2088页。
③ 《致天津王制台》，载中国社科院近代史所编：《近代史所藏清代名人稿本抄本》，第二辑，第13册《张之洞档一三》，郑州：大象出版社，2013，第371-374页。
④ 王凡、汪叔子整理：《姚锡光江鄂日记（外二种）》，第140页。关于张之洞与刘鹗在这一时期进行联络的情形，戴海斌（《甲午后"商办"铁路的一例实证——姚锡光日记所见之刘鹗》，《社会科学》2012年第7期，第156-165页）、茅海建（《戊戌变法的另面："张之洞档案"阅读笔记》，上海：上海古籍出版社，2014，第467-477页）皆有详细论述，此处不赘。

然而，令张之洞无奈的是，刘鄂根本不是能够替换盛宣怀的人选，而且张之洞现在也很难限制盛宣怀的行动了。就在张之洞、王文韶联合奏保盛宣怀为卢汉铁路督办之后①，朝廷于九月十四日（10月20日）颁布上谕允准此奏，并命"盛宣怀开缺，以四品京堂候补，此后折件，著一体列衔具奏"②。有了单独奏事权的盛宣怀，于是月二十五日（10月31日）上奏《条陈自强大计折》，直接提出了开设银行的要求："西人聚举国之财，为通商惠工之本，综其枢纽皆在银行，中国亟宜仿办，毋任洋人银行专我大利。"③ 在随该折递上的《请设银行片》中，盛宣怀进一步阐明了此际开办银行与建设铁路之间的紧密关联：

> 银行昉于泰西，其大旨在流通一国之货财，以应上下之求给，立法既善于中国之票号、钱庄，而国家任保护，权利无旁挠，故能维持不敝。各国通商以来，华人不知务此，英、法、德、俄、日本之银行，乃推行来华，攘我大利。近年中外士大夫灼见本末，亦多开设银行之议，商务枢机所系。现又举办铁路，造端宏大，非急设中国银行，无以通华商之气脉，杜洋商之挟持。④

这次奏请的效果令盛宣怀十分满意。他在十月初五日（11月9日）电告王文韶和张之洞称，自己所奏银行一节，"已交军机处、总署、户部会议，恭、庆两邸（按：**即恭亲王奕䜣、**

---

① 《芦汉铁路商办难成另筹办法折》，载苑书义等主编：《张之洞全集》，第2册《奏议》，第1183—1188页。
② 《清实录》，第57册《德宗景皇帝实录（六）》卷395，光绪二十二年九月丙午（十四日），第156—157页。
③ 《条陈自强大计折》，载盛宣怀：《愚斋存稿》，卷1《奏疏一》，第50页。
④ 《请设银行片》，载盛宣怀：《愚斋存稿》卷1《奏疏一》，第54—55页。

庆亲王奕劻），常熟、高阳、合肥（按：即翁同龢、李鸿藻、李鸿章）均欲议准开办，并拟并交宣怀招商督理"，故请他们两人"会电总署、户部，说明铁路、银行若归一手，互有裨助，且不如此亦必两难，请署、部即日与宣议定，实为公益"①。

张之洞依然不愿银行轻易落入盛宣怀之手。所以，他在初六日（10日）回电以各种理由表示自己不便出奏后，紧接着又于初七日（11日）电告盛宣怀，告诫其要适可而止：

> 阁下以列卿总司南北铁路，任寄已重，体制已崇，事权已专，忌者已多，若再督理银行，必致群议蜂起。又查外国银行定章，向不准兼作别项贸易。若归一人督理，则是明言为铁路招股而设，恐财东不允疑沮……昔唐刘晏何等才望，何等功效，徒以笼尽天下利权，终难自保。鄙人既倚阁下成此路工，自不得不代筹万全，实不敢请阁下为银行督理。②

但是，张之洞的这番异议和警告已经归于无用了。这是因为，朝廷于初八日（12日）颁布上谕称，银行"著即责成盛宣怀选择殷商，设立总董，招集股本，合力兴办"③。同日，盛宣怀将该谕内容告知张之洞，后者也只能悻悻地表示："招商举办银行，出自特旨，较之由下拟议奏请，得力多矣……阁下意中必早有切实可靠之总董，鄙人一切茫然，实无从赞一

---

① 《寄王夔帅、张香帅》，载盛宣怀：《愚斋存稿》，卷25《电报二》，第637页。
② 《张香帅来电》，载盛宣怀：《愚斋存稿》，卷25《电报二》，第638页。
③ 《清实录》，第57册《德宗景皇帝实录（六）》，卷396，光绪二十二年十月己巳（初八日），第173页。

第四章 从北洋到南洋：甲午战后两湖灾赈与盛宣怀实业新布局 | 267

词也。"①

不难想象，面对盛宣怀的扩张野心却又无法阻止，张之洞难免有些愤懑。虽然碍于双方今后必须紧密合作的格局，张之洞并不能与盛宣怀太过为难，但这种愤懑情绪也不能不有所宣泄。对此，从不久后的一个赈务细节中可略窥一斑。因湖北西部宜昌、施南等府在光绪二十二年（1896）下半年遭灾②，张之洞于次年正月十三日（1897年2月14日）给盛宣怀发去了一份500多字的求赈电报，请其"俯照前年湘赈之数，借垫赈款十万金"，又称"前年湘灾轻于鄂灾数倍，且发端于湖北，旧日有桑下三宿之情，以后为旌节常临之地，必更不肯漠然……总之无论如何为难，务恳如数垫寄"，最后更声称"他省窘狭，与鄙人亦多无交，非尊处无可托钵也"③。姑且不论鄂西灾情重于前年湖南的说法是否言过其实，张之洞明确要求从盛宣怀那里得到与前年湖南相同的待遇，无疑包含着某种找回面子的意味。盛宣怀肯定也意识到需要安抚这种情绪，因此在次日的回电中，一面声称"劝捐已成弩末，湘垫迄未归缴，汉厂赔累尤巨"，一面又应允"勉力再垫二万，即日解呈"，并愿意代为推销两千张实收④。对比一下甲午战后那次两湖灾赈中的人脉关系，再回顾一下张之洞和盛宣怀在战后实业活动中的联系过程，则此次鄂西赈务中的这番往来，竟有别样滋味。

---

① 《张香帅来电》，载盛宣怀：《愚斋存稿》，卷25《电报二》，第639页。
② 有关光绪二十二年湖北受灾详情，可参见李文海等：《近代中国灾荒纪年》，第617—618页。
③ 《张香帅来电》，载盛宣怀：《愚斋存稿》，卷26《电报三》，第653—654页。目前所见，这也是张之洞平生首次亲自向盛宣怀发出求赈要求。
④ 《寄张香帅》，载盛宣怀：《愚斋存稿》，卷26《电报三》，第654—655页。

如果从通常视野出发,那么甲午战后湖南灾赈活动的意义,绝不可能高于甲午期间直奉灾赈活动。而一旦将湖南灾赈活动中的人脉关系,与同时期政治、经济等方面的演进脉络叠加起来,便呈现出了不同寻常的复杂意味。前面的论述表明,盛宣怀在两湖灾赈活动中对王文韶、张之洞的不同表现,为重新审视所谓以解决经济困难来换取政治保护的交易悬案提供了线索。而根据对这一线索的追查,可以认定,以往之所以找不到张之洞庇护盛宣怀所遭参案的确据,是因为这件事情纯属子虚乌有。因此,清末民初时期即广为流传的所谓张之洞与盛宣怀之间存在暗中交易的说法,极有可能是把王文韶对盛宣怀的保护之功,误会为张之洞所致,继而以讹传讹。当然,解决这一悬案,还只是理解盛宣怀在甲午战后事业发展格局的一个插曲。就总体态势而言,盛宣怀南下接办汉阳铁厂,并非舍弃北洋基业来投靠张之洞,而是仅仅抓住这个打入南洋势力范围的良机,实现了对自身实业活动的全新布局。在这种背景下,甲午战后的湖南灾赈活动,对盛宣怀来说的确不是一次平常的赈灾事件。如此说来,《行述》中只记湖南灾赈而不提直奉灾赈的做法,虽然不能不说是一个失误,我们却也不妨有几分"理解之同情"罢。

第五章

从罪臣到功臣：
庚子灾变与盛宣怀催生上海商会的机缘

尽管盛宣怀不仅成功躲过了甲午战后被清算的危机，而且实现了向南洋势力范围扩张的实业活动新布局，但是，这并不意味着他与南洋系之间形成了稳固的联盟关系。张海荣的研究表明，在甲午战后清廷发动"力行实政"的大规模改革行动中，两江总督刘坤一和湖广总督张之洞凭借着对多项实政的拓展，"实现了权势的进一步扩张"[①]。而在铁厂、铁路和银行事务上相继得手的盛宣怀，也触发了张之洞等人越来越强的防范之意。这方面最典型的一个表现，就是战后为振兴商务而发起的商务组织建设活动中，盛宣怀始终被排除在外。本来，随着维新运动的失败、义和团运动的兴起和庚子国变的发生，商务组织建设彻底陷入沉寂状态。出人意料的是，在《辛丑条约》签订后仅过了约半年时间，盛宣怀便推动一批上海绅商成立了上海商业会议公所。在中国商会史研究中，该公所历来被认为是中国第一个商会或被称为近代中

[①] 张海荣：《思变与应变：甲午战后清政府的实政改革（1895—1899）》，北京：社会科学文献出版社，2020，第403页。

国商会的雏形。对于该公所的产生,以往的通行解释将之归结为经济基础和思想影响这两个背景因素①。却很少有人追问,为什么是由盛宣怀来完成且其又能够完成这一历史任务呢?一旦深入排查与该问题密切相关的历史进程,便可发现这决不是一个无关紧要的问题。

第一节 庚子以前上海商务组织建设的起落

以往研究业已表明,甲午战前,国人对于商会建设问题仅仅出现了些许零散的言论,其社会影响微乎其微;到了甲午战后,有关倡办商会的呼声和行动才渐成气候。因此,在论及中国近代商会的组织发展源流时,甲午时期是一个非常重要的节点。另有学者早已指出,甲午战后率先得到发展的商务组织是商务局,而非商会。由于商务局主要为官方所主导,所以学界更倾向于将其与农工商局、商部等联系起来,考察晚清商政机构的发展状况,对于其与商会建设的关联则往往一带而过②。商务局与商会的性质的确判然有别,但要探讨上海商业会议公所的缘起,决不可能绕过商务局建设时期。这是因为,在商务局建设阶段,上海就成为具体实践的核心

---

① 在徐鼎新、钱小明合著的《上海总商会史(1902—1929)》(上海社会科学院出版社,1991)中,这种叙事手法最为典型。在20多年后出版的马敏主编的《中国近代商会通史》中,述及上海商业会议公所的创办情形时,也使用了基本相同的思路(马敏、付海晏:《中国近代商会通史》,第一卷,北京:社会科学文献出版社,2015,主要见第一章和第二章第一、二节的论述)。

② 这方面的代表性研究,可参见朱英《论晚清的商务局、农工商局》(《近代史研究》1994年第4期,第73—91页),以及刘增合《论清末工商产业行政整合的初始努力——以商部之前的商务局为例》(《中国社会经济史研究》1998年第3期,第85—91页)。

地域，而无论是在思想认识、组织脉络还是在人事关系上，上海商务局建设都为认识上海商业会议公所的创立提供了不容忽视的线索。

上海商务局建设活动的发轫，主要得自当时署理两江总督张之洞及其派别人士的推动。甲午战争刚刚结束的光绪二十一年（1895）闰五月末，张之洞便向朝廷上奏了《吁请修备储才折》。该折总共"条陈九事"，其中第六事"宜速讲商务也"的一个重点内容是："今宜于各省设商务局，令就各项商务悉举董事，随时会议，专取便商利民之举，酌剂轻重，而官为疏通之，勿使倾轧坏业，勿使作伪败名。"① 按照如此说法，这种商务局应该是一个官督商办的商务机构。值得强调的是，这一设想决不只是张之洞的看法，它其实还反映了时在张之洞幕府中的张謇和郑孝胥的意见。张謇肯定是这份奏折的起草者之一，因为其文集中收录的一份《代鄂督条陈立国自强疏》，与张之洞这份奏折的内容基本相同②。郑孝胥亦对这份奏折出力甚大。其日记表明，他在四月间便向张之洞提出"筹饷之本必以保商为第一事，请于江宁设商务局"之议，闰五月初又奉张之洞之命承担了这份奏折的起草工作③。

大概是因为张之洞的这次上奏没有很快得到朝廷回应，郑孝胥又另行策划了一次关于商务问题的上奏活动。光绪二十一年（1895）十一月间，郑孝胥趁进京之际，起草了一份《论商务疏》，其首要内容便是"设立商务局"，并说动由江西

---

① 《吁请修备储才折》，载苑书义等主编：《张之洞全集》，第 2 册，第 997 页。
② 张謇研究中心、南通市图书馆编：《张謇全集》，第 1 卷《政治》，南京：江苏古籍出版社，1994，第 36—37 页。
③ 中国历史博物馆编、劳祖德整理：《郑孝胥日记》，第 1 册，北京：中华书局，1993，第 489、499、501、503 页。

道监察御史王鹏运出面上奏①。该折中称:"应饬于沿海各省会城,各设商务局一所,责令督抚专政。局中派提调一员……驻局办事,将该省各项商业悉令公举董事一人,随时来局,将该业商况利病情形,与提调妥商补救整顿之法,禀督抚而行之。"② 这次上奏果然奏效,清廷即刻谕令总理衙门议奏。而总理衙门的态度甚至更加开放,其在回复意见中认为:

> 如所称沿海各省会应各设商务局一所……诚为当务之急。惟请派设专员作为提调,以官府之体而亲阛阓之业,终难透辟。不如官为设局,一切仍听商办,以联其情。拟请饬下各督抚,于省会设立商务局,由各商公举一殷实稳练、素有声望之绅商,派充局董,驻局办事。③

由此可见,按照总理衙门的设想,这种商务局虽说是官办机构,但是商人在其中有不小的活动空间,所以带有较为明显的商务组织色彩。

与官方这种较为开放的态度相呼应,社会上关于倡办商会的声音,在光绪二十二年(1896)间也高涨了起来。其中,张之洞派系的人士发挥了很大作用。如张謇就比此前为张之洞起草奏折时的认识更进一步,明确提出了建设商会的想法。他在本年写就的《论商会议》中称,"不商则农无输产之功,不会则商无校能之地。各行省宜有总会,各府宜有分会。分会有长……总会有督,督考长之所考,而决其行止,闻于总

---

① 中国历史博物馆编、劳祖德整理:《郑孝胥日记》,第1册,北京:中华书局,1993,第534页。关于此事的详细论述,可参见王鸿志:《论郑孝胥与晚清商务局之创设》,《求索》2008年第10期。
② 李学通整理:《〈半塘言事〉选录》,载《近代史资料》,第65号,第66页。
③ 朱寿朋编:《光绪朝东华录》,第4册,第3722-3723页。

督、巡抚，总督、巡抚为之主持保护"，并特别强调"其为农工之去路，则在商会"①。同年，张之洞的另一幕僚、当时在上海主持《时务报》的汪康年，也在《时务报》上阐发了商会建设的议论，宣称"今日之务，宜筹商人能自行之法，各业能自振之方"。而其中一大要务，便是"宜立商会。凡通商大埠，为商务聚会之区者，宜立总会，专考求商务盈亏之故，而更筹更变之策。而各业又自立会，凡美善之法，必宜师之"②。时在南洋一带经商的吴桐林读到汪康年的文章后，深表赞同，致信汪康年称"中国今日振兴之道，固当以商务为先，而商务之兴，必须以国家准商民自立商会为始"，进而还提出了"立总商会于上海"的设想③。

同年出现的另一种声音，则是希望在较为完善的商政系统之下来开展商务组织建设。这方面的典型代表是郑观应。他在是年刊行的《盛世危言》增订新编本中，大大扩充了关于商务问题的论述。其中关于商政系统的构想是：

> 今朝廷欲振兴商务，各督抚大臣果能上体宸衷，下体商情，莫若请朝廷增设商部，以熟识商务，曾环游地球，兼通中西言语文字之大臣总司其事，并准各直省创设商务总局。总局设于省会，分局即令各处行商择地自设。总局则令各处行商，每年公举老成练达有声望之殷商一人为总办。由总办聘一公正廉明熟识商务之绅士常

---

① 张謇研究中心、南通市图书馆编：《张謇全集》，第 2 卷《经济》，第 11 页。
② 汪康年：《论中国求富强宜筹易行之法》，载时务报馆编：《时务报》，第 827 页。
③ 《吴桐林致汪康年函》，载上海图书馆编：《汪康年师友书札（一）》，上海：上海古籍出版社，1986，第 352 页。

川驻局,一切商情准其面商,当道随时保护。①

正如有学者指出的那样,郑观应这里所说的商务局,实际"是商会雏形,商部即管理商会之机关"②。而与郑观应观点大体相同的还有陈炽,他在本年完成的《续富国策》中有《创立商部说》一文,内称:"然则商之于国也,国之于商也,固已共戚同休,迥非昔比矣。不立商部,何以保商?不定商律,何以护商?不于各城各埠广设商务局、遍立商务学堂,何以激扬鼓舞、整齐教诲诸商?"③尽管与张謇、汪康年等人专注于商会的思路有所不同,但是郑观应和陈炽的看法无疑也是此时商会建设舆论的重要组成部分。

然而,当张之洞于光绪二十一年(1895)下半年在江苏实际开展商务局建设时,不要说与上述舆论,就是与他自己奏折里的设想都有很大差距。首先,江苏商务局完全处在官员主导之下,很少出现商人的身影。根据张之洞的安排,江苏商务局由苏松督粮道陆元鼎、苏州牙厘局总办朱之榛和上海道黄祖络三人同任总办;起初分设上海、苏州和江宁三处,上海局由黄祖络和江南制造局总办阮祖棠任总办,苏州局由陆元鼎和朱之榛任总办,江宁局由候补道桂嵩庆为总办④。稍后,张之洞又声称"凡商人于创造营运各节遇有为难之时,必须官为保护,官商之气久隔,又须绅为贯通",奏请添加

---

① 《商务一》,载夏东元编:《郑观应集》,上册,上海:上海人民出版社,1982,第605-606页。郑观应的这篇文字,一般说法都认为作于1895年,易惠莉则考证出该文其实完成于1896年初(易惠莉:《郑观应评传》,第480-481页)。
② 马敏、付海晏:《中国近代商会通史》,第一卷,第91页。
③ 《创立商部说》,载赵树贵、曾丽雅编:《陈炽集》,北京:中华书局,1997,第233页。
④ 《致苏州赵抚台、邓藩台》《致苏州赵抚台》《致苏州赵抚台》,载苑书义等主编:《张之洞全集》,第8册,第6603、6656、6683-6684页。

"苏州在籍绅士前国子监祭酒陆润庠、镇江在籍绅士前礼科给事中丁立瀛、通州在籍绅士前翰林院修撰张謇"分别经理苏州、镇江和通海三地的商务局①。而即便是张謇,此时也不过是刚刚下海,并非声名素著的商人。就整体而言,商人群体对江苏商务局很少做出积极反应。

其次,江苏商务局对商务活动的推进也乏善可陈。张之洞为江苏商务局制定的首要目标是开展招商设局等事务,为此曾"邀集官绅商董反复筹议,并向苏沪商贾、洋人广为询访",可得到的回应是,"均谓空言劝导,终恐无益,必须官助以本,方易集事"。无奈之下,张之洞将甲午战争期间为筹措军费举行的"息借商款共二百二十六万","移为开办商务局之用,按期将利银仍给借户,其本银即转借与商务局,令绅商公同承领"②。如此做法,无异于官方强令"借户即作为股东",故而一度出现了借户"不愿者纷纷"的情形③。更糟糕的是,这种凭靠官力推行的商务活动成效堪忧。如朱之榛在光绪二十二年(1896)秋间便坦承:"如商务局之设,原冀稍挽利权,迄今十阅月,夙夜负疚,绝无成效。"④ 郑孝胥到光绪二十四年(1898)初也不禁感叹,商务局"由胥极力议创,而未有效,非法之罪也"⑤。确实,在张之洞回任湖广总督之后,就很难发现江苏商务局还有多少动静了。

关于张之洞此次商务局建设行动的失败原因,江南绅商

---

① 《筹设商务局片》,载苑书义等主编:《张之洞全集》,第 2 册,第 1143-1144 页。
② 《致总署》,载苑书义等主编:《张之洞全集》,第 3 册,第 2082-2083 页。
③ 《致苏州赵抚台,陆、朱道台》,载苑书义等主编:《张之洞全集》,第 8 册,第 6687-6688 页。
④ 朱之榛:《常慊慊斋文集》,收入沈云龙主编:《近代中国史料丛刊》(399),台北:文海出版社,1969,第 203-204 页。
⑤ 中国历史博物馆编、劳祖德整理:《郑孝胥日记》,第 2 册,第 643 页。

界资深人士、时上海电报局总办经元善可谓洞若观火。光绪二十四年（1898）四月间，他在给张之洞的上书中明确指出，三年前王鹏运关于商务局的奏议，以及总理衙门的回复，实际上皆属于对商务问题未得要领之言："读光绪乙未（按：即二十一年）总署议复御史王鹏运奏请讲求商务一折，奏者议者，皆于商务隔十重帘幕。耕问奴，织问婢，岂有非身为商者，而可言商务？此孔子所以自谓不如老农老圃也。"对于如何推进商务局建设，经元善的建议是：

> 宜选深明商务之大员，在上海起点，督办商务，如铁路总公司故事，部颁印信，准其专折奏事，位在各省司道之上，庶可通中外之气，而渐以收复利权。统铁路、银行、轮船、电报、税务、邮政诸大事，辅相其成，补救其敝，此最切于目前者也。①

经元善大概不知道，王鹏运的奏议出自张之洞幕僚郑孝胥的手笔。同时，按照经元善所说"如铁路总公司故事"，以及需要掌握铁路、银行等事业来辅助，很可能隐含的意思就是推举盛宣怀来担任这一商务大员的职位。其实，经元善的这种看法并非他一人所独有。早在盛宣怀刚刚得到卢汉铁路承办权的光绪二十二年（1896）八月间，郑观应就曾向盛宣怀表示，此时美中不足的是："可惜我公不得商务大臣，又非督抚，事多掣肘。"② 可以说，在郑观应、经元善这些与盛宣怀长期合作的商务人士眼中，盛宣怀当然是主持商务机构的合适人

---

① 《上楚督张制府书》，载朱浒编：《中国近代思想家文库·经元善卷》，第228—230页。
② 《郑观应致盛宣怀函》，转引自夏东元编著：《盛宣怀年谱长编》，下册，第533页。

选。但是，张之洞与盛宣怀在汉阳铁厂问题上的合作本来就迫于无奈，而在盛宣怀相继取得铁路、银行的主导权以后，更是对其深具戒心①。这也就不难理解，对于经元善的这种建议，迄今亦未发现张之洞有所回应——肯定也不会给予回应。

经元善恐怕很难想象，他给张之洞的上书虽石沉大海，但此后不久，他自己居然一度有机会成为上海商务局建设的主角之一。这一机会来自康有为在戊戌时期力图推动商务改革的活动。康有为在光绪二十一年（1895）的《上清帝第二书》即"公车上书"中，就曾提出"各直省设立商会"之说②。但在这篇一万多字的长文中，关于商会的内容十分简略，并无具体设想。光绪二十四年六月初五日（1898 年 7 月 23 日），已受到光绪帝赏识的康有为，向朝廷递交了一份《请立商政以开利源而杜漏（按：此处疑缺"卮"字）折》。在这里，康有为建议朝廷"令各省皆设商务局，皆直隶总理衙门，由商人公举殷实谙练之才数人办理，或仿照广东爱育堂商董轮办章程办理"。他特别强调，鉴于"上海为天下商务总汇，各商各业，若丝茶银钱。皆有公所，常有商董，尤易举办"，所以对上海商务局的组建进行了详细规划：

> 臣再四思维，有上海向来办账（按：应为"赈"，原文有误）诸人，若翰林院庶吉士沈善登、直隶知州谢家福、湖北候补知府经元善、训导严作霖、四川知县龙泽厚等，操行廉洁，任事忠实，久在商中劝募，商情信服，

---

① 朱浒：《投靠还是扩张？——从甲午战后两湖灾赈看盛宣怀实业活动之新布局》，《近代史研究》2013 年第 1 期，第 54—70 页。
② 《上清帝第二书》，载姜义华、张荣华编校：《康有为全集》，第 2 册，第 40 页。

义声著于海内……累蒙传旨嘉奖。若令此数人先行在上海试办商务局，令其立商学、商报、商会，并仿日本立劝工场及农务学堂，讲求工艺、农学。所有兴办详细章程，令于两月内妥议，呈总理衙门，恭进御览酌定，诏下各省次第仿照推行。庶几商务乃有下手，富国可望成效。①

虽然这份奏折字面上表述的是建设上海商务局，但是从康有为对上海商务局组成人员的规划来看，这个商务局实质上属于商务组织的架构。这是因为，这里所推荐的沈善登、谢家福、经元善和严作霖四人，都是江浙人士，也都是上海绅商界的头面人物。如前所述，经元善、谢家福和严作霖都通过"丁戊奇荒"时期投身义赈活动的突出表现，与盛宣怀、李鸿章建立了密切联系，从而受邀参与洋务事业建设。从19世纪80年代起，他们先后出任了上海机器织布局、电报局、轮船招商局和华盛纺织厂等多家重要洋务企业的经理人，经历了从旧式绅士向新兴绅商的转化。沈善登也是很早参与义赈活动的人物，亦曾大力投资近代矿业建设，同样在江浙绅商社会中负有盛名②。而康有为之所以会推荐这些江浙绅商，又主要因为如本书第三章第三节里所论述的那样，其与沈善登、经元善等人从甲午时期义兵义饷的筹议活动中开始有了密切接触，并在办理上海经正书院、开办上海强学会和中国女学堂等事务上相继进行了较为密切的合作。至于

---

① 《请立商政以开利源而杜漏折》，载姜义华、张荣华编校：《康有为全集》，第4册，第335—336页。

② 朱浒：《从赈务到洋务：江南绅商在洋务企业中的崛起》，《清史研究》2009年第1期，第65—82页。

这五人中的龙泽厚,则是籍隶广西桂林的非商界人士,也是康有为的门生①。因此就不难推断,康有为的这一设计,实质上是要构建一个江南绅商与康派人士合作的商务组织,并以之为基础来推动全国的商务活动。

不幸的是,康有为此次关于组建上海商务局的构想,很大程度上属于他个人的自作主张。这是因为,他与江南绅商们虽有一些合作,但基础并不牢固。就谢家福来说,他从开始对康有为有所了解,就对其给出了"狂士"的评价,并向经元善预言:"此君养到未深,而得时太早,恐难免步荆公后尘。"② 因此,谢家福始终没有跟康有为谋过面。以至于康有为都不知道,就在他向朝廷举荐谢家福的这个时候,后者早在一年半之前,即光绪二十二年(1896)十一月初,就已经去世了③。经元善虽曾与康有为有过合作经历,但此时已是"和而不同",有渐行渐远之意。经元善后来曾解释说:"戊戌夏,新政发轫方张,澄观默察,觉维新气势太骤,虽未悉都门措施机宜,而在外谈新学者,不免才高意广,不求平实,殊抱杞人之忧。"④ 而出现在康有为举荐名单中的沈善登和严作霖,实际上都未曾与康有为及康派人士有过合作活动。因此,康有为这次关于上海商务局办理人员的举荐,肯定没有事先同经元善等人进行沟通,从而根本没有实践上的可能性。

---

① 吕立忠:《三位桂籍人士与康有为的交往》,《广西地方志》2009 年第 5 期,第 57-60 页。

② 《谢绥之复函》《接谢绥之复函》,载朱浒编:《中国近代思想家文库·经元善卷》,第 149、152-153 页。

③ 《善人云亡》,载《申报》,第 54 册,第 659 页,光绪二十二年十一月初十日(1896 年 12 月 14 日),第 1-2 版。

④ 《答原口闻一君问》,载朱浒编:《中国近代思想家文库·经元善卷》,第 126 页。

朝廷当然也不会轻易接受康有为的设想。两天后即初七日（7月25日），军机处发出廷寄上谕称：

> 振兴商务，为目前切要之图，叠经谕令各省认真整顿，办理尚无头绪。泰西各国首重商学，是以商务勃兴，称雄海外。中国地大物博，百货浩穰，果能就地取材，讲求制造，自可以暗塞漏卮，不致利归外溢。著刘坤一、张之洞拣派通达商务、明白公正之员绅，试办商务局事宜。先沿江沿海，如上海、汉口一带，查明各该处所出物产，设厂兴工，果使制造精良，自能销路畅旺，日起有功。应如何设立商学、商报、商会各端，暨某省所出之物产、某货所宜之制造，并著饬令切实讲求，务使利源日辟，不令货弃于地，以期逐渐推广，驯致富强。事属创办，总以得人为先，该督等慎选有人，即著将拟定办法迅速奏闻，毋稍延缓。①

根据茅海建的分析，这道上谕应该是光绪帝对于康有为奏议的回应②。从这道上谕中可以看出，朝廷虽然部分采纳了康有为设立上海商务局的建议，但是将相关事宜交两江总督刘坤一主持办理，也表明根本没有考虑康有为推荐的人选。

当然，朝廷一旦决定由刘坤一负责创设上海商务局，则康有为所设想的商办色彩也就化为乌有。这是因为，与张之洞一样，刘坤一办理上海商务局的主导思路，同样是将之作为官办机构。刘坤一于光绪二十四年（1898）七月间奏称，其对该局主办人员的安排是，"拟举在籍翰林院修撰张謇，会

---

① 朱寿朋编：《光绪朝东华录》，第4册，第4142页。
② 茅海建：《从甲午到戊戌：康有为〈我史〉鉴注》，第546—547页。

同分发湖北候补道刘世珩经理其事,并派江西候补道恽祖祁、江苏候补道蒯光典,分办江南、皖北商务,使之联络绅富"①。由此可见,刘坤一委任的人员仍然主要是官员出身,而这些人没有一位具有深厚的商人背景。唯一稍微令人好奇的是,在张之洞手下办理商务局未见成效的张謇,此次再度出山,是否能够在上海绅商社会中获得足够支持而打开局面呢?

关于上海商务局的运转情况,刘坤一在光绪二十四年(1898)年底的一次奏报中描绘了一幅颇见成效的图景。他声称,张謇、刘世珩等前往上海设局后,

> 选举丝茶各业巨商严信厚等为商务总董,分饬所属各举分董,考求地方物产所宜,贸易兴衰之故,广劝绅富,自行设厂制造土货,以及挽回利权。并令立商学以究源流,搜商律以资比例,设商会以联心志,撰商报以广见闻,数月以来,商情颇形踊跃。②

可是,张謇本人在日记中反映了另外一种面相。由于戊戌变法失败的影响,他于九月间才到达上海主持局务。而在随后召开的商务会议上,又出现了让他难以措置的情况:"各业商董所陈商务大略不一,而以厘捐为大病者,则人人一辞。"于是张謇仅仅坚持到十一月下旬,便向刘坤一提出"辞商务"③。虽然不知道刘坤一是否同意他辞职,但张謇此后的日记中再未提及上海商务局。而该局的运转也肯定不太理想。对此,

---

① 《寄总署》,载中国科学院历史研究所第三所工具书组校点:《刘坤一遗集》,第 3 册,第 1413 页。
② 《劝办农工商务分门实学片》,载中国科学院历史研究所第三所工具书组校点:《刘坤一遗集》,第 3 册,第 1088 页。
③ 张謇研究中心、南通市图书馆编:《张謇全集》,第 6 卷《日记》,第 415、417 页。

《申报》在光绪二十七年（1901）五月初刊登的一篇文章中的说法可谓佐证。该文针对此前商务局建设的状况，给出了这样的评论："无如行之数年，敷衍如故，隔阂如故，徒糜无数之赀财，曾无丝毫之裨益……依然官自官、商自商，而于整顿商务之端，仍如隔十重云雾。"①

在张之洞、刘坤一相继主持的上海商务局建设始终不见成效的情况下，一直没有机会插手的盛宣怀终于等到了转机。光绪二十五年（1899）八月间，时为铁路总公司总办的盛宣怀前往验收卢沟桥至保定的铁路，随后进京，又在九月初二日（10月6日）被慈禧太后和光绪帝召见。在这次召见中，盛宣怀主要阐述了关于练兵、筹饷和商务问题的见解，慈禧也在谈话中做出了"商务确要考究"的回应。这次召见让盛宣怀感觉良好，他在给夫人庄氏的信中不禁得意地声称："六刻工夫问话极多，看来圣眷甚好。"② 在受召见的次日，军机处便向盛宣怀传达谕旨，令其将"面奏练兵、筹饷、商务各事宜，著详细具折奏闻"③。盛宣怀精心总结了自己在这三方面的思考，于十月间进呈了一份很长的奏折，其中便明确提出应仿照西方商会设立华商公所，来克服此前商务局建设的缺陷：

> 现今中国商务，只因自己未能兴起，而外人恣意要

---

① 《通商情以兴贸易说》，载《申报》，第68册，第295页，光绪二十七年五月初四日（1901年6月19日），第1版。
② 《致妻庄氏家书（七）》，载北京大学历史系近代史教研室整理：《盛宣怀未刊信稿》，第273—282页。盛宣怀关于此次奏对的详细记录，就是他给其妻盛庄德华这封信的附件。
③ 《遵旨具陈练兵筹饷商务各事宜折》，载盛宣怀：《愚斋存稿》，卷3《奏疏三》，第117页。

求,一入总理衙门,辄归交涉,无可挽回,喧宾夺主,日甚一日。将来商利商权尽归洋人,恐军饷更无可筹。拟请先在各省会、各商埠选举华商绅董,仿照西人商会之意,设立华商公所,以求利病之所在。西人所到之处,虽仅数十人,亦有公会。不似中国商务局,派一候补官员,与商民全属隔阂,有其名无其实也。①

不难想象,如果不出意外的话,盛宣怀在此次上奏时,很可能对这种有别于商务局的华商公所有所规划了。然而,两个月后发生的一个意外事件,使盛宣怀的这一规划转瞬成为泡影。这个意外事件,就是因经元善领衔通电反对"己亥立储"而引发的政治案件。

光绪二十五年十二月二十四日(1900年1月24日),清廷以光绪帝的名义颁布上谕称:

> 朕以冲龄入继大统……乃自上年以来,气体违和……朕躬总未康复,郊坛宗庙诸大祀,不克亲行……且入继之初,曾奉太后懿旨,俟朕生有皇子,即承继穆宗毅皇帝为嗣。统系所关,至为重大,忧思及此,无地自容。诸病何能望愈?用再叩恳圣慈,就近于宗室中慎简贤良,为穆宗毅皇帝立嗣,以为将来大统之畀。再四恳求,始蒙俯允,以多罗端郡王载漪之子溥儁继承穆宗毅皇帝为子。钦承懿旨,欣幸莫名,谨敬仰遵慈训,封载漪之子溥儁为皇子。②

---

① 《遵旨具陈练兵筹饷商务各事宜折》,载盛宣怀:《愚斋存稿》,卷3《奏疏三》,第128页。

② 中国第一历史档案馆编:《光绪宣统两朝上谕档》,第25册,第397页。

这次立端王载漪之子溥儁为同治帝嗣子之举,被称为"己亥立储"。此举的真正意味,乃是慈禧等人欲行废立之事,为光绪帝退位做准备。这在当时几乎是一个公开的秘密①。

果然,立储消息传到上海,"一时绅商士庶纷然哄动,皆谓名为立嗣,实则废立"②。据这一时期驻上海的张之洞幕僚赵凤昌记述,时为上海电报局总办的经元善,因盛宣怀在京,"即电请上言挽回。杏生(按:**盛宣怀字杏荪,有时亦作'杏生'**)复电仅一语云:'大厦将倾,非一木能支。'莲珊(按:**经元善字莲珊**)得此电,以为大局垂危,乃以候选知府衔名径电总理衙门王大臣,大意此举有违祖制,中外惶惶,请收回成命"③。更为严重的是,经元善于二十六日(26日)领衔发出的这份"奏请皇上力疾临御,勿存退位之思"的通电,还得到了"寓沪各省绅商士民一千二百三十一人"的联署④。正如易惠莉所说,这一事件"无论如何都应视为江南绅商积极参与国家政治事务的典型事例"⑤。但与此同时,这份通电得到如此广泛的社会反响,当然触发了清廷对江南绅商社会的警戒心理,从而不仅给经元善带来了巨大祸患,而且把盛宣怀深深地卷了进去。

光绪二十六年正月初九日(1900年2月8日),军机处发出一道措辞严厉的上谕称:

---

① 关于此事的详细论述,参见马勇:《中国近代通史》,第4卷《从戊戌维新到义和团(1895—1900)》,南京:江苏人民出版社,2006,第352-353页。

② 《苏报》,光绪二十五年十二月二十七日(1900年1月27日)。转引自虞和平编:《经元善集》,第309页。

③ 《经元善通电收回大阿哥成命经过》,载《近代史资料》,第77号,北京:中国社会科学出版社,1990,第119页。

④ 《公吁总署转奏电禀》,载朱浒编:《中国近代思想家文库·经元善卷》,第118页。

⑤ 易惠莉:《郑观应评传》,第578页。

> 有人奏，电局委员聚众妄为，危词挟制，督办通同一气，纵令潜逃，请严旨勒交以伸国宪一折。上年十二月二十四日特颁朱谕，为穆宗毅皇帝立嗣，薄海臣民，同深庆幸。乃有上海电报局总办委员、候补知府经元善，胆敢纠众千余人，电致总理各国事务衙门，危词要挟，论其居心，与叛逆何异！正在查拿间，闻经元善即于二十八日挈眷潜逃，难保非有人暗通消息，唆使远遁。盛宣怀督办各省电报，受国厚恩，经元善为盛宣怀多年任用之人，自必熟其踪迹，著勒限一个月，将经元善交出治罪，以伸国法而靖人心。倘不认真查拿，一任畏罪远飏，定惟盛宣怀是问。①

据此上谕可知，经元善发出通电两日后便闻讯潜逃了。而这位参奏者和朝廷也没有冤枉盛宣怀，因为的确是他向经元善报的讯。光绪二十六年（1900）九月间，经元善在接受日本人原口闻一访谈时，对被迫逃亡之举回忆道："讵二十八晨，督办盛京卿（按：**盛宣怀当时为太常寺少卿、电报局督办**）由北京密电郑（按：**即郑观应**）、杨（按：**即杨廷杲**）二君云，深宫震怒，恐有不测。嘱邀我家属亲戚，力劝辞差远离。"随后，在郑观应等人的安排下，经元善得以带同家眷一路逃亡至澳门②。盛宣怀大概没料到事情会如此严重，只得在回奏中辩称，经元善"现患疯癫之病"，且是因"亏挪公款三万七千余元"才畏罪潜逃的③。但朝廷并未就此罢手，而是进

---

① 中国第一历史档案馆编：《光绪宣统两朝上谕档》，第 26 册，第 13 页。
② 《答原口闻一君问》，载朱浒编：《中国近代思想家文库·经元善卷》，第 120 页。
③ 《覆陈经元善踪迹折》，载盛宣怀：《愚斋存稿》，卷 4《奏疏四》，第 143-144 页。

一步施压。光绪二十六年正月十二日（1900年2月11日）又颁布上谕称："盛宣怀奏覆陈经元善踪迹一折。本日已有旨，将该员革职，并令刘树堂查抄该革员家产。仍责成盛宣怀设法购拿，毋任远飏，致干重咎。至该革员亏挪公款三万七千余元，即著盛宣怀如数赔缴。"① 对盛宣怀来说，查拿经元善的责任没有减轻，却很有可能要先行赔补这笔三万多元的公款，真可谓"偷鸡不着蚀把米"。

惶急无奈之下的盛宣怀，不得不开始谋划将经元善归案以求脱身了。既然他曾向朝廷奏称经元善系因亏挪公款而潜逃，也就只好按照此口径把戏唱下去。其做法简单说来，就是试图以经济案件的名义，通过两广总督衙门向澳门葡萄牙当局提起诉讼，然后借机将经元善拿办。正月二十一日（2月20日），盛宣怀听说经元善逃至香港，即致电时为两广总督的李鸿章，请求"就近派员缉访，如果在港，拟由电局出名控其侵挪，或可拿到"。几日后，李鸿章得知经元善在澳门，遂派遣刘学询等"照会澳督，以经元善骗拐电局公款逃匿，请拿交"②。澳门葡萄牙当局亦据此于二十六日（27日）将经元善逮捕③。

经元善的被捕，很快引发了广泛的社会关注，"沪、港各埠，中外绅商、教士、报馆，得信后咸报义愤，力主公论，致函电于葡衙者，纷至沓来"④。与此同时，"港澳新闻报均传

---

① 中国第一历史档案馆编：《光绪宣统两朝上谕档》，第26册，第20页。有趣的是，这道上谕中出现的"赔缴"二字，在《愚斋存稿》（第144页）中作"追缴"。
② 以上两电，均转引自夏东元编著：《盛宣怀年谱资料长编》，下册，第664页。
③ 《上前摄澳督葡主教嘉若瑟君书》，载朱浒编：《中国近代思想家文库·经元善卷》，第129页。
④ 《答原口闻一君问》，载朱浒编：《中国近代思想家文库·经元善卷》，第121页。

中堂（按：即李鸿章）奉密旨，到粤即就地正法等语"①。在这种氛围下，澳门总督"断不交解"，且"葡官讯供多袒护"②。三月下旬，盛宣怀派遣上海电报局委员周万鹏等人前赴澳门，试图劝说经元善"自请解省，但认追款细故"。经元善则认为，此举"违心罔上，避重就轻"，"必被中外齿冷，嗤为反复小人"，故而断然拒绝③。而让经元善归案的尝试一再落空，不仅使得盛宣怀难以摆脱待罪之身，而且意味着"经元善事件"在上海绅商界引发的紧张气氛也无法消除。同时，经元善的逃亡也意味着，自19世纪七八十年代以来所形成的在上海绅商社会具有主导地位的群体陷入了彻底瓦解状态。在这种情况下，盛宣怀建设华商公所的构想，看起来已经遥不可及了。

第二节　盛宣怀与上海绅商在灾变中的动员

谁也没有料到，就在盛宣怀一筹莫展之际，经元善事件造成的巨大压力，却因时局的剧烈变化而骤然消失了。众所周知，在这一时期，随着义和团运动在华北地区的兴起和发展，清廷与西方的对抗态势愈演愈烈，最终酿成了八国联军侵华战争的爆发，最高统治者也不得不在四十年后再度逃离北京。在庚子国变的惊人背景下，"经元善事件"自然成了一

---

① 王尔敏、吴伦霓霞合编：《盛宣怀实业函电稿》，上册，第404页。在该书中，编者将此时的两广总督误认为德寿，实则李鸿章已到任。
② 同上书，第405页。
③ 《答原口闻一君问》，载朱浒编：《中国近代思想家文库·经元善卷》，第121页。

件无人顾及的小事。与此同时，庚子国变又促成了盛宣怀和上海绅商社会在国家事务上的再度活跃。对于盛宣怀和上海绅商社会在这一时期的作用，学界以往大多只注意到他们在上海为实现"东南互保"所做的斡旋活动上①。其实，"东南互保"并非他们应对国变危局的全部努力。他们在帮助南部中国保持秩序的同时，也关注着因八国联军战争和秦晋地区大旱而处在水深火热中的北部中国。特别是在中央政府一度失灵的特殊局势下，盛宣怀联合上海绅商社会连续开展了两场大规模的社会活动，即对京津地区战争难民的救助行动和对陕西旱灾的义赈行动。这两场救助活动，一方面标志着上海绅商社会的力量在戊戌维新之后重新得到了深度动员，另一方面也构成了上海商业会议公所产生过程中不可忽视的环节。

一、对京津地区战争难民的救助行动

随着八国联军相继攻占天津和北京，以及清廷的流亡，羁留在京津一带的大量南方籍官绅士民成了战争难民。为了营救这些处在困境中的南方人士，以上海绅商社会为中心的民间力量自发行动起来，在战争尚未结束的情况下，便筹捐募款，并设法深入战区，开展了救援南方籍难民回乡的行动。这次救助行动是在政府体制基本缺失的情境下，由民间社会力量自行开展的大型群体行动，是中国近代慈善救济史上的罕见之举。对于这次救助行动的基本状况，学界已有十分深

---

① 对此，戴海斌论之甚详。参见戴海斌：《"上海中外官绅"与"东南互保"——〈庚子拳祸东南互保之纪实〉笺释及"互保""迎銮"之辨》，载《晚清人物丛考》，二编，北京：生活·读书·新知三联书店，2018，第590-634页。

入的探讨①。不过，以往研究大都强调其社会意义及其显著的地方性特征，而迄今很少有人注意到，从"己亥立储"以来的政治脉络来看，这次行动也是盛宣怀和上海绅商社会彻底摆脱"经元善事件"影响的重要步骤。

虽然这次救助行动始终以上海为中心，但是很少有人意识到，此次行动的发端并非来自上海绅商社会的核心力量。以往研究都明确指出，这次救助行动的起点是救济会在上海的出现。该会的确以上海为活动基地，它不仅于光绪二十六年八月十六日（1900年9月9日）率先在上海发行的《申报》上刊发了营救京津地区难民的公启，而且其会址也设在上海北京路庆顺里②。不过，该会出现在上海，其实与上海绅商社会的关系并不密切。首先，该会的主持群体并非上海绅商界的重要人物。其首要发起人陆树藩系浙江归安人，其父是浙江著名藏书家、皕宋楼主人陆心源③。陆树藩此前虽然也曾"沪江溷迹"④，但是并未见其在上海做出知名事业，所以在上海绅商社会中始终名声不著。至于发起救济会的另一位重要人物、杭州鼎记钱庄执事潘赤文（按：字炳南），也基本上属

---

① 这方面的较早成果是李文海、朱浒《义和团运动时期江南绅商对战争难民的社会救助》（《清史研究》2004年第2期，第17-26页）一文，该文主要着眼点便是这次行动的江南地方认同色彩。十多年后，冯志阳以这次行动为主题推出专著，其中也重点强调了"省籍意识"和"东南意识"（《庚子救援研究》，北京：北京师范大学出版社，2018，第320-331页）。

② 《救济善会启》，载《申报》，第66册，第46页，光绪二十六年八月十六日（1900年9月9日），第3版。救济会会址信息见《代收救济北省被难士商捐款处》，载《申报》，第66册，第64页，光绪二十六年八月十九日（1900年9月12日），第3版。

③ 陆树藩的发起人身份，参见《照录上海道照会各国领事创兴［救］济善会稿》，载《申报》，第66册，第58页，光绪二十六年八月十八日（1900年9月11日），第3版。关于其家世背景，可参见冯志阳：《庚子救援研究》，第117页。

④ 《上恽松耘方伯》，载佚名编：《救济文牍》卷4，光绪三十三年（1907）苏省刷印局刻本，第5a页。

于上海绅商圈子的边缘人物①。其次，该会所依靠的主要资源也不是来自上海。在起意开展救济行动之初，陆树藩自知力量单薄，故而"曾向严小舫诸公商议"。这里出现的"严小舫"即为当时上海绅商社会的头面人物之一严信厚（**按：正规场合下多作"筱舫"**）。可是，严信厚等人对陆树藩的请求"均不甚为然，婉辞谢绝"②。结果，救济会中始终未见有重量级的上海绅商社会人士。而该会得以开办的资金，也主要来自潘赤文"大发善愿，拟救济北京被难官商，先垫巨款"③。此外，该会成立时为开展收捐活动而联系的第一批代收点，位于上海地区的仅有《申报》馆协赈所 1 处，外地收捐处则主要位于杭州和苏州，且总数不过 8 处④。

那么，严信厚等人为什么没有立即响应陆树藩的请求呢？这很可能与"经元善事件"以及其后的自立军起事有关。尽管严信厚等人并未在经元善领衔的那份通电上署名，但是他们与经元善的关系十分密切。一个极其显著的例证是，经元善苦心筹办中国女学堂的活动中，严信厚等人都是积极参与者⑤。因此，"经元善事件"必然也会给他们带来压力。这种压力固然随着八国联军战争的爆发而消散，可是七月间唐才常等人在武汉发动的自立军起事，又给上海绅商群体带来了

---

① 潘赤文在陆树藩承担北上救援任务后，成为救济会的头号主持人。对此见《苦海慈航》，载《申报》，第 66 册，第 266 页，光绪二十六年闰八月二十三日（1900 年 10 月 16 日），第 3 版。

② 《致余晋珊观察附启》，载《救济文牍》卷 4，第 8a 页。

③ 《致王晋叔、倪锡畴》，载《救济文牍》卷 4，第 6a 页。

④ 《代收救济北省被难士商捐款处》，载《申报》，第 66 册，第 64 页，光绪二十六年八月十九日（1900 年 9 月 12 日），第 3 版。

⑤ 在经元善编辑的《中国女学集议初编》中，许多给官府的禀稿、向外界发布的公启中，都有经元善和严信厚、施则敬的联合署名。该书全本收录于朱浒编：《中国近代思想家文库·经元善卷》。

新的紧张情绪。其原因在于：首先，唐才常也是当初经元善领衔发出的那份通电的正式署名人①；其次，唐才常在起事前的一个重要辅助活动，是在上海纠合一批人成立了"中国国会"；再次，这次自立军起事活动，还被当时社会舆论宣传为与经元善通电具有同等性质②。基于以上背景，严信厚等人对于此际举办大规模群体性活动的迟疑也就可以理解了。

不过，严信厚等人迟疑的时间并不长。一来由于陆树藩等人的行动引发了良好的社会反应，二来鉴于救济会公开披露了李鸿章对该会的支持③，所以严信厚也抓紧行动了起来。在救济会发布开办公启之后九天，即八月二十五日（9月18日），严信厚与席裕福、杨廷杲、庞元济、施则敬也在《申报》上发布公启，宣布成立济急善局。而从这份公启中即可看出，该局显然比救济会有着更为广泛的社会联系范围：

> 信厚等昨奉合肥相国（按：即李鸿章）面谕，并接同乡好善诸君函嘱集资往救，以尽桑梓之情，因议在上海三马路《申报》馆、后马路源通官银号、陈家木桥电报局、六马路仁济善堂、盆汤弄丝业会馆设立济急善局，即由信厚等分别筹办。一面函恳杭州同善堂樊介轩、高白叔两先生，苏州吴君景萱、潘君祖谦、尤君先甲、郭君熙光、焦君发昱、徐君俊元、喻君兆淮、吴君理杲、尹君思纶、倪君思九，江西丁少兰观察，镇江招商局朱君煦庭诸善长，暨则敬胞兄汉口招

---

① 《上总署转奏电禀》，载虞和平编：《经元善集》，第309页。
② 关于中国国会和舆论对自立军活动的看法的论述，可参见易惠莉：《郑观应评传》，第596页。
③ 《照录李中堂救济会批》，载《申报》，第66册，第82页，光绪二十六年八月二十二日（1900年9月15日），第3版。该批示及禀稿原文，见《救济文牍》卷3，第1a-2b页。

商局紫卿二家兄,随缘劝助,源源接济。①

基于严信厚等人在上海绅商社会中的地位,济急善局很快得到了极大的社会关注。一个堪称典型的例子是,该局宣告成立后没几天,就有一批非浙江人士发出公函,针对该局成立公启中"恐经费不敷,仅指救济江浙人士而言"的说法,希望该局能够"推广惠泽",而他们除代表"四川、江西、云贵同乡会商筹捐五千金"外,还呼吁"若有在各省蜀豫云贵官商诸公,及他省仁人善士,倘欲共扶斯举,或随缘乐助,或向人募捐",其款统一则转交济急善局②。由此可见,济急善局被更大范围的社会群体寄予了厚望。有鉴于此,济急善局同人于闰八月初二日(9月25日)邀集大批绅商在一品香酒楼筹议救济事宜。会议参加者汇集了上海各商帮、各行业的多位代表人物。会议结果,除到场诸人纷纷慷慨捐助外,很多人还"均允即转商同业,再行分别筹助",并且还向广东、福建、两湖等地区人士发出了"同襄善举"的公函③。这就意味着,济急善局实际上成为上海绅商群体所主导的具有面向全国意味的救助组织。

随着救济会和济急善局的先后成立,亟须更为有力的人物出面,以便统一协调两者的行动,并动员更多社会资源。正是在这种形势下,盛宣怀站到了台前。事实上,在这次救助活动发端之际,盛宣怀就是一个绕不过去的人物。陆树藩

---

① 《济急善局公启》,载《申报》,第66册,第100页,光绪二十六年八月二十五日(1900年9月18日),第3版。
② 《善与人同》,载《申报》,第66册,第140页,光绪二十六年闰八月初二日(1900年9月25日),第3版。
③ 《众擎易举》,载《申报》,第66册,第146页,光绪二十六年闰八月初三日(1900年9月26日),第3版。

等人筹办救济会之初，就因亟须大力借助轮船招商局和电报局的资源而特地请求盛宣怀予以援助①。就济急善局而言，盛宣怀更是幕后主持者。因为该局的一个重要人物施则敬便公开宣称，自己是"随同盛京卿（按：盛宣怀此时为大理寺少卿）诸公承办济急善局"的②。这就不难理解，济急善局在筹办之初便有轮船招商局董事的积极身影，其背后肯定有来自作为招商局督办的盛宣怀的支持。但是，随着救助活动出现了越来越多的复杂性和紧迫性，盛宣怀在幕后支持已不能适应形势的需要了。闰八月初七日（9月30日），由盛宣怀领衔，联合陆树藩、严信厚等人，以"东南救急会"名义在《申报》上刊发公函，披露了这次上海绅商社会主导的救助行动的规划。按照这个规划，陆树藩带领救济会人士"拟即赴津开办"救助活动，严信厚等人则遣派人手"驰赴德州，添设济急善局"，此外还计划接济"各省官绅商民困守都门、无可如何者"③。由此可见，这个"东南救急会"可谓是盛宣怀领导下的、对救济会和济急善局行动进行整体协调的组织。而在济急会的统筹之下，救援行动也随之呈现了更加得力的面貌。

首先，济急会成立后，大大提升了救援活动的筹捐力度。在这方面，发挥最显著作用的人物便是盛宣怀，也证明他参与这次救助活动决非挂个虚名而已。闰八月十三日（10月6日），盛宣怀利用掌管电报局网络之便，指令各地电局委员向

---

① 《呈招商电报局督办盛》，载《救济文牍》卷4，第6a—6b页。
② 《声明代办》，载《申报》，第66册，第492页，光绪二十六年十月初二日（1900年11月23日），第3版。
③ 《济急公函》，载《申报》，第66册，第170页，光绪二十六年闰八月初七日（1900年9月30日），第3版。冯志阳注意到，这个"东南救急会"后来多以"东南济急善会"或"东南济急会"的名目出现（《庚子救援研究》，第159页）。

当地高级官员转交一份他本人发出的筹捐公电：

> 各局译送制台、抚台、河台、漕台、提台、镇台、藩、臬、运道台、各局所、各统领、各商号钧鉴：现尚在京之各省官绅商民，百物荡然，一筹莫展，苟延旦夕，急切望援。宣怀因与肇熙、锡汾、官应、信厚、元济、树藩、廷杲、则敬、裕福等在上海中国通商银行内议设救急之法，恳由李傅相照会驻京各使，在京设局，由各省同乡经理。现先筹款，随后设法运粮，均请傅相转交。如借众擎，得以推广，自官绅以迄商民，自京城以迄畿辅，务期尽力救济，乞即设法劝助。各省同志有专款寄其亲友者，亦可设法代寄。除将办法章程函达外，特先电恳，酌助感祷。宣怀叩。文。①

盛宣怀出面劝捐的效果，果然非同凡响。许多地方大员都给予了大力支持。率先捐助的一批官员有：湖南巡抚俞廉三应允"备银一万两"，浙江巡抚刘树棠、布政使恽祖翼"商同在省司道合助银五千两"，江西布政使张绍华及一些官员合筹银五千两②。稍后，又有安徽巡抚王之春等"勉筹五千金"，云南巡抚丁振铎与布政使李经羲等共筹集"滇平银四千八百两"③。据济急会公告称，到九月下旬，已经"蒙福建、湖南、浙江、江西、安徽、云南、四川、广东、山东、广西诸大宪分别电助济急经费，经三次钞乞登报"④。由此可见，盛宣怀在九月

---

① 《东南各省同人公电》，载《申报》，第66册，第206页，光绪二十六年闰八月十三日（1900年10月6日），第3版。

② 《宪恩优渥》，载《申报》，第66册，第248页，光绪二十六年闰八月二十日（1900年10月13日），第3版。

③ 《泽被宣南》，载《申报》，第66册，第296页，光绪二十六年闰八月二十八日（1900年10月21日），第3版。

④ 《施当其厄》，载《申报》，第66册，第455页，光绪二十六年九月二十五日（1900年11月6日），第9版。

初放言此次筹捐之举"大约可凑十万以外",确非虚言①。

其次,在济急会的统筹下,救援战线出现了根本性的转移。起初,无论是救济会还是济急善局,其开始策划的行动重点都偏重于外围救助。如救济会在成立后次日发布的行动章程中便称,其拟举行的第一步行动,是准备"在清江浦设立难民总局,派妥实之人至德州一带沿途查察。如遇有东南各省被难官商……即由运粮车带回"②。为此,救济会稍后还特地拨款三千两,委托浙江布政使恽祖翼转托山东地方官员尽快办理此事③。无独有偶,济急善局在最初的行动章程中,也是将清江浦至德州一线列为首要救援路线:"议自清江起旱,沿途查探核办,至德州沿河一带为止。"④ 而在救济会和济急善局达成合作之后,救援战线迅速发生改变,深入灾区成为救援重心之所在。救济会的陆树藩原本就有"派轮船往津"接运被难官商的计划⑤,但是直到闰八月初"蒙盛京卿拨爱仁轮船"一事落实以后,才得以实现⑥。闰八月二十二日(10月15日),陆树藩与前驻法参赞陈季同、近代著名思想家严复等共计82人,由吴淞口启行北

---

① 《盛宣怀致恽祖翼函》,载陈旭麓、顾廷龙、汪熙主编:《义和团运动——盛宣怀档案资料选辑之七》,上海:上海人民出版社,2001,第345页。以下简称《盛档之七》。
② 《救济会章程》,载《申报》,第66册,第52页,光绪二十六年八月十七日(1900年9月10日),第3版。
③ 《浙江藩宪恽方伯为救济会事致陶君铨生电》,载《申报》,第66册,第82页,光绪二十六年八月二十二日(1900年9月15日),第3版。
④ 《承办济急善局章程》,载《申报》,第66册,第112页,光绪二十六年八月二十七日(1900年9月20日),第3版。
⑤ 《救济会章程》,载《申报》,第66册,第52页,光绪二十六年八月十七日(1900年9月10日),第3版。
⑥ 《上海陆树藩来电》,载顾廷龙、戴逸主编:《李鸿章全集》,第27册《电报七》,第333页。

上，二十六日（10月19日）上午抵达大沽口①。经过与联军的交涉，陆树藩等人于九月初五日（10月27日）在天津针市街火神庙设局，成为此次救助行动深入虎穴的开端②。与此同时，济急善局人士则把目光主要放在了京师。当李鸿章起身北上议和之际，他们便开始筹划在京师开办救济事务。闰八月十六日（10月9日），盛宣怀特地致信当时羁留京师的李鸿章幕僚杨文骏，建议必须"设一局所，方能办事"，且"能在傅相近处……最好"③。杨文骏接受了这个建议，迨李鸿章抵京后，随即在后者下榻的贤良寺内"收拾两间屋为公所"，开办了京城济急分局④。而此局一开，滞留京城的各省京官们到公所"来探问者，日不暇给"⑤。后来的结果证明，这种中心开花的策略确实比先前拟定的半路收容办法更为有效。

再次，与救援战线的前移相呼应，救援路线也发生了重大变化，那就是从先前的以陆路为主改为以海路为主。如前所述，救济会和济急善局一开始都将清江至德州一带的陆路接应作为重点。即便陆树藩起身前往天津时，亦未意识到要将海路救援作为主要路线。由他拟定的《津局办理章程》第二条称："现蒙招商局拨借一轮，由会中酌贴煤油工食，俟到津后察看情形，

---

① 陆树藩：《救济日记》，光绪庚子（1900）上海石印本。冯志阳对该书进行了点校，作为《庚子救援研究》一书之附录。此处所引内容见冯著第371页。
② 《陆纯伯部郎致上海救济善会第三号公函》，载《申报》，第66册，第416页，光绪二十六年九月十九日（1900年11月10日），第3版。
③ 《盛宣怀致杨文骏函》，载陈旭麓等主编：《盛档之七》，第308页。该函发出日期为闰八月十六日。
④ 《济急善局得第二号京函》，载《申报》，第66册，第446页，光绪二十六年九月二十四日（1900年11月15日），第3版。
⑤ 《济急善会接第四号京函》，载《申报》，第66册，第480页，光绪二十六年九月三十日（1900年11月21日），第3版。

倘能登岸设局,轮船即可归还局内。"① 由此可见,此时陆树藩肯定尚未重视轮船的救援功能,甚至还计划尽快归还从招商局所借轮船。而在到达天津后,陆树藩因遭遇"天津被难士商均知有救命船到塘沽,纷来求渡"的情况②,立即认识到了轮船救助的重要性。于是在重新制定的章程中改口称:"现由招商局派拨爱仁轮船,专供本总局来往津沪救济之用"③。在这里,陆树藩再也不提归还招商局轮船之事了。无独有偶,从京师那里同样传出了倚重轮运救援的迫切要求。杨文骏于闰八月底电告盛宣怀称:"傅相(按:即李鸿章)派杨莘伯兄(按:即杨崇伊,时为李鸿章幕僚)赴津办理转送上轮船,纯伯(按:陆树藩字纯伯)请速赴津襄助。"④ 以盛宣怀为首的济急会同人,亦迅速对上述情况做出了积极响应。结果表明,轮船招商局提供的海路航运,其成效大大超过陆路救护,成为这次救援行动最重要的通道⑤。

可以说,这次以上海绅商社会为核心的跨境救援行动,是八国联军侵华战争时期中国社会中难得的一抹亮色。依靠这次行动,处在无政府状态下的大量京津地区战争难民得到了救助。据陆树藩在《救济日记》中提供的统计数字,到他返回上海的十月下旬,经由海运南下的难民就有 11 批,共计 3 583 人⑥。根据冯志阳的辨析,到次年二月间轮船接送活动大致告终为止,总共救济人数应为 5 000 余人⑦。可以肯定,这并不是此次救

---

① 《津局办理章程》,载《救济文牍》卷 1,第 4b 页。
② 陆树藩:《救济日记》。转引自冯志阳:《庚子救援研究》,第 372 页。
③ 《塘沽轮次告被难南旋各士商并章程八条》,载《救济文牍》卷 1,第 7b 页。
④ 《济急续电》,载《申报》,第 66 册,第 302 页,光绪二十六年闰八月二十九日(1900 年 10 月 22 日),第 3 版。
⑤ 对此,冯志阳有详细论述。见其著《庚子救援研究》,第 238—239 页。
⑥ 陆树藩:《救济日记》。转引自冯志阳:《庚子救援研究》,第 382 页。
⑦ 冯志阳:《庚子救援研究》,第 249 页。

援行动救助的全部人数。首先，虽然还有相当数量的难民或是不愿南下，或是未及南下，但是因东南济急会设法打通了京津地区的汇兑渠道，使很多羁留当地的难民也得到了救济款。据统计，该会汇解京师的款项总数达"五十余万两"，遂使"都城内外，居者勉（按：原文如此）饥寒之苦，行者遂奔赴之忧，避居乡僻者得铎，间关道途者得达"①。此外，北上的救援人士还在京津地区开办了不少赈灾活动。如陆树藩抵达天津后，便在浙江海运局及"江苏、浙江会馆内分设平粜、施衣药、掩埋各局"②。在京师，济急会活动亦"旁及施衣、粥厂、掩埋、赈给诸善举，力所能及，无不兼营"③。无疑，这些举措对当地正常生活的恢复具有难能可贵的作用。

二、对陕西旱灾的义赈行动

乍看起来，这次救援行动的收场似乎有点虎头蛇尾。本来，盛宣怀领衔的东南济急会还有继续办理京畿一带春赈的计划。光绪二十七年正月初七日（1901 年 2 月 27 日）刊发在《申报》上的《东南济急会接办京畿春振公启》中称："兹迭奉李傅相函檄，据各员绅缕述都城内外贫民困苦情形，非接续振济不可。京直各部院司局库款同归于尽，无法可设，嘱即筹款派员前往办理。"④ 但在接下来的时间里，很少出现有关这场春赈活动的消息。揆诸后来情况判断，这次活动很可

---

① 《戴鸿慈奏稿》，载陈旭麓等主编：《盛档之七》，第 676 页。据冯志阳考证，此稿实为李鸿章所奏。参见冯志阳：《庚子救援研究》，第 181 页。
② 《拟办天津工艺局启》，载《救济文牍》卷 1，第 19b 页。
③ 《戴鸿慈奏稿》，载陈旭麓等主编：《盛档之七》，第 676 页。
④ 《东南济急会接办京畿春振公启》，载《申报》，第 67 册，第 296 页，光绪二十七年正月初九日（1901 年 2 月 27 日），第 3 版。

能基本上没有开展。这当然不意味着上海绅商社会已成强弩之末。事实上，对京津灾区的救援行动之所以匆匆收场，是因为上海绅商社会的主体接到了流亡于西安的朝廷的紧急征召，转而全力从事对陕西旱灾的大规模义赈行动。并且，无论是力量投入和活动规模，对陕西的义赈行动都要超过对京津兵灾的救援行动，从而更加显著地展现了上海绅商社会在庚子时期的重要地位和作用。

对于庚子时期国内的灾荒情形，因义和团运动的关系，以往研究大多提及的是直隶、山东两省。其实，这一时期受灾最重之区，应为遭受大旱的陕西。还在光绪二十五年（1899）秋间，陕西就已爆发大面积旱荒，府谷、神木等地收成更是"仅止二分有余，委属成灾七分以上"①。据护理陕西巡抚、布政使端方于是年十一月底奏报："惟自秋徂冬，雨泽愆期，二麦未尽播种，即种而出土者，亦待泽孔殷，蟠根未能十分深稳。现已仲冬，天犹亢旱。"② 次年自春至秋，陕西灾情达到高峰。新任陕西巡抚岑春煊十月间奏称："本年亢旱日久，灾区甚广，且大半连年无收，绝少盖藏，情形十分困苦。"据其统计，成灾重者37州县，次重者19州县，"统计饥民一百数十万"③。重灾之下，人相食之事开始风传。当时便有人听闻："近日陕西饥荒更甚，致有食人之事，地方官亦不

---

① 《录副档》，光绪二十五年九月二十六日端方折。转引自李文海等：《近代中国灾荒纪年》，第654页。

② 《奏为遵旨查明陕西省各属本年被灾歉收筹议来春接济事》，中国第一历史档案馆藏清代灾赈档案专题史料，朱批奏折，档案号98-23。

③ 《陕西灾情严重恳请救济折》，载谭群玉、曹天忠编：《岑春煊集》，第1册，广州：广东人民出版社，2020，第75页。

能禁止。"①《申报》十月间亦报道:"目下不特民人相食,甚且公然设肆,货人肉,官吏力不能禁,付之无可如何。"② 就在旱灾处于高峰阶段的九月初,因八国联军侵华战争而出逃的朝廷来到了西安。对于深陷旱灾之中的陕西来说,流亡到此的朝廷无疑又造成了额外的负担。因为此时陕西除了要供应朝廷所需外,还得供应大批打着勤王名义来到陕西的军队。这就难怪岑春煊向朝廷抱怨:"江西、安徽两省入卫各军,皆言奉旨驻扎潼关,均已列营城外,不但市面拥挤,且恐圣驾到时未能肃静。值此荒岁,米麦柴草,不遑兼顾。"③

当然,由于行在驻跸西安,眼前的灾情不能不引起朝廷高度重视,从而也会得到一些照顾。例如,光绪二十六年(1900)闰八月间,陕西得到了自受灾后从省外拨解来的30万石漕粮。而这批漕粮的获得,正是由于慈禧决定从太原转移到西安,故而谕令将这批漕粮"取道汉口,改由襄河运赴行在",其理由是"现在驻跸长安,该省适值旱灾,需粮甚多,亦甚急"④。显然,这批漕粮客观上也会对陕西的粮食问题有一定的帮助。另外一个显著的改变,则出现在拨解赈款问题上。上年底,端方得到朝廷允准动用的赈款,仅仅是从本省"酌提二成厘金六七万两"⑤。而当端方于本年闰八月间再次奏

---

① 《拳乱纪闻》,载中国史学会主编:《中国近代史资料丛刊·义和团》,第1册,上海:上海人民出版社,1957,第227页。
② 《古陕奇荒》,载《申报》,第66册,第491页,光绪二十六年十月初二日(1900年11月23日),第2版。
③ 故宫博物院明清档案部编:《义和团档案史料》,下册,北京:中华书局,1959,第683页。
④ 《清实录》,第58册《德宗景皇帝实录(七)》,卷470,光绪二十六年闰八月戊申(初九日),第178页。
⑤ 《清实录》,第57册《德宗景皇帝实录(六)》,卷454,光绪二十五年十一月丙辰(十二日),第992页。

请拨款备赈时,朝廷给予的数额则达到了 50 万两以上。其上谕中称:"将该省应解京二十五年烟酒等厘税以及新海防捐输共银二十万九千五百六十余两,准其截留备用。所拨各省协济银三十万两,即著江苏、浙江、湖北、广东、四川各督抚迅速如数筹解,毋稍迟延。"①

不过,仅靠上述 30 万石漕粮、50 余万两白银的投入,肯定不足以应付此次灾荒。对此,岑春煊在十月十四日(12 月 5 日)奏折中的估算可谓明证。根据他的说明,此前陕西官府内部已经因"拨发银两,或准动仓谷、公款,令各散放籴借,又由司陆续挪垫银两,分投采粮办赈",而出现了不少挪垫款项。因此,朝廷这次允准从各省协济而来的"京饷三十万","除归还挪垫十三万两,以十七万两匀拨各属,迅速接济。各属饥民户口参差不一,酌量其间,每处多不过发银四五千两,少止一二千两"。然而,"查目今灾区至五十六属之广,饥民至百数十万人之多,就以百万人日给五合、通赈半年计之,需粮九十万石。以踊贵之价,加以运费,非银八九百万不办"②。接到这份奏折的当天,慈禧太后即颁布懿旨:"加恩著发银四十万两,由行在户部拨给,交岑春煊妥为赈济。"③ 虽然流亡中的朝廷拿出这笔赈款十分不易,但对陕灾来说显然是杯水车薪。

其实,在岑春煊上奏之前,朝廷对于库帑艰窘的状况也非常清楚。还在慈禧等人抵达西安后的第十天,即九月十四日(11 月 5 日),户部尚书崇礼就针对陕西赈务事宜上奏了一

---

① 《清实录》,第 58 册《德宗景皇帝实录(七)》,卷 471,光绪二十六年闰八月己未(二十一日),第 189-190 页。

② 《陕西灾情严重恳请救济折》,载谭群玉、曹天忠编:《岑春煊集》,第 1 册,第 75 页。

③ 朱寿朋编:《光绪朝东华录》,第 4 册,第 4583 页。

个规划。他在承认"目前急赈万不可缓",但又面临"军需浩繁,库储空匮"的状况后,认为此时唯一的办法是:"官赈之力有限,必须兼办义赈。"至于承办此次义赈的主力,当然是以上海为中心的东南绅商社会。按照崇礼的规划,身在上海的盛宣怀和严信厚等人负责筹赈:"大理寺少卿盛宣怀督办招商、电报各局,熟悉商情,劝募赈款,较易为力,即将来汇兑转输,亦须该京卿主持一是。此外如补用道直隶候补知府施则敬、候选道严信厚、周宝生,曩时经募赈捐,均著成效。若令其分投劝捐,亦足源源接济";同时,征调义赈老手严作霖前来陕西办赈:"查有江苏候选教职严作霖,见义勇为,办理义赈多年……应请饬下两江总督、江苏巡抚转饬严作霖,约齐向来同事,或司劝募,或司采运,一面亲赴灾区,专办义赈事宜。"① 对于户部的这一规划,清廷当天便颁布谕旨,表示完全同意:

  户部奏,陕西灾象已成,拟遴派义绅募捐办赈一折。陕省连年歉收,今年亢旱尤甚,灾象已成,自宜亟筹振抚。江苏候选教职严作霖,办理义赈多年,不辞劳瘁,叠经传旨嘉奖,著刘坤一、松寿、聂缉椝饬令该员邀集同志,来陕办理义赈。补用道施则敬、候选道严信厚、周宝生向办义赈,均著成效,并著饬令该员筹分投劝办。惟灾区较广,需款甚巨,盛宣怀久驻上海,熟悉商情,并饬劝募巨款,源源汇解,以资接济。②

----

  ① 朱寿朋编:《光绪朝东华录》,第 4 册,第 4565—4566 页。此折亦见《申报》,第 66 册,第 485 页,光绪二十六年十月初一日(1900 年 11 月 22 日),第 1—2 版。
  ② 中国第一历史档案馆编:《光绪宣统两朝上谕档》,第 26 册,第 366 页。这道上谕亦见《申报》,第 66 册,第 491 页,光绪二十六年十月初二日(1900 年 11 月 23 日),第 1 版。

上述奏折和谕旨显然意味着，盛宣怀和上海义赈同人成为官府此时的重要求助目标。作为陕西巡抚的岑春煊，更是急不可耐地传达了这一信号。从义赈同人于九月十八日（11月9日）在《申报》上刊登的公启推断，岑春煊大概在谕旨颁布后没几天，便向盛宣怀等人发去急电称：

> 盛京堂转严善士作霖，并恳分送各协振公所诸位善士同鉴：……素仰诸善长救灾恤患，远迈寻常，恳祈一面派人来陕查看灾情，一面广劝义捐，迅解关中，以拯亿万灾黎之命。如有愿受爵禄，春煊定当奏请特沛殊恩。全陕灾民忍饥以待，千乞援手。①

在上海义赈力量未能投放到陕西之前，行在方面期盼义赈的焦虑之情，在连番累次的告急函电中表露无遗。其所关注的第一个问题，乃是严作霖的行止。岑春煊于十月二十一日（12月12日）电询盛宣怀："佑翁何日起程，盼示。"② 三天后，军机处复电令盛宣怀催促严作霖动身："陕省灾重振急，迅饬义振各员赶紧前来，并设法劝捐，先行筹款，交严绅随带赴陕，办理急振。"③ 一些随同行在的京官也纷纷致电上海方面称："佑之未到，令人盼煞"；"惟望严佑翁速来，庶几早救灾黎，不致遂沦沟壑也"④。军机大臣王文韶也致函施则敬称："惟望严佑翁早来一日，庶灾民早甦一日之困。不知

---

① 《陕灾乞振》，载《申报》，第66册，第410页，光绪二十六年九月十八日（1900年11月9日），第3版。

② 《劝募陕振二志》，载《申报》，第66册，第684页，光绪二十六年十一月初四日（1900年12月25日），第3版。

③ 《筹办陕振四志》，载《申报》，第66册，第708页，光绪二十六年十一月初八日（1900年12月29日），第3版。

④ 《筹办陕振十八志》，载《申报》，第67册，第104页，光绪二十六年十一月二十八日（1901年1月18日），第3版。

现已行抵何处,不禁日夕望之。"① 另外一个备受官方关注的问题,则是上海方面的筹赈状况。岑春煊于十月初便向施则敬求助:"务恳我兄广约同志,设法劝募,活此灾黎。泣祷。"② 十一月初,他再次致函施则敬称:"伏念我公饥溺为怀……祈约集同人,广为劝募,庶几积流成海,拯此元元。亿万灾黎忍饥相待,无任叩祷之至。"③ 王文韶也用同样恳切的口吻致函施则敬称:"所望广为劝集,源源接济,俾严佑翁诸君得以放手开办,于以上绍先芬,下起枯瘠,其为功德,何可限量。尚祈勉力图之。"④ 从官方的这些期望来看,上海方面的义赈虽然被称为"兼办",实际已是必不可少的力量了。

对于上海绅商社会来说,既然连朝廷都发出了紧急求助的呼吁,则必须将陕西赈务置于更为紧要的位置。对此,从他们十月初二日(11月23日)首次为陕赈发出的募捐公启中便有显著体现。这份公启的发出者,正是前述那份上谕中被朝廷首先点名的严作霖。严作霖强调,此次陕赈事务关系全局,其意义与以往历次义赈行动都有重大不同:

> 未有一省之灾,关系天下全局,普天率土,皆当引为切肤之痛,而不容稍存漠视,如今日秦中之振务者也。……今年中外失和,变生仓猝,翠华西幸,道途艰

---

① 《筹办陕振四十一志》,载《申报》,第 67 册,第 308 页,光绪二十七年正月十一日(1901 年 3 月 1 日),第 3 版。
② 《劝募陕振初志》,载《申报》,第 66 册,第 678 页,光绪二十六年十一月初二日(1900 年 12 月 23 日),第 3 版。
③ 《筹办陕振七志》,载《申报》,第 67 册,第 8 页,光绪二十六年十一月十二日(1901 年 1 月 2 日),第 3 版。
④ 《筹办陕振四十一志》,载《申报》,第 67 册,第 308 页,光绪二十七年正月十一日(1901 年 3 月 1 日),第 3 版。

苦万状，为薄海臣民所不忍闻。偏值陕省奇灾，哀鸿遍野，两宫宵旰，不知若何焦劳，而秦俗强悍，乐于战斗，数十万饥寒之众，倘无以还定安集之，其关系于大局者实非浅鲜。

本来，严作霖此际已经年过六旬，所以在救济京津难民的行动中仅只挂名，并未参与实际活动。但是因国家急需，他毅然接受了前去办理陕赈的任务："作霖年逾六十……本拟息影蓬庐，杜门不出。兹者时局奇变，蒙王中堂电谕敦迫，谊无可辞。自维草莽之臣，受国家豢养之恩，愧无寸报，所幸精神尚健，犹可勉力驰驱。惟有拼此余年，借报涓埃于万一。"①

此外，在严作霖发布公启的当天，《申报》馆在其头版特地刊发了《劝助陕振说》一文，其中亦称"惟陕省之振不但非别处可比，且非当年顺直可比，有不能一日稍缺，且不能一日稍缓者"②。该报在第二天的社论中继续解释说，此次民间力量办赈"不但为陕西全省饥民起见，而实关系大局"。这是因为，"乃自联军入京，銮舆西幸，神京之府库一空。朝廷即视民如伤，而已苦无帑藏可拨，各疆吏力筹军饷，支绌万分，安有余资再拨振款"，故而此时"所望于陕振者，惟民间踊跃输将，绅富竭诚报效而已"③。

十月下旬，同样被朝廷点名的两位义赈领袖施则敬、严信厚，虽京津救援行动仍在进行之中，也不得不开始筹备陕

---

① 《秦振募捐启》，载《申报》，第66册，第492页，光绪二十六年十月初二日（1900年11月23日），第3版。
② 《劝助陕振说》，载《申报》，第66册，第491页，光绪二十六年十月初二日（1900年11月23日），第1版。
③ 《劝助陕振说（接昨稿）》，载《申报》，第66册，第497页，光绪二十六年十月初三日（1900年11月24日），第1版。

赈事务了。施则敬在公启中一方面表示，"陕省被灾奇重，民不聊生……凡属臣民，自应及时筹济"，另一方面声明自己"钦奉谕旨，饬令劝助义振……敝所拟先筹解大批，以期款到即行查放"①。严信厚的做法大体相同，也是在公启中首先做出"两宫驻跸西安……凡属臣民，自应及时筹济"的表态后，声明自己"此次钦奉谕旨；万分忧急。严佑之善士已经到沪筹款，尚无眉目，只得由沪上同仁先行垫解，克日起程"②。从客观上来看，施则敬和严信厚的这些言语无疑表明，他们之所以要逐步从京津救援行动中抽身，主要原因当然是出于朝廷的谕令而转向陕西赈务。

既然筹办陕赈是朝廷的旨意，则无论怎样困难也必须立即有所行动。这方面的第一个巨大困难就是筹集赈款，因为依靠募捐肯定是缓不济急。而在各处捐款未有明确头绪的情况下，施则敬、严信厚带头垫款作为表率。两人在十一月初便相继表示，各自先行筹措"库平足银一万两"，以为应急之用③。这2万两当然不能满足需要，所以此次筹赈过程中真正具有决定性作用的人物，并非施则敬和严信厚，而是盛宣怀。经过施、严与盛宣怀会商，决定由"盛京卿垫二万两，并商沪关道借五万"，加上施、严垫付的2万两以及严作霖所筹款项，"约共凑库纹十万"④。稍后，又经盛宣怀斡旋，首批赈款

---

① 《陕振琐纪》，载《申报》，第66册，第612页，光绪二十六年十月二十二日（1900年12月13日），第3版。
② 《劝助陕振启》，载《申报》，第66册，第642页，光绪二十六年十月二十七日（1900年12月18日），第3版。
③ 《劝募陕振初志》《垫解陕振》，载《申报》，第66册，第678、684页，光绪二十六年十一月初二日（1900年12月23日）、初四日（25日），第3版。
④ 《劝募陕振二志》，载《申报》，第66册，第684页，光绪二十六年十一月初四日（1900年12月25日），第3版。

又增加到"现银十三万二千两"①。正是有了这笔赈款在手，严作霖才总算可以起程了。

在盛宣怀和上海义赈同人的统筹下，此次前往陕西的义赈队伍颇具规模，也起到了很大的作用。严作霖在人手确定后，于十一月中从江南动身，率领总数达 40 人的助赈队伍，在清江浦分两路向陕西进发。其中一路由唐锡晋领队，"装车二十辆，挈同志二十人"；另一路则由严作霖"挈同志二十人"进发。约在十二月底，两路队伍都抵达西安。岑春煊随即对这支助赈队伍委以重任："乾州、永寿县、邠州、三水县、长武县、扶风县、岐山县等处，灾重而粮缺，可以先赴此几处查放"②。严作霖稍后也向上海同人电称："现分三局查放，霖办永寿，刘办岐山，吴办淳北（按：原文如此，似应为'淳化'），逐节推广。"③ 由此可见，他们承办的区域正是岑春煊所说的灾重之区。此外，官方甚至将相当数量的官赈钱粮也交由义赈人员办理。光绪二十七年（1901）二月间，严作霖等人在办理乾州等 10 州县赈务过程中，因"前后所来振项四十万两散放将空"，便请求王文韶等人"拨款接济"，户部即刻允准"拨银十万两、米一万石"，以供散赈之用④。最终，在严作霖和唐锡晋经手施放的赈项中，除来自义赈的部分外，还有来自户部所拨的银 23.5 万

---

① 《筹办陕振四志》，载《申报》，第 66 册，第 708 页，光绪二十六年十一月初八日（1900 年 12 月 29 日），第 3 版。

② 唐锡晋编：《筹办秦淮义振征信录》，载李文海等主编：《中国荒政书集成》，第 11 册，第 7571 页。

③ 《西安严佑之来电》，载《申报》，第 67 册，第 314 页，光绪二十七年正月十二日（1901 年 3 月 2 日），第 3 版。

④ 唐锡晋编：《筹办秦湘淮义振征信录》，载李文海等主编：《中国荒政书集成》，第 11 册，第 7573–7574 页。

两、米 6 500 石①。

关于义赈对此次陕西赈务的贡献，最为直观的内容是筹捐数量。光绪二十八年（1902）九月间，盛宣怀向朝廷奏报了此次办理义赈的整体情形。据盛宣怀统计，严作霖等人先后办理过 19 州县赈务，总共发放赈款 91 万余两。其中，严作霖带队赈济邠州、永寿、三水、淳化、长武、乾州、武功、岐山、扶风、兴平等十处，所费将近 79 万两；周宝生带队分赈蒲城、富平、白水、高陵、三原等五县，共支赈银 7 万余两；潘民表带人分赈同官、洛川、中部、宜君等四县，共支赈银 4 万余两②。另据陕西官府统计，此次赈务筹集并散放赈银总数达 924 万余两③。简单估算，义赈不仅贡献了约十分之一的赈款，还承担了一成的办赈任务。对于总共不过 40 人的办赈队伍来说，这决不是一项轻松的工作。

另外值得一提的是，在此次陕西赈务中，加入义赈阵营的上海绅商群体又增添了新面孔。光绪二十七年（1901）初，一些先前未曾参与过义赈活动的江南绅商，如焦发昱（**按：字乐山**）、陈作霖（**按：字润夫**）、周廷弼（**按：字舜卿**），以及前述京津救援行动中创办救济会的陆树藩，在上海也为陕西赈务成立了一个组织，初名廉运公会，后更名为有道大会。该会成立后，"先凑洋二万余元，特请苏君筱斋等躬赴陕省，

---

① 唐锡晋编：《筹办秦湘淮义振征信录》，载李文海等主编：《中国荒政书集成》，第 11 册，第 7604-7607 页。其中包含原定拨米 1 万石改为折银 3.5 万两散放。
② 《遵旨筹办陕振捐汇案具报折》，载盛宣怀：《愚斋存稿》，卷 8《奏疏八》，第 236-239 页。
③ 宋伯鲁、吴廷锡纂：《续修陕西省通志稿》，卷 129《荒政三》，出版地不详，1934，第 17 页 b-18 页 b。

采办杂粮平粜"①。由于该会人员在赈务中属于新手，缺乏足够的活动能力，于是很快与传统的义赈力量形成了联合。这方面最显著的证明，出现在该会最为注重的运粮问题上。当该会在湖北境内购办赈粮后，因转运为艰，便由施则敬等人出面禀告岑春煊称："有廉运公会绅董公举职贡苏秉彝，在鄂省樊城等处采运杂粮五千担，分批运至灾区平粜，请飞饬经过陕境州县保护。"同时，施则敬又禀请湖广总督张之洞"给发护照十张，每张五百，饬令沿途各卡免厘，州县保护，俾便遄行"②。通过这些努力，这批赈粮终于在三月中旬运到了西安，并在三原、蒲城等地的赈务中发挥了作用③。

总而言之，在此次陕西赈务中，上海义赈力量并未辜负朝廷当初的厚望。而官方当然也承认义赈的贡献。光绪二十八年（1902）五月间，陕西巡抚升允在总结陕西赈务时便称："陕省前岁奇荒，灾深款巨，全赖官赈、义振相辅而行，穷民始能渐有起色。"此前朝廷也曾谕令"办赈出力各员，准照军营异常劳绩奖叙"，根据这一指示，此次前赴陕西办理义赈的人员，几乎全部都在被嘉奖之列，并且不少人都得到了"免补本班"的优待④。关于官方此次对义赈员绅的优待力度之大，还有一个可谓是反面例证。原来，有位已革内阁中书孙毓林，居然在此次赈务期间冒严作霖之名致函陕西筹赈局，

---

① 《为民请命》，载《申报》，第 68 册，第 230 页，光绪二十七年四月二十二日（1901 年 6 月 8 日），第 3 版。
② 《筹办陕振四十七志》，载《申报》，第 67 册，第 456 页，光绪二十七年二月初六日（1901 年 3 月 25 日），第 3 版。
③ 《为民请命》，载《申报》，第 68 册，第 230 页，光绪二十七年四月二十二日（1901 年 6 月 8 日），第 3 版。
④ 《光绪二十八年五月二十六日京报全录》，载《申报》，第 71 册，第 524 页，光绪二十八年六月十二日（1902 年 7 月 16 日），第 11 版。

声称自己"办赈有劳,恳予咨部立案"。严作霖得知此事后,即向陕西官府声明自己"与该革员素不相识,并未到局办赈。竟敢冒名作函,图邀奖叙,恳请严办"。至此,这位革员孙毓林的伎俩彻底暴露,从而被"驱逐回籍"①。但反过来说,如果不是因为义赈人员受到官方的格外重视,孙毓林又如何会想到利用义赈旗号来行骗呢?

第三节　上海绅商的世代演变与商会的创建

在过去很长一段时间里,在关于庚子国变的历史叙述中,很少见到有人提及上海绅商社会发起的这两场社会救助行动。至于晚近时期注意到这两场救助行动的研究,又大多囿于社会救济领域,很少考虑其与宏观社会进程的关联。而如果从戊戌维新、"己亥立储"等事件的脉络来看,这两场社会救助行动显然具有超越社会救济事业来认知的意义。首先,这凸显了上海绅商社会地位的演变,即从庚子前夕被严重压抑的对象,一变而为备受民众和国家所倚重的力量,其间变换不啻如坐过山车一般。其次,这涉及上海绅商社会的力量整合问题。从前面论述可以看出,以严信厚、施则敬等人为首的一批上海绅商,在这两场行动中起着中流砥柱的作用;盛宣怀也依靠与他们合作,才实现了对局势的把控。那么,他们为什么能够在"经元善事件"之后,迅速地将上海绅商社会集结起来呢?他们与盛宣怀进行合作的渊源和基础又是什么

---

① 《奏疏汇录》,载《申报》,第68册,第704页,光绪二十七年七月十二日(1901年8月25日),第12版。

呢？要回答这些问题，就必然涉及上海绅商社会在庚子前后所发生的世代更替。而一旦厘清这种世代更替现象，也就很容易理解上海商业会议公所得以创立的特定情境和机缘了。

事实上，对于发生在上海绅商社会中的世代更替现象，当时就有人明确意识到了这一点，此人便是经元善。光绪二十六年（1900）九月间，正被葡萄牙当局囚居在澳门大炮台的经元善，一面关注着上海绅商社会所开展的京津难民救援行动，一面完成了一篇关于上海义赈发展情况的追忆文章，这就是《沪上协赈公所记》。按照经元善的表述，上海的义赈活动自光绪初年因"丁戊奇荒"爆发而兴起以后，其主持群体大体可以划分为三代：他自己算是第一代；第二代的主要代表是"李君秋坪（**按：李朝觐字秋坪**）、陈君竹坪（**按：陈煦元字竹坪**）暨施少钦封翁（**按：施善昌字少钦**），相继而起"；庚子时期则已进入了第三代，那就是"今严筱舫（**按：严信厚字筱舫**）、施子英（**按：施则敬字子英**）、杨子萱（**按：杨廷杲字子萱**）诸公，声望尤著，更冰寒于水矣"①。那么，经元善的这一概括是否准确，这三代义赈主持群体又是怎样演变过来的呢？

就第一代群体而言，应该说经元善的说法不够全面。这是因为，在回忆上海义赈早期发展状况时，他并未提及另外两位同样是第一代义赈领袖的人物，那就是郑观应和谢家福。就经元善而言，他虽然不是最早发起义赈活动的人物，但在上海义赈活动发展成为一项大规模联合行动的过程中，具有十分关键的地位。特别是他在光绪四年（1878）初被公举负

---

① 《沪上协赈公所记》，载朱浒编：《中国近代思想家文库·经元善卷》，第188—189页。

责本地赈款收解事务后，毅然将家传产业仁元钱庄停业，改办协赈公所，堪称一时创举，并且也一度成为上海义赈活动最重要的组织机构①。郑观应则是在经元善停止运营仁元钱庄赈所后，于光绪五年（1879）开办对山西义赈的时候，在自己任职的新太古公司内设立"上海协助晋赈公所"，并完全"仿照仁元庄旧章"运作，从而成为上海义赈活动新的中心机构②。因此，经元善和郑观应在"丁戊奇荒"时期的上海义赈活动中，地位和作用大体相垺。至于谢家福，则是另外一种情况。谢家福本来是苏州地区义赈活动的主持人，也是当时江南地区义赈活动的中枢。光绪七年（1881）以后，因受盛宣怀之邀前往上海建设电报局，从而与经元善、郑观应一起，在上海共同主持义赈活动，义赈也由此演变为近代绅商群体举行的、以上海为中心的一项具有广泛影响的社会公益事业③。

随着义赈活动具有越来越大的社会影响，谢家福、经元善和郑观应等人作为主持群体的局面也逐渐被打破了。这主要是因为，一来谢家福等人在光绪七年（1881）以后承担的洋务事业日益繁重，势必使其越来越难以兼顾义赈活动；二来则是基于义赈的社会影响，另有一些社会人士和绅商甚至愿意将之作为自身的一项重要事业。因此，大约从光绪十年（1884）起，谢家福、经元善和郑观应等人的主导地位开始受到了很大冲击。至于这种冲击态势最显著的表现，正是被经元善视为第二代义赈领袖人物的施善昌、陈煦元、李朝觐等

---

① 虞和平：《简论经元善》，《浙江学刊》1988年第2期，第98-102页。
② 《上海协助晋赈公所同人启》，载《申报》，第15册，第58页，光绪五年五月二十六日（1879年7月15日），第3版。
③ 这方面详情，可参见朱浒：《地方性流动及其超越》，第380-381页。

人的崛起。

施善昌是上海丝业会馆总董,也是较早地将开办义赈活动作为个人主要事业的社会人士。光绪九年(1883)五月间,因其故乡江苏震泽一带遭灾颇重,他便在丝业会馆内设立募捐处,救济震泽灾民①。就在这次活动将要告止时,山东又爆发了严重的水灾,施善昌随之又把筹赈活动的重心移向山东②。从此,他再也没有中止过对义赈活动的办理。由于这次山东水灾甚重,所以盛宣怀和谢家福、经元善、郑观应出面联合了大批社会力量,在陈家木桥金州矿务局内设立赈所,开展了规模宏大的助赈活动。施善昌也被该所列为筹赈董事之一,这标志着其此时在义赈活动中的地位大为提升③。光绪十年(1884)之后,随着谢家福等人出面主办义赈活动的情况日渐减少,施善昌则连续主持了不少地方的助赈活动,从而使其社会声望急剧上升。对于施善昌得以在义赈活动中大展身手的原因,光绪十一年(1885)七月间《申报》的一篇社论就有明确说法,文中称:

> 从前办赈诸公有因急公好义,为当道登以荐剡、荣以官阶者,近年以来,出而办理他务,如电线等局、一切公司,宪委煌煌,居然总办、会办。彼其初心,原不借筹赈以为进身之阶,而劳绩所在,宜沐恩施。亦既出山,即不能再顾赈务。于是丝业会馆之施封翁少钦接办

---

① 《震泽告灾书》,载《申报》,第23册,第14页,光绪九年五月二十九日(1883年7月3日),第4版。

② 《来信照登》,载《申报》,第23册,第206页,光绪九年七月初二日(1883年8月4日),第3版。

③ 《上海陈家木桥山东赈捐公所催捐启》,载《申报》,第23册,第316页,光绪九年七月二十日(1883年8月22日),第4版。

其事，直至今日不能歇手。①

这就是说，谢家福等人不得不把主要精力投入洋务建设时，他们所开创的义赈活动则被施善昌当作了主要事业。

当然，在谢、经、郑等人无法兼顾赈务和洋务的时间里，将义赈作为重要事业的人士，并不止施善昌一人。光绪十一年（1885）五月间，随着两粤水灾的发生，上海地区又涌现了一批新的助赈力量，那就是开办陈与昌丝栈赈所的陈煦元、主持高易公馆赈所的李朝觐，此外还有主持上海文报局赈所的王松森（按：字心如）。陈煦元出身南浔的丝商，是19世纪60年代上海的著名买办之一。70年代以后，因年迈力衰而导致其在上海商业社会中的地位有所下降②。不过，基于长期参与善举的经历，他从两粤水灾期间开始全力投入义赈活动，并迅速打开了局面③。李朝觐虽然名气比陈煦元有所不如，但也是寓沪香山买办群体的一个重要成员④。在他主持的高易赈所中，其董事皆为广东人士，且几乎囊括了寓沪广东帮的知名人士，如唐廷枢、徐润等，其能量自然不容小觑⑤。至于主持文报局赈所的王松森，其本来身份是上海文报总局帮办⑥。虽然王松森先前在义赈

---

① 《论现筹赈款之难》，载《申报》，第27册，第325页，光绪十一年七月十五日（1885年8月24日），第1版。
② 郝延平：《十九世纪的中国买办——东西间桥梁》，第30—32页。
③ 《论现筹赈款之难》，载《申报》，第27册，第325页，光绪十一年七月十五日（1885年8月24日），第1版。
④ 《善士李秋坪太守传》，载《申报》，第32册，第507页，光绪十四年二月十九日（1888年3月31日），第10版。
⑤ 《劝募两粤水灾启》，载《申报》，第27册，第227页，光绪十一年六月二十七日（1885年8月7日），第9版。
⑥ 《文报局请奖片》，载顾廷龙、戴逸主编：《李鸿章全集》，第9册《奏议九》，第95页。

活动中名声不著，但此时他是"招商电报局同人"与"粤闽江浙协赈同人"共同推举出来的代表人选①。这就意味着，他在某种意义上可以说是谢家福、经元善和郑观应等人的代表。

不过，这种由施善昌、陈煦元、李朝觐和王松森四人构成第二代义赈主持群体的局面，并未维持太长时间。光绪十四年（1888）初，李朝觐因积劳成疾而去世。其后，高易赈所虽有陈德薰、唐廷桂先后主持②，但终因难以为继，不得不于光绪十七年（1891）十月底宣告停办③。光绪十五年（1889）四月中，陈煦元亦告病故，陈与昌丝栈赈所随即停止了活动④。光绪十七年（1891）七月底，文报局赈所宣告停办，王松森此后再也没有出现在义赈主持人的行列⑤。这些情况无疑强化了施善昌在义赈活动中的领导地位。并且，施善昌在继续运营丝业会馆赈所的同时，又在光绪十五年（1889）九月初开设了仁济堂赈所⑥，从而形成了独自主持两家赈所的局面，也显示出了超乎寻常的筹赈能力。因此，光绪十七年（1891）以后，上海地区的义赈活动，可以说主要是由施善昌

---

① 《收解广东赈捐启》，载《申报》，第27册，第62页，光绪十一年五月二十九日（1885年7月11日），第4版。

② 关于李朝觐去世及陈德薰接办高易赈所的消息，见《上海四马路高易公馆内筹赈所同人公启》，载《申报》，第32册，第446页，光绪十四年二月初十日（1888年3月22日），第3版。唐廷桂继陈德薰接手高易赈所的声明，见《接办赈务》，载《申报》，第38册，第213页，光绪十七年正月初六日（1891年2月14日），第5版。

③ 《停办赈捐》，载《申报》，第39册，第876页，光绪十七年十月二十一日（1891年11月22日），第4版。

④ 《善士云亡》，载《申报》，第34册，第768页，光绪十五年四月二十日（1889年5月19日），第3版。

⑤ 《上海文报局停收赈捐改归各公所收解启》，载《申报》，第39册，第382页，光绪十七年七月二十八日（1891年9月1日），第4版。

⑥ 《上海六马路仁济善堂八月廿三日经解山东第一批代赎妇女赈捐》，载《申报》，第35册，第292页，光绪十五年七月二十日（1889年8月16日），第4版。

负责统筹的。而当施善昌于光绪二十二年（1896）三月下旬去世时①，义赈活动的主持群体也就到了又一次更新换代的时候了。

上海义赈活动的第三代领导群体，在经元善被迫逃亡之前就已成型了。至于经元善将严信厚列为头号人物，当然主要不是出于乡谊，而是实至名归。虽然后来被称为"宁波帮"鼻祖，但是严信厚在上海绅商社会中的崛起，并不仅仅是依靠经济实力。事实上，在光绪二十二年（1896）之前，他给人印象较深的活动，除了管理长芦盐场事务外，也就是曾被历史教科书提及的创办宁波通久源机器轧花厂了②。而他真正在上海绅商社会中立足，应始于19世纪90年代初参与义赈活动。光绪十八年（1892）冬间，因是年夏秋间顺直地区大水，李鸿章委派严信厚前往江苏、浙江等处"随地劝捐"，严信厚因之在上海设立了"劝办顺直赈捐沪局"③。事后看来，这是严信厚常驻上海之始。次年八月间，严信厚公开打出了"上海源通官银号筹办顺直义赈"的旗号，表明正式加入了义赈的行列④。到光绪二十一年（1895）为奉天、直隶筹办义赈之时，他已能够与施

---

① 《善士西归》，载《申报》，第53册，第40页，光绪二十二年三月二十五日（1896年5月7日），第3版。
② 关于严信厚生平较为全面的介绍，可参见沈雨梧：《为"宁波帮"开路的严信厚》，载浙江省政协文史资料委员会编：《宁波帮企业家的崛起：浙江文史资料选辑第39辑》，杭州：浙江人民出版社，1989，第65—71页。至于历史教科书提及通久源机器轧花厂的情况，可参见李侃、李时岳、李德征、杨策、龚书铎：《中国近代史》（第四版），第157页。
③ 《照录直隶爵阁督部堂李札文》《告示照录》，载《申报》，第42册，第710页，光绪十八年十一月初四日（1892年12月22日），第3版。
④ 《寿筵造福》，载《申报》，第45册，第130页，光绪十九年八月十一日（1893年9月20日），第4版。

善昌、谢家福等资深人士并列，成为此时义赈活动中的重要人物之一①。基于这些铺垫，施善昌去世后不久，严信厚便迅速接替施善昌成为仁济善堂的首董②，并开始接手统筹上海各赈所活动的事务③。可以说，严信厚及时填补了施善昌在义赈事业中留下的很大一部分空缺。

第三代群体中另外两个重要人物即施则敬和杨廷杲的情况，则形成了鲜明的对比。就施则敬而言，其跻身领导群体的道路大概是最平坦的。作为施善昌的四儿子，施则敬除了得益于其父打下的良好基础外，还在义赈活动中备受历练。早在光绪九年（1883），施善昌就命其携带赈款，前往山东灾区，跟随潘振声、严作霖等办赈老手实地办赈④。从此以后，他多次率领放赈队伍转辗于直隶、山东一带，并备受官府器重⑤。光绪十八年（1892）七月间，他首次以独立名义在上海主办筹赈事宜⑥。而到了光绪二十一年（1895）为奉天、直隶筹赈而发布的公启上，施则敬便与其父的名字并列了。这就意味着，施则敬至此顺利完成了从干事到主事的角色转换。与施则敬相比，杨廷杲进入义赈领导群体则经历了漫长的过程。他其实早在光绪

---

① 《奉直筹捐义赈公启》，载《申报》，第 50 册，第 224 页，光绪二十一年五月十二日（1895 年 6 月 4 日），第 3—4 版。
② 《公举堂董》，载《申报》，第 53 册，第 52 页，光绪二十二年三月二十七日（1896 年 5 月 9 日），第 4 版。
③ 《汇解顺赈》，载《申报》，第 54 册，第 312 页，光绪二十二年九月十四日（1896 年 10 月 20 日），第 4 版。
④ 《会办东赈》，载《申报》，第 23 册，第 399 页，光绪九年八月初五日（1883 年 9 月 5 日），第 2 版。
⑤ 《施则敬免交分发银两片》，载顾廷龙、戴逸主编：《李鸿章全集》，第 12 册，第 545 页。
⑥ 《巨款助振》，载《申报》，第 42 册，第 60 页，光绪十八年七月二十日（1892 年 9 月 10 日），第 4 版。

初年就开始参与义赈活动了①,但很长时间里始终处于较为边缘的位置。光绪十四年(1888)间,因谢家福丁艰回籍,他才作为顶替者成为文报局赈所的主持人之一②。尽管文报局赈所后来宣告停办,但其地位已大为提升。光绪二十二年(1896),他一方面和严信厚一起被推举为仁济堂董事,另一方面则是在上海陈家木桥电报局内主办了一个新的赈所,从而终于拥有了属于自己独立名义的、稳固的活动基地③。

至于义赈的第三代领导群体与盛宣怀之间的渊源,也有着学界以往很少留意的脉络。本来,如果按照参与义赈活动的资历,盛宣怀应该算是与第一代领导群体并肩的人物。早在"丁戊奇荒"时期的义赈活动中,盛宣怀就与经元善等人多有合作,并曾位居上海协赈公所成员之列④。光绪九年(1883)七月,盛宣怀甚至公开与谢家福、经元善、郑观应等人合作,主持了为山东发起的大规模义赈活动⑤。不过,此后由于盛宣怀承担的事业日益繁重,以及长期在直隶、山东担任实官,也就很少在义赈阵营中公开露面了。甲午战争以后,

---

① 《抚教局善后章程》,载《申报》,第11册,第522页,光绪三年十月二十五日(1877年11月29日),第4版。

② 《上海陈家木桥电报总局豫皖赈捐处事略》,载《申报》,第32册,第792页,光绪十四年四月初八日(1888年5月18日),第4版。

③ 《上海陈家木桥电报总局筹赈公所自光绪二十二年正月廿三日起至二月十五日止经收湖南义赈第一次清单》,载《申报》,第52册,第553页,光绪二十二年三月二十三日(1896年4月5日),第9版。这个电报局赈所是光绪二十二年初为筹办湖南义赈而重新成立的,该所初期所发公告从未言明主持人姓名,直到次年四川灾赈期间,才表明一直是由杨廷杲主持,对此参见《川灾来电》,载《申报》,第56册,第168页,光绪二十三年四月二十七日(1897年5月28日),第4版。

④ 《上海详报晋赈捐数并经募善士禀》,载《申报》,第18册,第610页,光绪七年五月二十日(1881年6月8日),第3版。

⑤ 《上海陈家木桥山东赈捐公所同人催收汇解启》,载《申报》,第23册,第268页,光绪九年七月二十日(1883年8月14日),第3版。

随着盛宣怀将自己的活动中心从天津转向上海，他参与义赈的频率大大增加。例如，在光绪二十一年（1895）的直奉义赈、光绪二十二年（1896）的湖南义赈、光绪二十三年（1897）的川东义赈和徐海义赈中，他都出现在核心人物之列①。而作为第三代领导群体的严信厚、施则敬和杨廷杲，在这些活动中当然也不会缺席。就此而言，第三代领导群体崛起之际，恰好赶上了盛宣怀向义赈阵营的回归，从而形成了较前两代更为密切的赈务合作关系。因此，盛宣怀在庚子时期出面与严信厚等人主持救助活动，不过是沿袭了惯常做法而已。

并且，与赈务合作并行不悖的是，第三代领导群体与盛宣怀在商务方面同样建立了密切的关系。本书前面的论述表明，从19世纪70年代末起，盛宣怀与作为第一代义赈领导群体的谢家福、经元善和郑观应等人，在洋务建设事业中保持了长期的合作关系，也取得了很多成效。到了90年代，这种合作局面发生了根本性变化。其中，首先掉队的是郑观应。他因为在光绪九年上海金融风潮中受挫而从机器织布局离职出走，到光绪十八年（1892）重返上海的时候，其经济实力和社会声望都大不如前了②。谢家福则因病体难支，于光绪十七年（1891）冬间便不得不返回苏州休养③。他从此再未返回

---

① 《奉直筹捐义赈公启》，载《申报》，第50册，第224页，光绪二十一年五月十二日（1895年6月4日），第3-4版；《筹劝湖南义赈公启》，载《申报》，第52册，第384页，光绪二十二年正月二十七日（1896年3月10日），第3-4版；《照录川东道任逢辛观察来电》，载《申报》，第55册，第292页，光绪二十三年正月十三日（1897年2月24日），第4版；《江北告灾》，载《申报》，第57册，第544页，光绪二十三年十一月初四日（1897年11月27日），第4版。
② 这方面详细论述，可参见易惠莉：《郑观应评传》，第415页。
③ 《谢家福致盛宣怀函》，载陈旭麓等主编：《盛档之八》，第384-385页。

上海，并于光绪二十二年（1896）冬间去世①。至于经元善，还在通电反对"己亥立储"而被迫逃亡之前，便与盛宣怀已成和而不同之势。这主要表现在，他对盛宣怀的做派发出了"官气太浓""务博不专"的微词，而盛宣怀亦做出了"元善从前和平圆通，不似现在意必固我"的评价②。如此一来，盛宣怀在甲午战后从事的各项新事业中，再未出现经元善的身影，也就容易理解了。

从事后情况来看，盛宣怀在上海绅商社会中寻找新的可靠合作者的举动，大约始于甲午战争爆发前夕。直到光绪十六年（1890）才正式投产的上海机器织布局，很快又遇到了运营资金短缺的问题③。在此情况下，盛宣怀向李鸿章提出了"由布局禀请新商另行招股，另设纺纱分局"的建议④。正是在据此建议落实"妥商包办"织布分局的过程中，严信厚与盛宣怀于光绪十九年（1893）初有了商务上的接触⑤。不料机器织布局于光绪十九年（1893）九月突遭火灾，损失惨重。因此，在奉李鸿章之命前赴上海规复织布事务后，盛宣怀决意另起炉灶。按照他的规划，在机器织布局旧址上改设华盛纺织总厂，同时"在上海及宁波、镇江等处招集华商，分设十厂，官督商办"⑥。在新设的10个分厂中，承办宁波通久源

---

① 《善士云亡》，载《申报》，第54册，第659页，光绪二十二年十一月初十日（1896年12月14日），第1—2版。
② 《答原口闻一君问》《盛京卿笔谈并致严、施、杨三董函稿》，载朱浒编：《中国近代思想家文库·经元善卷》，第124、134页。
③ 易惠莉：《盛宣怀评传》，上卷，第254页。
④ 《盛宣怀上李鸿章禀》，载陈旭麓等主编：《盛档之六》，第162—163页。
⑤ 《严信厚致盛宣怀函》，载陈旭麓等主编：《盛档之六》，第164—165页。
⑥ 《推广机器织局折》，载顾廷龙、戴逸主编：《李鸿章全集》，第15册《奏议十五》，第326页。

纺织厂的正是严信厚，承办上海大䋈纺织厂的则是杨廷杲①。此外，杨廷杲还是华盛纺织总厂管理买卖棉花、纱布的三名董事之一②。由此可见，不仅严信厚与盛宣怀的关系又进了一步，对于此前长期在上海电报局总收支所任职的杨廷杲来说，这个时候在盛宣怀事业体系中的地位无疑也大为上升了。

甲午战后，盛宣怀在商务上与新合作者之间的关系，在中国通商银行的建设中又得到了强化。光绪二十二年（1896）九月间，盛宣怀初次向朝廷提出开设中国银行的计划时，便明确宣称严信厚是自己这一计划最主要的支持者："臣前在上海，与开设粤闽浙沪江汉各海关官银号之绅商候选道严信厚议及银行之事，严信厚顾全大局，情愿以其独开之银号，归并公家之银行，使其气局宽展。"③ 在后来实际筹办中国通商银行的过程中，严信厚也的确是最为出力人员之一。因这方面论述已详，此处不赘。这里要强调的是，在某种意义上，中国通商银行的成立也是盛宣怀确立商务上新合作群体的重要标志。这表现在，尽管此时作为老一辈合作者的郑观应和经元善都还在延续其商务事业，但是在盛宣怀确定的中国通商银行首批10名董事中，他们两人都被排除在外，而作为第三代义赈领导群体成员的严信厚、杨廷杲和施则敬则赫然在列④。对于施则敬何以出现在董事之列，以往研究对其背景大多含糊其词，更有人将施则敬与其次兄、在轮船招商局汉口

---

① 《华商机器纺织公所章程》，载陈旭麓等主编：《盛档之六》，第325—326页。
② 《附盛道来电》，载顾廷龙、戴逸主编：《李鸿章全集》，第23册《电报三》，第441页。
③ 《请设银行片》，载盛宣怀：《愚斋存稿》，卷1《奏疏一》，第54—55页。
④ 《中国通商银行大概章程》，载陈旭麓等主编：《盛档之五》，第60页。

分局任职的施紫卿混为一谈①。其实，施则敬此前并无从事近代工商业的背景。但是，由于通商银行章程中规定每位总董必须"认招华商股份一百万两"，所以施则敬通过义赈积累起来的社会声望和筹捐能力，显然成为盛宣怀重视的一个重要资源。因此也不难理解，光绪二十四年（1898）户部发行"昭信股票"时，时任上海道蔡钧将提倡绅富劝购的希望，不仅放在了严信厚身上，同样也放在了施则敬身上②。

从前面的论述可以看出，基于赈务和商务的双重脉络，盛宣怀与严信厚等人之间在庚子之前的关系，业已具备了某种事业共同体的意味。另外，组建华盛纺织厂和中国通商银行这两家企业的情况也表明，严信厚在甲午前后已经成为上海绅商社会中举足轻重的人物。但是，无论是张之洞还是刘坤一在主持商务局建设期间，不仅完全没有理会盛宣怀，也根本没有重视过严信厚。至于康有为对上海商务局人选的设想，可见其对上海绅商社会的印象，基本上还停留在19世纪80年代。因此，借用经元善的话来说，张之洞、刘坤一和康有为皆可谓"于商务隔十重帘幕"。而当盛宣怀终于从"经元

---

① 将施则敬与施紫卿混淆的典型事例，其一为费维恺在《中国早期工业化》里的说法（该书第303页），其二则见于《中国通商银行——盛宣怀档案资料选辑之五》一书的编辑者的注释（该书第60页脚注6）。事实上，施紫卿（名肇英，施善昌次子）从光绪十九年（1893）起到1912年止，一直在汉口活动，先后就职于招商局汉口分局、中国通商银行汉口分行，但从未在上海参与商务活动。对施紫卿于光绪十九年开始在汉口任职的情况，可参见《上海北市丝业会馆筹办顺直赈捐沪局琐记廿五》，载《申报》，第45册，第332页，光绪十九年九月十一日（1893年10月20日），第4版。关于施紫卿在中国通商银行汉口分行任职的情况，参见《中国通商银行总董致盛宣怀函》，载陈旭麓等主编：《盛档之五》，第433页。

② 《上海道致严叶施公信》，载《申报》，第58册，第356页，光绪二十四年二月十三日（1898年3月5日），第4版。

善事件"的影响下解脱出来,并在商务问题上被朝廷真正赋予权力时,近代商会组织建设才彻底摆脱了庚子之前那种徒劳无功的低迷状态。

如前所述,盛宣怀于光绪二十五年(1899)十月间提出的设立华商公所的构想,因稍后被卷入"经元善事件"成了待罪之身而告破灭。将近一年之后,正因筹办陕西赈务而被朝廷寄予厚望的盛宣怀,又看到了自己重新在商务问题上大显身手的曙光。光绪二十六年十一月初一日(1900年12月22日),在京师负责议和的奕劻和李鸿章,将"美使署传钞草约"十二款电寄行在军机处①。得悉草约内容的盛宣怀,同日致电掌管西安电报局的孙宝琦,透露了自己对即将进行的赔款谈判中涉及商务问题时的担忧:"俟议赔款时,商务大臣自当挺身而出,指新筹之款,为分还之据。傅相(按:**即李鸿章**)商务本属具名,彼族莫不笑中国效率。"并用以退为进的口吻称:"若鄙人材庸望浅,值此艰危,何能胜任?必须另择贤能为傅相会办,而实身任之。"②正如易惠莉分析的那样,盛宣怀这份电文里所表露的,其实是对商务大臣一职的企盼③。

盛宣怀的这个企盼,当然不是痴心妄想。恰恰就在盛宣怀致电孙宝琦的那一天,朝廷谕令升任其为正三品的宗人府府丞④。这从一个侧面意味着,朝廷已将经元善尚未归案一事的罪过悄悄放过了。很可能受此鼓舞,盛宣怀在十一月初八

---

① 《寄西安行在军机处》,载顾廷龙、戴逸主编:《李鸿章全集》,第27册《电报七》,第468页。
② 《盛宣怀致孙宝琦电》,载陈旭麓等主编:《盛档之七》,第466—467页。
③ 易惠莉:《盛宣怀评传》,下卷,第570—571页。
④ 中国第一历史档案馆编:《光绪宣统两朝上谕档》,第26册,第427页。

日（12月29日）致王文韶的电报中，挑明了自己对主持商务问题的愿景。他首先提出，将来"必须照各国专设商务衙门，将兴利除弊，一切新政归并开办，与总署画开界限，杜彼要求；而与户部相为表里，保我主权"。接着又用几乎自荐的口吻称："此事必须有人主持，方能下手……宣自问才力、心力、权力无一足当各国使臣者，仍宜藏拙，以免贻羞。"① 朝廷基于此时对盛宣怀的多方倚重，以及王文韶、李鸿章等人的举荐，所以仅距盛宣怀致电王文韶后七天，即十五日（1901年1月5日），便颁发上谕，宣布盛宣怀"著充会办商务大臣"②。至此，盛宣怀的企盼终于变成了现实。

一旦在商务问题上拥有了话语权，盛宣怀立即把商务组织的建设提到了自己的行动日程上来。在接到会办商务大臣的任命而上奏的谢恩折中，盛宣怀便将开办商会列为大力推进商务建设的一项内容："一俟款议大定，所冀……广商学以植其材，联商会以通其气，定专律以维商市，兴农功以浚商源，阻格胥蠲，职事可举。"③ 在另一份关于预筹赔款办法的电奏中，盛宣怀进一步突出了创立商会对于未来商约交涉时所具有的重要作用："第十一款通商修约非急切之事，倘能各省先立商会，准官商各抒所见，权衡损益，能多讲究一分，可少吃亏一分。"④ 由此可见，这时盛宣怀已经深刻意识到，设立商会组织是议和之后必须加紧着手的一项事务了。

---

① 王尔敏、陈善伟编：《清末议订中外商约交涉——盛宣怀往来函电稿》，上册，第19页。
② 中国第一历史档案馆编：《光绪宣统两朝上谕档》，第26册，第434页。
③ 《充会办商务大臣谢恩折》，载盛宣怀：《愚斋存稿》，卷5《奏疏五》，第169页。
④ 《预筹赔款办法电奏》，载盛宣怀：《愚斋存稿》，卷21《电奏一》，第565页。

接下来的势态发展，使得盛宣怀关于商会的预想逐步成为现实。光绪二十七年七月二十五日（1901年9月7日），奕劻、李鸿章作为全权大臣与德国等11国签订了《辛丑条约》。为了应对下一步的商约谈判，清廷于次月复任命盛宣怀"为办理商税事务大臣，议办通商、行船各条约，及改定进口税则一切事宜"①。事权在握的盛宣怀，在商会组织建设上也有了更大的主动性。因列强指定上海为商约谈判地点，盛宣怀亦鉴于"各国驻京公使欲在上海开议者，以其有洋商总会"的状况，故而决定在上海"议设商务总会"。而盛宣怀所瞩目的首要承办人选，正是与其在庚子时期救助活动中密切合作的严信厚。九月初，盛宣怀饬其"迅即传集各大帮董事，即日议立总会，凡商税行船各端，准各帮绅商或各抒己见，或互证所知，开具节略，不拘格式，借备采择"。严信厚迅速表示，拟"先行筹垫经费，赁屋一区，制备家具，以作聚会之所"，另因上海"向有各帮总会，皆系聚会之所"，故而建议将这一机构"改为商务公所"②。盛宣怀在稍后对严信厚的批复中，又将该机构改称"商业会议公所"，并要求上海"各大帮绅董应知此举为华商生命所系，仿照西人总会章程，按时集议。遇有应商、应陈、应争、应改诸大端，准其条举以备，借备磋议"③。据此可知，上海商业会议公所的定名当在开展商约谈判之前，而非通常所认为的光绪二十八年（1902）。

---

① 《清实录》，第58册《德宗景皇帝实录（七）》，卷486，光绪二十七年八月壬子（十九日），第429页。
② 《光绪二十七年九月严信厚上盛宣怀遵饬议办上海商业公所禀》，载上海市工商业联合会、复旦大学历史系：《上海总商会组织史资料汇编》，上册，上海：上海古籍出版社，2004，第45—46页。
③ 《光绪二十七年九月盛宣怀饬准创办上海商业公所批文》，载《上海总商会组织史资料汇编》，上册，第46页。

光绪二十八年（1902）正月间，也即中英商约谈判开始后不久，上海商业会议公所的名号便正式出现在公众视野之中了①。二月间，严信厚主持拟定的"暂行章程六条"，经各业绅董"公同披阅，互相商榷，均无异议"，并得到了盛宣怀的核准②。九月间，盛宣怀又向朝廷奏报了以严信厚为总理的上海商业会议公所的成立情况，朝廷亦无异议③。与从甲午年到己亥年的上海商务局建设历程相比，该公所的创办简直称得上一帆风顺。至于如此顺利的原因，除了盛宣怀的推动作用和严信厚的社会声望之外，来自上海绅商社会的大力支持，当然是事关重要的因素。而此际的上海绅商社会能够如此合群，肯定不能忽视庚子时期救助活动所起到的社会动员作用。对此，只要审视一下该公所成员的组成情况即可明白：该公所的五位总董，即严信厚、唐荣俊（按：唐荣俊字杰臣）、梁荣翰（按：梁荣翰字钰堂）、陈作霖、朱佩珍，都是光绪二十六年闰八月初二日（1900年9月25日）在一品香酒楼会商难民救济事务的重要成员；其议员和会员中，除了施则敬、杨廷杲两人外，更有许多人都曾出现在两场救助行动的行列之中④。值得强调的是，上海商业会议公所对上海绅商社会的整合作用，为此后上海商务总会的成立打下了良好的基础。既有研究表明，上海商务总会不过是对上海商业会议公所的改

---

① 《商会批词》，载《申报》，第70册，第276页，光绪二十八年正月十五日（1902年2月22日），第3版。

② 《光绪二十八年二月严信厚上吕海寰、盛宣怀初拟商业会议公所暂行章程并商董职名禀》《吕海寰、盛宣怀核发商业公所初拟章程批文》，载《上海总商会组织史资料汇编》，上册，第47—48页。

③ 《请设上海商业会议公所折》，载盛宣怀：《愚斋存稿》，卷7《奏疏七》，第220—221页。

④ 关于上海商业会议公所的架构及具体成员情况，参见徐鼎新、钱小明：《上海总商会史（1902—1929）》，第43—47页。

组而已①。因此之故，严信厚在从上海商业会议公所总理转任上海商务总会总理的过程中，并未遭遇任何挑战。

在近代中国商会史研究的视野中，学界主要关注上海商业会议公所的属性问题，对其具体产生情境则着墨无多。盛宣怀催生该公所之举，更是往往被当作一个一笔带过的插曲。实际上，一旦将这个插曲与盛宣怀在庚子时期的整体历程结合起来，便会发现其中蕴含着十分重要的认知线索。首先，它折射出了盛宣怀在国家商务体制中所处地位的重大变化。起初被排除在商务局建设之外的盛宣怀，在庚子国变后得以进入国家商务体制的高层，并成功地使朝廷认可了上海商业会议公所的成立。其次，它反映了盛宣怀重新动员、整合上海绅商社会的效果。以"经元善事件"为标志，洋务运动时期生成的、与盛宣怀长期合作的绅商群体彻底瓦解，新生代的严信厚、施则敬等人成为盛宣怀越来越倚重的对象。对于盛宣怀在庚子之后的处境转变，通常历史叙事都将"东南互保"作为一大枢纽。本章的论述则表明，以庚子时期的京津兵灾和陕西旱灾为诱因，盛宣怀和上海新生代绅商群体所发动的两场大规模、跨地区的社会救助行动，其枢纽意义丝毫不亚于"东南互保"。另外，对盛宣怀来说，无论是在"经元善事件"中的表现，还是策划与朝廷旨意相违背的"东南互保"，都面临着被降罪的危险；然而，随着八国联军侵华战争的爆发，以及陕西旱荒对行在的威胁，这些危险皆消弭于无形。对此，盛宣怀难道就没有一点儿"天助我也"的庆幸吗？

---

① 徐鼎新、钱小明：《上海总商会史（1902—1929）》，第59页。

第六章

从假戏到真做：
中国红十字会与事业低谷之中的盛宣怀

从光绪三十年（1904）到宣统二年（1910）期间，盛宣怀参与了不少与创建中国红十字会相关的活动。然而，在迄今以盛宣怀为中心的研究中，关于其参与创建红会的情况，要么被完全忽视，要么被视为枝节问题而一笔带过。随着红会历史近年来受到较多关注，盛宣怀的这些活动也逐渐被发掘出来。不过，学界关于盛宣怀所起作用尚未达成一致。一方面，池子华澄清了盛宣怀作为中国红十字会首任会长的史实，表明盛宣怀在红会发展史上具有不同寻常的地位①。另一方面，学界对盛宣怀的重要性尚有质疑。有人指出盛宣怀在创办红会一事上，"态度较为消极被动"②。还有研究显示，在上海万国红十字会的创设过程中，盛宣怀并不位于起至关重要作用的人物之列③。这不免令人奇怪，创会态度较为消极被

---

① 池子华：《红十字与近代中国》，合肥：安徽人民出版社，2004，第 66-70 页。
② 张建俅：《中国红十字会初期发展之研究》，北京：中华书局，2007，第 36 页。
③ 周秋光：《红十字会在中国（1904—1927）》，北京：人民出版社，2008，第 37 页。

动、在上海万国红十字会时期亦非重要人物的盛宣怀，何以能够成为首任会长呢？如果囿于红会的内部视角，这个问题恐怕很难解答。而一旦将红会建设与同时期盛宣怀的事业发展进程相结合，便可发现出人意料的线索。简单说来，盛宣怀参与红会建设的确不是一项有充分准备的活动，但也不是其生平事业中无足轻重的一笔，这当中关联着盛宣怀在深陷事业低谷之际的辗转腾挪。

第一节　对中国红十字会起源问题的再审视

从民国时期起，在典范式的中国红会历史书写中，红会的早期历史就呈现出颇为一致的简略样式。除了将1904年上海万国红十字会的成立作为中国红会的发端，并简述其活动外，对于其他史实，如上海万国红十字会之前和之后的红会发展脉络，或是语焉不详，或是付诸阙如，根本无法从中准确认识中国红会的起源问题[①]。自20世纪90年代末以来，一批出色的学术研究极大地弥补了这一缺憾。通过这些研究，红会早期历史的许多重要内容，如红会思想和观念向中国的传播、红会组织被中国社会接受的过程、红会所促进的慈善事业现代化等，都得到了深入的探讨。

[①] 民国时期的典型表述，参见《中国红十字会》，南京：行政院新闻局印行，1947，第1页。中华人民共和国成立后的一段时间里，红会出版物中基本不出现其1949年以前的历史。改革开放以后，红会早期历史才重新出现在主流出版物中。这方面的典型表述可参见：中国红十字会总会编：《中国红十字会的九十年》，北京：中国友谊出版公司，1994，第3-13页；孙柏秋主编：《百年红十字》，合肥：安徽人民出版社，2004，第23页。

不过，这些研究基本上都是遵循现代化范式的思路，将中国红会的起源视为现代化转型过程中的一个事件，从而对这一起源问题的复杂脉络认识不足，也对历史人物的能动性缺少充分注意。正是由于这些缺失，许多人物的历史定位都十分含混。这方面的一个显著表现是，就目前所见，被呼为中国红会创始人的至少便有沈敦和、陆树藩、吕海寰、施则敬与吴重熹五人①。那么，这些人与盛宣怀之间究竟有怎样的关联呢？盛宣怀成为首任红会会长的原因又是什么呢？而要回答这些问题，就必须重新审视中国红会的起源过程。

已有研究表明，虽然红会的相关知识开始在中国传播，可以追溯到19世纪70年代，但是这一事物在中国社会上真正产生影响，或者说普通国人对之有确切印象，是在中日甲午战争期间。据《申报》于光绪二十一年（1895）正月间报道，一批西方传教士和医生在上年底"就营口设一医院"，专门救治"华兵之被药弹所伤者"②。有学者从西方资料里发现，这个医院是由联合长老会的一些传教士和当时附近外国兵船上的人士开办的，并且使用了"The Red Cross Hospital（红十字会医院）"的名义③。在当时的中文语境中，这家医院也被

---

① 何克明：《中国红十字会创始人沈敦和先生事略》，《博爱》1993年第1期；徐桢基：《陆树藩其人其事》，湖州市政协文史委编：《湖州文史》，第21辑，湖州市政协文史委印行，2002，第29~44页；孙兴林：《中国红十字会创始人之一吕海寰》，《莱州文史》2004年第1期，第16~17页；池子华：《施则敬与中国红十字会的创始》，载郝如一、池子华主编：《红十字运动研究》（2007年卷），合肥：安徽人民出版社，2007，第83~88页；张海鹰：《"中国红十字会"创始人——吴重熹》，《滨州日报》2011年10月11日，第6版。

② 《善会募捐》，载《申报》，第49册，第181页，光绪二十一年正月十三日（1895年2月7日），第2版。

③ 周秋光：《红十字会在中国（1904—1927）》，第9页。

赋予过"牛庄红十字会医院"的称呼①。国内甚至有人将该医院混同为红十字会,称此举为"泰西各善士设立红十字会"②。由此可见,尽管此时中国人士对红十字会性质的了解仍属有限,然而红十字会肯定已不是一个完全陌生的名称了。

更重要的是,国人并非只是这个"红十字会医院"的看客。当时,由于经费不足,该医院人士请寓沪英国传教士慕维廉出面劝募款项③。作为此际上海义赈活动头号人物的施善昌,很快做出了积极响应。他相继以仁济堂赈所、丝业会馆赈所的名义,在《申报》上发布了为该医院募捐经费的公启④。一个月后,施善昌从社会上募集到捐款1 000两,随即与两江总督、江苏巡抚设法拨发的12 000两一起,由上海道刘麒祥通过英国领事署转解该医院⑤。这里值得一提的是,这次经历肯定使施善昌对红十字会的名称有了深刻印象,因为他自己后来曾明确宣称这批捐款的用途乃是"北洋红十字会医药经费"⑥。后文将会说明,施善昌与红会的这次接触,对于理解红会在中国演生的实践脉络,具有不容忽视的意义。

维新运动兴起后,创设中国红会组织的倡议开始出现。

---

① 《仁恩远需》,载《申报》,第49册,第344页,光绪二十一年二月初十日(1895年3月6日),第4版。牛庄与营口的名称当时混用。
② 《顾恤疮痍》,载《申报》,第49册,第200页,光绪二十一年正月十六日(1895年2月10日),第4版。
③ 《募捐小引》,载《申报》,第49册,第181页,光绪二十一年正月十三日(1895年2月7日),第1版。
④ 《劝募北洋医院经费》,载《申报》,第49册,第242页,光绪二十一年正月二十三日(1895年2月17日),第4版;《劝募北洋营勇医费》,载《申报》,第49册,第266页,光绪二十一年正月二十七日(1895年2月21日),第4版。
⑤ 《收解声明》,载《申报》,第49册,第430页,光绪二十一年二月二十三日(1895年3月19日),第4版。
⑥ 《上海北市丝业会馆筹赈公所施少钦经解乙未年各处赈款清单》,载《申报》,第52册,第336页,光绪二十二年正月十九日(1896年3月2日),第4版。

这种倡议的第一个朝向，是希望清政府顺应世界潮流而开办红会。第一位向清政府提出创设红会建议的人士，是久驻日本大阪的华商孙淦。光绪二十四年（1898）初，他向当时的驻日公使裕庚呈递禀文称，开办此会的主要宗旨是"赞军政而联与国"。其理由在于，"万国公法之中，以此会为近数十年至善之大政。凡有军事，必认此会为中立，其有加害，万国得而讨之。其爱人也如彼，其见重于人也如此，此万国之所同也"；且中国"以亚洲文明之大国，而万国共行之善政，我独阙如，坐令西方之人以野蛮相待，蔑我滋甚，其于国体，所关匪轻"①。另一位提出请朝廷倡办的人士，是时为驻俄公使的杨儒。光绪二十五年（1899）四月间，杨儒奉命代表清政府参加了在荷兰海牙举行的"保和公会"。这次会议上全体通过的《推广日来弗（按：即日内瓦）原议行之水战条约》，是个与国际红十字会有关的公约。是年底，在回复清廷关于该条约补签事宜时，杨儒也表达了应该由国家创设红会之意。其奏称："红十字救生善会，各国俱重视此举，谓为教化中应有之仁义。现既从众画押，自宜及时筹办，以示善与人同。拟请仿照日本捷便章程，由国家督率举行。"并且自告奋勇地表示，一旦自己"交替回华，深愿力任此事，并捐使俸银五千两，借劝绵薄，庶可早树规模"②。

这种倡议的第二个朝向，是希望唤起国内社会对创设红会意义的认识。这方面的主要阵地是《申报》。光绪二十四年

---

① 《大坂商人孙淦呈请裕钦使转咨总署奏设红十字会禀》，载时务报馆编：《时务报》，第 3722—3724 页。此处"坂"为原文。
② 《使俄杨儒奏遵赴和兰画押请补签日来弗原议并筹办救生善会折》，载王彦威纂辑：《清季外交史料》，第 3 册，第 2325—2327 页。

(1898)三月间,《申报》便全文转载了前述孙淦的禀文,并以赞叹的口吻评论道:"此举若成,则中国百余万荷戈执戟之士当同感大德于靡既矣!"① 一个多月之后,《申报》馆刊发了一篇题为《创兴红十字会说》的社论。该文首先阐明,红会的性质是"泰西各国临阵救护受伤兵士之善举也",继而宣称,创设红会是中国紧跟世界文明潮流的重要标志:"今则合欧亚美诸洲,除野蛮外,凡有教化之邦,无不踵兴斯会,所未兴者,惟我中国及朝鲜耳……若中国则声名文物照耀寰区,王者之师最重仁义,而坐令兵卒效命于疆场之际……不特中心有所不忍,且不将贻四邻之笑而鄙之为野蛮乎?"② 十月间,孙淦在《申报》上连载了关于红十字会的介绍,并称加入红会体系与中国进入国际体系的问题密切相关:"方今地球各国,联约者四十有二国,未经入会者,惟朝鲜与我耳,毋怪人之不我齿也。"③ 此外,《申报》在这一时期还对红会的相关知识做了不少介绍,此处不赘。无疑,《申报》上的这些倡议和介绍,大大加深了国人特别是上海社会对红会的认知。

　　本来,由于庚子国变的发生,关于创设红会的倡议显然成了泡影。可令人意外的是,恰恰在这段社会动荡的时期,使得一些国内人士居然有机会运用红十字的旗号开展社会实践活动,从而大大推广了中国社会普通民众对红十字形象的认知。这次活动就是本书第五章里论述过的上海绅商社会发

---

① 《创兴善会》,载《申报》,第 58 册,第 503 页,光绪二十四年三月初五日(1898 年 3 月 26 日),第 2 版。
② 《创兴红十字会说》,载《申报》,第 59 册,第 49 页,光绪二十四年闰三月十九日(1898 年 5 月 9 日),第 1 版。
③ 《接录红十字会说》,载《申报》,第 60 册,第 558 页,光绪二十四年十月初四日(1898 年 11 月 17 日),第 3 版。十月初三日(11 月 16 日)第 3 版刊发了《红十字会说》(《申报》,第 60 册,第 550 页)。

起的对京津地区战争难民的救助活动。前文曾经指出，作为上海绅商社会边缘人物的陆树藩，其能够动员起来的社会力量，当然要弱于严信厚、施则敬等著名绅商兼义赈领袖人物。然而，陆树藩及其主持的救济会，从行动伊始便鲜明地打出红十字旗号，不仅壮大了自身声势，而且给人留下了深刻印象。

救济会对于红十字色彩的体现，首先是以红十字精神为行动宗旨。该会成立时即宣称，其性质"亦如外国红十字会之例，为救各国难民及受伤兵士起见，已蒙各国领事议允"①。陆树藩于九月初抵达天津之时，遇到一批当初为谋生计而"甘从洋兵，以身试险"，如今却陷于困境的南方苦工，虽一开始恼怒这些人"贪利北来"，但终念及"红十字会例以平等救人为主，故仍一体援之"②。而后，陆树藩得知随自己北来的一些司友"颇有退心"时，又特地以"泰西红十字会章程，系专往军前救济"之语相劝慰③。其次，救济会在活动中非常注意对红十字标志的凸显。该会在天津设局时，规定会中"无论上下人等，均穿红十字记号衣服"④。在天津地区张贴关于开展救护活动的告示中也声明，凡是该会所派人员"身边及舟车均以红十字旗号为凭"⑤。在开设保定救济会分局时，也在章程中对突出红十字特征做出规定："凡善会执事之人，登列名册，衣上有红十字记号，洋文写明'中国红十字会执

---

① 《救济善会启》，载《申报》，第 66 册，第 46 页，光绪二十六年八月十六日（1900 年 9 月 9 日），第 3 版。
② 陆树藩：《救济日记》。转引自冯志阳：《庚子救援研究》，第 372 页。
③ 《告本会北来各司友》，载《救济文牍》卷 2，第 7b 页。
④ 《津局办理章程》，载《救济文牍》卷 1，第 5b 页。
⑤ 《张贴天津各处晓谕居民告示》，载《救济文牍》卷 2，第 6b 页。

事人'字样。"①

尽管救济会对红十字旗号的使用肯定不够专业，但毕竟是红十字形象在中国的首次大范围推广，也赢得了较多的社会认同。首先，各新闻报刊大力宣扬救济会与红十字会的性质基本相通。例如，《申报》馆就认为，救济会的宗旨与"泰西红十字会相同"②。《新闻报》称该会为"救济红十字会"，《苏报》则称其"章程略仿各国红十字会，又斟酌于人地所宜而损益之"③。其次，不同阶层国内人士都有将救济会与红十字相提并论者。前述曾倡议政府创办中国红会的驻俄公使杨儒，称赞救济会的活动"实获我心"，并表示该会与红十字会"虽办法稍殊而宗旨无异"④。上海道蔡钧径称该会为"红十字救济会"⑤。有人在《申报》上发表诗作称颂该会，内中亦有"救济会原红十字"之句⑥。最后值得一提的是当时侵华各国统兵官的态度。陆树藩抵津之初，便向天津都统衙门声明："凡敝会董事、小工身上均有红十字记号，各国洋兵不得欺侮。"⑦ 各国统兵官尽管认为救济会尚未加入"杰乃法之会（按：即日内瓦国际红十字会），未便滥用红十字旗帜"，故而建议该会将"红十字该为蓝十字，以示郑重之意"，但并未阻

---

① 《保定救济善会分局章程》，载《救济文牍》卷1，第11a至b页。
② 《劝募救济兵灾捐款》，载《申报》，第66册，第45页，光绪二十六年八月十六日（1900年9月9日），第1版。
③ 《〈新闻报〉馆协办救济会募捐启》《录〈苏报〉论救济善会》，载《救济文牍》卷6，第6a、9b页。
④ 《杨子通星使来书》，载《救济文牍》卷5，第5a至b页。
⑤ 《济急第五号公函》，载《申报》，第66册，第278页，光绪二十六年闰八月二十五日（1900年10月18日），第3版。
⑥ 《来函照登》，载《申报》，第66册，第440页，光绪二十六年九月二十三日（1900年11月14日），第4版。
⑦ 《致天津都统衙门书》，载《救济文牍》卷4，第48a页。

挠其活动①。

正是这次救助活动中的经历，促使陆树藩萌生了创设中国红会的念头。按照陆树藩的说法，在各国统兵官让其将红十字改为蓝十字标记后，"蒙各国红十字会友来会，将红十字例条见示，知红十字会总会设于瑞京，不入此会，不得滥用红十字会旗帜，更不得享此会之利权"②。更加凑巧的是，在他从北方返回南方的途中，恰好与前述向驻日公使上书倡办红会的孙淦同船，两人遂"畅谈红十字会利益"，很可能也探讨了创建中国红会组织的问题③。于是，在救助行动大致结束后的光绪二十七年（1901）初，陆树藩即产生了"筹办红十字会，以垂永久"之意④。他计划一方面禀明两江总督刘坤一"创建中国红十字会"，另一方面"拟派员赴瑞京联约入盟，仿照各国红十字会章程办理"⑤。如果这个计划能够落实，陆树藩无疑可以成为中国红会的创始人。可遗憾的是，此后的红会活动中再无陆树藩的身影，该计划也大概率流于纸上谈兵。事实上，陆树藩举办救济会的活动就可谓是勉力支撑。据其后人所述，陆树藩后来将家传皕宋楼藏书售与日本人，原因之一便是因开办救济会造成的赔累⑥。这就从一个侧面说明，陆树藩根本不具备创设红会的号召力和实力。

当然，陆树藩的黯然出局，并不意味着中国红会的起源

---

① 《筹创中国红十字会启》，载《救济文牍》卷1，第42b页。
② 《筹创中国红十字会启》，载《救济文牍》卷1，第42a页。
③ 陆树藩：《救济日记》。转引自冯志阳：《庚子救援研究》，第381页。
④ 《北方救济并归顺直春振启》，载《申报》，第67册，第436页，光绪二十七年二月初三日（1901年3月22日），第4版。
⑤ 《筹创中国红十字会启》，载《救济文牍》卷1，第42b至43a页。
⑥ 徐桢基口述、虞云国整理：《陆树藩其人与皕宋楼藏书售日事》，《史林》2007年增刊，第1-4页。

脉络就此中断。这是因为，庚子时期使用红十字旗号的并不止于陆树藩和救济会。如前所述，在这场京津地区难民救助活动中，严信厚、施则敬出面主持的济急善局力量更为雄厚，并且很快与救济会达成联合，组成了东南济急会。东南济急会在"开办大略章程四条"中便明确宣布："此系仿照红十字会意办理"①。由此可见，济急会同人对于此时使用红十字旗号的认识是一致的。并且，这种认识肯定不能仅仅归因于陆树藩的影响。最起码，作为施善昌之子的施则敬，就不可能不了解甲午战争时期其父与红十字会医院的接触。不过，由于施则敬、严信厚，包括掌控救助活动的盛宣怀，此际都驻守上海，并不像深入灾区的陆树藩那样需要大力借用红十字的标识。况且，他们没过多久又把主要精力转向了陕西赈务。这就显得他们此时与红十字旗号的关联，远不如陆树藩紧密。然而，这次经历必然有助于加深施则敬等人对于兵灾中运用红十字旗号开展救援的印象。这就很容易理解，当日俄战争在中国东北地区爆发以后，上海绅商社会又一次尝试开展难民救助活动时，很快便想到了对上次经验的借鉴。

光绪三十年正月初五日（1904年2月20日），《申报》馆刊发的一篇社论就指出，"此次东三省变起仓猝，虽不至如京津受祸之深"，但是"宜师前者救济之法，由沪地商派轮船，驶往援救，一切办理，前规未远，尽可仿行"②。这种仿照庚子经验的呼吁，很快也在上海绅商社会中得到了积极响应。

---

① 《济急公函》，载《申报》，第66册，第170页，光绪二十六年闰八月初七日（1900年9月30日），第3版。
② 《劝中西官绅急救北方难民说》，载《申报》，第76册，第263页，光绪三十年正月初五日（1904年2月20日），第1版。

正月十七日（3月3日）午后，在施则敬的主持下，招商局督办杨士琦以及沈敦和（顺便指出，这也是沈敦和首次参与上海绅商的群体性社会救济活动）、曾铸、任锡汾、陈作霖等一批上海绅商界知名人物在六马路仁济善堂聚议，成立了一个名为"东三省红十字普济善会"的组织①。而在此次会议上通过的活动章程中，也显现了对庚子之役的清晰记忆，并且特地点明以庚子经验作为此次行动的参照系：

> 或曰："庚子之役，上海有救济善会之设，各国义之。今东三省复有是举，固被难人民所亟盼，而亦两战国所乐从也。其事与庚子得毋相同？"顾事则同矣，而其实有难焉者。②

另外值得一提的是，施则敬作为此时会议召集人的角色，也恰好表明了红会系谱在中国社会实践中的某种连续性。

虽然施则敬等人发起"东三省红十字普济善会"之初，很可能只是想仿照庚子经验开展救援活动，但是，这既不意味着该会性质等同于庚子时期陆树藩创办的救济会，也不能与前述陆树藩试图创办"中国红十字会"之举等量齐观。在"东三省红十字普济善会"成立两天后，《申报》馆便给予了这样的期望："此次普济善会，特中国红十字会之先声耳！诚能于俄日战事既平，不废此举，商之瑞士万国红十字会，得以列名其间……俾红十字徽帜近而照耀于中国二十一行省。"③后来事态的走向表明，《申报》馆的这一期望一步步成为了现

---

① 《记普济善会初次议事情形》，载《申报》，第76册，第342页，光绪三十年正月十八日（1904年3月18日），第3版。

② 《东三省红十字普济善会章程并启》，载《申报》，第76册，第335页，光绪三十年正月十七日（1904年3月3日），第1版。

③ 《中国宜入红十字会说》，载《申报》，第76册，第347页，光绪三十年正月十九日（1904年3月5日），第1版。

实。尽管"东三省红十字普济善会"仅仅存在了七天便被迫终止，但是它在实践上开启了中国红会组织的建设之路，从而与陆树藩创办的救济会及其试图筹创的"中国红十字会"都有了本质上的不同。

"东三省红十字普济善会"之所以命运短暂，是因为此时形势与庚子时期大为不同。其实，该会同人事先也意识到面临许多困难，其中最为严重的一个问题便是："庚子联军虽夥，令出于一，故与甲国商之而允，而乙国亦必无阻。今则必周旋二国之间，较为棘手。"① 的确，这个完全由国内人士组成的社会性救援机构，很难在牵涉到复杂国际关系的格局下展开活动。于是，该会同人随即"日与寓沪西国官商议行合力举办之法"，从而为成立一个能与国际接轨的红会组织做好了铺垫。经磋商，该会同人与"寓沪西国官商及工部局值年总董事"商定，于正月二十四日（3月10日）在英租界工部局议事厅举行会议，"设立万国红十字分会"，并声明"一经议定办法，同人即就盆汤弄丝业会馆设局开办"②。这次会议共推选出外国董事35人、华董10人，而华董之中除沈敦和外，大多都有参与过庚子救助的背景，如严信厚、施则敬、朱佩珍、曾铸、陈作霖，等等。到次日午后三点钟，施则敬"复邀各华董在丝业会馆会议，先行筹备五万金，以期及早开办"③。这就意味着，作为国内最早与红十字组织发生联系的

---

① 《东三省红十字普济善会章程并启》，载《申报》，第76册，第335页，光绪三十年正月十七日（1904年3月3日），第1版。
② 《普济群生》，载《申报》，第76册，第388页，光绪三十年正月二十五日（1904年3月11日），第3版。
③ 《施君肇基笔译上海创设万国红十字支会议大旨》，载《申报》，第76册，第409页，光绪三十年正月二十八日（1904年3月14日），第1版。

机构丝业会馆,至此又成为了中国红会组织建设的起步场所。

正是上海万国红十字会成立之后,皆被后人赋予过中国红会创始人名号的吕海寰、吴重熹,以及盛宣怀,才终于作为红会发展过程中的重要人物而出现。至于促使他们现身的机缘,是正月三十日(3月16日)这一天,他们同时接到了来自上海万国红十字会和朝廷关于红会问题的函电。首先是沈敦和、施则敬和任锡汾致函盛宣怀,报告了成立万国红十字会的消息:"现在同人拟创办万国红十字支会,拟有捐启、公函两稿,已经送请吕尚书(**按:即吕海寰**)鉴阅。兹特呈乞钧察,务求迅赐核定,克日掷还,以便赶缮付印。"① 其次则是商部致电吕海寰、盛宣怀和吴重熹,告以商劝上海绅商举办红会之意:"华民流离可痛,亟须拯渡。现拟由商家出名,兴办红十字会。上海绅商林立……请即就近提倡,转饬各绅商切实筹办,以成善举。"② 由此可见,第一,上海万国红十字会的成立,恰好符合了此时清政府的需要;第二,由于这两份函电的交集,使得此时身为商约大臣的吕海寰和盛宣怀、电政大臣吴重熹三人,突然在红会活动中处于十分关键的中枢地位了。

吕、盛、吴三人对于上海万国红十字会的第一个重要支持,表现在劝捐活动及其效果上。吕海寰接到红会来函后,随即与盛宣怀、吴重熹等人会商,同意共同为该会出面劝捐。他致函任锡汾称:"弟与杏荪宫保、仲怡侍郎(**按:即吴重**

---

① 《沈敦和、施则敬、任锡汾致盛宣怀函》,上海图书馆藏盛宣怀档案,档案号SD058800。这条资料的线索,来自孙善根编著:《中国红十字运动奠基人沈敦和年谱长编》,杭州:浙江大学出版社,2014,第55页。该函落款日期为"正月廿九夜",故盛宣怀见信当为次日。

② 《商部来电》,载盛宣怀:《愚斋存稿》,卷63《电报四十》,第1385页。

熹)、星阶(按:即刘宇泰)、杏城(按:即杨士琦)两京卿公议,凡中国各处劝捐公启,同可刊名。"① 果然,在二月十三日(3月29日)发出的、落款为"上海万国红十字会同人"的一份劝捐公电上,由吕、盛、吴三人领衔,向"顺天府尹堂、各省将军、都统、督抚、学院、提镇、藩臬、运道及各关各局"等各级官员通报了在沪绅商"公举中西办事董事,合办上海万国红十字会"的消息,并声明"以上海丝业会馆为华董办事处,公同酌刊捐册,备函分寄各省官绅商富,务恳鼎力提倡,俾被难华人同登衽席"②。顺便指出,这一面向全国的募捐之举,很容易使人联想到庚子年间盛宣怀主持东南济急会时的劝捐公电。在他们三人的推动下,上海万国红十字会的募捐取得了非常可观的效果。除了各地官绅士民纷纷响应外,清廷也特地向该会颁发了内帑银十万两。据统计,到四月下旬,该会所收捐款已超过三十万两③。

吕、盛、吴三人对于上海万国红十字会的第二个重要支持,是推动了该会获取国际承认的进程。二月初三日(3月19日),他们三人致电外务部、商部,在请其抓紧与日、俄两国交涉外,还特地提醒"须先照例知照瑞典(按:应为'瑞士',此为电文误写)总会,两战国方能承认"④。而外务部这

---

① 《吕海寰致任锡汾函》,香港中文大学图书馆藏盛宣怀档案,档案号sxh25-0046。这条材料的线索系郭黎鹏提供。
② 《电筹救护》,载《申报》,第76册,第530页,光绪三十年二月十七日(1904年4月2日),第3版。
③ 具体捐款来源及相关统计,参见郭黎鹏:《清政府对日俄战争的因应初探——以盛宣怀的行动为线索》,硕士学位论文,华东师范大学历史学系,2020,第50页。
④ 《寄外务部、商部》,载盛宣怀:《愚斋存稿》,卷63《电报四十》,第1386页。

时才发现，原先杨儒奏请前赴日内瓦补签国际红十字公约一事，尚未完成。于是赶紧在二月初五日（3月21日）指示驻俄公使胡惟德称：

> 兹准吕、盛、吴大臣电称，议定中、英、法、德、美合办上海万国红十字会……查保和会章程内红十字会一条，前经总署奏准，饬子通（按：杨儒字子通）前使画押。惟瑞士总会尚未派员前往。执事具知此事原委，希先切商俄政府，承认此会，饬知战员及其驻使，务期允给。如必须知照瑞士总会，即查照原案，妥拟办法电复。①

外务部随即与相关各方进行磋商，并于三月初十日（4月25日）奏定处理办法是："适接瑞士总会来函，以中国应补画陆战原约为请……拟由驻英使臣张德彝照会瑞士驻英公使，作为入会之据。"② 而在张德彝完成签约事宜后，瑞士政府才正式宣告中国加入了日内瓦公约③。与此同时，吕、盛、吴三人还为上海万国红十字会人员进入东北战区开展救护等问题，与日、俄双方的代表进行了多次艰难交涉，才最终得到了允准④。

另外值得一提的是，盛宣怀对袁世凯的一个帮忙之举，在客观上也起到了壮大上海万国红十字会声势的作用。本来，

---

① 《筹办红十字会案》，载孙学雷、刘家平主编：《国家图书馆藏清代孤本外交档案》，第37册，第15527—15528页。
② 朱寿朋编：《光绪朝东华录》，第5册，第5170页。
③ 张建俅对此论述甚详，参见《中国红十字会初期发展之研究》，第31—32页。
④ 郭黎鹏对此论述甚详，参见《清政府对日俄战争的因应初探》，第50—57页。

外务部曾于二月初一日（3月17日）致函袁世凯，有促其设立类似红会的组织之意。该函中称，"东西各国所立红十字会……实亦推广善举之法"，且"北洋地当要冲"，故而请其"力为提倡"①。袁世凯遂于初五日（21日）致电盛宣怀和杨士琦，表示要在天津设立救济机构，请其设法相助："现饬司道等筹款招绅，仿照庚子救济会办法……设法振救。上海富绅大贾好善勇往之人，当不乏人，祈广为劝募招致，以成善举。"②盛宣怀次日即回电称，沪上绅商已"借万国红十字会为名，实行救济之事，各华商已筹垫款五万余两"，所以，"津绅……似可与沪上善会联络一气，通力合作"，并且"将来筹有专款，费用全在东省，似不必南北分办，即无须另立捐册"③。袁世凯接到此电，回复称"悉照尊拟办理"④。也就是说，袁世凯听从了盛宣怀的意见，取消了在天津另立红会组织的计划。这样一来，上海万国红十字会成为此际国内唯一的红会组织，从而使其作为中国红会源头的地位，没有受到任何挑战。

如上所述，自从正月底介入上海万国红十字会事务以后，吕、盛、吴三人决非只是挂个虚名而已。吕海寰于三月初致函盛宣怀，就以抱怨的口吻称："现在内外均以此事为重，我三人既已列名，已入圈套，碍难作壁上观也。"⑤与这种涉足

---

① 《筹办红十字会案》，载孙学雷、刘家平主编：《国家图书馆藏清代孤本外交档案》，第37册，第15509—15510页。
② 《天津袁宫保来电》，载盛宣怀：《愚斋存稿》，卷63《电报四十》，第1386页。
③ 《寄袁宫保》，载盛宣怀：《愚斋存稿》，卷63《电报四十》，第1386页。
④ 《救济电报》，载《申报》，第76册，第492页，光绪三十年二月十一日（1904年3月21日），第3版。
⑤ 《吕海寰致盛宣怀函》，香港中文大学图书馆藏盛宣怀档案，档案号sxh25-0064。这条材料的线索系郭黎鹏提供。

日深的情况相对应,该会也开始着意强调他们三人的主导角色。如该会于二月下旬发布的一份公启中称:"本会……当经禀奉吕尚书、盛宫保、吴侍郎,转商寓沪英、法、德、美各官商,合办红十字会。"① 而从前面的论述可以看出,华董与西方官商的办会之议,其实发生在向他们三人禀告创会之前。更重要的是,在六月间公布的《上海万国红十字会暂行简明章程》中,他们三人更是被置于该会的领导地位。其表现是,该章程第三款规定:

> 此会由上海公举中西总董主办,总董就近禀承中国钦差吕、盛、吴三大臣,随时随事,电牍咨商中国外务部、商部、南北洋大臣,各省大府,钦遵中国皇太后、皇上旨意,与中国出使日俄大臣、日俄驻京大臣商酌维持,有劝捐办事之全权。②

第七款又规定:

> 凡事中西会议,仍由华总董会商刘星阶学士宇泰、杨杏城参议士琦,秉承中国钦差大臣吕镜宇尚书海寰、盛杏荪宫保宣怀、吴仲怡侍郎重熹核定施行。③

在这种特殊地位的基础上,有关吕、盛、吴三人介入会务的过程及其角色定位,后来又有了一个全新的表达。光绪三十三年(1907)五月间,吕海寰、盛宣怀向朝廷奏报上海

---

① 《万国红十字会启》,载《申报》,第 76 册,第 578 页,光绪三十年二月二十五日(1904 年 4 月 10 日),第 3 版。
② 《上海万国红十字会暂行简明章程》,载《申报》,第 77 册,第 594 页,光绪三十年六月十七日(1904 年 7 月 29 日),第 3 版。
③ 《续录上海万国红十字会暂行简明章程》,载《申报》,第 77 册,第 602 页,光绪三十年六月十八日(1904 年 7 月 30 日),第 3 版。

万国红十字会办理情形时称：

> 其时……惟中国尚未入瑞士国红十字总会，无从享战地救难医伤之权利，经臣海寰、臣宣怀与侍郎臣吴重熹钦遵电旨，就商北洋大臣袁世凯、今侍郎杨士琦等，督率该会总董道员沈敦和、任锡汾、施则敬、任凤苞等，劝合寓沪中西各国官绅，由中国联合英、法、德、美五中立国，创设上海万国红十字会，公同推举臣海寰、臣宣怀及臣重熹为领袖。

根据这里的说法，他们三人从一开始就是上海万国红十字会的倡议者、推动者和领导者。如此一来，他们不仅可以作为该会代表向朝廷提出应该以之为基础来建设中国的红会组织："各国入会……尤注重创办之人。兹以五中立国权宜联合，在中国地方创始承办，中国遂永有红十字会主权，应订专章，即可按此次办法商订"，而且他们此前主持开展"以结万国红十字会之全局，即以巩中国红十字会之初基"的各项工作，也就名正言顺了①。

两年多以后，即宣统元年（1909）底，因沈敦和等人业已拟就《中国红十字会试办章程》，他们三人遂由吕海寰领衔，向朝廷奏请创会，并且申明这是必须得到国家支持且能代表国家的组织。其理由主要有三：第一，"查各国红十字会均由其国家发帑，官民合筹，始克成立"；第二，"中国既设此会，又值海军新立、陆军已有成效之时，允宜及早规画完备，以垂永久"；第三，"惟念中国与友邦联合成会，得此基

---

① 《沥陈创办红十字会情形并请立案奖叙折》，载盛宣怀：《愚斋存稿》，卷13《奏疏十三》，第345—348页。

础,颇费艰难,似宜设法保全,俾无失坠"。由此又引申出来的一个关键问题是,朝廷"应特立会长,以资董率而期久远"①。针对此奏,朝廷于宣统二年正月十九日(1910年2月27日)颁发谕旨称:"吕海寰等奏酌拟中国红十字会试办章程请立案一折,著派盛宣怀充红十字会会长,余依议。"②而这个结果令人无法不产生这样的疑问:既然是由吕海寰领衔上奏创设红会并请派会长,那么朝廷为何会选择盛宣怀为会长而非吕海寰呢?对此问题,迄今亦未见有人给予解释。当然,要探究盛宣怀得以出任会长的原因及其含义,也就根本不能局限于红会发展史的范围了。

第二节 红会建设与盛宣怀事业走势的交集

通过对中国红会起源过程的梳理可以看出,如果着眼于红会事业本身的发展线索,盛宣怀在不少关键节点上的表现,都存在令人生疑之处。首先,盛宣怀对红会组织建设产生兴趣,不仅太晚,而且太突然。甲午战争时期,身为天津海关道的盛宣怀,就很有可能知晓红十字会医院的情况。到庚子时期,作为京津救援行动的主要领导者,盛宣怀不会不了解救济会、济急会对红十字旗号的借用。然而,直到日俄战争爆发前,从未发现盛宣怀就红会问题发表过任何见解。那么,何以从上海万国红十字会开始,他对红会组织建设的态度越

---

① 《酌拟中国红十字会试办章程请旨立案折》,载盛宣怀:《愚斋存稿》,卷15《奏疏十五》,第395-397页。
② 中国第一历史档案馆编:《光绪宣统两朝上谕档》,第36册,第15页。

来越积极呢？其次，从上海万国红十字会到宣统年间筹建红会，盛宣怀在此期间的表现也低调得反常。就上海万国红十字会的人员组成来看，除了沈敦和（关于沈敦和的情况，后文还将专门论述），其他华董都是上海绅商社会的知名人物，也大都参与过庚子时期的东南济急会，更不用说其中还有施则敬这样与盛宣怀渊源极深的人物。无疑，盛宣怀与上海绅商社会之间的合作，比吕海寰、吴重熹更有基础。既然如此，盛宣怀为何一定要维持三驾马车的格局，并且始终位居吕海寰之后呢？这些问题初看起来似乎属于细枝末节，但是，如果与盛宣怀同时期事业发展的整体进程结合起来加以考察，便可发现不同寻常的意义。

本书第五章的论述表明，庚子国变时期的动荡之局，反而为盛宣怀摆脱困境提供了机会。当初一度令他头疼不已的"经元善事件"，在国变之后已是烟消云散。京津兵灾和陕西大旱的爆发，他得以联合严信厚、施则敬等人连续举行了两场大规模的社会救助行动，使得上海绅商社会实现了新一轮的动员与整合。随着中外议和进程的展开，清廷对盛宣怀愈发倚重，除先后任命其为负责中外商约交涉的会办商务大臣、办理商税事务大臣之外，还相继授予了宗人府府丞、太子少保等职衔。借助这些条件，他一手推动了上海商业会议公所的创办，成为中国商务建设的一个新起点。在这种情况下，不难想象，即便盛宣怀注意到陆树藩关于创建中国红会的倡议，恐怕也没有将之当作一个重要事务的余暇。

不过，盛宣怀的这种顺境，并没有维持太长时间。至于其此际遭遇的第一朵阴云，则为朝廷加派吕海寰为商约大臣之举。光绪二十八年正月十六日（1902年2月23日），也就是中英商约谈判开始一个多月后,朝廷突然颁布上谕称:"现在会议商约事宜,著派吕海寰会同盛宣怀悉心筹议,随时具奏。"① 吕海寰为同治六年(1867)顺天乡试举人,曾长期担任总理衙门章京,深得奕劻等人信赖,后经李鸿章保举出任驻德公使②。大约在中英商约谈判开始之前,他刚刚从驻德公使任上期满归国。尽管吕海寰办理外交事务资历颇深,但是并无多少接触商务的经历。他在接受朝廷任命后便向盛宣怀表示,自己"于商务一道,素昧讲求"③。从谈判过程中的表现来看,吕海寰的这个说法并非谦辞。据英国方面的谈判记录显示,凡是在盛宣怀缺席的场合,吕海寰多次以"还没有与盛宣怀仔细商量""拟与盛宣怀商量后再续谈"为由,搁置了不少内容的谈论。而在一次关于存票的讨论中,英方代表甚至因为"吕海寰显然对于存票问题一无所知",从而嘲笑"他作了某些极其可笑的提议"④。就此而言,朝廷任命并不熟悉商务的吕海寰为商约大臣,难免默寓对盛宣怀主导的商约谈判进行监督之意。

在上述背景的观照下,盛宣怀和吕海寰在上海万国红十字会中的合作,就别具意味了。首先,关于吕海寰的研究表明,在上海万国红十字会之前,尚未发现他参与过社会事业的记录。其次,虽然吕海寰曾在光绪二十二年(1896)间短

---

① 中国第一历史档案馆编:《光绪宣统两朝上谕档》,第28册,第17页。
② 关于吕海寰的出身及任职情况,可参见李文杰:《中国近代外交官群体的形成(1861—1911)》,北京:生活·读书·新知三联书店,2017,第259页。
③ 王尔敏、陈善伟编:《清末议订中外商约交涉——盛宣怀往来函电稿》,下册,第272页。类似言辞在该书所收函电稿中出现过数次。
④ 中国近代经济史资料丛刊编辑委员会主编、中华人民共和国海关总署研究室编译:《帝国主义与中国海关资料丛编之十一:辛丑和约订立以后的商约谈判》,北京:中华书局,1994,第39、41页。

暂担任过苏松太兵备道（按：即通常所称"上海道"）一职，但是在那时上海绅商社会举行的各类社会活动中，亦从未发现其身影。最后，在这次商约谈判之前，盛宣怀与吕海寰的活动轨迹很少交集，更未发现两人有密切交往的记载。从这三点来看，吕海寰参与上海万国红十字会并始终位居盛宣怀之前，更大的可能是盛宣怀交好吕海寰的顺水人情。这种判断的另一个佐证是，在光绪三十二年（1906）因徐海地区水灾而成立的华洋义赈会中，此前与义赈活动毫无关联的吕海寰竟然出任会长，而实际操持整个赈务活动的盛宣怀仅出任了副会长①。

总的说来，在盛宣怀的运作下，吕海寰带来的阴云并不大，也未对盛宣怀造成多少麻烦。而位居红会三驾马车之末的吴重熹所映衬出来的阴云，才对盛宣怀形成了真正威胁。这当然不是因为吴重熹本人的能量所致，而是因为站在其背后的袁世凯对盛宣怀的事业形成了全面进逼之势。众所周知，李鸿章去世后，袁世凯继任直隶总督兼北洋大臣，很快便露出了扩充北洋集团势力的勃勃雄心。盛宣怀掌控的大量实业，正是袁世凯觊觎的重要目标。凑巧的是，光绪二十八年（1902）九月下旬，盛宣怀之父盛康去世，按清代丁忧之例，盛宣怀必须开缺守制，辞去各项差使。因听闻朝廷有意以帮办路矿大臣张翼掌管轮船招商局和电报局（其背后实际是户部意欲掌控）之事，为了保持对两局的控制权，盛宣怀于十

---

① 《筹办淮徐海三属义赈函》，载《申报》，第85册，第593页，光绪三十二年十月二十二日（1906年12月7日），第9版。关于这场赈务活动以及盛宣怀的作用，可参见朱浒：《民胞物与：中国近代义赈（1876—1912）》，北京：人民出版社，2012，第212–230页。

月中旬致电袁世凯,还希望其能够施以援手:

> 顷接津电,轮、电两局将派燕谋侍郎(按:**张翼字燕谋**)督办,开平华商正在聚讼,轮、电股商闻此消息,票价顿跌,难保不转卖外人。查轮、电发端于北洋,宣怀系文忠(按:**即李鸿章**)所委,并非钦派……二十余年不过坚忍办事而已。至于利息盈亏,皆股商受之,局外不知,辄以独揽利权为诟病。时局如此,亦甚愿借此卸肩。公督办商务,此为中国已成之局,公既意在维持,愿勿令其再蹈开平覆辙。伏乞主持公论,速电略相(按:**荣禄号略园**)。俟公到沪面商,再定办法。①

事后看来,盛宣怀此举无异于前门拒虎、后门进狼。起初,袁世凯还摆出了一副同情盛宣怀的姿态,回电称:"留侯(按:**此处代指张翼**)接局,鄙人断不谓然。在津伊曾劝北洋收回,辞以不暇兼顾,因而自谋,亦在意中,然内未必予之,当电京阻止。"② 其实,袁世凯此时已有攘夺之心。十月下旬与盛宣怀在上海会面后,袁世凯北返,不久便径告盛宣怀交卸轮、电两局:"此行察看内情,公受病惟在船、电,人注意亦在此,谋者尚不止留侯……以公才资,久当开府,困于庶务,实在可惜。果能趁此摆脱清楚,亦同志之幸也。"③ 对于袁世凯这种说法的含意,盛宣怀当然清楚。他在给湖南巡抚俞廉三的电文中无奈地称:"项城过沪,力劝解去利柄,到京

---

① 《寄开封袁宫保》,载盛宣怀:《愚斋存稿》,卷59《电报三十六》,第1305-1306页。庚子年间,张翼因处置失当,致使开平矿权落入外商之手,是故名声大坏。
② 《开封袁宫保来电》,载盛宣怀:《愚斋存稿》,卷59《电报三十六》,第1306页。
③ 《袁宫保来电》,载盛宣怀:《愚斋存稿》,卷59《电报三十六》,第1309页。

即有收回电线、整顿招商之举。"① 由此可见，盛宣怀已对袁世凯将该两局收归北洋的意图洞若观火了。但是，面对袁世凯的强势，盛宣怀并无有效的抗争办法，只能眼睁睁地看着这两家经营情况堪称最好的企业，相继落入袁世凯之手。十二月十七日（1903年1月15日），朝廷以"电务为军国要政，应归官办"为由，委派袁世凯为督办电政大臣，直隶布政使吴重熹"著即开缺，以侍郎候补，派为驻沪会办大臣"②。因此，吴重熹乃是袁世凯在电报局的代理人。次年二月，袁世凯又札委杨士琦"常川驻沪参赞轮船招商事宜"③。而随着作为袁世凯亲信的杨士琦入局和长期作为盛宣怀帮手的郑观应出局，招商局的控制权已经完全易手④。

基于上述情况，可知吴重熹能够成为上海万国红十字会领袖之一，与盛宣怀丧失对电报局和招商局的控制权不无关系。这是因为，该会从一开始便急需得到电报局和招商局的支持。在光绪三十年二月初一日（1904年3月17日）举行的首次全体董事会议上，该会办事章程中便有如下条款：

> 四、中国电报局电报能到之处，奉电政大臣允准，凡系红十字会办事公电，概不收费，俟积有成数，即作为捐款。
>
> 五、上海招商局轮船能到各口岸，奉商部参议杨（按：即招商局督办杨士琦）允准，凡系红十字会办事人来往，均给免票，俟积有成数，亦作为捐款。⑤

---

① 《寄长沙俞中丞》，载盛宣怀：《愚斋存稿》，卷59《电报三十六》，第1313页。
② 中国第一历史档案馆编：《光绪宣统两朝上谕档》，第28册，第338页。
③ 《袁世凯咨盛宣怀文》，载陈旭麓等主编：《盛档之八》，第830-831页。
④ 张后铨主编：《招商局史（近代部分）》，第224页。
⑤ 《二月初一日上海万国红十字会初次集议问答》，载《申报》，第76册，第454页，光绪三十年二月初五日（1904年3月21日），第3版。

以往研究表明，对义赈等社会救济活动酌予电报免费、轮船免水脚的待遇，在盛宣怀掌控电报局和招商局的时代，是一个常用做法①。由于上海万国红十字会时期的盛宣怀已经没有这样的权力，奉袁世凯之命分别管理电政、船政的吴重熹和杨士琦，也就成了盛宣怀和该会无法绕过的环节。因此便不难理解，此前与上海绅商社会几乎毫无交集的吴重熹，何以能够突然出现在上海万国红十字会的领袖之列了。至于招商局督办杨士琦，很可能是因其职位低于吕海寰、盛宣怀和吴重熹，才没有与他们三人并列。但从前面的论述中可以看出，他同样是对该会具有重要作用的人物。另外，前述盛宣怀积极协助袁世凯筹办天津救济事宜，恐怕也与其自身处境有关。其理由在于，一来盛宣怀此时决不可能绕过袁世凯使用轮、电两局的资源；二来或许可以借此略微缓和一下与袁世凯之间的矛盾。

尽管盛宣怀对上海万国红十字会投入了极大的心力，但是这次救助活动未能使他像庚子时期的救援行动那样，摆脱事业上的颓势。恰恰就在他忙于上海万国红十字会事务期间，他所掌管的另一项十分重要的事业即铁路建设，也出现了岌岌可危之势。本书第四章的论述业已表明，当初盛宣怀接手汉阳铁厂的一个核心条件，就是将铁厂与铁路紧紧地捆绑在一起，使得张之洞不得不支持他承办卢汉铁路。而铁路总公司成立后不久，即开始向汉阳铁厂大量预支轨价，成为后者的重要资金来源。对于两者之间的这种密切关系，盛宣怀于光绪二十三年（1897）初便做出了明确归纳："原议铁路钢

---

① 对此可参见朱浒：《地方性流动及其超越》，第 373-374 页。

轨，全资鄂厂……而厂铁除路轨外，别项销场甚稀，又不能不相依为命。"① 在对抗袁世凯攘夺轮、电两局的过程中，铁路问题也曾被盛宣怀用作一个筹码。如他向户部侍郎陈邦瑞解释说："厂矿与路工互为济用，而轮、电商本又与厂矿相为钩连，不得不暂为维系。"②

在失去轮、电两局已成定局的情况下，盛宣怀于光绪二十八年（1902）底向张之洞诉苦称，"从前蒙公以铁厂相属，宣禀请先招商股，再行接办。公以宣有轮、电在手，劝谕先接。数年来附股借资，辅助甚巨"，如今"接济已断，人情势利，挪借俱穷，必致牵连颠败，负公厚望"③。盛氏的言外之意，目前能够维系铁厂资金的也就是铁路总公司了。张之洞立即领会了盛宣怀的意思，在接到盛宣怀来电的第二天，便坚请军机处无论如何也要保留盛宣怀的铁路大臣一职：

> 盛大臣现丁父忧，所有卢汉、粤汉铁路总公司事宜，关系最为重大……洞深知其艰难，又深知其危险。此两路皆系盛大臣与洋人订立合同，盛情形已熟，经理俱有斟酌，其有招商局码头作抵借款，修造萍乡铁路等事，胶葛甚多，实未便更易生手。查铁路既由总公司议立合同，本系商务中事，故盛之衔只称为督办铁路总公司大臣，与别项督办大臣不同，丁忧人员似仍可承办。拟恳由钧处请旨，将督办卢汉、粤汉总公司事宜，以及淞沪

---

① 《盛宣怀致张赞宸函（一）》，载陈旭麓等主编：《汉冶萍公司（一）——盛档之四》，第383页。
② 《致陈瑶圃函》，转引自夏东元编著：《盛宣怀年谱长编》，下册，第764页。
③ 《寄张宫保》，载盛宣怀：《愚斋存稿》，卷59《电报三十六》，第1317页。

铁路，仍责成盛大臣一手经理，勿任诿卸。如虑奏事不便，或改为署任。①

不过，张之洞的支持并不能改变盛宣怀在铁路事务中日益被动的局面。易惠莉的研究表明，就在盛宣怀投身上海万国红十字会前后，他因督办卢汉等多条铁路建设，并且负责与外商谈判粤汉等路签约事宜，当时不仅"遭遇官场的普遍嫉恨"，而且屡屡被言官奏参②。袁世凯亦趁机对盛宣怀主管铁路之事展开了新一轮的攻击。光绪三十年（1904）七月间，盛宣怀安插在京城的耳目陶湘来函告知盛宣怀：

> 本初（按：本初为东汉袁绍之字，此代指袁世凯）则力言钧处所办四路，大权尽行旁落，为之疾首痛心。卤莽武断，亦说不出实在道理，真曲肖其为人。奈不明事理者极以本初为是，而群相附和而乱吠焉。③

另据盛宣怀向岑春煊透露，他在交卸轮、电两局后，不仅遭遇"北洋平（按：原文如此）空派人到局，账册具在，悉听报查"之事，而且出现了"铁路则乘某大病在床，钦派大员查账，纤发毕露"的情况④。在北洋的挤压下，朝廷也开始压缩盛宣怀的铁路事权。光绪三十一年八月初五日（1905年9月3日），军机处电告张之洞称，粤汉铁路

---

① 《致军机处》，载苑书义等主编：《张之洞全集》，第11册，第8995页。
② 易惠莉：《盛宣怀评传》，下册，第648页。
③ 《陶湘致盛宣怀"要事十六纸"》，载陈旭麓、顾廷龙、汪熙主编：《辛亥革命前后——盛宣怀档案资料选辑之一》，上海：上海人民出版社，1979，第9页。以下简称《盛档之一》。
④ 《盛宣怀致岑春煊函》，载王尔敏、吴伦霓霞编：《盛宣怀实业函电稿》，下册，第791页。

废约一事，由他和时驻美使臣梁诚两人"一手经理"，且"盛宣怀不准干预此事"①。因此前与美商关于粤汉铁路的废约谈判中，盛宣怀一直扮演重要角色，所以这个决定无疑是对盛宣怀表示不信任的一个信号。十月间，因商部奏明查办沪宁铁路之事，朝廷再度给了盛宣怀一个打击，谕称："盛宣怀办理不善，著改派唐绍仪妥筹办理。"②盛宣怀无奈之余，试图以退为进，趁着卢汉铁路通车之后，奏请裁撤设在上海的铁路总公司，表示自己掌管的铁路事务"并归唐侍郎（按：即唐绍仪）督办，以一事权"③。而次年正月间，朝廷遂派唐绍仪接任督办④。二月间，盛宣怀向朝廷奏报已将所有铁路差使转交唐绍仪接办，铁路总公司关防亦即将"送部缴销"⑤。由于时为外务部右侍郎的唐绍仪正是袁世凯的得力助手，这就意味着，铁路事权同样落入了袁世凯的势力范围。

对盛宣怀来说，轮船、电报和铁路事权的相继丧失，无疑标志着其进入了事业低谷。而他自己也深刻体会到了这一点。光绪三十二年（1906）正月间，他在给张之洞的信中称，自己当初敢于接手汉阳铁厂，"所恃招商、电报、铁路、银行皆属笼罩之中，不必真有商股，自可通筹兼顾，故支持铁厂，

---

① 《军机处来电》，载《张之洞全集》，第11册，第9371页。
② 《清实录》，第59册《德宗景皇帝实录（八）》，卷550，光绪三十一年十月庚辰（二十一日），第310页。又见中国第一历史档案馆编：《光绪宣统两朝上谕档》，第31册，第186页。
③ 《请裁并上海铁路公司电奏》，载盛宣怀：《愚斋存稿》，卷23附《电奏补遗》，第606页。
④ 凤冈及门弟子编：《三水梁燕孙先生年谱》，上册，收入沈云龙主编：《近代中国史料丛刊》（743），台北：文海出版社，1971，第54页。
⑤ 《恭报交卸铁路差使并陈办理情形折》，载盛宣怀：《愚斋存稿》，卷12《奏疏十二》，第318—319页。

余力尚能凭空起造一上等煤焦矿",而如今"则内外受逼,孤悬无助……九仞一篑之厂矿,倘各败于垂成,诚可惜耳!"①次月中旬,盛宣怀又在给庆亲王奕劻的信中诉苦称:"宣三十年心疲力竭,不过办成轮船、电线、铁路三端,现幸次第交卸,尚有制铁一事……惟从前全赖轮、电、铁路之声势,为华商所信从,此后势孤力弱,一无所恃。"② 从这些言辞中,不难看出盛宣怀在一再败退之后的困顿心态。

光绪三十二年(1906)七月,朝廷在预备立宪的名义下启动官制改革,虽然引发了不同派系的混战,却也使陷于困顿之中的盛宣怀似乎看到了一线转机。这一转机的缘起,是朝廷规划的改制方案对袁世凯一系形成沉重打击。特别是袁世凯从盛宣怀手里抢到的电政、铁路等事权,又被朝廷收归了新设的邮传部③。十月初,陶湘致函盛宣怀称:"惟此番设邮传部,外间议论,均以为轮、电、铁路系宪台创建,理应起用,方昭公允。窃意当此时机,未始非一机会,盍趁此图维,未识钧意如何?"④ 次月下旬又报称:"从前都人士议论,均以钧处为非,现在已大不然。此番云老(**按:即刚刚去世的邮传部右侍郎胡燏棻,字芸楣,又作云眉**)出缺,议者咸称应归钧处。缘轮、电、铁路皆钧处首创,公论亦应如此。"陶湘还相当乐观地估计:"以目下情形,并不需大运动,只要有人一提

---

① 《盛宣怀致张之洞函》,载陈旭麓、顾廷龙、汪熙主编:《汉冶萍公司(二)——盛宣怀档案资料选辑之四》,上海:上海人民出版社,1986,第539页。以下简称《汉冶萍公司(二)——盛档之四》。

② 《盛宣怀致奕劻函》,载陈旭麓等主编:《汉冶萍公司(二)——盛档之四》,第548页。

③ 有关详情,可参见李细珠:《地方督抚与清末新政》(增订版),北京:社会科学文献出版社,2018,第246页。

④ 《"齐东野语"》,载陈旭麓等主编:《盛档之一》,第31页。

即可。"① 但关键问题是，从哪里能找到这样一个人呢？

恐怕出乎盛宣怀和陶湘意料之外，这个人不仅很快出现了，而且主动向盛宣怀抛出了橄榄枝，这个人就是岑春煊。光绪三十二年（1906）七月间，时为两广总督的岑春煊被朝廷改任为云贵总督②。因怀疑自己的这次改任系奕劻、袁世凯所操纵，岑春煊于九月间"遂疏陈病状，乞假就医上海，以图后举"③。正是在上海观望形势期间，岑春煊主动拜访了盛宣怀。岑春煊有庚子年间救驾之功，为慈禧所信任，所以其来访使盛宣怀颇有天赐良机之感。正如盛宣怀向岑春煊所说的那样，"如弟愚憨，有非恩出自上不可者，尤非有伟人面奏不可者"。至于盛宣怀希望岑春煊向朝廷面奏的内容，正是其心心念念的实业事权：

> 至弟创成轮、电两局，实费尽半生精力，乃得今日有邮传部。或以未能推广为加罪之由，所有电务始末，已于财政四条内详言之，承面嘱将轮船详具节略，昨始觅得股商调查缘起一件，谨特录呈鉴核。可见后人未能比我增胜，中外颇有公论。乞于面圣时择要一提；如其提后或用或否，或内或外，均求密示。总之，弟进止荣辱，皆不在怀，惟一腔愤懑以至吐血，无人可白。近得在我公之前一抒忧郁之气……宿疾居然去其一半，皆公之赐也。④

---

① 《"齐东野语"》，载陈旭麓等主编：《盛档之一》，第34页。
② 《清实录》，第59册《德宗景皇帝实录（八）》，卷562，光绪三十二年七月己未（二十三日），第443页。
③ 岑春煊：《乐斋漫笔》，载荣孟源、章伯锋主编：《近代稗海》，第一辑，成都：四川人民出版社，1985，第99页。
④ 《盛宣怀致岑春煊函》，载王尔敏、吴伦霓霞编：《盛宣怀实业函电稿》，下册，第788—789页。

岑春煊也没有辜负盛宣怀的期望。他在入京后被授予邮传部尚书的当天，便在面见慈禧时力保了盛宣怀："论能办事，毋有过于某者（按：即盛宣怀），以创办之事无不告成者也；论理财，亦毋有过于某者，以创办之事无钱不成者也；况如汉口厂、萍乡矿、江北灾振，某无不力任其难。虽所办之事不无疵议，而微眚不足掩大德，朝廷应录用。"① 应该说，岑春煊的这次保举很有力度。一个显著的证据是，连袁世凯都一度产生了自己可能会被"武进（按：盛宣怀籍隶武进）来代"的感觉②。盛宣怀闻讯之后，更是对岑春煊感激不已："闻此次蒙公面保，虽未知其详，而是非倒置之天下，得伟人一抒公论，天涯冷落，尚有知音，能无使人感激涕零耶？惟公之期望，欲扩充财政耳。窃尝深念公入枢，则某或可赞襄财政；公邮传部，则某或可充稽查轮、电，以助推广。"③

然而，岑春煊带给盛宣怀的希望，仅是昙花一现。由于岑春煊入京后掀起了对奕劻和袁世凯的猛烈攻击，引发了"丁未政潮"。在这场政争中，岑春煊成为失势的一方，结果导致其在邮传部尚书任上仅 25 天，便被改任两广总督，从而被排挤出京④。而远在上海的盛宣怀，也被岑春煊的失败所牵连。据陶湘探闻，在御史陈庆桂于五月底弹劾岑春煊的折中，不仅盛宣怀"之名亦屡见"，并有两款专劾盛宣怀，"一则沪宁路旁购地事，谓'私卖官地，勒买民田'，一则谓钧处与西

---

① 《"齐东野语"》，载陈旭麓等主编：《盛档之一》，第 53 页。
② 《袁世凯致端方密札》，载汪诒年纂辑：《汪穰卿先生传记》，北京：中华书局，2007，第 129 页。
③ 《盛宣怀致岑春煊函》，载王尔敏、吴伦霓霞编：《盛宣怀实业函电稿》，下册，第 792 页。
④ 有关"丁未政潮"详情，可参见郭卫东：《论丁未政潮》，《近代史研究》1989 年第 5 期，第 77-92 页。

林（按：岑春煊字西林）合赀经营事"。而陈庆桂之所以参奏盛宣怀，主要是因为唐绍仪手下有人"昌言西林之来，由钧处怂恿，且云暗中接济西林，所有陈有此折"①。同时，袁世凯也怀疑盛宣怀向岑春煊提供了活动资金②。因此，完全可以认为，陈庆桂此举当为袁世凯派系对盛宣怀的报复。而盛宣怀此次与岑春煊的结交，也可谓是未见其利，反受其害。

根据上述情况，再来审视一下光绪三十三年（1907）五月间吕海寰、盛宣怀奏设中国红会之举，便可发现其中颇有蹊跷之处。按照该折的说法，中国创设红会需要推进的工作主要有三：其一是，"派员测绘各地设会办事情形，拟具图说……表明此次办法即为创办中国红十字会商订专章之据"；其二是，"先就中国自筹之款酌拨以为基础，兼仿瑞士总会真奈瓦地方（按：即日内瓦）之意，在上海购地，采取各国医院学堂、医船医车之式样，筹措经费，次第仿办"；其三则是，"另选聪颖华童，一面在沪附设医学堂，一面出洋学习会医"③。既有研究清楚地表明，这三项工作都是在此次上奏后才开始实施的④。可问题是，上海万国红十字会在日俄战争时期的救助行动，最晚到光绪三十一年（1905）冬间即已告终；而从那时起直到这次上奏之前，该会唯一为人所知的活动，不过是光绪三十二年（1906）四月对美国旧金山地震提供捐助⑤。据此可知，在这一年半多的时间里，红会建设基本毫无

---

① 《"齐东野语"》，载陈旭麓等主编：《盛档之一》，第56—57页。
② 易惠莉：《盛宣怀评传》，下册，第657页。
③ 《沥陈创办红十字会情形并请立案奖叙折》，载盛宣怀：《愚斋存稿》，卷13《奏疏十三》，第347页。
④ 池子华：《红十字与近代中国》，第70—72页。
⑤ 《上海官绅致各省官场电》，载《申报》，第83册，第302页，光绪三十二年四月初八日（1906年5月1日），第4版。

推进。那么，盛宣怀这时为何突然提出要创设红会呢？一个可能的解释是，盛宣怀这次上奏其实是个试探性借口。换句话说，很可能是在依靠岑春煊复出的希望破灭之后，盛宣怀试图以筹办红会为名来得到一个被朝廷起用的机会。进一步还可以推测，很可能在朝廷同意以"中国红十字会"名义表彰上海万国红十字会出力人员后[①]，盛宣怀才对红会建设有假戏真做之意。

表面看来，到盛宣怀等人于宣统元年（1909）底奏请朝廷任命红会会长的时候，红会建设似乎已有一定基础了。这主要表现在三个方面：其一是，沈敦和等人拟定了一份包含六条内容的《中国红十字会试办章程》；其二是，动用上海万国红十字会余款，"在上海徐家汇购地一区，计十一亩零，以为建造医院学堂会所之用"；其三是，与德国创办的同济医院德医学堂商订，"由中国红十字会遴选聪颖华童之粗通德文者，分班送至该学堂附习"[②]。这三项内容确实对应了光绪三十三年（1907）五月那份奏折中的规划，但这是否意味着红会筹建工作相当完备了呢？对此问题，军谘处显然持否定意见。宣统二年（1910）五月初，军谘处针对吕海寰等人宣统元年（1909）底的奏议进行复奏，其主要意见有三：其一是红会试办章程未尽妥善，因为瑞士政府已将红十字会"原约十条改为八章，厘订三十三款，较诸原

[①] 中国第一历史档案馆编：《光绪宣统两朝上谕档》，第34册，第113页。此处上谕中仅称"东三省总督奏红十字会案"，但是该奏折中出现的正式名称是"中国红十字会"，见《东督等奏保红十字会名单》，载《申报》，第93册，第801页，光绪三十四年三月二十八日（1908年4月28日），第2张第2版。

[②] 《酌拟中国红十字会试办章程请旨立案折》，载盛宣怀：《愚斋存稿》，卷15《奏疏十五》，第395-396页。

约尤为详善,而限制亦愈严",而这份试办章程仅参照了"瑞士原约十条及推广十四条",所以"实多未洽";其二是拟议设会地点不妥,因为"各国慈善会均以都城为总汇之区,以便遇事与政府会商,而召集亦易","上海虽系通商之埠,与京师相隔较远,虽倡设在先,自未便作为总会,拟请将总会移设京师";其三是认为"学童分班至同济医院附习医学"的计划,很可能只能得到"未免播多而获少"的结果①。总之,军谘处认为此时创设红会的条件尚未成熟。

更加令人诧异的是,盛宣怀本人对于开办红会之事,居然也持一种较为悲观的态度。宣统元年十二月二十一日(1910年1月31日),也就是向朝廷奏请创设红会后三天,盛宣怀便致函吕海寰,对奏折中提及的三个问题表达了顾虑:其一是认为"惟各处民穷财尽,无事之秋募捐,恐无把握";其二是认为"集款造医船,奢愿不易偿";其三是认为"请部铸关防,似亦非吾三人手无斧柯所能领办"。有鉴于此,盛宣怀建议"莫如奏明归部为是",所以询问吕海寰,"请与洋务熟手考订,隶入民政部,好否?"② 同样令人不可思议的是,对创设红会疑虑重重的盛宣怀,其实在此次上奏之前,就已经被内定为红会会长了。吕海寰于十二月十三日(1月23日)曾致函盛宣怀称:"红十字会折定于十八日呈递,折底已呈庆、洵、涛(按:**即庆亲王奕劻及载洵、载涛**)三邸及世、

---

① 《军谘处奏详核红十字会原奏敬陈管见折》,载《申报》,第106册,第809页,宣统二年五月十三日(1909年6月30日),第2张后幅第2版。
② 《寄吕尚书函》,载北京大学历史系近代史教研室整理:《盛宣怀未刊信稿》,第210页。

那、鹿（按：即时为军机大臣的世续、那桐和鹿传霖）阅过，均甚赞成。大约会长拟派吾兄就近经理。"① 这未免使人费解，既然红会筹建工作并不完善，盛宣怀对开办红会的前景亦不乐观，何以盛宣怀就被事先内定为会长了呢？

结合盛宣怀此时的事业处境，可以推测，这次红会会长的任命，很可能是一个障人耳目的手法。

原来，盛宣怀的命运在光绪三十三年（1907）下半年曾稍现转机。其时，因苏杭甬铁路废约问题引发了剧烈的社会风潮，而盛宣怀是当初与英方签订合约之人，军机处遂电召其进京商讨解决办法②。盛宣怀在仕途上的复出，因此有了不小的可能性。十月二十七日（12月2日），吕海寰便乐观地电告盛宣怀，朝廷对其有起用之意："顷谒邸（按：即奕劻），知以公为理财老手，向（按：疑应为'饷'）用方殷，拟内用，此出不仅为苏杭甬也。并嘱弟传谕公宜速来"③。另外，此次在京期间，盛宣怀还与时度支部尚书载泽建立了良好的关系。据盛宣怀后来向山东巡抚孙宝琦透露，他在京时即与载泽"过从甚密"，离京后"常通亲笔信函"，故而"尚知菲材于财政稍有阅历"④。在这样的背景下，朝廷于光绪三十四

---

① 《吕海寰致盛宣怀函（二）》，载王尔敏、吴伦霓霞合编：《盛宣怀实业朋僚函稿》，中册，第1064页。原稿落款仅有"十三"，无年份月份。因吕海寰信中称"红十字会折定于十八日呈递"，且《愚斋存稿》中载该折上奏时间为宣统元年十二月；又因光绪三十三年五月奏折并无提及简派会长之事，故而判定吕海寰所言奏折应为宣统元年之折，其上奏时间应为十二月十八日。

② 有关情形，易惠莉论之甚详，见其著《盛宣怀评传》，下册，第659-665页。

③ 《北京吕尚书海寰来电》，载盛宣怀：《愚斋存稿》，卷100《总补遗》，第2102页。

④ 《致孙中丞》，载北京大学历史系近代史教研室整理：《盛宣怀未刊信稿》，第208-209页。

年二月初七日（1908年3月9日）授予盛宣怀邮传部右侍郎的举动，显然也就不会太令人意外了①。

然而，就在盛宣怀任职的上谕刚刚颁布两天后，朝廷忽然又命其"派充商约大臣，前赴上海妥协经理"②。正如易惠莉指出的那样，在这极具戏剧性一幕的背后，主要是来自袁世凯的操纵③。自此，盛宣怀谋求返京任职之路，成为一条极其曲折的道路。尽管在光绪帝、慈禧太后相继去世后，袁世凯被朝廷去职，但是盛宣怀复出所面临的阻力并未减少。关于这种情形，他曾向吕海寰抱怨道："弟久为项城屏逐，项城退后，当轴诸老仍不通片纸只字，虽到京绝无干进之心，难保无猜疑谣诼。"④作为转圜之计，盛宣怀曾有进京运作一番的打算。他于宣统元年十二月二十日（1910年1月30日）告诉孙宝琦："吾老矣，畏寒，不能当部差。开春拟进京请开去差缺。"⑤如前所述，盛宣怀此时已知朝廷即将任命其为红会会长。而以就任会长的名义进京，完全可以顺理成章。

尽管因朝廷内部的权力纷争以及国会请愿运动的影响，盛宣怀原拟宣统二年（1910）春间进京的计划未能实现，但是迁延一段时间之后，红会会长最终仍然成为其得以进京的跳板。六月二十八日（8月3日），盛宣怀向朝廷奏称：

---

① 中国第一历史档案馆编：《光绪宣统两朝上谕档》，第34册，第25页。
② 同上书，第29页。
③ 易惠莉：《盛宣怀评传》，下册，第667页。
④ 《致吕海寰函》，载夏东元编著：《盛宣怀年谱长编》，下册，第902—903页。吕海寰此时与盛宣怀已成姻亲至好，往来极密。
⑤ 《致孙中丞》，载北京大学历史系近代史教研室整理：《盛宣怀未刊信稿》，第209页。

> 宣怀奉命赴上海会办商约，倐逾两年，未议各国互相观望……似当秉承外务部、度支部面商进止。又本年奉旨盛宣怀著充中国红十字会会长，正拟酌议办法，请旨遵行。旋准军谘处咨开，奏请详核红十字会未尽事宜，所列办法，精审详明，造端宏大，亦当面请军谘处海陆军大臣亲授机宜，方能筹办……恭候命下，即当就道。①

朝廷随即下旨："电奏悉。盛宣怀著来京陛见。"② 这里之所以说盛宣怀以红会事宜为进京跳板，是因为其进京之后，迄未见到他就红会问题跟军谘处有过商讨，亦再未见到他留下关于红会建设的建言。众所周知，进入权力中枢的盛宣怀，很快成为币制、铁路等要政的核心人物，并最终成为首届责任内阁的邮传大臣。这个时候的盛宣怀，恐怕根本没有余暇顾及红会了。

总而言之，在中国红会的初创时期，盛宣怀对红会建设所做的投入的确不够充分。甚至不能排除在某些情况下，红会还有可能成了他的借力工具。当然，中国红会的早期发展并不能无视盛宣怀。这是因为，他的一个间接贡献，构成了中国红会初期发展中极为重要的一环。所谓间接贡献，是指他在上海绅商社会中一手培植起来的一位新人，成为这一时期红会建设得以推进的关键人物。在很大程度上，正是这位新人所奠定的发展基础及其推动，才使得红会在辛亥革命期间能够大放异彩。这位新人便是沈敦和。

---

① 《吁恳陛见电奏》，载盛宣怀：《愚斋存稿》，卷23《电奏三》，第603页。
② 《清实录》，第60册《宣统政纪》，卷38，宣统二年六月辛丑（二十九日），第665页。

第三节　沈敦和在盛宣怀事业体系中的成长

在过去相当长的一段时间里，沈敦和几乎是一个被遗忘的名字。随着中国红会史研究的兴起，沈敦和才逐渐回归学界的视野之中。沈敦和在中国红会早期发展史的重要地位，如今业已得到较为广泛的承认。但关于沈敦和的个人生涯，特别是晚清时期的情况，还存在不少薄弱之处。本章第一节的论述表明，沈敦和在红会中的崛起颇为突然。他在日俄战争爆发后才开始涉足红会事业，却迅速成为重要人物之一。更加令人惊讶的是，他在红会中的名声和地位，甚至很快跃居施则敬之上。施则敬在社会救济事业中的深厚背景已无须赘言，这方面资历甚浅的沈敦和是如何实现这种超越的呢？对此，如果囿于红会的视野，恐怕很难解答。事实上，沈敦和的崛起也是上海绅商社会发生演变的重要标志。而在这个演变过程中，沈敦和在盛宣怀事业体系中的成长，是一个非常重要的因素。因此，反过来说，要理解此一时期盛宣怀事业进程的诸多微妙之处，沈敦和身上也提供了不容忽视的线索。

可以说，沈敦和在上海万国红十字会的出现，无论是对他本人，还是对上海绅商社会来说，都是一件十分突兀的事情。因为在此之前，沈敦和不仅与红会活动没有任何关联，甚至根本不是上海绅商社会的一员。根据有限的材料介绍，他出身宁波的一个茶商家庭，但是并未致力于商业活动，而是很早就把主要精力用于学习英语和西学。据说还曾短暂留学英国,"肄业甘桥大学,学法政。时光绪初年也"①。精通英语、致力西学确实是沈敦和早期生涯中值得注意的方面,后面将会看到,这成为他开展国际合作与交流的一个显著优势。归国之后,他在上海开始了自己的事业生涯,但其选择的道路既无关商务,也无关社会事业,而是投身于仕途。就目前材料所见,他获得的第一个有明确记载的职位,是光绪初年担任上海会审公署中方译员。不过,他在上海的时间不长。光绪七年(1881),因两江总督刘坤一札调沈敦和"赴宁襄办电报事宜",他从此离开了上海②。

　　转至金陵官场后,沈敦和在此任职长达十余年之久。作为一名具有较多西学知识的官员,无论是在刘坤一、左宗棠、曾国荃还是张之洞任两江总督时,他的地位都很稳定。在此期间,他承担的主要事务也属于洋务范围,不过与民用事业无关,而是以军用事业为主,先后担任过水雷局提调、水雷学堂同文馆教习、江南水师学堂提调等职务。此外,他还主持编译了《西学章程汇编》《英法俄德四国志略》等西学书籍③。但总的说来,沈敦和在甲午战争以前升迁并不快,也没有特别引人注目之处。直到甲午战争的爆发,才给了沈敦和崭露头角的机会。为防备日军南下,他先后受刘坤一、张之洞之命担任海防江防事宜,表现出色。据《申报》于光绪二十年(1894)年底报道:

---

　　① 南苕外史:《沈敦和》,上海:上海集成图书公司,1911,第4页。该书版权页上,作者署名又作"苕水外史",本名未知。
　　② 《电局调员》,载《申报》,第19册,第641页,光绪七年十月十七日(1881年12月8日),第1版。
　　③ 关于这些情况,可参见孙善根编著:《中国红十字运动奠基人沈敦和年谱长编》,第2-11页。

> 候补府（按：原文如此，应为"候补知府"）沈仲礼（按：沈敦和字仲礼）太守早岁出洋肄业，西学宏深。迩来供职白门，多所建树。今岁倭人事起，经刘岘帅（按：刘坤一字岘庄）派驻沪上，侦探敌情，并督率兵士就各海口安设水雷。数月以来，不辞况瘁。香帅知其能也，委以巡阅各炮台之重任。①

另据当时传闻，张之洞曾称两江总督所属"候补道一百余员中，精于西法者颇不乏人"，"总办江防事宜"的沈敦和更是其中佼佼者②。无论如何，对于这时将近40岁的沈敦和来说，这些表现为其步入仕途的新阶段奠定了基础。

甲午战后掀起的西法练兵热潮，使沈敦和得到了新的发展空间。先是，张之洞因为"拟将江南陆营悉数改为德制"，遂指派沈敦和与德国军官"反复推求中国仿行西法而仍不能强兵之故"③。稍后，又命其"延请德国练军教习二十余人到省，在故衣廊租赁民屋为公馆，每日赴小教场训练"④。这成为沈敦和参与训练江南自强军之始。刘坤一回任两江总督后，委任沈敦和为"总办营务处兼淞防营务处"，继续负责自强军的操练⑤。光绪二十二年（1896）七月间，刘坤一鉴于自强军中"延订洋员共有三十余人，江宁地方与通商口岸情形究有

---

① 《江防新志》，载《申报》，第49册，第10页，光绪二十年十二月初七日（1895年1月2日），第3版。
② 《桃渡晴波》，载《申报》，第49册，第337页，光绪二十一年二月初九日（1895年3月5日），第2版。
③ 《大帅阅操》，载《申报》，第50册，第511页，光绪二十一年闰五月二十七日（1895年7月19日），第2版。
④ 《白下官场纪事》，载《申报》，第51册，第447页，光绪二十一年九月二十二日（1895年11月8日），第2版。
⑤ 《金陵官报》，载《申报》，第53册，第561页，光绪二十二年六月十六日（1896年7月26日），第9版。

不同,洋人一切起居颇多不便",故而将"该军移驻吴淞"。沈敦和也随之同往①。在自强军的成军过程中,沈敦和为之做出了极大贡献②。光绪二十四年(1898),他作为"江南自强军在事出力"人员被"赏加二品顶戴"③。同时,他还主持将"练将学堂之日记功课及自强军阵法操法编辑成书",这就是《自强军西法类编》和《自强军创制公言》两书④。这两部书是对近代中国编练新军经验的较早总结,由此为沈敦和赢得了"兵家"的声誉。

然而,就在沈敦和因训练自强军声名鹊起之际,黑暗时刻倏忽而至。据清末出版的沈敦和传记所载,光绪二十五年(1899)夏,有人"忽以擅拆吴淞炮台劾敦和",朝廷命大学士刚毅查办此事。作为当时保守派代表人物的刚毅,"嫉敦和谙英国文语,且时与外宾往还,疑有汉奸行径,借端陷之"。朝廷遂下旨将沈敦和革职,并"发往张家口军台效力赎罪"⑤。实际上,此案纯属借口。按照王尔敏的分析,沈敦和此次被参的深层背景是,此际正当戊戌维新失败之后,刚毅奉命巡阅江南,"但凡经营洋务官员已多受其参劾落职"⑥。面对这一飞来横祸,沈敦和亦属无可奈何。七月间,刘坤一接到谕旨

---

① 《移营奏牍》,载《申报》,第 54 册,第 89 页,光绪二十二年八月初九日(1896 年 9 月 15 日),第 2 版。
② 这方面大体情形,可参见南苕外史:《沈敦和》,第 3-9 页。有关各种规范化措施的详情,另可参见孙善根编著:《中国红十字运动奠基人沈敦和年谱长编》,第 14-20 页。
③ 《江南自强军在事出力各员保奖单》,载《申报》,第 60 册,第 365 页,光绪二十四年九月初七日(1898 年 10 月 21 日),第 1 版。
④ 孙善根编著:《中国红十字运动奠基人沈敦和年谱长编》,第 31、35-37 页。
⑤ 南苕外史:《沈敦和》,第 12 页。
⑥ 王尔敏:《刚毅南巡与轮电两局报效案》,载《近代论域探索》,北京:中华书局,2014,第 168 页。

后即札饬苏松太兵备道曾经郭将沈敦和"解赴金陵",先"派文武员弁各一人押解北上",再"由兵部解赴戍所"①。对于沈敦和的这番遭遇,《申报》十分关注,连续做了多次追踪报道。直到次年三月间,该报还在一则报道中感慨道:"前自强军总营务处沈仲礼观察因公被议,绝塞荷戈,雪窖冰天,异常况瘁。"②

祸兮福所倚。出人意料的是,被流放张家口的沈敦和,居然因庚子国变而重新得到了用武之地。他得以复起的首要机缘,是发挥其外交特长,先后在直隶宣化府、山西平定州两地为阻止八国联军的西侵之势立下了功劳。光绪二十六年(1900)九月间,因"京中谣传两宫尚驻跸宣化",联军遂欲出居庸关追之③。时宣化镇总兵何海峰与新任口北道灵椿,夙知沈敦和"前在江南驾驭德将,办理洋务,颇有声名",故而禀请察哈尔都统奎顺急调沈敦和前往宣化④。据奎顺向朝廷奏报,沈敦和"于枪炮森严之地出入辩论",而"自鸡鸣驿以至张家口,皆赖沈敦和坚忍劳苦,尽力周全,地方得以安谧"⑤。次年二月间,又有一股法军"由获鹿、井陉"进入山西境内,并"力攻固关、龙泉关、长城岭等处,警报频仍,事机危急"。山西巡抚锡良、继任巡抚岑春煊先后紧急奏调沈敦和入晋调停。经沈敦和与法军统兵官巴耀反复交涉,法军停止前

---

① 《革员起解》,载《申报》,第 62 册,第 841 页,光绪二十五年七月十九日(1899 年 8 月 24 日),第 3 版。
② 《叠遭颠沛》,载《申报》,第 64 册,第 658 页,光绪二十六年三月十七日(1900 年 4 月 16 日),第 3 版。
③ 陈守谦:《燕晋弭兵记》,收入沈云龙主编:《近代中国史料丛刊》(3),台北:文海出版社,1966,第 121 页。
④ 中国历史研究社编:《庚子国变记》,上海:神州国光社,1947,第 217 页。
⑤ 《转录京师新闻汇报所登奎都统奏调沈仲礼观察折片》,载《申报》,第 67 册,第 343 页,光绪二十七年正月十七日(1901 年 3 月 7 日),第 1-2 版。

进。据记载:"是役也,既为山西退兵,又为直隶退兵,巴将均能一一应允,并允以后联军不再扰及晋边,遂相约赴正定签押"①。得知被贬斥的沈敦和竟然能够完成这番"舌战联军保全千百万民命"的壮举,《申报》不禁感叹道,沈敦和"遭此千锤百炼,愈昭赫赫之名。可见天下事变无常,挫折之适以玉成之"②。

借《申报》吉言,沈敦和因退敌之功,不仅免除了此前的罪责,而且得到察哈尔、山西两地官府的高度青睐。他先是被任命为张家口洋务局总办,后又被岑春煊借调到山西,担任山西洋务局督办,光绪二十八年(1902)又出任署理冀宁道③。在山西期间,沈敦和为当地社会发展多所规划,其中最具影响的活动,是与著名英国传教士李提摩太合力建成山西大学堂之举。先是,为处理义和团运动期间传教士在山西被害问题,岑春煊命沈敦和邀请李提摩太前来太原商办。沈敦和以"莫如捐不腴之钱币,以博无限之声誉"为辞,说服各教会"一律免赔,共省赔款银五十余万两"。李提摩太则向岑春煊提出,此次山西省赔款如果"一概蠲免,恐无以儆将来,应罚银五十万两,为办理学堂之用"。其时恰逢"朝廷即有各省创办大学堂之命",而太原当地"教会与地方官绅分途筹办,晋省遂有两大学堂,中西畛域判然"。岑春煊遂令沈敦和与李提摩太"熟商两校合并之策,改教会所办之大学堂为西学专斋,官办之大学堂为中学专

---

① 陈守谦:《燕晋弭兵记》,第 129-130、132 页。
② 《记沈仲礼观察调停山右教案劝阻联军入境事系之以论》,载《申报》,第 69 册,第 355 页,光绪二十七年九月十七日(1901年1月28日),第 1 版。
③ 孙善根编著:《中国红十字运动奠基人沈敦和年谱长编》,第 43-44、48 页。

斋"。李提摩太同意"将合同取消,所有罚款,悉数交还",而"两大学合并之议定"①。沈敦和与李提摩太的这次合作,也为后来在上海万国红十字会时的合作埋下了伏笔。

沈敦和的一系列出色表现,也引起了朝廷高层官员的注意。约在光绪二十八年(1902)五月间,时为军机大臣兼督办路矿大臣的王文韶奏调沈敦和"随同办理矿路",充任矿路总局提调,沈敦和由此离开了山西②。他在路矿总局期间承担的一项重要工作,是在詹天佑之前,便受命查勘京张铁路兴工事宜,并"将沿途情形绘图贴说,送呈外务部及总局会核,以便估定工费,奏请施行"③。此外,路矿总局还曾有意委任沈敦和"兼总开平煤矿,建平金矿事",他却"即以目疾辞归"④。光绪二十八年(1902)年底,据报道其已"由京来沪"⑤。或许在经历了大起大落之后,沈敦和对仕途已了无志趣。他这次回到上海后也保持低调,很少在公众场合现身。他的这种状态,直至日俄战争爆发才发生改变。

上海万国红十字会的成立,是沈敦和在上海绅商社会中崛起的发端。如前所述,在筹议东三省红十字普济善会时,中心人物是施则敬。在这次筹议中,沈敦和所起的作用,不

---

① 南苕外史:《沈敦和》,第20—21页。李提摩太在其回忆录中亦提及,此次办学合作是他与沈敦和在红十字会合作之前相识的机缘(Timothy Richard, *Forty-five Years in China: Reminiscences*, London: T. Fisher Unwin Ltd., 1916, p. 322)。
② 孙善根编著:《中国红十字运动奠基人沈敦和年谱长编》,第48页。
③ 《京张路程》,载《申报》,第72册,第253页,光绪二十八年九月初七日(1902年10月8日),第1版。
④ 南苕外史:《沈敦和》,第24页。
⑤ 《观察谒客》,载《申报》,第73册,第104页,光绪二十八年十二月二十日(1903年1月18日),第3版。

过是向与会者说明"泰西红十字会缘始及会中一切章程"①。在东三省红十字普济善会计划受挫,上海绅商们转而筹办万国红十字会后,沈敦和的地位迅速蹿升。那么,为什么此前在上海绅商社会中资历甚浅的沈敦和,此时能够脱颖而出呢?首先,他对万国红十字会的创立具有颇为关键的作用。因为正是他前往联络曾在山西创办大学堂时合作过的李提摩太,复由后者促成了外国人士的大力赞同。对此,李提摩太曾在成立大会上当众做了如下陈述:

> 上海中华官商绅士深念旅居北方之华民备尝苦楚,彼此筹一拯救之法,特请沈观察敦和前来,与余商量此事。按各国在东三省教士刻方避难于牛庄,余遵沈观察之请,电询牛庄教士,可否助救难民。旋得复电,允向前施救,且愿效力者甚众,因此遂有创设红十字会之议……遂往商英、德、美、法等四国领事,佥以为然。②

其次,在这种国际合作活动中,沈敦和在外语能力和外交经验上的优势得到了充分发挥。例如,光绪三十年二月初一日(1904年3月21日),上海万国红十字会举行首次董事会议时,会议主席、英国人威金生提议"会中应举一书记官,专办文牍",众人初始推举上海工部局学堂教习李志。威金生则认为,"是会系中外合办,李只能司笔札,不谙华文,必熟悉中外情形,如李提摩太君及沈君敦和主持其事方可"③。由此

---

① 《记普济善会初次议事情形》,载《申报》,第76册,第342页,光绪三十年正月十八日(1904年3月18日),第3版。
② 《施君肇基笔译上海创设万国红十字支会会议大旨》,载《申报》,第76册,第409页,光绪三十年正月二十八日(1904年3月14日),第1版。
③ 《二月初一日上海万国红十字会初次集议问答》,载《申报》,第76册,第454页,光绪三十年二月初五日(1904年3月21日),第3版。

可见,外国人士对熟悉外务的沈敦和更为看重。又如,在五月中旬一次中外董事会议中,中方人士的所有重要意见,几乎都是由沈敦和直接用英语来表述的,施则敬、任锡汾等人则未置一词①。因此,沈敦和在万国红十字会各类公启、公函中得以位列华董的首位,很有可能含有施则敬等人出于外务的重要性而表示敬重之意。

以参与万国红十字会为始,沈敦和很快成为上海地区慈善公益事业中的后起之秀。约在光绪三十年(1904)九月间,上海"创设黄浦救生善会",沈敦和出任该会董事,并积极联系工部局开展筹捐事宜②。十一月间,因救助受虐妓女的虹口济良所地处偏僻,"妓女赴诉,殊多不便",沈敦和与严信厚、朱佩珍、施则敬等人发起了在四马路设立济良分所之举③。十二月初,由他带头倡议的上海天足会成立,有记者称"沈君敦和创沪上天足会,豪举也"④。光绪三十二年(1906)冬间,寓沪中外人士为拯济徐海地区水灾而成立华洋义赈会。沈敦和在该会中的表现,标志着其在慈善公益事业中达到了一个新高度。经会议商定,该会会长由吕海寰担任,副会长为盛宣怀和江海关总税务司好博逊(H. E. Hobson),沈敦和为"华文书记员",美国传教士李佳白(Dr. Gilbert Reid)任"洋文书记员";沈敦和还与英商李德立(Edward

---

① 有关情形,可参见孙善根编著:《中国红十字运动奠基人沈敦和年谱长编》,第59-61页。

② 《允充会董》,载《申报》,第78册,第382页,光绪三十年九月十九日(1904年10月27日),第3版。

③ 《济良分所募捐启》,载《申报》,第78册,第707页,光绪三十年十一月初八日(1904年12月14日),第1版。

④ 孙善根编著:《中国红十字运动奠基人沈敦和年谱长编》,第62-63页。

S. Little）被举为办事员①。沈敦和是该会中唯一一个担任两个职务的成员。另外值得一提的是，此次赈灾期间，华洋义赈会为筹赈而策划了一次颇具博览会性质的活动，即"万国赛珍陈列会"，沈敦和是主要负责人之一②。此外，其夫人沈章兰也出任了这次集会中"中国珍品助赈陈列所"的经理人③。最终，这次集会总共筹集赈款约六万元，成效显著④。

当然，沈敦和在慈善公益事业道路上的发展，并不是他在上海绅商社会中得以崛起的全部基础。他真正成为绅商群体中的代表性人物，无论如何也离不开对工商实业活动的参与。而在这个方面，其最重要的发展都是来自盛宣怀的扶持。就目前所见，沈敦和与盛宣怀在参与上海万国红十字会之前尚无交集。并且，沈敦和从离开路矿总局到万国红十字会创立之前，也没有参与实业活动的任何记录。而很可能在万国红十字会创立之后不久，他便担任了沪宁铁路总办一职⑤。这一任职定然与盛宣怀大有关系，因为盛宣怀此时正在掌管沪宁铁路事宜。而且，他们两人因万国红会事务密切往来之际，在

---

① 《筹办淮徐海三属义赈函》，载《申报》，第85册，第593页，光绪三十二年十月二十二日（1906年12月7日），第9版。

② 《序万国赛珍会发起原由》，载《申报》，第88册，第260页，光绪三十三年四月初九日（1907年5月20日），第19版。

③ 《中国珍品助赈陈列所募物启》，载《申报》，第87册，第523页，光绪三十三年三月初四日（1907年4月16日），第2版。

④ Central China Famine Relief Fund Committee, *Report of the Central China Famine Relief Fund Committee, 1906－7*, Shanghai: North-China Daily News and Herald Limited, 1907, p. 24.

⑤ 《沪宁铁路举行沪锡段开车典礼·附前管理处沈仲礼观察演说稿》，载《申报》，第84册，第158页，光绪三十二年五月二十六日（1906年7月17日），第4版。因该演说稿中有"不才承乏沪宁铁路，两年于兹矣"一语，故推测其就职时间约为光绪三十年五月。

铁路事务中的关系同样在升级。大约到光绪三十一年（1905）冬间，沈敦和便被时人公然称为盛宣怀的"心腹"了：

> 简办沪宁铁路唐绍仪现尚未能来沪。日昨闻盛宣怀出鄂，密电其心腹总管理（**按：疑缺"处"字**）沈敦和观察带卷赴京移交，希冀弥缝一切，大约沈于日内即须启行。①

退一步说，即使没有达到"心腹"的程度，这时沈敦和与盛宣怀的关系也肯定非同一般了。这方面第一个有力的证据是，盛宣怀于光绪三十二年（1906）二月间移交铁路事权完毕，沈敦和即于四月间向唐绍仪禀辞沪宁铁路的差使②。其间显然不无共进退之意。另一个显著的证据是沈敦和在中国通商银行的任职。该行自创办后一直掌握在盛宣怀手中，大权从无旁落。光绪三十二年（1906）二月初，此前从无金融背景的沈敦和，忽然出现在该行办事董事之列。并且，他首次露面就参加了该行探讨亏短赔偿、辞退大班等机密问题的董事会议③。如果说发生在通商银行里的这一切，与盛宣怀毫无关联，那才真是不可思议的事情。在盛宣怀的支持下，沈敦和的商务地位及声望都迅速大为提高。至于最能体现这种提高的事实，是在光绪三十三年（1907）八月间上海商务总会的议董改选中，步入商界没多久的沈敦和成为一匹令人瞩

---

① 《沪宁铁路卷宗由沈敦和带京移交》，载《申报》，第81册，第710页，光绪三十一年十月二十七日（1905年11月23日），第3版。

② 《前沪宁铁路总管理处沈道敦和上督办大臣唐禀》，载《申报》，第84册，第530页，光绪三十二年七月初五日（1906年8月24日），第3版。

③ 《中国通商银行总董致盛宣怀函》，载陈旭麓等主编：《盛档之五》，第433页。该书中的资料显示，从此直到宣统二年初，沈敦和始终担任该行董事（第490页）。

目的黑马,与朱佩珍、周晋镳等商界资深人物一起成功当选新一届议董①。

那么,盛宣怀这一时期为什么要大力栽培沈敦和,使之能够在上海绅商社会中迅速脱颖而出呢?解答这一问题的关键,在于理解盛宣怀在实业方面的合作群体所发生的变动。本书第五章的论述曾指出,约从甲午战争前后开始,早先与盛宣怀在实业活动中密切合作的经元善、谢家福等人逐渐淡出,严信厚、施则敬和杨廷杲等人成为盛宣怀更为倚重的合作群体。不料,光绪三十一年(1905)抵制美货运动的爆发,极大动摇了这一批合作群体的社会地位。既有研究表明,在这次以上海为中心的大规模社会抗议活动中,以严信厚为总理的上海商务总会领导层,既不敢领衔发出抗争通电,也不敢出面组织或坚决支持抵制活动,从而使其社会声望大跌。结果,在当年上海商务总会的议董选举中,在抵制活动中表现积极的福建帮代表曾铸被选为新一届总理②。失去总理职位的严信厚,此后在社会活动中的身影日渐稀疏,并于光绪三十二年(1906)八月间因病去世③。严信厚去世约一个月后,施则敬在议董任期未满之时发布公告,声明辞去商会坐办一职④。加上从光绪三十一年(1905)初起即不见踪影的杨廷杲,可以说,盛宣怀在甲午战争前后发展起来的这一合作群体,已告彻底瓦解。在这种情况下,盛宣怀当然需要发掘新

---

① 《商务总会更举议董纪略》,载《申报》,第 90 册,第 434 页,光绪三十三年九月初一日(1907 年 10 月 7 日),第 4 版。

② 徐鼎新、钱小明:《上海总商会史(1902—1929)》,第 70-73、87-88 页。

③ 《恕讣不周》,载《申报》,第 84 册,第 853 页,光绪三十二年八月初九日(1906 年 9 月 26 日),第 1 版。

④ 《施子英辞商会坐办广告》,载《申报》,第 85 册,第 247 页,光绪三十二年九月十三日(1906 年 10 月 30 日),第 1 版。

的事业合作人选，而从上海万国红十字会开始进入其视野的沈敦和，恰好适应了这一需求。

得到盛宣怀扶植而在上海绅商社会中崛起的沈敦和，反过来也为盛宣怀事业低谷期间的抗争出力甚多。这方面的第一个证据，是沈敦和在盛宣怀试图夺回轮船招商局控制权过程中的表现。因朝廷启动官制改革后，将轮船、铁路、电报和邮政之权收归新设立的邮传部，使盛宣怀产生了在商办名义下重掌招商局的念头。经过一番谋划，光绪三十三年正月十六日（1907年2月28日），一批招商局股东在上海愚园举行会议。沈敦和以报告人身份向与会股东提出，鉴于"招商局全系商股"，所以朝廷"将轮船事宜归邮传部管理……与此事理不符，爰议援照商律，呈请注册，以享保护利益"。随即在会议上选举了五名注册代表，结果盛宣怀以103票排名首位，沈敦和则以84票排名第二[1]。不久之后，甚至一度有农工商部"议以盛宣怀为招商局督办，沈敦和为协理"的传言[2]。虽然此事最终未果，但是沈敦和在这次活动中无疑是盛宣怀十分看重的一个角色。

在盛宣怀于宣统元年（1909）再次争夺招商局控制权的行动中，沈敦和的地位虽然没有上次突出，但也起到了不容低估的作用。这首先表现在，沈敦和在股权方面具有相当大的分量。在袁世凯被朝廷驱逐之后，盛宣怀再次掀起了将招商局改归商办的举动，策划在上海召开招商局首届股东大会，

---

[1] 《记招商局股东会议注册事》，载《申报》，第87册，第2页，光绪三十三年正月十七日（1907年3月1日），第4版。

[2] 《专电四·奏派招商局督办、协理》，载《申报》，第87册，第246页，光绪三十三年二月十一日（1907年3月24日），第3版。

为此发起了股东登记活动。到大会召开前夕,来上海挂号处登记的股份终于达到全部股份的60%,符合商律要求。在大会选举中,盛宣怀以压倒性优势成为董事会主席①。以股东身份出现在会议中的沈敦和,其本人名下有150股,另外则与王存善一起掌握了1 370股的代表权,成为代表权最多的到场股东之一②。其次,沈敦和是盛宣怀重入董事会的首倡者。盛宣怀被首届股东大会选举为董事后,因其此时身为邮传部右侍郎,故而"临时致函辞退",由其长子盛昌颐入会作为代表。不料,盛昌颐在大会结束后不久即告病故。以沈敦和为首的301名股东向招商局发出公启,提出"按之商律,以权数最多之员,轻于辞退,实属未符",所以应"查照原举权数,仍请以首选之人入会,不必以次多数者推补"③。招商局董事会遂将此意见报告农工商部和邮传部,两部表示同意,盛宣怀亦得以顺利复归④。

沈敦和在实业领域中为盛宣怀提供的另一项重要助力,出现在创办汉冶萍公司的过程中。光绪三十四年(1908)二月间,盛宣怀为了挽救亏损严重的汉阳铁厂,遂奏请将汉阳铁厂、大冶铁矿与萍乡煤矿"合成一大公司,新旧股分招足银圆二千万元"⑤。在得到朝廷允准后,盛宣怀迅速启动了招

---

① 汪敬虞主编:《中国近代经济史,1895—1927》,下册,北京:人民出版社,2000,第2060-2061页。

② 《招商局根据商律所填公司注册呈式·附件一》,载陈旭麓等主编:《盛档之八》,第855、857页。

③ 《股东沈敦和等三百零一人致招商局公启》,载陈旭麓等主编:《盛档之八》,第894-895页。

④ 《招商局董事严义彬等致农工商部、邮传部》《徐世昌、汪大燮致盛宣怀电》,载陈旭麓等主编:《盛档之八》,第896-898页。

⑤ 《汉冶萍煤铁厂矿现筹合并扩充办法折》,载盛宣怀:《愚斋存稿》,卷14《奏疏十四》,第363页。

股活动。他在四月间曾经乐观地预计,"汉冶萍股分不久即可收足"①。其实,招股活动并不顺利②。在这一背景下,宣统元年三月二十七日(1909年5月16日)在上海召开的汉冶萍公司第一次股东大会,同时也是一次招股动员大会。沈敦和则在参加大会之前,就已是拥有该公司500股以上的大股东之一③。不仅如此,他还作为唯一的股东代表,在大会上做了演说。他通过介绍自己"于钢铁之质地及外洋之销路研究有日"的经验,认为汉冶萍公司足以"塞漏卮,浚利源,关系吾中国实业前途者,庸有既极矣",并大力呼吁"各股东洞烛利害,踊跃购股,俾公司厚集其资本,放手扩充,以底于成"④。而据盛宣怀向其姻亲吴郁生透露,"汉冶萍开会之后,股分亦甚踊跃"⑤。如果此言不虚,自然应该包含了来自沈敦和的贡献。

在厘清了沈敦和在盛宣怀实业体系中的成长情况后,再来考察沈敦和在红会建设中与盛宣怀之间的关联,也就会有不一样的发现了。如前所述,盛宣怀和吕海寰在光绪三十三年(1907)首次奏请创办中国红会时,可谓是一场根本没有多少准备的假戏。而在朝廷允准之后,事实上根本无暇顾及红会事务的盛宣怀,正是主要依靠沈敦和的努力,才使这场

---

① 《致温佐才再启》,载北京大学历史系近代史教研室整理:《盛宣怀未刊信稿》,第105页。
② 汪敬虞主编:《中国近代经济史,1895—1927》,下册,第1733页。
③ 《汉冶萍第一次股东大会五百股以上合格股东到会名单》,载陈旭麓、顾廷龙、汪熙主编:《汉冶萍公司(三)——盛宣怀档案资料选辑之四》,上海:上海人民出版社,2004,第91页。以下简称《汉冶萍公司(三)——盛档之四》。
④ 《沈敦和在汉冶萍公司第一次股东大会上的演说辞》,载陈旭麓等主编:《汉冶萍公司(三)——盛档之四》,第83-86页。
⑤ 《致吴蔚若函》,载北京大学历史系近代史教研室整理:《盛宣怀未刊信稿》,第170页。

假戏进入了真做的状态。

这里所谓"真做",是指在朝廷允准筹建红会后,光绪三十三年(1907)那份奏折里所提及的培养医学生、建设医院等日常性红会建设活动才真正开展。光绪三十四年八月初三日(1908年8月29日),《申报》上开始刊登《中国红十字会招考医学生广告》,其内容为:

> 本会……现先以培植医员为入手基础,因医院校舍尚未造竣,暂附科学完备程度最高值同济德文医学堂授课。宗旨:招选聪颖子弟,教授医科,卒业后任凭充红十字会医员。学所附在同济德文医学堂。学额先收十名。学龄:以十五至十八岁,身家清白,素无疾病,英文及已通德文者得特别卒业年限。学级:八年卒业,给予文凭,不及格者补习。①

这是首次在"中国红十字会"名义下举行的社会活动,从而意味着红会建设终于步入实践阶段。八月二十二日(9月17日),《申报》上公布了通过初试的15名学生的名单,声明他们将由"沈仲礼观察复试"②。由此可知,这次招生活动主要是由沈敦和主持的。由于第一次复试仅通过6名学生,所以这次招生活动又延续了一次,最终共招收了12名学生③。

继招考红会医学生之后,沈敦和又主持了红会医学堂的

---

① 《中国红十字会招考医学生广告》,载《申报》,第95册,第817页,光绪三十四年八月初三日(1908年8月29日),第1版。该广告此后每隔数日便刊发一次。
② 《中国红十字会拟取各生招覆》,载《申报》,第96册,第219页,光绪三十四年八月二十二日(1908年9月17日),第1版。
③ 《中国红十字会续招考医学生》《中国红十字会考取医学生》,载《申报》,第96册,第309、413页,光绪三十四年八月二十八、九月初六日(1908年9月23、30日),皆为第1版。

建设。有材料称,约在宣统元年(1909)底、二年(1910)初,沈敦和利用上海万国红十字会时期的部分余款,在上海徐家汇一带购地开建红会医院①。从坐落位置来判断,这家医院应该就是宣统元年(1909)年底奏折里所说的红会"医院学堂"。也幸亏这座红会医学堂的开建,为在红会建设上作为不多的盛宣怀提供了搪塞之词。原来,他于宣统二年(1910)六月末赴京后,因掌管军谘处的载涛、毓朗两位贝勒"询及会事",便于九月初让沈敦和等人提供医学堂建设情况作为回复。并且,为了掩饰开工时间较晚的问题,还需要沈敦和等人在文件上倒填日期:

> 查上海所建红十字会医学堂,足为基础,惟规模如何,弟在沪时尚未验收。诸公苦心缔创,渐臻美备,尤未可湮没不彰,拟请速将以前收支各款,详细造报,并将医学堂建造经费,绘图贴说,一并附销,均倒填七月初六日以前日期,迅赐寄京,以便赶紧转咨……种种枝节,是为至要。②

大约在宣统二年(1910)底,坐落在徐家汇的红会医学堂全部竣工。十二月二十三日(1911年1月23日),这座学堂以"大清红十字会医学堂"的名义在《申报》上打出广告,向社会正式招收学生③。同时,沈敦和也没有忽视红会医院的建

---

① 孙善根主编:《中国红十字运动奠基人沈敦和年谱长编》,第98页。
② 《盛宣怀致沈敦和、施则敬、任锡汾函》,上海图书馆藏盛宣怀档案,档案号SD045123-1。转引自孙善根主编:《中国红十字运动奠基人沈敦和年谱长编》,第97页。按:该函落款日期为"九月初三日",孙书将其年份定为宣统元年。实际上,因该函中称载涛、毓朗"均拟将总会设立京师",明显是针对宣统元年底盛宣怀等人的奏折所发意见,也是宣统二年五月军谘处回奏里的说法。再者,盛宣怀宣统二年赴京是六月末之事。因此,该函时间应为宣统二年九月初三日。
③ 《上海徐家汇路大清红十字会医学堂招生》,载《申报》,第110册,第353页,宣统二年十二月二十三日(1911年1月23日),第1版。

设。在他的推动下，次年二月间，"中国红十字会与中国公立医院两分医院合设于天津路八十号"，他本人则出任总理①。

上海地区红会医学生的培养和红会医学堂的建成，是红会建设在盛宣怀任会长期间的最主要进展。而大力推动这一进展的沈敦和，也为自己在随后而来的辛亥革命中大显身手打下了基础。1911年10月23日，沈敦和接到汉阳来电，"以两军死伤过多，请即亲率红十字会中西医队迅速前来战地，普救同胞"②。沈敦和当即决定，在上海地区红会力量的基础上，"遍请中西医士、看护学生等，分甲乙丙三队，克日出发，以救两军伤亡军士及受困居民"③。次日下午四点，他联合寓沪中外人士700余人，在工部局议事厅召开红十字会特别大会，沈敦和"报告开会宗旨及成立甲、乙、丙三医队"前赴战区救护等情况，得到大会一致通过。在此次大会上发言的李提摩太，盛赞沈敦和"乃救苦救难之大元帅、救命军之大教主，组织此会，必能完全无缺"④。与上海万国红十字会时相比，此时的沈敦和已然具备独立领导红会力量的能力和声望了。

不仅如此，以红会事业为社会基础的沈敦和，还在革命之际成功地实现了与清朝的切割。至于促使他加以切割的机缘，很可能与盛宣怀有一定关系。众所周知，武昌起义爆发

---

① 《西报盛称华医院》，载《申报》，第111册，第346页，宣统三年二月二十二日（1911年3月22日），第2张第3版。
② 《红十字会医队定期启行》，载《申报》，第114册，第943页，1911年10月24日，第2张第2版。自1911年10月10日武昌起义后，本书述及纪年时一律改用阳历。
③ 《来函·其三》，载《申报》，第114册，第924页，1911年10月23日，第2张第4版。
④ 《红十字会大会志盛》，载《申报》，第114册，第962页，1911年10月25日，第2张第3版。

后，盛宣怀一时间成为众矢之的，清廷为了平息事态而将之作为替罪羊。1911年10月26日，朝廷降旨，以盛宣怀"贻误大局，实属辜恩溺职"，故而"即行革职，永不叙用"[1]。颇为讽刺的是，朝廷同时又允准盛宣怀奏请"设立慈善救济会"的建议，命吕海寰"妥速筹办"，并联系沈敦和等人"前往办理救济事宜"[2]。不知何故，朝廷在将盛宣怀革职18天后，才谕令吕海寰"充中国红十字会会长，仍兼办慈善救济会事宜"[3]。而朝廷对盛宣怀的革职，无疑为沈敦和与清朝的决裂扫清了最后一层障碍。10月底，刚刚接手救济事宜的吕海寰便与沈敦和联系，试图将之纳入合作范围，其电文中称："弟甫接手，均无头绪。兄本旧交，极愿借重，未知目下作何布置？何人帮办？弟拟略事部署，即行赴沪。"沈敦和回电则称：

> 沪红十字会系民捐民办，甲辰（按：即光绪三十年）四月、十二月两次奉旨嘉许，实称善举。上年夏钦派盛宫保为会长，并拟改名大清红十字会，当经敦和力陈利害，按大清红会应归陆军部筹办，如遇战事，仅止随本国军队后救伤，与和等所办瑞士缔盟、万国承认之中立红十字会宗旨不同，且沪会系募中外捐款而成，殊难归并，业蒙盛公允商政府在案。

该电末尾甚至提出："公奉命筹办慈善救济会，应否……克期

---

[1] 《清实录》，第60册《宣统政纪》卷62，宣统三年九月己巳（初五日），第1135—1136页。又见中国第一历史档案馆编：《光绪宣统两朝上谕档》，第37册，第267页。

[2] 《清实录》，第60册《宣统政纪》卷62，宣统三年九月己巳（初五日），第1136页。

[3] 中国第一历史档案馆编：《光绪宣统两朝上谕档》，第37册，第299页。

组织前赴信阳、汉口一带救护军民,以助红会之不逮?"① 如前所述,沈敦和在1911年初招收医学堂学生时还公开使用过"大清红十字会"旗号。而在这里,他断然否认上海红会跟大清红会的关联,显然是拒绝与吕海寰合作的态度。

接管上海红会无望之后,吕海寰只得设法另起炉灶。好在复出后担任内阁总理大臣的袁世凯是吕海寰的支持者,其回复吕海寰的电文中称:"我公奉命筹办慈善救济会……弟有可效力之处,必当竭诚赞助。"② 与此同时,尚在清朝统治下的北方大部地区仍然遵奉吕海寰的号召。例如,盛京、张家口、天津、济南、开封、保定、吉林各处,或建立慈善救济分会,或称红会分会,都明确表示接受吕海寰的领导③。在此基础上,吕海寰稳住阵脚,逐步形成了一股以京师为中心的红会势力(以下简称"京会")。并且,京会也自行组织了以协和医学堂为中心的救护队伍,"分往战地,救济军人",做出了可观的成绩④。这样一来,中国红会组织在辛亥革命之后就形成了南北分立之势,即吕海寰领导的京会与沈敦和领导的上海红会(以下简称"沪会")相对立的局面。

为了保持自身的独立性,沈敦和采取了抢先争取国际承认的策略。1911年11月16日,沪会在工部局议事厅举行理

---

① 《红十字会电稿一束》,载《申报》,第114册,第1064页,1911年10月31日,第2张第3版。

② 《袁宫保来电》,载北京大学图书馆藏稿本丛书编委会编:《北京大学图书馆馆藏稿本丛书》,第11册《吕海寰杂钞奏稿》,天津:天津古籍出版社,1987,第1554—1555页。

③ 《盛京陈艺来电》《张家口溥都护来电》《天津任道振采来电》《济南刘崇惠来电》《开封吕伯韩来电》《保定分会来电》《致吉林陈抚台电》,载《吕海寰杂钞奏稿》,第1559、1561—1562、1563、1564—1565、1582、1603—1604、1746—1747页。

④ 中国红十字会总会编:《中国红十字会历史资料选编(1904—1949)》,南京:南京大学出版社,1993,第273页。

事会议时，决定"托日本赤十字社社长松方侯爵将本会原始及办理情形，函达瑞士国之日来弗万国红十字联合会"，希望该联合会"请即知照万国承认"。联合会接受了这一申请，于1912年初回电表示，已"分电寰球入会各国，皆已一律承认"①。这就使沪会在国际法体系中有了领先一步的意味。此外，鉴于已与清朝切割，沈敦和的另一个步骤是向革命军政府靠拢。他在向临时政府副总统黎元洪汇报武汉救援情形之际，也告之已获国际承认的消息，并请求临时政府予以承认。孙中山知悉后随即指示，"该会热心毅力，诚无可表德之处，应即令由内务部准予立案，以昭奖劝"②。由于沈敦和的这些行动，使得"沪会"的名声一度远超"京会"之上。

然而，随着政权从南京临时政府转移到袁世凯政府手中，以吕海寰为首的"京会"逐渐有了争取中国红十字会正统地位的实力。这特别表现在参加国际红十字会大会的问题上。本来，约在1911年底，清朝外务部曾接到过国际红十字联合会拟于次年召开国际会议的通知，但当时已无人过问。鼎革之后，沈敦和得知将于1912年5月7日在美国华盛顿召开第九届国际红十字大会，曾向袁世凯提出了"请款赴会"的要求，在得到"自行筹款办理"的答复后，沈敦和一度产生了放弃与会的念头③。袁世凯当然不是对红会问题毫不在意，他一面拒绝资助沈敦和与会，同时却指派驻美公使为"政府代表莅会"，并指示外务部告知吕海寰派遣人员作为红会会长代

---

① 《中国红十字会特别广告》，载《申报》，第116册，第371页，1912年2月7日，第1版。
② 中国红十字会总会编：《中国红十字会历史资料选编（1904—1949）》，第57页。
③ 《致吕会长电》，载《吕海寰杂钞奏稿》，第1781-1782页。

表参会①。得知这一信息的沈敦和立即意识到了问题的严重性，他一面委托留美学生监督黄鼎代表"沪会"参加大会，一面致电吕海寰称"此次万国大会，京、沪两会各派代表报告成绩，显有异同，不特贻笑邻邦，尤足为红会之玷"②。吕海寰则认为，"沈派黄鼎是独树一帜之意……沈既派黄某，可与本会所派员并行不背（按：原文如此）"③。对于这一争执，外务部亦无法协调，只得电告中国政府与会代表、驻美公使张荫棠"照会美使转达美外部，一律接洽"④。

在这次会议上，京、沪两会的争执亦公之于世。起初，国际红十字联合会会长阿铎尔"以沈敦和君报告上海红十字会情形手函一件"交给中国代表。因该函主要谈及京、沪两会的争执，故而中国代表会商后决定"将沈函交还阿君"，并另致阿铎尔一函，声明"中国红十字会之总会所暨总会办事员均在北京设立，总会长为吕公海〔寰〕"。最终，沈敦和之函"自归无效"⑤。这样一来，"沪会"先前争取到的国际承认亦随之消失。不过，得到北京政府支持的"京会"并不能压倒具有雄厚社会基础的"沪会"。国际红会大会结束后，双方经过多次会商，最终达成了合并协议。其主要内容是：总会设在北京，吕海寰为会长，总会负责与政府接洽并兼办外交；沈敦和为副会长，常驻上海，"沪会"定名为中国红十字会总会总办事处，管理全国各分会事务、医务、募捐、筹赈、防

---

① 《致吕会长电》，载《吕海寰杂钞奏稿》，第1785页。
② 《上海沈仲礼来电》，载《吕海寰杂钞奏稿》，第1665–1666页。
③ 《青岛来电》，载《吕海寰杂钞奏稿》，第1667页。
④ 《致吕会长电》，载《吕海寰杂钞奏稿》，第1790页。
⑤ 该自然段引文出自中国红会与会代表向吕海寰提交的参加会议情况报告，该报告无标题。见《吕海寰杂钞奏稿》，第1801–1802页。

疫并执掌会中财产等事①。正如张建俅分析的那样，这种制度安排使得中国红会"形成了独特的二元结构"，北京总会"虽然取得正统的名义"，但上海方面实际上"取得绝对的主导优势"②。这也意味着，沈敦和业已名正言顺地转化为民国的社会贤达。也正是基于这样的社会身份，下一章里将会看到，在当年的恩主盛宣怀落难之际，沈敦和才有能力伸出援助之手。

对于中国红会来说，盛宣怀虽然不属于最早一批倡议者之列，却是在实践中推动红会建设的中心人物。正是在他介入红会事业之后，红会在中国才摆脱了流于纸上谈兵的状态，走上了本土化建设之路。对于盛宣怀来说，推动红会建设也不是从事一项纯粹的慈善活动，而是与其这一时期政治地位、实业活动都处于低谷状态下的事业发展格局密切关联。概括说来，在被视为标志着中国红会组织诞生的上海万国红十字会中，尽管该会得以成型的社会基础是与盛宣怀渊源甚深的江南义赈力量，但是盛宣怀出于对此际人事关系的考量，这才使得吕海寰、吴重熹与之并列为该会领导层的"三驾马车"；在上海万国红十字会结束后两年，才向朝廷提出创办中国红会之举，其背后关联着的则是盛宣怀谋求政治上复出的努力；而最终成为首任红会会长，很大程度上又是盛宣怀力图跻身清廷权力核心的一个掩饰、一条渠道；也是在盛宣怀的大力扶植下，原先与上海绅商社会缘分甚浅的沈敦和，不

---

① 易国千等辑：《黎副总统政书》，卷14，收入沈云龙主编：《近代中国史料丛刊》(662)，台北：文海出版社，1971，第177页。

② 张建俅：《中国红十字会初期发展之研究》，第55页。

仅得以步入实业领域并崛起为商界顶流,而且迅速超越了施则敬等投身红会的资深义赈主持人,成为清末红会建设的领袖人物。这样一来,中国红会创始人的名头出现花落众家的局面,也就不是难以理解的事情了。

第七章

从落水到上岸：
鼎革之际盛宣怀的沉浮与捐赈复产活动

在辛亥革命爆发后一度几乎陷入绝境的盛宣怀，却在民国成立后不久就安然归国，并收回了曾被革命势力查没的家产，可谓是令人惊讶的一幕。鲁迅在事隔约二十年后，还在《从盛宣怀说到有理的压迫》一文中特地提及此事，并认为盛宣怀得以成功复产，主要是拜袁世凯所赐①。与鲁迅的看法有所不同，后来有学者指出，盛宣怀本人经过"明的'捐赈恤民'，暗的送致'私酬'等贿赂手段"而展开的活动，才是其得以复产的重要因素②。夏东元则注意到，盛宣怀"肯把被没收的财产中答应拿出三十万元作赈灾之用"这一手法，甚至在南京临时政府身上就开始使用了③。不过，学界迄今始终未曾追问这样的问题：盛宣怀在其复产活动中怎么会想到运用捐赈的手法呢？这一手法在复产过程中究竟有何意味，又起到了什么样的作用呢？显然，只有解决这些问题，才能确切

---

① 鲁迅：《从盛宣怀说到有理的压迫》，载《鲁迅全集》，第5卷，北京：人民文学出版社，1991，第132页。该文最初发表于1933年。
② 此语出自陈旭麓等主编《盛档之一》中第318页的"编者按"。
③ 夏东元：《盛宣怀传》，第438页。

把握此次捐赈复产之举的意涵，进而有助于理解盛宣怀在辛亥革命期间的戏剧性命运。而要解决这些问题，就必须重新审视盛宣怀在捐赈与复产之间建立关联的整个进程。

第一节　民初汉冶萍问题与捐赈复产的出台

要阐明盛宣怀在辛亥革命后进行复产活动的基本背景，首先要回溯到盛宣怀一生中可谓最为跌宕起伏的宣统三年（1911）。是年上半年，盛宣怀在仕途上一路顺风地达到了前所未有的高位。他先在宣统二年十二月初六日（1911年1月6日）被实授为邮传部尚书，又在宣统三年四月初十日（1911年5月8日）成立的、被称为"皇族内阁"的责任内阁中出任邮传大臣，成为内阁中仅有的4名汉臣之一①。极具讽刺意味的是，清廷于次日颁布的、主要由盛宣怀策划的"天下干路均归国有，定为政策"的上谕②，恰恰成为盛宣怀走向深渊的开始。特别是武昌起义爆发后，盛宣怀在清政府内部遭到极其猛烈的围攻，其高潮乃是在10月25日举行的资政院会议上，出现了一片"非将盛大臣明正典刑，无以服人心而平乱事""非诛盛宣怀不足以谢天下""罪尤不可胜诛"的呼声③。在此情况下，清廷顺水推舟地将盛宣怀作为被抛弃的替罪羊，于10月26日颁布谕旨，将其"即行革职，永不叙用"④。盛宣怀的政治生命，至此宣告完结。

---

① 夏东元编著：《盛宣怀年谱长编》，下册，第918、924页。
② 中国第一历史档案馆编：《光绪宣统两朝上谕档》，第37册，第92-93页。
③ 《资政院第二次会议纪略》，载陈旭麓等主编：《盛档之一》，第175-176页。
④ 中国第一历史档案馆编：《光绪宣统两朝上谕档》，第37册，第166-167页。

连辩护奏折都没有得到机会上奏的盛宣怀,不得不于10月28日仓皇逃离京师,在南下到了青岛后不久,又转而北上大连,并于12月31日带同两个儿子流亡日本①。造成盛宣怀一再转变逃亡路线的主要原因,是革命形势在南方的迅猛发展。11月3日,革命党人在上海起事,次日宣告光复。两日后,江苏巡抚程德全被策反,于苏州宣布独立,并就任江苏都督②。随后,沪军都督陈其美联合程德全和浙江都督汤寿潜,组织江浙联军会攻南京。12月2日,联军攻克南京,为革命党人控制中国南方的局势奠定了基础③。无疑,这样的形势将盛宣怀进一步推向了不归之路。这是因为,作为铁路干线国有政策和四国借款合同的主要策划者和执行者,盛宣怀早已在成为辛亥革命导火索的保路风潮中,就已是革命力量矛头所指的一个主要对象了④。

在革命形势蓬勃发展之际,对盛宣怀实实在在的打击也终于来临。这方面的一个显著表现,就是革命派势力在苏州光复后立即查封其家产的行动。11月9日《申报》报道:"苏垣阊门外盛氏留园,昨已为民军派人看守,现在已将该园为民军事务所,曾为红十字会医院之用。城内如久大等各典当及中市住宅一所,均为盛氏私产,现亦派军巡看守。"⑤ 不仅如此,江苏都督府复于11月13日发布了查封盛氏在苏州家产

---

① 夏东元编著:《盛宣怀年谱长编》,下册,第939—940页。
② 胡绳武、金冲及:《辛亥革命史稿》,第3卷,上海:上海人民出版社,1991,第283—286、292—294页。
③ 张海鹏、李细珠:《中国近代通史》,第5卷《新政、立宪与辛亥革命(1901—1912)》,南京:江苏人民出版社,2006,第406页。
④ 胡绳武、金冲及:《辛亥革命史稿》,第3卷,第20—21、34—36、39页。
⑤ 《苏城光复记(三)》,载《申报》,第115册,第127页,1911年11月9日,第1张第5版。

的通告。根据通告的精神，苏州城内盛氏名下的"高师巷久大典当、西城桥济大典当、申衙前济大当栈、同福利洋货铺、同赐茂南货铺、西中市盛公馆、胥门外盛家弄租房电报局房屋、留园及新宅花步别墅"等处，于当日夜间即被查封。时论尚称"盛氏富埒王侯，在苏财产何止此数。现所封者，糟粕而已"①。在此种舆情汹涌的情况下，江苏都督府数日后又采取了更为严厉的举措，发布公告宣称，对江苏省内所有盛氏家族财产皆须采取查抄行动：

> 据苏、松、常、镇、太五属人民代表公函内开，"盛宣怀祸国殃民，罪大恶极，为全国人民所共愤。所有盛氏财产，亟应查明，没收归公，以为剥民肥己者戒。现已查得盛氏坐落本省之一切财产，开具清单，呈乞都督迅饬查封，以彰公道"等情到本都督。据此除将坐落本省财产札饬巡警道查封外，合行示谕。为此示仰军民人等一体知悉，须知盛氏负误国殃民之罪，为神人所共愤，故将其财产查抄，以快人心。②

更严重的是，这些被查抄的财产还面临着被没收充公的威胁。如有人便提出，盛氏在苏州的家产，"自应悉数还诸苏人，以为公众之用。若留园，若西园，联而合之，绝妙一大公园也，可为我苏人永永之纪念物。其余店业房产，则宜变价以充地方之用，此最公允之办法也"③。

---

① 《苏垣盛氏财产查封记》，载《申报》，第115册，第232页，1911年11月16日，第1张后幅第3—4版。

② 《盛氏财产查封拾遗记》，载《申报》，第115册，第262页，1911年11月18日，第1张后幅第3版。

③ 《清谈》，载《申报》，第115册，第444页，1911年12月1日，第1张后幅第4版。

第七章　从落水到上岸：鼎革之际盛宣怀的沉浮与捐赈复产活动 | 393

本来，盛宣怀在得知江苏都督府对其家产进行查抄的消息后，立即设法转移了一些财产。例如，他指示顾咏铨等亲信，"必须逐户设法"，将苏州多家"公典收照给人承受"，并强调"此法须将公典交与代表，必须取其收据，虽相契好亦不可无此信据也"①。此外，盛宣怀在上海也采取了转移资产的行动。据《申报》报道，盛氏"除将又新、大德等厂已挂洋牌外，日来又将本埠各租界所置房产等项，亦归外人保护，以免为军政府抄没"②。

不过，盛宣怀名下毕竟还有相当多的不动产根本来不及转移。上海则有法华乡民徐联科等人向军政府禀称没收盛氏田产之举：

> 为乞查汉奸私产以充军需而泄民愤事。窃自沪城光复以来，军需浩繁，庶政待理，经济困难，已达极点……查汉奸盛宣怀沪上置有不动产甚多，租界以内，大都影○洋商，一时不能彻查，惟内地二十八保三图、四图、八九图内，共有盛贼之田一百五十余亩，均是德华公司暨五福堂二粮串为凭，历年赋税由盛贼完纳，前曾递函乞查，未蒙赐示。近阅各报，悉苏省程都督饬员将盛贼之产悉数查没，并饬苏、松、太各属一律报明查收，以彰公道等语，人心为之大快。盛贼罪大恶极，人人欲得而甘心，收没其产，犹不足以蔽其罪。敝乡事同

---

① 《致上海顾道函稿》，载北京大学历史系近代史教研室整理：《盛宣怀未刊信稿》，第222—223页。盛宣怀在承顶典当股份方面做了许多十分详细的人事安排，还可参见该书所收《致张荫玉、费云卿、顾咏铨函稿》《致费云卿、顾咏铨函》《致仲玉、云卿、咏铨函》等函稿（第223—224、227—230页）。
② 《盛宣怀之末路》，载《申报》，第115册，第265页，1911年11月18日，第2张第2版。

一律，岂容任其漏网！……伏祈都督俯察下情，迅赐会同民政长派员来乡，饬各地保指准查收，借充军用。①

上海军政府对没收盛氏地产以充军需一事确有动议。据12月29日《申报》报道："上海都督府连日会议，拟以盛宣怀之地产抵押借款。闻盛有地六百亩，坐落宝山境内，民军将以之抵借银八十万两，以充军需。"②

本来，在国内已无立足之地的盛宣怀，对于家产被革命力量查抄乃至没收充公的命运根本无能为力。然而，这种让盛宣怀一筹莫展的情形并未维持太久。就在南京临时政府成立后不久，其最高领导层却主动要求跟他进行接触，从而使其复产之事出现了转机。至于出现这一转机的最直接背景，正如以往早已指出的那样，乃是因为临时政府在面临严重财政困难的情况下，试图利用自己手中掌握的最大资源之一汉冶萍公司，向日本进行筹借大宗外债的尝试③。可以肯定，临时政府正是出于这种需要才想到了盛宣怀。这就不难理解，临时政府派驻日本的借款代表何天炯，在接到孙中山"欲汉冶萍筹款"的电报后，居然立即通过当时随同盛宣怀流寓神户的汉冶萍商务经理王勋，将这个意思转达给了盛宣怀④。

不过，这里需要先行解释的一个疑问是：既然汉冶萍公司已在临时政府掌控之下，并且孙中山在何天炯与盛宣怀联

---

① 《没收盛宣怀田产之公布》，载《申报》，第115册，761页，1911年12月23日，第2张第2版。
② 《处置盛氏地产》，载《申报》，第115册，829页，1911年12月29日，第2张第2版。
③ 这方面的大致情况，可参见夏东元：《盛宣怀传》，第427页。另外还可参见汪敬虞主编：《中国近代经济史，1895—1927》，上册，第439页。
④ 《王勋致陈荫明电》，载陈旭麓等主编：《盛档之一》，第230-231页。

系之前就答应了日本方面提出的以汉冶萍公司合办来换取借款的"一切条件"①，那么为何还要主动联系此际身家难保的盛宣怀来参与此事呢？原来，临时政府在这个问题上自有难言之隐。由于关涉利权的问题自清末以来经常酿成猛烈的社会风潮，临时政府当然担心中日合办汉冶萍公司之事可能会引发相当不利的社会舆论（后来，这种担心果然成为现实）。可是，迫在眉睫的财政危机又使其不得不求助于这项饮鸩止渴式的借款。因此，正如易惠莉分析的那样，此项合办借款之举取得成功的关键，就变成了临时政府能否让盛宣怀出面承担合办的责任②。毕竟，从法理上来说，此时身为汉冶萍公司总经理的盛宣怀依然是法人代表。另外不容忽视的一点是，日本方面当然也接受盛宣怀加入谈判事宜。这是因为，日本方面早在1911年春就开始引诱盛宣怀开展有关合办事宜的洽谈了③。

既然临时政府主动找上门来，正苦于保产无术的盛宣怀，当然不会错过这个就势进行复产交涉的机会。于是，在与临时政府进行联系之初，他便立即提出将复产问题作为与临时政府进行合作的一个交易条件。这就不难理解，盛宣怀的代表、汉冶萍公司驻沪办事员陈荫明于1912年1月15日在南京面见孙中山时，居然会提出"将公司（按：即汉冶萍公司）产业及盛私产已充公者一律发还"的要求。对于临时政府方

---

① 《日正金银行神户分行致总行电》，载武汉大学经济学系编：《旧中国汉冶萍公司与日本关系史料选辑》，上海：上海人民出版社，1985，第296页。该段电文称："革命党财政代表何天炯携来孙中山电，提出汉冶萍公司合办案，承诺日本提出之一切条件，另由公司向革命党提供五百万元。"
② 易惠莉：《孙中山、盛宣怀与民初中日合办汉冶萍借款案》，载易惠莉、陈吉龙主编：《二十世纪盛宣怀研究》，第507—509页。
③ 夏东元：《盛宣怀传》，第432—433页。

面来说，为了能够促成盛宣怀按照己方意图开展谈判，在复产问题上做出一定让步亦无不可。因此，无怪乎孙中山会爽快地表示："民国于盛并无恶感情，若肯筹款，自是有功，外间舆论过激，可代为解释……动产已用去者，恐难追回，不动产可承认发还。若回华，可任保护。"①

表面看来，盛宣怀在这里提出复产要求颇为得计。其实，这个做法无异于授人以柄。易惠莉对此次谈判过程的详尽论述表明，盛宣怀在其中始终处于相当被动的地位②。不过，她未曾明确指出的是，导致盛宣怀处于被动态势的一个最直接原因，就是其所提出的复产交易成为每每在谈判中受制于人的一个命门。首先意识到这一命门的就是临时政府方面。这方面的典型表现是，当盛宣怀刻意与日本方面"专议借款"而不谈合办，从而危及整个谈判的继续进行时，何天炯即于 1 月 21 日函告盛宣怀称："刻接南京政府来电，须将该公司改为华日合办，因等巨款以接济军费，兹请贵公司即日照行，所有后事新政府能一力保护，断勿迟疑可也"③；黄兴亦于 22 日致电盛宣怀，催促其与三井洋行尽快"商订条约，即日签押交银，公私两益，是所切盼"④。而这类言辞的实质，正是试图通过复产问题迫使盛宣怀按照临时政府的意图行事。

随着谈判进入更为紧要的时刻，盛宣怀要为这种复产交易而付出的代价也愈发沉重。就盛宣怀而言，由于明白自己

---

① 《陈荫明复王勋电》，载陈旭麓等主编：《盛档之一》，第 231—232 页。
② 易惠莉：《孙中山、盛宣怀与民初中日合办汉冶萍借款案》，载易惠莉、陈吉龙主编：《二十世纪盛宣怀研究》，第 498—555 页。
③ 《何天炯致汉冶萍公司函》，载陈旭麓等主编：《盛档之一》，第 233 页。
④ 《黄兴致盛宣怀电》，载陈旭麓等主编：《盛档之一》，第 233—234 页。

参与此次谈判的背后,是孙中山"不欲担此坏名"的意思①,故而也竭力避免独自承担合办责任,企图把临时政府一起拉下水。故其在1月24日致黄兴的电报中称:

> 何君天炯来函,华日合办政府已许可,而贵电无"合办"字样。合办虽系旧矿律所准,然以法律论,必应政府核准,方敢遵行。究竟民政府主意如何?日代表在此专候,请速核夺电复。②

与此同时,因担心对汉冶萍公司本身损害过大,在与日本的交涉中,盛宣怀采取了模糊态度。以致日本方面认定,此际就合办大纲与盛宣怀"交涉进行不便之处甚多。应请当局采取某种方法帮助交涉,以获得南京政府之同意"③。显然,盛宣怀的这一做法必然会导致谈判陷入僵局。而在打破这个僵局的过程中,复产问题又成为各方压迫盛宣怀就范的一记杀手锏。日本方面首先出手,三井物产会社于1月25日中午致电孙中山称:

> 接东京电,阁下致盛电未切要害。敝处已电复东京云:阁下已授全权予三井与盛谈判,请遵行。如本月底各项条件未能为盛所接受,谈判即作破裂论,贵政府即可对汉冶萍及盛氏产业采取必要步骤。请阁下将此点电盛、何。④

---

① 《盛宣怀致李维格函》,载陈旭麓等主编:《盛档之一》,第232页。
② 《盛宣怀致黄兴电》,载陈旭麓等主编:《盛档之一》,第234页。
③ 关于日本与临时政府达成的合办大纲,见《日正金银行董事小田切致外务省政务局长仓知铁吉函》,载武汉大学经济学系编:《旧中国汉冶萍公司与日本关系史料选辑》,第296—297页。关于盛宣怀的含糊态度,见《日正金银行副经理井上致外务大臣内田第二十九号函》,载同书第301页。
④ 《上海三井物产会社致孙中山函》,载陈旭麓等主编:《盛档之一》,第237页。

孙中山则于当日晚上电复日本方面称："已遵来示各点电盛。"① 虽然尚未见到孙中山直接给盛宣怀的指示，但是参考次日黄兴致盛宣怀的电报，亦可具体地理解孙中山复电的主旨。黄兴在这份电报中用十分严厉的口气称：

> 前电谅悉。至今未得确切回答，必执事不诚心赞助民国。兹已电授全权于三井洋行直接与执事交涉。请勿观望，即日将借款办妥，庶公私两益。否则民国政府对于执事之财产将发没收命令也。其早图之。②

被人抓住命门的盛宣怀当然无法坚持自己原先的立场。正如日本方面的谈判者于 27 日向高层密报的那样，"由于昨晨黄兴来电，事态乃急转直下……我方把握此机会，迅即开始商谈"，从而在 26 日下午与盛宣怀达成中日合办汉冶萍草约十款，而其基本内容正是临时政府与日本此前在南京谈定的条件③。

基于上述情况，也就很容易理解盛宣怀在 27 日的两个举动了。其一是，他委托与临时政府联系谈判事宜的三井物产会社驻沪职员森恪，由其前赴南京，向临时政府转述自己的如下要求：

> 陈荫明偕王宠惠君奉孙总统面谕："民国于盛，并无恶感情，外间舆论过激，可代解释。盛私产已用去者，

---

① 《上海三井物产会社致孙中山函》，载陈旭麓等主编：《盛档之一》，第 237 页。
② 《黄兴致盛宣怀电》，载陈旭麓等主编：《盛档之一》，第 235 页。
③ 《日正金银行董事小田切致外务省政务局长仓知函》，载武汉大学经济学系编：《旧中国汉冶萍公司与日本关系史料选辑》，第 303—306 页。关于两份合约一致性的详细分析，可参见易惠莉：《孙中山、盛宣怀与民初中日合办汉冶萍借款案》，载易惠莉、陈吉龙主编：《二十世纪盛宣怀研究》，第 513—514 页。

恐难追回；不动产可承认发还。若回华，可任保护"等语。闻之，无不感激涕零。程德全以私怨将弟产业发封充公，在政府所得甚少，在盛氏祖产所失甚多。如蒙早日发还，使天下皆知政府道德，不以势力压制。盛氏子孙感且不朽，必当核估收回产业之数，除别人不计外，竭力筹款报效，以答高厚之德。①

其二是，盛宣怀同日签署了一份给森恪的委任状称：

> 所有别表目录记述一切财产，原来归盛氏独产及其股分之私有者，现次为森恪君代表盛氏，所有以上一切财产交付森恪君。故兹言明：森恪君有一切全权（[盛宣怀夹注：]随时电商）。特给为据。壬子年正月二十七日。②

从这里不难看出，盛宣怀的这两个举动，显然是对自己此前所受复产压力的一种回应。也就是说，在他看来，既然自己已受日本方面和临时政府逼迫而在谈判中放弃了自己原先的立场，那么由日本人出面来促成临时政府兑现复产的承诺，正可谓是一个两全之计。

然而，这次刚刚似乎有望的复产活动很快便化为泡影。原来，就在中日合办汉冶萍公司草约达成后不久，一直处于秘密状态的谈判活动终于泄露了消息，并且迅速招致了包括来自临时政府参议院等多方面的激烈攻击，以至于孙中山不得不决定中止谈判并废除业已拟定的草约③。另外，在这场反

---

① 《盛宣怀致森恪函》，载陈旭麓等主编：《盛档之一》，第238—239页。
② 《盛宣怀致森恪委任状》，载陈旭麓等主编：《盛档之一》，第325页。
③ 有关这些攻击，以及下文提到孙中山向参议院隐瞒谈判真相的详细情况，可参见易惠莉：《孙中山、盛宣怀与民初中日合办汉冶萍借款案》，载易惠莉、陈吉龙主编：《二十世纪盛宣怀研究》，第536—542页。

对合办的风潮中，由于一度盛传此事乃是"孙、黄被盛蒙蔽"的结果①，致使盛宣怀及其家产也成为了备受攻击的目标之一。2月22日、25日等日，民社、湖南共和协会等7个社会团体联名在《神州日报》《申报》上发布《汉冶萍合资公揭》一文，内中称"查盛宣怀阴柔奸诈，才足济奸，凡以上所云汉冶萍公司成案，均其一手所规定"，如其不能取消合办合约，则"惟有处以最激之办法"，而该办法的首要一条就是将"盛宣怀所有私产概行充公"②。所有这些情况表明，对盛宣怀而言，以汉冶萍合办案来直接换取复产的交易已不可能继续下去了。

令人诧异的是，虽然汉冶萍合办案这张"皮"已不复存在，盛宣怀与临时政府之间进行复产交涉的这根"毛"却未随之消失。原来，为了避免引发更大的风潮，孙中山即便就合办案向参议院作答时，亦始终不愿将真相和盘托出。而他隐瞒真相的重要步骤之一，就是试图让盛宣怀全面承担谈判的责任，并出面废除该合办草约。其主要表现是，孙中山于2月23日致电王勋，请其转告盛宣怀：

> 该草约，前虽批准，后以其交款濡滞，并不践期，已电告前途，汶［文］定取消，盛氏万不能以已由政府核准为借口。唐君（**按：即唐绍仪**）等前商办法系为盛氏计。今各省反对，舆论哗然，盛氏宜早设法废去此约。且证书有须通过于公司股东会一语，不为通过，此约即

---

① 《李维格致盛宣怀电》，载陈旭麓等主编：《盛档之一》，第250—251页。
② 《民社等之"汉冶萍合资公揭"》，载武汉大学经济学系编：《旧中国汉冶萍公司与日本关系史料选辑》，第324—325页。关于该文于2月22日在《神州日报》上刊发的消息，可参见陈旭麓等主编：《盛档之一》，第258页。

废,不患无以处此也。乞速电告盛。①

据前文所述,也就不难理解,盛宣怀何以对孙中山此电内容做出了"此语蛮不讲理"的评判②。而令盛宣怀更加担心的问题,是其致李维格电报中所说:"孙定取消,已电前途,现始将二十九草约送宁,岂能核准。唐等并非误会,实欲诿咎公司,三井又一味濡滞,系彼自误,我若再含糊,袁(按:即袁世凯)、孙(按:即孙中山)并力集矢,死有余辜。"③故而他虽于2月23日答应孙中山迅速召开股东大会④,却于次日电示汉冶萍公司董事杨学沂,托其趁大会召开之机将真相昭示大众:"所有此事合办缘起,往来电文,特此抄送全分,望即刷印多分,开会之日,分送各股东阅看,便当一目了然。"同时还在该函中向杨学沂解释了自己的苦衷:"若说明孙、黄给全权三井办理,恐孙、黄不喜;若推在公司,实属冤屈,鄙人断当不起。务望格外用心,至要,至托。"⑤

不过,对于盛宣怀的上述反应,孙中山事先已经有所预料,并且准备了防范的后着。这是因为,同样在2月23日,恰好曾受盛宣怀委托办理复产事宜的日本人森恪前来谒见,于是孙中山就势托其向盛宣怀转交如下内容的信函:

> 杏荪执事鉴:森氏来,得见尊函。执事以垂暮之年,遭累重叠,可念也!保护维持,倘能为力之处,必勉为之。现在南北调和,袁公不日来宁,愚意欲乘此机会,

---

① 《盛宣怀致李维格密电》,载陈旭麓等主编:《盛档之一》,第253页。
② 《盛宣怀致杨学沂函》,载陈旭麓等主编:《盛档之一》,第254-255页。
③ 《盛宣怀致李维格密电》,载陈旭麓等主编:《盛档之一》,第253页。
④ 《盛宣怀致孙中山电》,载陈旭麓等主编:《盛档之一》,第252页。
⑤ 《盛宣怀致杨学沂函》,载陈旭麓等主编:《盛档之一》,第254-255页。

俾消释前嫌，令执事乐居故里。区区不尽，即托森氏面陈。此颂旅安。孙文叩。壬子民元二月二十三日。①

联系前述通过王勋转给盛宣怀的电文，不难推知孙中山此信的真实用意是，他试图向盛宣怀重提此前未能实现的复产问题，再做一笔交易，即以承诺继续保护盛氏家产为条件，从而换取盛宣怀能够答应承担谈判合办的责任。

可以肯定，对于孙中山的上述意图，盛宣怀不仅很快予以领会，而且也表示了认同。如其不然，就很难理解为什么盛宣怀接到森恪转交的孙中山来信后，竟然一改2月末在汉冶萍问题上意欲决裂的激烈态度，而在3月8日回复孙中山的函中首先表示："顷奉二月廿三日惠函，拜悉一一。公以一手变天下如反掌，即以一手让天下如敝屣，皆以为民也……钢铁不过一实业耳，汉冶萍又不过钢铁一部分耳，操之纵之，下走皆惟命是从，然其中委曲万状已一言难罄矣"。而随后的一段话表明，促成盛宣怀发生这种转变的一个关键，正是孙中山关于保产的承诺激活了其复产的希望：

> 吴中祖业蒙公保护维持，加人一等，森氏来函[云]：已承通饬各处，借以保全。使敝族数百家均沾大德，感泐尤深。相见有期，再容陈谢。复请台安。[盛宣怀]叩。黄克强先生均此致意。

不过，盛宣怀对这次交易的回应并未到此为止。其表现是，在该信上述内容之后，他还有一份附件，其内容是：

> 敬再启者：近阅东西洋报载，江皖一带灾荒甚重，

---

① 《孙中山致盛宣怀函》。转引自易惠莉：《盛宣怀评传》，下卷，第787页。

> 饥民多食树叶，饿莩载道，惨不忍言。大约去年江淮大水，各处溃破堤岸，用兵之后无力修筑。昨闻横滨东西人士闻风劝捐，外人且如此热心，凡我同胞，能无感动！窃惟我公建业江南，顾此流离赤子，皆在咫尺云天覆载之中，但军事初定，用度浩繁，尚恐缓不济急。下走与朝日商会面商，拟将敝族产业暂交日商抵押一款，竭力捐助，俟有就绪，即行分次汇解，呈请尊处转发上海义振会查收，赶紧散放……公如大禹饥溺为怀，谅必能赞其成也。①

在通读上述函件后，可以看出，盛宣怀在这里试图施展一条李代桃僵之计。具体而言，他虽然非常认可孙中山提出的这次交易，却并不放心后者所做出的保产承诺，而是希望通过将自己的产业抵押给日本的朝日商会，从而再度形成类似1月底出现的、将日本方面也牵涉进来的三方交易格局。

另外，盛宣怀在这里之所以主动提出要以押产借款的方式向江皖水灾捐助30万元，其用意亦非仅仅是为这一次三方交易打掩护，而很可能是这条李代桃僵之计的另一个表现，即借捐赈的名目来洗清一笔发生在合办谈判期间的、近乎贿赂的款项。原来，盛宣怀在1月底委托森恪与临时政府交涉复产事宜时，曾经与临时政府达成提供一笔30万元报效的意向。据担任盛宣怀秘书的日本人高木陆郎2月5日向盛宣怀通告：

> 官保（按：即盛宣怀）私有财产保护一事，昨晚接南京来电（原注：森恪）云："已说妥，民国政府照官保所拟草稿办理，可知照各省都督府完全保护"云云，望

---

① 《盛宣怀致孙中山函》，载陈旭麓等主编：《盛档之一》，第327—328页。

祈放念为荷。然所拟报效一节，官保已许三十万元，森恪已向民政府说过，若再减恐有掣肘，却有于官保信用不美，仍出原议三十万元为妥。①

由于第一次复产交易的落空，这笔30万元的报效款当然未予交付。如今既然由孙中山主动提出重新激活复产交易，盛宣怀亦企图通过重提这笔报效款，一起为复产之事再增加一层保障。鉴于3月8日的信中并未表明此意，盛宣怀似乎是想抢在森恪转交信函之前，先将此意示知。因此，他于3月17日致电在国内的亲信陈作霖、陶湘、王勋等人，让他们转告孙中山：

> 商会（按：指上海商务总会）、振会（按：指当时为赈济江皖水灾而成立的华洋义赈会和江皖工赈会）等函商，江皖沉灾，亟需筹捐办振。苏属久大各典公款，外股居多，内有盛股，已奉孙总统函允保护。现拟将该产筹押洋三十万元捐振，请即核准，借伸报效，并乞速电苏、扬各都督，将久大、肇大等典及地产仍归原业主执管，以便赶办，至纫大德。②

值得注意的是，按照盛宣怀的意思，此电的收受者除孙中山外，还包括时任临时政府内务总长的程德全、江苏代理都督庄蕴宽、黄兴以及业已确定就任袁世凯政府内阁总理的唐绍仪。同时，盛宣怀对自己这番谋划的实现亦颇具信心。对于这一点，从其在3月15日致李维格函中称"孙、黄皆英

---

① 《高木陆郎致盛宣怀函》，载陈旭麓等主编：《盛档之一》，第326页。
② 《盛宣怀致孙中山、黄兴、唐绍仪电》，载陈旭麓等主编：《盛档之一》，第329页。

雄，谅不肯食言，亦必愿振济"之语即可概见①。那么，盛宣怀为什么敢于大张旗鼓地宣扬这一押产借款捐赈之举呢？又因何自信这番谋划能够被接受呢？

第二节　捐赈复产交易在孙、袁之间的滚动

无疑，要透视盛宣怀对于捐赈复产策略的信心，当然不可不察这次"江皖沉灾"的情形。这里所谓"江皖"是当时通行说法，具体是指江苏、安徽两省。在辛亥革命爆发前的宣统二年（1910）、三年（1911）间，该两省连遭大水，造成了严重的灾荒。就遭灾范围之广、受灾程度之重、灾民数量之多而论，都远远超过了同时期暴发的东北大鼠疫。

宣统二年（1910）入夏后，江苏、安徽两省皆遭遇全局性特大洪水。据时为查赈大臣的冯煦于宣统三年（1911）正月奏称，皖北所属凤阳、颍州、泗州及苏北所属徐州、淮安、海州等6府州属灾情最重，统计两省共有"极贫灾民约二百数十万"②。然冯煦所述，恐犹有不足。有人据宣统三年（1911）春各灾区官绅函电汇称，江苏淮、海及安徽凤、颍等属，"自去秋至今，饥毙人数多时，每日至五六千人。自秋徂春，至二月底，江、皖二十余州县，灾民三百万人，已饿死者约七八十万人，奄奄待毙者约四五十万人"，甚至出现人食人之惨象③。另据朝廷于

---

① 《盛宣怀致李维格函》，载陈旭麓等主编：《盛档之一》，第328页。
② 《查办江皖两省急冬各振并拨款协济折》，载冯煦：《蒿庵奏稿》，卷4，收入沈云龙主编：《近代中国史料丛刊》（328），台北：文海出版社，1967，第2185—2187页。
③ 张廷骧：《不远复斋见闻杂志》，卷10。转引自李文治主编：《中国近代农业史资料》，第1辑，北京：生活·读书·新知三联书店，1957，第726—727页。

宣统三年（1911）初所发上谕确认，江苏共有63厅州县及10卫所受灾，安徽共为37州县①。冯煦于同年六月的一份奏报中，亦改称上年大水所致"江北、皖北饥民共达四百余万口"②。

未料旧灾余氛未平，新灾又起。宣统三年（1911）三月间，冯煦自凤阳电告时为筹赈大臣的盛宣怀称，皖北一带"苦雨兼旬，春荒又兆，宿州一邑灾民二十七万余口"③。入夏以后，皖南地区大水复发。《国风报》于六月初一日（6月26日）率先报道了东流等县受灾奇重的消息④，冯煦等官员不久后的汇报也予以证实⑤。闰六月二十七日（8月21日）上谕称："据电奏，皖南各属……滨江沿河各圩多被冲破，灾情实所罕见。"⑥ 至江苏境内遭遇新灾情形，据闰六月二十三日（8月17日）上谕称："扬、镇、常三属沿江各圩被水冲决，秋禾多被淹没，小民困苦，达于极点。"⑦ 七月十四日（9月6日）上谕又称："程德全电奏，本月初四、五、六等日，大雨如注，昼夜不息，圩堤溃决，田亩被淹，灾情较前尤重。"⑧《大公报》于同月二十三日（9月15日）转述两江总督张人骏电奏灾况，甚至有"此次水灾为近年所未有"之语⑨。

关于宣统三年（1911）江苏、安徽两省新灾总况，盛宣

---

① 《清实录》，第60册《宣统政纪》，卷48、49，第861—862、865、885页。
② 《会奏江皖豫东振竣折》，载冯煦：《蒿庵奏稿》，卷4，第2211—2216页。
③ 《各省官绅报效振款仍请照案优奖折》，载盛宣怀：《愚斋存稿》，卷16《奏疏十六》，第436页。
④ 《国风报》，第2年第15期。转引自李文治主编：《中国近代农业史资料》，第1辑，第729页。
⑤ 《清实录》，第60册《宣统政纪》，卷56、57，第1014、1018页。
⑥ 《清实录》，第60册《宣统政纪》，卷58，第1034页。
⑦ 《清实录》，第60册《宣统政纪》，卷57，第1029页。
⑧ 《清实录》，第60册《宣统政纪》，卷58，第1045页。
⑨ 《张人骏请帑放赈》，载《大公报》，宣统三年七月二十三日（1911年9月15日）。转引自李文海等：《近代中国灾荒纪年》，第797页。

怀曾于七月十二日（9月4日）奏称，据张人骏、程德全、朱家宝及冯煦等先后迭次电告：

> 皖则无为、芜湖、当涂、和州、含山、巢县、繁昌、庐江、桐城、宣城、贵池、铜陵、东流、太湖、潜山、宿松等计十六州县，江则通州、江都、丹徒、武进、宝山、清河、桃源、江阴、靖江、丹阳、常熟等计十一州县，均系圩破堤决，田庐漂没，人口淹毙，惨不忍闻。乃闰六月十六、十七、十八等日，复因狂风暴雨，江水陡涨，巨浪冲突，沿江滨河一带各州县受灾加重，蔓延愈广。①

朝廷于八月初七日（9月28日）颁布上谕，亦承认此次灾情严重：

> 上江之当涂等五州县，周围六七百里皆成巨河，巨镇倾圮，庐舍漂荡。下江灾情，以扬、镇、常所属为重，苏、通次之，虽较轻于皖，而产米之地，尽付波臣。徐之邳、睢、宿，海之海、沭、赣，淮之安、清、桃，皖之泗、宿、灵，凡十二州县，续有新灾各等语。江皖灾区日广，灾情愈重，情形极为惨苦。②

然而，由于此后不久爆发武昌起义，国内局势大乱，清朝荒政体系已无法照常运转，所以两省在宣统三年（1911）新灾中的受灾州县数、灾民人数及灾分等级等方面的详情，也就不得而知了。

---

① 《各省官绅报效振款仍请援案优奖折》，载盛宣怀：《愚斋存稿》，卷18《奏疏十八》，第479页。

② 《清实录》，第60册《宣统政纪》，卷60，第1070—1071页。

虽然处于国势飘摇之际，清廷对此次江皖水灾亦未坐视。宣统二年（1911）春，朝廷仍按荒政体例，宣布蠲缓江苏、安徽上年被灾之110厅州县及卫所应征新旧钱漕、漕米租课等有差①。另外，清廷也筹措并发放了一些赈款。宣统二年（1910）九月赏给安徽"帑银二万两"②，稍后又饬度支部拨解江苏"漕折银十万两"③。因这点款项无异杯水车薪，清廷只好自食其言，光绪二十七年七月二十九日（1901年9月11日）谕令"永远停止"实官捐之言犹在④，却于宣统二年十一月初九日（1910年12月28日）准大学士陆润庠等所请，开办准予实官报效的江皖新捐事例⑤。然至次年春，据盛宣怀奏称，该项新捐所收总数"仅十三万有奇"⑥。这就无怪乎冯煦在宣统三年（1911）初奏称，"计皖省加拨急振银十八万九千两，合之官、义各振及华洋义振，都五十万余两。徐州加拨春振二十万五千两，合之官振及华洋义振，都四十万余两"，以两省灾民数计之，"每人所得不过三四百钱，或一二百钱，杯水车薪，仍属无补"⑦。其后又据冯煦奏称，经盛宣怀与

---

① 《清实录》，第60册《宣统政纪》，卷48、49，第861—862、865、885页。
② 中国第一历史档案馆编：《光绪宣统两朝上谕档》，第36册，第350页。
③ 《奏报徐属被灾地方拨款举办振粜情形事》，中国第一历史档案馆藏清代灾赈档案专题史料，录副奏折，档案号03-152-7470-44。
④ 中国第一历史档案馆编：《光绪宣统两朝上谕档》，第27册，第172页。
⑤ 《奏请特派大员筹办江皖赈务事》，中国第一历史档案馆藏清代灾赈档案专题史料，录副奏折，档案号03-152-7470-36；中国第一历史档案馆编：《光绪宣统两朝上谕档》，第36册，第460页。许大龄虽指出清廷实际停止实官捐并非始自光绪二十七年上谕发布之日，但他认为告止于光绪三十二年七月的说法（见《明清史论集》，北京：北京大学出版社，2000，第65—66页），也不正确。从这里可以看出，宣统二年的江皖新捐仍为实官捐例。
⑥ 《续拨皖省振款情形片》，载盛宣怀：《愚斋存稿》，卷16《奏疏十六》，第431—432页。
⑦ 《查办江皖两省急冬各振并拨款协济折》，载冯煦：《蒿庵奏稿》，卷4，第2187页。

两省官府多方筹措，加以各省协助、各属绅富捐助及义赈捐项，"官、义各振放款约三百余万"①。不过，正如盛宣怀所说的那样，"丙午年（按：即光绪三十二年，1906）徐淮海灾区仅止一隅，尚须振款四百余万"②，而此次两省遭灾地域更广、灾民更多，所以清政府方面根本无法筹措足够的赈灾经费。

宣统三年（1911）新灾虽略轻于上年，然当大荒之余，需要投入的救济力量仍复不小。而对清廷来说，筹赈事务更属艰窘。朝廷直接拨款仍属无多，除于宣统三年闰六月初七日（1911年8月1日）赏给安徽"帑银五万两"、七月十三日（9月5日）赏给江苏"帑银四万两"，以及九月初三日（10月24日）以隆裕太后名义发给江苏、安徽各3万两"宫中内帑银"外，别无其他③。至于赈款的主要部分，仍由盛宣怀与两省督抚等官员设法筹集，而其数亦属有限。据盛宣怀七月间奏报，"共计两次筹拨江皖新灾振款银五十万两，内于新捐项下拨解者二十万两，由交通、通商两银行息借者三十万两"，已是"罗掘一空，智穷力竭"，冯煦虽奏已拨之款实属不敷，亦仅能"电商上海银行息借银十万两……交大清银行电汇冯煦查收"④。八月初，盛宣怀又奏称，"江南、皖南被灾各区……前拨振款银六十万两"，又为苏北、皖北续报新灾之12州县"筹垫银十万两"，故总计为此次江皖新灾，"先后筹拨

---

① 《会奏江皖豫东振竣折》，载冯煦：《蒿庵奏稿》，卷4，第2215页。
② 《请设江皖筹振公所并筹垫振款办法折》，载盛宣怀：《愚斋存稿》，卷16《奏疏十六》，第417页。
③ 《清实录》，第60册《宣统政纪》，卷57、58、62，第1018、1045、1129页。
④ 《各省官绅报效振款仍请援案优奖折》《遵旨酌拨永定河振需并陈筹款情形折》，载盛宣怀：《愚斋存稿》，卷18《奏疏十八》，第480、482页。

振款已七十万两"①。且不论这些赈款根本不足济用,更糟糕的是,武昌起义爆发后,"江皖放振,即经停止",以致这些赈款并未全部予以散放。直到1912年初,仍有31万余两存放于大清、交通两银行②。

鉴于上述情况,刚刚建立政权的革命党人发现,当初曾被当作攻击清政府的武器的灾荒,如今又成了自身无法回避的威胁③。1912年1月间,据安徽都督孙毓筠电称:"皖省灾区极广,江南北各属圩堤,无款兴修,转瞬春水发生,沉溺更不堪设想。"④孙中山于3月6日接阅皖绅卢安泽等人告灾公呈,即批称:"皖省灾情之重,为数十年仅见,居民田园淹没,妻子仳离,老弱转于沟壑,丁壮莫保残喘。本总统忝为公仆,实用疚心"⑤。江北都督蒋雁行则于3月中报称:

> 现在清淮一带,饥民麋集,饿尸载道,秽气散于城郊,且恐郁为鼠疫。当此野无青草之时,定有朝不保夕之势。睹死亡之枕藉,诚疾首而痛心。现虽设有粥厂,略济燃眉,无如来者愈多,无从阻止,粥厂款项不继,势将停止。苟半月内无大宗赈款来浦接济,则饥民死者将过半矣。⑥

---

① 《各省官绅报效灾振巨款仍恳照案优奖折》,载盛宣怀:《愚斋存稿》,卷18《奏疏十八》,第488页。

② 《冯煦君鉴》,载《申报》,第115册,第596页,1911年12月12日,第7版;《江皖查振处告白》,载《申报》,第116册,第283页,1912年1月27日,第1版。

③ 对此参见李文海:《清末灾荒与辛亥革命》,载《历史研究》1991年第5期,第3—18页。

④ 华洋义振会编:《华洋义振会灾振文件汇录》,出版地不详,1912,第12页b。

⑤ 《临时政府公报》第30号,载《近代史资料》,第25号,北京:中华书局,1961,第240页。

⑥ 《临时政府公报》第43号,载《近代史资料》,第25号,第327页。

而此际所需的投入，据华洋义赈会勘估，两省境内灾民人数大约为"江北一百万人，江苏中部十万人，安徽五十万人，安徽中部三十万人"，即使"以灾民六十五万户，每户每月需洋七元计之……冬春之间，极少需洋一千万元"①。

由于该两省皆在革命党势力范围之内，所以临时政府对两省灾赈问题确实十分重视。在其存在的短短3个月时间里，便推出了两项宏大的救灾计划。其一是制定借款赈灾议案。3月初，财政总长陈锦涛接到江皖义赈会关于安徽灾情的报告后，向孙中山提出从四国银行团借款160万两以应赈需，并请"迅将全案理由咨交参议院查照"，参议院遵照孙中山"克日议复，以便施行，事关民命，幸勿迟误"的要求，迅速通过了该议案②。其二是倡举救灾义勇军。3月中，临时政府第40号公报发布告白，以"助赈捐资，军界恐无余蓄；修堤防患，我人咸克效劳"为号召，欲"集合万千军士……发起创办救灾义勇军，专司挑筑扬子江下游被冲圩堤"，并请孙中山任"义勇军正长"、黄兴任"义勇军副长"，"以督率筑堤之役"③。虽此议发起人不详，但因其赫然登载于《临时政府公报》之上，因此肯定是政府高层意见的一种反映。此外，孙中山还于3月底发布总统令，以"矧当连年水旱之余，益切满目疮痍之感"，命各省都督"从速设法劝办赈捐，仍一面酌筹的款，先放急赈，以济灾黎而谋善后，并将各处被难情形

---

① 华洋义振会编：《华洋义振会灾振文件汇录》，第1页b。
② 《咨参议院核议借款救济皖灾案文》，载孙中山：《孙中山全集》，第2卷，北京：中华书局，1982，第169—170页；《临时政府公报》第34号，载《近代史资料》，第25号，第264页。
③ 《临时政府公报》第40号，载《近代史资料》，第25号，第298—299页。

及筹办方法，先行电复，俾得通盘筹算，患防未然"①。

遗憾的是，如果说清廷的赈灾活动属于"异常支绌"的话，那么临时政府的赈灾举措只能说是有心无力了。基于临时政府向西方列强进行财政贷款的努力从未成功，及其连拨发军饷都难以为继的窘境②，这次赈灾借款和救灾义勇军皆不见下文的情况就很容易理解了。至于孙中山的急赈命令，江苏和安徽两省指望中央政府接济尚且不遑，显然不可能有多少自救能力。迄今所见，临时政府能够落实的赈灾款项，仅有财政部于3月底据孙中山批示，"拨银一万元，交由实业部"，派员前往江苏北部一带散放③。而对盛宣怀来说，在这种情况下以捐赈的名义向孙中山送出报效款，不啻具有雪中送炭的意味。

除了临时政府面临严重的财政困难外，盛宣怀对于捐赈复产的信心，还有一个重要来源，那就是他自己在赈灾事业方面的社会声望和影响力。本书前面各章里，业已展示了盛宣怀自19世纪70年代以来从事赈灾事业的许多活动。而在辛亥革命期间，盛宣怀在这方面的影响力依然不减。对此，在前文一再提到的华洋义赈会身上，便有最为显著的表现。

盛宣怀是促成华洋义赈会组织在中国扎根的开拓者之一。中外赈灾力量以"华洋义赈会"名义初次达成的组织合作，是光绪三十二年（1906）冬间针对苏北徐海地区水灾而

---

① 《临时政府公报》第50号，载《近代史资料》，第25号，第370-371页。
② 胡绳武、金冲及：《辛亥革命史稿》，第4卷，第145-148页。
③ 《令财政部拨款实业部赈济清淮灾民文》，载孙中山：《孙中山全集》，第2卷，第282-283页。

成立的华洋义赈会。是年十月间，英商李德立代表西方人士致函盛宣怀，表达了创设"华洋赈捐善会"的意图①。盛宣怀随即以上海万国红十字会为由，劝说清政府方面予以接受。他在给端方等人的公电中称，自己参与该会的主要原因，便是"公谊固难却"②。而他稍后给端方的一份电报表明，所谓"公谊"就是指"奉天办红十字会成案"③。在给外务部的电报中，盛宣怀也声称："上海华洋义振公会发端于英商李德立……系出自各国沪商之意，与红十字会办法相同。"④此言的确不是虚语，因为参与此次华洋义赈会的中西人士中，多人都参与过上海万国红十字会⑤。该会成立后，吕海寰、盛宣怀出任中方正副会长，沈敦和为华文书记员，另有多位义赈知名人物如任锡汾、施则敬、曾铸、焦发昱、陈作霖、许鼎霖等，都出任了该会董事⑥。其成效亦相当可观，该会最终募集赈款达125万元，其中绝大部分来自国外⑦。

基于光绪三十二年（1906）华洋义赈会的先例，在江皖水灾发生不久，中西人士便达成了再次发起华洋义赈会的共识。

---

① 《李德立致盛宣怀函》，上海图书馆藏盛宣怀档案，档案号SD042002。
② 《寄江宁端制军方等》，载盛宣怀：《愚斋存稿》，卷69《电报四十六》，第1503页。
③ 《寄端午帅、苏州陈筱帅》，载盛宣怀：《愚斋存稿》，卷70《电报四十七》，第1513页。
④ 《寄外务部》，载盛宣怀：《愚斋存稿》，卷71《电报四十八》，第1532页。
⑤ 上海万国红十字会的董事名单见《施君肇基笔译上海创设万国红十字支会会议大旨》，载《申报》，第76册，第409页，光绪三十年正月二十八日（1904年3月14日），第1版。丙午时期华洋义赈会董事英文名单，见 Central China Famine Relief Fund Committee, *Report of the Central China Famine Relief Fund Committee*, 1906-7, Preface。该书为中英文对照本，中文部分名为《华洋义振会报告》，董事中文名单见该书第111-115页。
⑥ 《华洋义振会报告》，第111-115页。
⑦ 《华洋义振会经收捐款总数报告》，载《申报》，第89册，第120页，光绪三十三年六月初一日（1907年7月10日），第20版。

宣统二年十一月初八日（1910年12月9日），以中国红十字会董事沈敦和、美国传教士兼《新闻报》馆主福开森（John Calvin Ferguson）为首的一批人士，联名在《申报》上发布公启称：

> 江皖沉灾，捐事弩末，开森、敦和等见闻所及，惨难言状。前光绪丙午年份，淮徐海各属奇灾，开森等曾创办华洋义振，向外洋募款至一百六十万金，全活甚众。此次江皖灾区较前更广，灾民较前更多，现拟援照丙午办法，组织华洋义振会。①

十一日（12月12日）下午五点钟，该会在上海张园召开成立大会，出席人员包括两江总督及安徽巡抚特派代表，以及大批驻沪中西官绅商学界人士②。会上推选出中西办事职员各8名，西董由福开森等来自美、英、法、德、日五国的人士组成，华董为沈敦和、朱佩珍等上海绅商界头面人物③。该会一度还打算推举盛宣怀为会长，但后者以自己远在京师而婉辞④。不过，盛宣怀与该会的密切关系是毋庸置疑的。这是因为，他向朝廷奏报筹赈规划时，不仅将"开会劝办华洋义振"作为一项重要内容，而且称此次华洋义赈会也是自己"电令"沈敦和、福开森等人成立的⑤。根据十一月十五日（12月16

---

① 《华洋义赈会订期本月十一日下午四时二刻假张园开中西大会》，载《申报》，第109册，第609页，宣统二年十一月初八日（1910年12月9日），第1版。
② 《华洋义振会会场记事》，载《申报》第109册，第681-682页，宣统二年十一月十二日（1910年12月13日），第2-3版。
③ 《华洋义振会会场记事续志》，载《申报》，第109册，第697页，宣统二年十一月十三日（1910年12月14日），第2张第2版。
④ 《寄江宁张安帅、安庆朱经帅兼致杨杏城侍郎》，载盛宣怀：《愚斋存稿》，卷76《电报五十三》，第1622页。
⑤ 《请设江皖筹振公所并筹垫振款办法折》，载盛宣怀：《愚斋存稿》，卷16《奏疏十六》，第416页。

日）第一次职员会议的结果，中西人士在重要职位上平分秋色：沈敦和、福开森为中西议长（按：即会长），李少穆与加拿大传教士季理斐（Donald MacGillivary）分别为中西书记员，朱佩珍与日商铃木分别为中西会计员①。随后，该会又明确规定灾区办赈活动亦严格按照华洋合作原则②。

  随着其后国内局势极度动荡，该会总部机构亦发生了调整，但中西双方始终维持了密切合作的态势。宣统三年七月二十七日（1911年9月19日），该会在张园召开了中西各界人士300多人参加的报告大会。会上除对此前工作进行总结外，沈敦和与福开森也提请辞职③。不过，由于该会数日前已因本年长江新灾而准备"续募急赈"④，所以这次大会并未成为结束大会。两天后，会中许多董事及另外一些中西人士在上海工部局内召开会议，决定另组一个委员会，推选以江海关税务司墨贤理（W. F. Merrill）为首的11名西董为干事会（Executive Committee）成员，并委托伍廷芳、朱佩珍、陈作霖等人负责推举华董⑤。在干事会正式成立后，华董人数同样为11人⑥。这个新委员会在中文语境下仍使用"华洋义赈会"之名，并曾邀请沈敦和与福开森继续担任会长，然该两人因

---

① 《华洋义赈会职员会纪事》，载《申报》第109册，第745页，宣统二年十一月十六日（1910年12月17日），第2张第2版。
② 《华洋义振会报告近事》，载《申报》第110册，第14页，宣统二年十二月初一日（1911年1月1日），第2张第3版。
③ 《华洋义振会报告大会志盛》，载《申报》第114册，第367页，宣统三年七月二十九日（1911年9月21日），第2张第2版。
④ 《续募急赈》，载《申报》第114册，第145页，宣统三年七月十七日（1911年9月9日），第1张第6版。
⑤ Central China Famine Relief Committee, *Report and Accounts, From October 1, 1911 to June 30, 1912*, Shanghai: Printed by North-China Daily News & Herald, Ltd., 1912, p. 8.
⑥ 《陈作霖致盛宣怀函》，上海图书馆藏盛宣怀档案，档案号SD009482。

武昌起义爆发而忙于开办中国红十字会万国董事会①，故以前会长身份发布了将原董事会余款移交新干事部的公告，实现了华洋义赈会的一次重大改组②。改组之初，由墨贤理任会长，伍廷芳和郭斐蔚（Rt. Rev. F. R. Graves）分任华、洋副会长，朱佩珍和汇丰银行经理司考脱（Chas. R. Scott）分别为中西会计员③。不久，该会又进行了一次人事调整，改由郭斐蔚任会长、伍廷芳为副会长，中方司库仍为朱佩珍，西方司库改为美国花旗银行经理葛伦（H. C. Gulland），严饴庭和罗炳生（Rev. E. C. Lobenstine）则分任中西书记员（又称"坐办"）④。

华洋义赈会在此次江皖赈务大局中的作用，从其筹募并散放的赈款数量即可见一斑。在该会活动的第一阶段，即宣统二年（1910）年底到次年八月，其总共募集捐款合英洋1 526 000余元，支放赈银、赈粮等款共计1 448 000余元⑤。据前述冯煦奏报，此一阶段官、义各项赈款总计"约三百余万两"。按当时银洋比价，该会已放款项约合银1 086 000余两，占总数的三分之一强⑥。在第二阶段即1911年10月到1912年6月，该会共募集银733 000余两、洋220 000余元（其中

---

① 《陈作霖致盛宣怀函》，上海图书馆藏盛宣怀档案，档案号SD009482。有关中国红十字会万国董事会的具体情况，参见池子华：《红十字与近代中国》，第88—91页。

② 《存款移交新干事部广告》，载《申报》，第114册，第923页，宣统三年九月初二日（1911年10月23日），第2张第1版。

③ 黄文德：《非政府组织与国际合作在中国》，台北：秀威资讯科技有限公司，2004，第27页。

④ *Report and Accounts, From October 1, 1911 to June 30, 1912*, p.40.

⑤ 《华洋义振会报告大会志盛》，载《申报》第114册，第367页，宣统三年七月二十九日（1911年9月21日），第2张第2版。

⑥ 当时英洋1元约合白银0.75两。这个比价的折算，参见 *Report and Accounts, From October 1, 1911 to June 30, 1912*, p.52。

包括上阶段余款 77 000 余元)，且绝大部分都已散放①。

在革命战争和政权更替成为时代主题之际，中国社会出现了对华洋义赈会更大的求助力度。特别是武昌起义爆发后，在政府赈灾体系崩溃、本土赈灾组织亦多无声无息的情况下，该会甚至被不少地方视为最重要的求助对象。特别值得指出的是，江苏、安徽在1911年底完成了地方政权的转换后，新政权对华洋义赈会表示了极大的认同。在江苏，江北都督蒋雁行特派代表赴沪，"面将江北危形痛陈"该会，请其"鼎力拯援"。江苏都督庄蕴宽接到溧阳、安东、海州等地灾情报告后，即刻向该会发出求援照会②。邳州、宿迁、睢宁三州县兵事司令吴静山电致该会称，若允来该处办赈，"自当保护"。驻窑湾第九旅旅长米占元等除电达该会求助外，并请沪军都督陈其美向之"就近商请"，以期"速筹巨款，派员北上，开办工赈"③。安徽都督孙毓筠则专电告灾，以省内赈款奇绌为辞，请该会务必相助。安徽民政长洪某接到泗州各界告灾呈文后，即行移请该会"查照核夺办理"。安徽临时议会则有24名议员联名向该会发出专函，为灵璧灾民请赈④。至于来自县级政权的求助要求，更是不胜枚举。

可以说，在江皖大水与辛亥革命相交织的特定形势下，华洋义赈会拥有了某种超脱性的地位。还在革命力量与清政府初呈并立之势时，华洋义赈会便发起了针对最高政权层面的赈灾请愿活动。1911年12月10日，该会便以全体办事董事名义上

---

① *Report and Accounts*，*From October 1*，*1911 to June 30*，*1912*，pp.47-48.
② 华洋义振会编：《华洋义振会灾振文件汇录》，第10页a，第14页a，第15页a-b，第17页b-18页a。
③ 同上书，第10页a-b，第18页b-19页a。
④ 同上书，第12页b，第14页b，第16页b-第17页a。

书南北方议和代表,发出了尽快恢复赈灾秩序的呼吁:

> 敝会之意,以为民、清两方面,和议虽未决,然淮北饥民,总是中国人民。无论旧政府、新政府,视此饥民及治淮要政,皆应视为切要之图。务请将敝会之意转致贵政府,请速拨款项,办理治淮以工代振之事。敝会主持人道主义,因目击灾民惨状,不能不代为呼吁。①

在临时政府成立后,该会又于1912年1月17日向孙中山上书称:

> 义振会……刻正缮发信件,向欧美各国商会及有势力之人,乞其捐募,以冀竭力设法,筹集大宗款项,为今年振济之用。惟即使各处慨赐响应,就灾区之重大而言,虑亦仅能救济所有灾民百分之十或百分之十五。所以义振会切盼政府担任其事,俾一般灾民,知政府于受灾之人,并未忘怀,并使知中国新政府为民尽力,非仅为人民所组织而成也。②

华洋义赈会的超脱地位及其在江皖赈务中积累起来的巨大声望,为盛宣怀以捐赈为辞来重新树立自己的正面社会形象提供了灵感。对此,1912年3月间出现的公呈事件可为明证。大约在3月中旬,盛宣怀指示亲信陶湘、陈作霖等人在国内为其捐赈之举制造舆论。而这些人也很快便说动当时主持华洋义赈会和另一赈灾组织"江皖工赈会"的头面人物,由南北议和时的南方谈判代表、临时政府司法总长伍廷芳领衔,于3月22至24日间,向孙中山、袁世凯、黎元洪以及内

---

① 华洋义振会编:《华洋义振会灾振文件汇录》,第1页a、第2页b。
② 同上书,第3页b。

阁、内务部暨江苏、上海、江北、安徽、浙江、江西 6 省都督发出一份总计 31 人署名的公呈①。该呈的主旨，乃是以筹赈为辞来凸显盛宣怀的重要作用：

> 民国初建，设施万端，而要以救灾恤民为首务。查江皖频岁奇荒，去秋复遭巨潦，濒江一带圩堤全溃……前经华洋义振会、江皖工振会邀同两省士绅，一面分投勘估，一面招集灾民，先行动工，迟恐春水发生，更属无从措手。唯是工巨费绌……在各省不乏殷富乐善之士，时势所逼，或匿居乡里，或侨寓海外，隔岸观火，招致无由。即如武进盛宣怀君，从前遇灾，尚能筹款任办江皖灾赈，著有成绩，论其心力，实足以担任此事，尤未便听其侨居海外，置两省无数灾黎于不顾。廷芳等公同商酌，拟以大义责备盛君，令其专任赈务。如果盛君热心祖国，廷芳等并愿在义赈、工赈两会中举为董事，惟须竭力筹垫巨款，并酌派其从前办赈得力之人，会同廷芳等分投举办，以尽国民之公谊。②

这些署名人士中，除陈作霖、沈敦和、任锡汾、刘仲琳等素来与盛宣怀关系密切之人外，还包括了伍廷芳、李钟珏（按：字平书）、朱佩珍、沈懋昭（按：字缦云）、虞和德（按：字洽卿）、王震（按：字一亭）等多位在革命派中具有相当地位的绅商人物③。因此，这份公呈的分量自然不容低估。这也就

---

① 《陶湘致盛宣怀函》，上海图书馆藏盛宣怀档案，档案号 SD043004。
② 《筹募江皖工赈公呈稿》，上海图书馆藏盛宣怀档案，档案号 SD043003。该公呈寄送孙中山的时间是 3 月 22 日，送袁世凯是 24 日，其他各处均为 23 日，对此可参见《陶湘致盛宣怀函》，上海图书馆藏盛宣怀档案，档案号 SD043004。
③ 徐鼎新、钱小明：《上海总商会史（1902—1929）》，第 157 页。另见胡绳武、金冲及：《辛亥革命史稿》，第 3 卷，第 289 页。

不难理解，据陶湘向盛宣怀报告，这份公呈发出后不久，便出现了"副总统（按：即黎元洪）及各都督均有回信，均极赞成"的状况①。

根据上述因素，加上孙中山于3月19日收到森恪转来盛宣怀捐赈函后，回信称"具见饥溺为怀，纫佩奚似。惟弟将次解职（按：临时政府参议院已于2月15日选举袁世凯为第二任临时大总统，孙中山则定于4月1日解职），义款之济可直交华洋义振会，一路哀鸿，自沾仁泽也"②，盛宣怀感觉自己的交易方案可能已被孙中山默认。这样就可理解，盛宣怀在以废约为主旨的汉冶萍股东大会顺利结束后，便立即致函孙中山，首先声明自己已经遵照孙中山的意图办理了废约事宜，并答应承担汉冶萍合办谈判案的全部责任：

中山先生阁下：两上芜缄，度邀青鉴。汉冶萍股东反对，已正［式］函致日代表取消前议，并面告前途。［宣怀］一人愿负责任，不得另生枝节，似已默许，堪慰。下走交涉数十年，向以信义为操纵，用敢上纾尊廑。

继而又在附函中催促孙中山尽快下达复产公令，以抵借捐赈款项：

敬再启者：敝族祖产前蒙俯诺保护，心感靡涯。适值江皖急振，已商三井，拟将各典当抵保一款，尽数捐助。惟闻苏州都督仍以未奉公令，无所率从，而动产日日销磨，将归乌有，殊负仁人爱护之初心。况久大苏典，已有陈姓禀催拍卖，肇大扬典亦有奸商觊觎，于小民大

---

① 《陶湘致盛宣怀函》，载陈旭麓等主编：《盛档之一》，第342—344页。
② 《孙中山致盛宣怀函》，载陈旭麓等主编：《盛档之一》，第330页。

损，于公家何益！谨附公呈两扣，伏祈裁夺，即日发交江苏、江北两都督，准如所请办理。本不敢以私产小事干渎尊严，公将去矣，无可呼吁，不胜感激悚惶之至。盛宣［怀］又启。三月二十九日。①

换而言之，盛宣怀这里的意思是，既然自己已经履行了交易约定的条件，那么现在就该轮到孙中山实现关于复产的承诺了。

然而，盛宣怀没有意识到的是，他自认为得计的这条以押产捐赈来实现复产之策，其实隐含着两个严重的误算：

其一是，他过于乐观地估计了日本方面在这场交易中的作用。按照他原先的打算，由日本人为其出面进行复产活动或许更有保障。而陶湘在 3 月间以"假如东洋人来收内地各产（按：即盛宣怀家产）"之事，向代理江苏都督的庄蕴宽征询意见时，得到的回答却是："挺〈铤〉而走险，亦属难怪。不过苏城尚有日租界，可以为词，然已将更撄众怒。常州、江阴、扬州等处，恐日人亦不妥，而于某公（按：即盛宣怀）更加罪戾耳。"② 也就是说，日本人出面反而更有可能引发对复产之事极其不利的社会舆论。应该说，这种说法决非危言耸听，因为盛宣怀的家人亲信在国内探听的消息也证实了这一点。其子盛同颐于 3 月 16 日电告盛宣怀称："骤由日人出面，无论有效与否，恐群起反对，内地尤虑发生枝节。万一决裂，几无立足地，乞详酌再办。"③ 李维格次日亦致电表示："察看情形，公若借外力，不但财产不保，尚恐激成他

---

① 《盛宣怀致孙中山函》，载陈旭麓等主编：《盛档之一》，第 333-334 页。
② 《陶湘致盛宣怀函》，载陈旭麓等主编：《盛档之一》，第 331-333 页。
③ 《盛同颐致盛宣怀电》，载陈旭麓等主编：《盛档之一》，第 328-329 页。

变。朝日［商会］事亦万不可行。只有静候风潮过去再筹保全，押股人极疑虑。"① 盛宣怀接到这些电信，也只好急电指示顾咏铨"朝日［商会］且缓"②。

其二是，捐赈与复产捆绑在一起，交易之意太过明显。对此，就连陶湘、陈作霖等人都意识到其中的不妥："保产与捐赈合在一电，显系交易，若辈何知，反将谓以卅万元购一保全内地之券太便宜，转将此番美意阻碍。"③ 陶湘更进一步表达了如下忧虑："倘必将当铺保护妥帖，再出三十万，是三十万专为保护当产起见，与公呈（**按：即前述伍廷芳等人发出的请盛宣怀筹赈的公呈**）宗旨分道而驰矣"④。事实证明，他们的这些担心并非多虑。庄蕴宽就曾向陶湘一针见血地指出："某公（**按：即盛宣怀**）冰雪聪明，何如今若是之拙！盖公呈不与产业并提，则公呈纯乎为公，纵有反对，不过反其回董事一层，断无反其筹款。如与产业并提，则公私各半，必将群起反对。"⑤ 另据陈作霖打探的消息，孙中山见到公呈后称，"盛君函押九典助赈，众闻无不为怪。我复信不提九典，至捐如不捐，听他自与义赈会接洽"；程德全则表示，"探闻以典押救灾，反对者多"；伍廷芳则闻知"因押一事"，从而"大不为然，并有函不愿附名之说"⑥。

可以肯定，由于这样两个误算，盛宣怀把孙中山3月19日的复函视为对捐赈复产交易方案的默认，很大程度上是他

---

① 《李维格致盛宣怀电》，载陈旭麓等主编：《盛档之一》，第329页。
② 《盛宣怀致顾咏铨等电》，载陈旭麓等主编：《盛档之一》，第330页。
③ 《陶湘致盛宣怀函》，载上海图书馆藏盛宣怀档案，档案号SD043004。
④ 《陶湘致盛宣怀函》，载陈旭麓等主编：《盛档之一》，第336-338页。
⑤ 同上。
⑥ 《陈作霖致盛宣怀函》，上海图书馆藏盛宣怀档案，档案号SD009090。

本人的错觉。从实质上讲,孙中山此函更有可能是为了让盛宣怀继续完成废约事宜而故意含糊其词。对于这一点,陶湘曾在 4 月初向盛宣怀做了这样的分析:"不观中山复函乎,于三十万元,则请径交江苏赈务处,而于当产只字不及。在中山固然敷衍,究其实亦因舆论不孚,不敢公然出令,即出令而不从,又不如不出令之为妙,所以所问非所答也。"① 有鉴于此,也就不用奇怪,直到孙中山解职之际,盛氏产业在临时政府那里依然维持着既未被没收也未被发还的悬案状态。

孙中山的抽身而退,虽然打乱了盛宣怀此前的复产计划,却也没有使后者陷于茫然无措的境地。或许有人会认为,这种情形并不令人意外,因为国家政权完全落入袁世凯手中而进入了革命潮流的后退状态,对于与袁世凯同属旧势力阵营的盛宣怀来说,自然迎来了翻身的良机。不可否认,袁世凯的上台,确实从大的政策方面为盛宣怀的复产问题提供了某种制度上的支持。然而,这种革命后退状态并不意味着盛宣怀可以无条件地、一帆风顺地实现复产。事实上,盛宣怀借以继续进行复产活动的一个主要着手点,正是在此前策划的捐赈复产活动的基础上而延续的一系列交易行动。如果单纯从时间线索出发,发生在临时政府时期的捐赈复产交易还只是序幕阶段,其主体部分则处于袁世凯政府时期之内。在很大程度上,正是由于以往研究从未触及这场捐赈复产活动的全貌,因此并不足以理解捐赈之举在盛宣怀此次复产活动中的深刻意涵。

应该说,早在南北和谈落幕之际,盛宣怀大概就意识到

---

① 《陶湘致盛宣怀函》,载陈旭麓等主编:《盛档之一》,第 336—338 页。

复产问题不会单从临时政府那里得到解决，很可能还会牵涉袁世凯一方。因此，在临时政府尚未取消之时，盛宣怀已经准备就复产问题与袁世凯进行联络。至于盛宣怀能够继续施展捐赈策略的基本背景，当然是江皖赈务对于袁世凯政权来说，同样是一个不得不面对的巨大压力。在袁世凯于 2 月 15 日被临时政府参议院选举为第二任临时大总统后①，意味着在临时政府之外又出现了一个具有合法性的政治中心，自然亦应担负江皖灾赈责任。因此，在袁世凯被选为总统后不久，身为临时政府实业总长的张謇便致电请示称：

> 淮北大灾之后，继以兵氛，故失所之民，视前益多而剧。前华洋义赈会发起以工代赈，敦迫进行，以謇曾预导淮，与有关系，属闻此事……现灾状如此，外国慈善团促进如彼，而不规则之军队，与饥民杂处，不为赈抚，视其道殣相望，何以为政府？……可否乞公即担保酌借外债，分别拨济皖之沿江及淮北，苏之徐淮海，以工代赈……公之初政，尤重得民，此为嚆矢，幸速图之。②

孙中山也在 3 月间以江皖灾赈事宜电告袁世凯，请其"设法维持"③。

尽管袁世凯政权的财政状况要好于临时政府，可是其在赈务方面的作为并无多大起色。接到张謇告灾电报后，袁世

---

① 胡绳武、金冲及：《辛亥革命史稿》，第 4 卷，第 178 页。
② 《借款振江皖灾电政府》，载张怡组编：《张季子九录》之《慈善录》，收入沈云龙主编：《近代中国史料丛刊续编》（961－967），台北：文海出版社，1983，第 1986－1987 页。
③ 《临时政府公报》第 43 号，载《近代史资料》，第 25 号，第 324 页。

凯曾"允为借款，先拨三十万济急"①。然而，这笔济急款迟迟不见兑现。经张謇、孙中山再度电催，袁世凯方于3月末饬令"北京度支部径电通商沪行，将所存新币二十九万元，拨交张季直君（按：张謇字季直），作江皖两省工赈款"②。然其后又无下文。至于赈灾借款事宜，约在3、4月间，总理唐绍仪与财政总长熊希龄主持制定了向四国银行团借款200万两的预算③。可是谈判持久不决，政府亦别无举措。直到5月29日，熊希龄才宣称已与银行团初步达成协议。岂料次日银行团忽然变卦，其告知熊希龄的拒绝理由是："近接上海友人电称，彼等闻华洋义赈会办事人云，放赈日期已过，被灾各州县现皆不甚吃紧，灾民亦已散归田里，即有大宗款项，非至十月，亦无大用。"④ 其不论其中的是非曲直，此项赈灾借款终成泡影。

基于袁世凯政府的筹赈表现，盛宣怀就复产之事试图与袁世凯派别人士进行联络时，其中出现捐赈的说辞，也就不令人意外了。3月17日，也就是盛宣怀向孙中山发出押产30万元捐赈电报的当天，同时还向顾咏铨发去了这样一份电报："泗灾重，托展运动杏城，助振、保产可两全。"⑤ 此处提到的"展"，系指与其关系密切的时轮船招商局董事王存善（按：字子展），"杏城"则是袁世凯的亲信、时为招商局总管的杨

---

① 《致袁世凯电》，载孙中山：《孙中山全集》，第2卷，第241页。
② 《临时政府公报》第48号，载《近代史资料》，第25号，第360页。
③ 《盛宣怀致袁世凯函》，载陈旭麓等主编：《盛档之一》，第273页；《为江北灾赈事致上海华洋义赈会电》，载周秋光编：《熊希龄集》，第2册，长沙：湖南人民出版社，2008，第662页。
④ 《告知已面商银行团先拨赈款并声明已上书辞职复青岛许久香电》《为江北灾赈事致上海华洋义赈会电》，载周秋光编：《熊希龄集》，第2册，第659、662页。
⑤ 《盛宣怀致顾咏铨电》，载陈旭麓等主编：《盛档之一》，第329页。

士琦。此时的杨士琦并未出任政府要员,所以盛宣怀此电的意思,很可能是希望通过捐赈安徽泗州之灾先向杨士琦示好(按:杨籍隶泗州),再由其将复产之事向袁世凯暗通款曲。而前述伍廷芳领衔公请盛宣怀筹赈的公呈之所以把袁世凯作为收受者之一,显然也是陶湘等人进行这种准备活动的一个组成部分。

在上述铺垫的基础上,加上袁世凯政府成立不久便为江皖赈灾制订了 200 万两的预算,使得盛宣怀认为,此前在孙中山那里使用过的押产捐赈之法,不妨移花接木到袁世凯这里。于是,他在 4 月间致函袁世凯,声称愿意将汉冶萍公司股票全数抵押助赈:

> 今兹建设新国,将见实业大兴。自顾衰老,无事可为。屡读报章,江皖灾情未澹,若非工振兼施,民生倒悬难救。窃见财政部熊总长借款预算,有赈款二百万两。目下外债有暂停消息,而国民捐不得不先尽军饷,则穷檐老弱,命悬呼吸,岂能久待筹维?宣怀海外养疴,每念灾黎,怦怦心动,甚愿毁家纾难,独捐银元一百万圆为国民捐,泰山一篑之助,但求捐拨江南工振项下开支,得一分民捐,即可省一分国帑,谅必无分畛域也。再,此项系属汉冶萍公司股分,去年因日商大仓洋行萍矿押款到期,经协理李维格面商,以宣怀自己创始股分三万股,计值资金一百五十万圆,抵押正金银行……(按:原件至此中断)①

---

① 《盛宣怀致袁世凯函》,载陈旭麓等主编:《盛档之一》,第 273 页。由于此件不全,所以盛宣怀这里所称"独捐银元一百万圆为国民捐"很可能不是捐赈数字。另外一份资料表明,这里提用于抵押借款的 3 万股汉冶萍股票,实际上只能达到 30 万元之数(《陶湘致盛宣怀函》,载陈旭麓等主编:《盛档之一》,第 337 页)。下文所述陈作霖与熊希龄的会谈也证明,盛宣怀捐赈数额还是 30 万元。

虽然迄今尚未发现袁世凯做过答复，但是可以断定，盛宣怀这次寻求捐赈换复产的交易尝试并未成功。究其原因，主要是盛宣怀提出的押产借款之策很不被看好。对此，袁世凯政府的两位要员即财政总长熊希龄、内阁总理唐绍仪的态度可谓明证。约在4月底5月初，陈作霖就盛宣怀捐赈之事与当时负责筹赈的熊希龄进行晤谈，结果是前者虽费尽口舌，后者犹满腹狐疑：

> 熊云：振务需款孔殷，张（按：即张謇）、赵（按：即赵凤昌）亦曾商酌，必须某公（按：即盛宣怀）捐百万，庶可请袁总统径电，卅万似嫌太少耳。润（按：即陈作霖）力言某公近况不能与昔日并论，即此卅万已觉费力，何言百万！熊云，然则卅万亦徒闻其语也。润谓果能上下说通，卅万当可实践。熊云："我即日进京，可由商会给我一电，我持电与袁大总统商量，或可冀其俯允。"

而唐绍仪则更将盛宣怀捐赈之说斥为"空谈"：

> 唐总理云：某公（按：即盛宣怀）捐振，或云汉冶萍押出之股票，或云当产抵押，要知汉冶股票必须集有现款一百五六十万，方能收其二十余万之结果，如今时世，当产不能值钱，何从抵借！某公皆属空谈，无济于事也。①

事后看来，对盛宣怀来说，这次交易的落空反而是件好事。众所周知，袁世凯政府乃是旧势力的代表，保护旧派人

---

① 《陶湘致盛宣怀函》，载陈旭麓等主编：《盛档之一》，第342—344页。

物及其财产本是应有之义。因此，针对"清政府官吏私产仍应归该私人享有"一事，袁世凯于5月11日和6月2日两次发布了"足备将来起诉之根据"的命令。正是依据这一政策，不少在革命期间遭到打击的前清高官纷纷成功复产。如"芜湖李氏（按：即前云贵总督李经羲）财产均已给还"，江西瓷业公司有"瑞莘儒（按：即前湖广总督瑞澂）股份，经瑞以股东名义呈请发还，亦经赣都督批准照办"，前山东藩司志森"呈请总统饬还杭州胡庆余药铺私产，亦奉批交国务院咨行浙都督办理，批中亦有'自应查照原呈发还，俾得自行经理，以彰大公'等语"①。甚至连曾在辛亥革命期间率部与革命军激战而被视为"中华民国最有罪之人"的张勋，在这一政策下，"尚且产业已经发还"。并且，上述人等并未为复产而捐出巨款，这就难怪盛宣怀之侄盛国华宣称，"我们……更可援以为例"②。就此而言，盛宣怀在保产令发布前即抛出捐赈30万元的交易，未免有些过于性急了。幸运的是，他约于7月初终于从袁世凯那里得到了"财产必尽力保护"的允诺③。而表面上，他为此付出的代价，不过是把在北京的一处房产供袁世凯的家眷无偿使用了一段时间而已④。

第三节　"二次革命"与盛宣怀的洗白契机

不过，袁世凯的保产允诺并未成为盛宣怀复产之路的终

---

① 《吕景端致盛宣怀函》，载陈旭麓等主编：《盛档之一》，第285-286页。
② 《盛国华致盛宣怀函》，载陈旭麓等主编：《盛档之一》，第344-345页。
③ 《盛宣怀致吕景端函》，载陈旭麓等主编：《盛档之一》，第346-347页。
④ 《盛宣怀致孙宝琦函》，载陈旭麓等主编：《盛档之一》，第286-289页。

点。从 1912 年 7 月到盛宣怀 10 月回国的这段时间里,目前尚未发现任何有关盛宣怀为复产而请愿或寻求交易的活动记录。这很可能是因为,在盛宣怀看来,由于保产令的颁布和袁世凯亲自做出的承诺,这次复产之举已是一片光明,自然无须再活动或者打点了。然而,回国后的情形给他兜头浇了一盆冷水。正如他在 11 月间向亲家孙宝琦所抱怨的那样:"项城（按:即袁世凯）保全民业,不啻三令五申,而外间阳奉阴违,民不聊生。"盛宣怀本人便深受其害,因为其在江苏的产业,"若遵守约法命令,似无不还之理",却因为"雪帅（按:即回任江苏都督的程德全,字雪楼）欲勒捐巨款,以致尚未解决"①。

县官不如现管。盛宣怀明白,解决这种局面的关键在于给程德全提供合适的台阶。于是,盛宣怀采取了双管齐下的手法。一方面,他通过正规程序,以前述两次颁布保产令为据,于 11 月间向程德全递交公呈,向其申请"准将没收宣怀公私产业,按照法律命令办理,呈明大总统俯准,即予一律发还,一面请由贵都督先行饬属妥为保护,以免损失而安民业"②。另一方面,他又不失时机地将从前捐赈江皖水灾的款项滚动到了程德全这里。如前所述,程德全也是盛宣怀于 3 月 17 日所发捐赈电报的接收者之一,故而知道此款。在另于 11 月 23 日致程德全的函中,盛宣怀表示,虽然赈济江皖水灾已时过境迁,自己仍愿拿出这笔捐赈款项,留为江苏省地方公益之需。而且,鉴于押产借款曾被视为"空谈"的经历,

---

① 《盛宣怀致孙宝琦函》,载陈旭麓等主编:《盛档之一》,第 354—355 页。
② 《盛宣怀呈江苏都督程德全文》,载陈旭麓等主编:《盛档之一》,第 352—354 页。

盛宣怀还把这次的交易筹码改为了筹措现款:

> 宣怀前上庄前督呈内,拟将本人名下典当股款银六万二千余两、钱十九万九千余串、洋二千元,俟饬各归原业收管后,查明若干,自愿尽数捐助江皖义振。此次批示未曾提及,谅以为善在人,本不与封产之案相涉……而宣怀数十年好善微忱,益觉不能自已。惟自兵乱以来,实业荒废,运动不灵,现在发还典当,恐其损失总数约在十万[元]左右。然前呈既已自请查明实存若干,尽数捐助振需,无论目下是否需振及散处筹款如何为难,仍应查照原呈所请,除俟查明应扣去各属损失约计十万[元]外,勉筹二十万元,以备地方善举,或即为捐助水利联合会之用,为公益起见,谅蒙察纳。第现款一时仍难如数,兹筹具现洋票十五万元、汉冶萍股票一千七百股,约计批示转行,委员派定,即可先交现洋十万元……俟各处产业交割清楚,即可全数交讫,不致迟缓。①

显然,程德全对于这样的台阶颇为满意。因此,他在12月13日发出的复产指令中,甚至不惮于公开言明,捐款与复产两者之间的关系名正言顺:"公民盛宣怀捐助水利经费银二十万元由,呈悉。该公民指捐水利经费二十万元,顾念地方公益,深堪嘉许。所请将发还之产业,派员查明给领,候移交民政长核办。"②

对盛宣怀而言,虽然在保产令之后拿出的这笔捐款属于

---

① 《盛宣怀致程德全函》,载陈旭麓等主编:《盛档之一》,第355—356页。
② 《江苏都督程德全指令》,载陈旭麓等主编:《盛档之一》,第357页。

意外支出，却是可以接受的损失。毕竟，如果其复产之路到此为止，那么他反而可以说成功地比最初预算数目还减少了10万元。然而，这并非是他复产活动的最终代价。根据程德全的指令，盛宣怀成功收回了苏州、常熟、常州、无锡、武进、江阴、嘉定、扬子等处的财产①。而他还有一些产业，主要包括"江宁县境内各处地基十七宗，共计二千四百九十八方半又八亩五分又二十七丈二尺；上海县境内各处地基五十一宗，共计二百十九亩一厘六毫；宝山县境内各处地基十三宗、房屋一所，共计三百二十七亩四分二厘三毫"，因其在辛亥革命期间"未见有充公明文"，所以盛宣怀一直既"未派代表清查"，也没有向程德全"呈请委员点交给领"②。麻烦恰恰由此产生了。大约在1913年6月间，盛宣怀派人到江宁、上海、宝山三县领收财产时，三处地方政府却"均以封没充公为词"，从而拒绝发还③。并且，由于江苏省此后不久便成为"二次革命"的一个主要战区，这三处地产一时间似乎成了盛宣怀很难着手的遗留问题了。

出人意料的是，恰恰是"二次革命"的战火为盛宣怀提供了解决这个遗留问题的机缘。而盛宣怀之所以能获得这种机缘，主要是因为其积极参与了此时的大规模社会救助活动，从而得以重新以正面形象回到大众视野之中。

1913年8月14日至9月初，张勋、冯国璋率领的北洋军与讨袁军在南京展开激战，成为"二次革命"期间战斗时间

---

① 《盛宣怀呈江苏都督程德全文》，载陈旭麓等主编：《盛档之一》，第358页。
② 《盛宣怀呈江苏都督张勋、民政长韩国钧文》，载陈旭麓等主编：《盛档之一》，第365—366页。
③ 同上。盛宣怀所派代表夏敬业于6月间向宝山县知事呈请收回地产，据此推测该三地收产之举大约同时。参见《夏敬业呈宝山县知事文》（第361—362页）。

最长、战况最为激烈的一个战场①。除双方士兵伤亡惨重外，更是制造了大批难民。其中情况最为惨烈的，是那些被迫离家出逃的南京地区难民。8月21日，如皋、镇江绅士杨鸿发等人急电中国红十字会副会长沈敦和等人称："宁民来言，南京江边难民数万，无路逃生，轮船过境，难民哭跪求救，置之不理，乞速借轮船并电镇，赁凑轮船民船到宁，飞救出险，分送各处暂寄，免填沟壑。"次日，南京红十字会分会派出的求救人员亦抵达上海，向沈敦和等人报告，南京城内"西门每日下午开二小时或四小时，居民纷往城外逃难，奔驰江边，无船可趁，欲下乡则交通已阻，群聚江边，哭声震天……上下水轮经过下关，亦不停驶"。得知这些情况后，沈敦和很快做出了"租船直放南京"拯救难民的决定②。也正是红会的这次救援行动，为盛宣怀提供了第一个重树形象的契机。

可以说，正是在盛宣怀的鼎力支持下，这次红会接运南京难民行动才迅速得以开展。8月23日，沈敦和在与太古洋行商定租用"大通"轮船前往南京开展救援后，立即致信盛宣怀，请其大力捐助此次救援经费：

> 顷由敦和至太古行商，租向走长江之"大通"轮船，每日租金船资原定七百五十两，难民饭食在外，经敦和一再以善举婉劝，减至五百两，现已定议，准明晨九钟由沪开往。船上设救护队、医药队外，随带食粮振品，约廿五号晨可达下关。允租九日，往返三次。此次需备

---

① 汪朝光：《中国近代通史》，第6卷《民国的初建》，南京：江苏人民出版社，2007，第50–51页。
② 《报告南京人民之惨状》，载《申报》，第123册，第680页，1913年8月23日，第10版。

振粮,将来难民到沪,又须设法安插,需费甚巨,务祈大慈善家大发慈悲,慨解仁囊,成兹善举。事关救济民命,我公利济为怀,定蒙俯如所请也。

尽管沈敦和求助在先,但客观来看,这不啻为盛宣怀营造社会声誉的良好铺垫。因此,盛宣怀不仅慨然应允承担经费,还热心地与红会代表江绍墀(按:字趋丹)对具体救助办法进行了磋商和修订:

承示红十字会租定"大通"船……至于上船之人,慨免船价。若一开捐,难保无借讹索之事,必须更正。敝处只能由广仁堂酌捐租船之费,其余一切,均请贵会主持办理,以专责成。特再拟呈条款四条,即祈转交江趋丹君、王培元君照办为要。

不过,为谨慎起见,他特地向沈敦和表示,此次租船救济难民行动,自己主持的"广仁堂善会仅止捐助租船之费",其他"一切事权均归红十字会专手办理"[1]。后来,因"大通"轮船抵沪时,"太古码头临时不能停泊",沈敦和又请盛宣怀向轮船招商局"暂借金利源长江码头一用,俾得接济难民,分别安插",也得到了盛氏的帮助[2]。

基于此次接运难民行动的成效,9月4日,沈敦和还以"中国红十字会总办事处"名义在《申报》头版上发布公告,专门向盛宣怀深表谢意:

南京人民困处险地,情形危急。本会特派救护队,

---

[1] 《沈敦和致盛宣怀函》及附件复函,上海图书馆藏盛宣怀档案,档案号SD025152。

[2] 《沈敦和致盛宣怀函》,上海图书馆藏盛宣怀档案,档案号SD025157。

组织救护医船，租太古行"大通"轮船，归王君培元率全体救护员二次赴宁城，救护难民出险来沪，共计三千余人，伤兵伤民一百六十人。承前会长盛杏荪先生特募广仁善堂银四千五百两……特登报端，以扬仁风。①

随着红会公告的发表，盛宣怀的慈善家形象回来了。他也紧接着迈出了营造形象的第二步，那就是出面发起了对南京地区的赈恤行动。在接运难民行动刚开始不久的8月25日，其姻亲林志道便致函盛宣怀，请其考虑善后事宜，并请其"谆劝上海善堂熟人赴宁理料"②。盛宣怀深以为然，随即联络久办义赈的刘芬、刘仲琳、焦乐山以及南京善士魏家骅等人，筹议商请政府拨款、筹粮并募捐及赴南京救助人手等办法③。30日，盛宣怀又与已成社会名士的前清官员朱寿镛、冯煦等人联名向袁世凯及国务院去电称：

> 江宁……伤亡枕藉，米粮早缺，来源更断，乱兵搜索靡遗，居民或求一粥而不可得，失业贫民露宿江干及因守城闉者，何啻数十万。今幸官军入城，民有生气。为善后计，急宜招集流亡，妥筹振抚，而十室九空，一筹莫展。恳请俯念江宁兵祸奇惨，人民身家财产，荡失殆尽，迅予饬拨巨款，拯我孑遗，一面再由寿镛等设法劝募，公举正绅，核实妥办，以弭浩劫而广仁怦。④

对于盛宣怀等人提出辅助赈恤的申请，国务院当然同意，即

---

① 《中国红十字会谨谢盛杏荪君经募广仁善堂捐助大通租船费元四千五百两》，载《申报》，第124册，第39页，1913年9月4日，第1版。
② 《林志道致盛宣怀函》，上海图书馆藏盛宣怀档案，档案号SD025155。
③ 《盛宣怀致魏家骅等函》，上海图书馆藏盛宣怀档案，档案号SD025156。
④ 《北京大总统、国务院去电》，上海图书馆藏盛宣怀档案，档案号SD025166。

于次日复电称:"电悉。江宁经兵燹之后，招集流亡，妥筹赈抚，非款无以济事，已函交财政部，从速筹拨，仍望设法广为劝募，认真办理为要。"① 9月初，盛宣怀与冯煦等人正式成立金陵赈恤会（有时亦称"金陵赈恤公所""南京赈恤会公所"），并在南京战事平定后，选派办赈人手紧急前往开办了大量救济事务。

这个金陵赈恤会是盛宣怀以兴办义赈为号召而发起的，成为沈敦和、施则敬等人主持的中国红十字会之外的又一股社会救济力量，与冯煦等人承办的官赈相辅相成。对此，盛宣怀在9月17日致函张勋时就曾明言：

> 所言义振，敝处以广仁善堂名义勉捐一万元，以为之倡。现与梦华（按：冯煦字梦华）诸君会商，设立南京振恤会公所，刷印捐册，函寄各处，广为劝募。惟各地各界无不经济困难，百呼不能一应，大非从前可比。昨已吁恳国务院筹拨巨款，闻政府拟拨二十万元，命梦华、梅孙（按：魏家骅字梅孙）专办振恤，得款得人，于事必有裨益。弟虽同具热心，惜衰病颠连，不能任事，祗承鼎嘱，唯当尽力劝募，以期得尺得寸，为诸君后盾……鄙见官义振合为一起，人力财力较足，可无畸重畸轻之弊。②

不仅如此，盛宣怀还以办赈老手的口吻，向时江苏民政长韩国钧给出了许多非常具体的放赈建议。韩国钧亦深韪其言，回信表示：

---

① 《北京国务院来电》，上海图书馆藏盛宣怀档案，档案号SD025173。
② 《盛宣怀致张勋函》，上海图书馆藏盛宣怀档案，档案号SD050595。

> 宁乱后治标之策，以振抚为急，而发振必从查户入手，正确办法，诚如阃谕，否则民气未苏，疮痍载道，虽进行无从着手也。我公古道热肠，照耀瀛海，承示倡办义赈捐、订借汇丰款、开设公典、散放棉衣诸节，细针密缕，公私并筹，为灾户计者无微不至。①

另外，对于盛宣怀以及金陵赈恤会的作用，冯煦在赈务告竣后给袁世凯的呈文中也强调，自己受命"会商江苏都督、民政长，查明被难各区，迅将振抚事宜切实筹办"后，即"驻沪金陵振恤会盛绅〇〇等联合进行，各省振会亦相与协助，招致义款，仍以官振为主体，振恤会为辅助机关"。根据最终统计，财政部及江苏省官方拨解公款共35万余元，赈恤会经收义款共10万余元；共支放普赈29万余元，抚恤等费共16万余元②。

依靠在南京兵灾赈恤行动中的积极表现，盛宣怀十分顺利地与新一届江苏省领导层搭上了关系，这使得他名正言顺地又一次发起了捐赈复产的交易。大约在10月初，南京赈恤事务尚在进行之中，盛宣怀就向接任江苏都督的张勋提出了前述在江宁等三县遗留的复产问题："盛氏公私产业既经奉准发还，自无畛域之分，凡在苏省所辖境内者，即同在发还之列，应请贵都督、省长重申命令，通饬江宁、上海、宝山等县知事，照案一律实行发还"。至于交易的条件和手法，盛宣怀亦进行了煞费苦心的策划。作为第一个条件，他声明前在程德全任内"捐助水利经费二十万元"，因"现查水利工程并

---

① 《盛宣怀致韩国钧函》《韩国钧致盛宣怀函》，上海图书馆藏盛宣怀档案，档案号 SD005060、SD025059。
② 《冯煦呈袁世凯文》，上海图书馆藏盛宣怀档案，档案号 SD005374。

未举办,而金陵振抚需款甚巨,似应移缓就急,改拨应用"①。借由这套说辞,这笔捐赈款项当然可以顺理成章地转移到张勋这里。不仅如此,盛宣怀还准备了第二个条件,即从追回无锡典当业的利益中提供追加捐款。原来,无锡人士、革命党人秦毓鎏光复无锡后,曾在主政期间没收当地盛氏典当业充作公用。因秦毓鎏随同黄兴积极参与"二次革命",失败后被逮捕入狱②。虽然这给了盛宣怀追回无锡典当业的机会,但是他并未提及秦毓鎏的革命党身份,而仍然是以补充南京赈恤所需为说辞:

> 无锡盛氏承办典当,经劣绅秦毓鎏、秦琢如、吴廷枚等,不问公款、股款,勒提钱八万数千余千,捏报充作图书馆、公园工程之用,其实皆系侵吞入己,于地方毫无裨益。本人股本既允捐助,自应仍充善举,其典内拨存公款,应即仍提归公,以昭核实。应请贵都督、省长一面委员追提,一面严饬无锡县知事会同委员分别查明,一并提充金陵振抚要需,俾款项得归正用,而灾民实受其惠。③

同时,奉命主持南京赈恤事务的冯煦、魏家骅也特地致信张勋、韩国钧,在盛赞盛宣怀的赈恤之功后,也以有裨赈务为辞,提出了为盛宣怀追回无锡典当业的要求:

> 煦等在沪,与同乡诸老倡设金陵义振劝捐会,公推

---

① 《盛宣怀呈江苏都督张勋、民政长韩国钧文》,载陈旭麓等主编:《盛档之一》,第365—366页。
② 章开沅主编:《辛亥革命辞典》,武汉:武汉出版社,2011,第329页。
③ 《盛宣怀呈江苏都督张勋、民政长韩国钧文》,载陈旭麓等主编:《盛档之一》,第366页。

盛杏老为会长，一切组织得杏老赞助之力为多。惟是灾深款绌，物力艰难，劝募之方，穷于呼吁。昨杏老到会，谈及上年捐助水利经费二十万元，似闻省中虽有分拨各县之议，因水利局尚未开办，各属多未具领，如荷饬查提拨济赈，则移缓救急，可得巨数。又，发还盛氏各典当中，有无锡典经【原删：前县知事】秦毓鎏、秦琢如、吴廷枚等勒提公款股款，共钱八万数千余串，捏称充作图书馆、公园之用，实则以旧庙略加修葺，所费无几。秦毓鎏业经另案监禁，秦琢如、吴廷枚亦在查拿之列，如蒙台端遴员赴锡澈查，得其侵蚀确数，查追归公，拨充赈款，似亦不无裨益。煦等职思其居，本不欲以出位之言，冒渎左右，只以筹赈艰○，适闻杏老之言，意在以公济公，敢贡刍荛，伏望采择。①

盛宣怀的这番苦心没有白费，张勋对这个礼包欣然接受。10月12日，张勋针对盛宣怀的呈请做出了如下批复：

呈悉。既据声称盛氏产业已经程前督指令发还，应准饬下江宁、上海、宝山等县知事，照案一律实行。一面委员卫浚寰会同各该县清查饬还。仰该代表前往听候接收，呈报备案。至所捐水利经费二十万元，应即交由赈抚局存储应用。其无锡典当所捐钱八万数千，候饬该县知事查明，报请提充公用。此批。②

---

① 《冯煦、魏家骅致张勋、韩国钧函》，上海图书馆藏盛宣怀档案，档案号SD034306。此函在盛档中为草拟底稿，所以很可能是盛宣怀转托冯煦等人向张勋上书的。
② 《张勋关于发还盛宣怀江苏产业的批复》，载陈旭麓等主编：《盛档之一》，第368页。

对于张勋的这番表态,盛宣怀当然满意。而他又怕秦毓鎏余党未靖,故于 10 月 17 日再次就无锡典当业之事催促张勋称:

> 无锡乱党秦毓鎏先经拿办监禁,其同恶共济之秦琢如等五人侥幸免脱,未能获案,近又潜行回锡,依旧把持县事,具见神奸巨猾,消息灵通,怙恶不悛,为害更甚。为地方计,不宜使之漏网,况令死灰复燃乎?应令即饬卫委会同县知事密商拿办,以伸法纪。至典款倘蒙追回,自应尽数归公,庶不失宣怀捐助善举之本意,亦与批示相符。①

此外,当初他推荐办理南京赈恤事务的姻亲林志道,此时已就任南京善后局总办之职,在无锡典产一事上也派上了用场。盛宣怀于 10 月 19 日致函林志道称:

> 敝处所请捐款二十万元,移缓就急,十二月、正月已分两次缴讫。程前督有部文可凭,已另其公函奉复矣。锡典侵渔八万数千串,化私为公,于宁事亦有益。闻有人赴尊处运动,确否?就使能得追回,弟亦决不想收回,仰体诸公为善之心,或亦不致为所摇惑也。②

盛宣怀的一番辛劳终于得到了圆满的结果,其捐赈之语亦未食言。他于 11 月 18 日致函张勋僚属阎肇兴,除对张勋深表谢意外,也再度确认了捐助数额:

> 敝处复产,首尾未清。此次蒙张都督如呈批准,得将未了各案一律理楚,至为感佩。无锡三典为乱党侵夺,

---

① 《盛宣怀致张勋函》,载陈旭麓等主编:《盛档之一》,第 369 页。
② 《盛宣怀致林志道函》,上海图书馆藏盛宣怀档案,档案号 SD009196。

损失八万二千有余，经卫委员禀准查封，谅可遵照批示，提充公用。该款除将省库发存该典银一万五千两归公抵补外，所余之款，本已作为捐助，敝处决不收回。①

无锡典产的成功追回，令盛宣怀在善举名义下收产的信心倍增。对此，次年仍然发生在无锡的追讨海运分局基地事件，可以说是一个较为显著的事例。按照盛宣怀的说法，这一地块原属张履谦，辛亥革命期间被无锡商会占据，而张履谦在无暇与无锡商会交涉的情况下，于1913年又将该地块捐给了上海广仁堂：

> 前清光绪三十年间，江苏粮道借用无锡铁路车站左近张松声堂基地一方，建筑海运分局，为采办粮米委员驻所。辛亥事起，被无锡商会占据。该地主张履谦于民国二年，将该处产业栈房基地，全数捐助上海广仁善堂管业。②

1914年6月初，因得知"上海县知事以该县海运局漕运久停，废旷不用，已将该局基地房屋招人拍卖，登诸广告"，所以盛宣怀委托身为上海广仁堂董事的沈敦和出面，向江苏省民政长韩国钧提起了追讨该地块的诉讼：

> 无锡办漕公所借用善堂产业，事同一律，在海运局自无存留之必要，而在广仁善堂实有收回之确据，商会岂能据为己有？物各有主，终难久假不归，应请俯赐鉴察，即行派员赴锡，秉公理楚，或拆除房屋，将基地交还业主，或将房屋公估价值，照上海变卖海运局公产之

---

① 《盛宣怀致阎肇兴函》，载陈旭麓等主编：《盛档之一》，第370页。
② 《盛宣怀致秦辉祖函》，上海图书馆藏盛宣怀档案，档案号SD034345。

例，由上海广仁堂备款购回，以清纠葛。

沈敦和在这份呈状中还特别强调，收复这份资产对于上海广仁堂所从事的救灾事业具有重要意义：

> 广仁善堂系在上海，所办善举甚多，尤以振济灾荒为第一要务。近年各省经济困难，各处义振尚赖广仁堂名义，竭力劝募，四方响应，每值旦夕，无可接济，该堂辄以善产抵押巨款，以济眉急，活人无算，故此项善产尤与寻常产业不同。该地既为张履谦所捐助，倘能善产得一分保全，即穷民多一分利济。①

韩国钧接到呈状后，鉴于该地块"究竟公产私产，尚难确定。所请派员清理之理，未便遽准。惟张绅既将基地借为公用，何以捐入上海广仁善堂善举，无锡商会又因何乘间占据，其中恐有别情纠葛"，所以饬令委员唐树概会同无锡县知事"查明该局房地所有权，录案具复，再行核办"②。经唐树概七月间赴无锡县查明，"查该地坐落铁路左近，系无锡市一三图内，有房屋一所，此即系借用松声堂建筑海运分局之地，其实则为铁路车站弃而不用之地，且基址模糊，是否即为玄字五百四十二号，亦难详悉"；无锡商会则在调查时回复称，因该地"光复时已被匪人占据，敝会以该廒建造之时，由经办漕粮各米行家筹款公建，应仍由商人收回，并同商团公会出而交涉，得以收回"③。韩国钧鉴于"此中头绪纷繁，必有别情，本厅于此项产业，无案可稽"，故而指示唐树概等人

---

① 《沈敦和等呈韩国钧文》，上海图书馆藏盛宣怀档案，档案号 SD034346。
② 《江苏韩巡按使饬文》，上海图书馆藏盛宣怀档案，档案号 SD034347。
③ 《唐树概等详复韩国钧文》，上海图书馆藏盛宣怀档案，档案号 SD034352。

"函商沪宁铁路总理处遴委妥员，会同原购地委员钟元棣、无锡县知事到场指明形势，先将局基之官有私有问题解决，然后将局屋之官有商有问题解决"①。

至10月间，唐树概会同上海广仁堂指派的代表宋德宜再度赴无锡调查。这回终于查明，玄字五百四十二号田地虽然被铁路局圈去，但是"路局册中无此号数，册上无此号，定是从前未圈入之证据无疑"。沪宁铁路局代表也承认，"锡站圈地二百九十一亩有奇，有田单者只二百八十余亩，其中地多单少，此号必是漏载，当时本局失于检察，现查玄字五百四十二号却在原圈界线之内，细图早经呈部，无从核对，将来只有给价之一法"。宋德宜遂向沈敦和等建议，"所有从前张松声堂未领之价，张绅既捐入广仁善堂，本善堂有权向铁路总局领取地价，以清结束。当此捐务弩末，需用浩繁，未便任此善产虚悬无着，理应向铁路局按照圈用亩数，从宽领价，以充善举"②。沈敦和等人（很可能是盛宣怀的意思）却并不接受领价赔偿的方案，回复宋德宜称：

> 细图早经呈部，无从核对，万无路局不备副图查核之理，显见此不入册之十余亩，其为张松声堂原地无疑。至锡站所绘之图，系于圈后○凭照绘，自然地与图符，此不足为证，应请执事速再会同县知事、省委赶紧理清，以重善产。至领价一节，敝董事会万难承认，希即查照办理为荷。③

---

① 《韩国钧饬唐树概等文》，上海图书馆藏盛宣怀档案，档案号SD034353。
② 《宋德宜致上海广仁堂沈敦和等函》，上海图书馆藏盛宣怀档案，档案号SD034355。
③ 《沈敦和等致宋德宜函》，上海图书馆藏盛宣怀档案，档案号SD034356。

第七章 从落水到上岸：鼎革之际盛宣怀的沉浮与捐赈复产活动 | 443

盛宣怀之所以不愿意领价轻易了结，很可能另有隐情。原来，无锡海运分局基地纠纷的最初根源，就与他本人有密切关系。按照调查中给出的说法，张松声堂当初"本系向陈龙生购买，计天三图玄字五百四十二号，土名三亩八分，又仝号侯斯仁一亩二分九厘五毛"；尔后，无锡铁路局购地委员李某"初次带来购地图，该两地本圈在内，嗣以地方绅士及米栈等呈请让出边线六十尺"，恰恰是此时身为铁路督办大臣的盛宣怀亲自批准，"离米栈让进三十尺，于是陈、侯两地即行让出"。而后来接任无锡铁路委员并负责办理该地块事宜的钟元棣，又是盛宣怀的亲信①。也就是说，张松声堂之所以能够买到该地块，正是当初盛宣怀指示无锡铁路委员让步的结果；而如今张松声堂后人又要将该地块捐给盛宣怀主持的上海广仁堂。所有这一切实在太过巧合了。联想到光绪三十三年（1907）御史陈庆桂奏参盛宣怀于沪宁路旁购地一事，可以推测，该地块可能当初就是盛宣怀的财产，估计是在辛亥革命发生后隐匿在别人名下而已。

虽然尚未发现有关资料，但是无锡海运分局基地纠纷的最终解决，极有可能是一个令盛宣怀满意的结果。这种判断的依据是，在上海广仁堂名义下来保障权益之举，后来成为盛宣怀甚为倚重的一个手法。至于这方面最显著的表现，当为1915年间盛宣怀围绕汉冶萍公司问题而策划的保护矿产活动。

第一次世界大战爆发后，日本借着向德国宣战的理由，

---

① 《唐树概等详复韩国钧文》，上海图书馆藏盛宣怀档案，档案号SD034352。关于钟元棣与盛宣怀的关系，可参见陈旭麓等主编《盛档之一》第352页注释1的说明。

开启了进一步侵略中国的阴谋。1914年底，日本政府制定了企图全面控制中国的"二十一条"，并由驻日公使日置益于1915年1月18日向袁世凯当面提交了这一要求①。其中第三号所包含的两款内容，完全针对汉冶萍公司而发：

> 第一款　两缔约国互相约定，俟将来相当机会，将汉冶萍公司作为两国合办事业，并允如未经日本国政府之同意，所有属于该公司一切权利产业，中国政府不得自行处分，亦不得使该公司任意处分。
>
> 第二款　中国政府允准，所有属于汉冶萍公司各矿之附近矿山，如未经该公司同意，一概不准该公司以外之人开采。并允此外凡欲措办无论直接间接对该公司恐有影响之举，必须先经该公司同意。②

正如曹汝霖等人意识到的那样，上述两款内容隐含的一大危险是："所谓汉冶萍附近各矿，漫无标准。若从广义解释，则南中数省之矿山，尽为日人所有矣。至所谓直接间接对汉冶萍公司恐有影响之举动，更茫无限制。"③

这一时期，当日本正金银行董事小田切万寿之助就合办事宜与盛宣怀进行接触时，盛宣怀基于南京临时政府期间与三井商谈合办草约而"几遭不测之祸"的经历，以"一国合办，必致各国效尤"为辞表示反对④。然而，因后续谈判中袁

---

① 汪朝光：《中国近代通史》，第6卷《民国的初建》，第84页。
② 黄纪莲编：《中日"二十一条"交涉史料全编（1915—1923）》，合肥：安徽大学出版社，2001，第21—22页。
③ 《北洋政府外交次长曹汝霖及参事、顾问等呈袁世凯说帖》，载武汉大学经济学系编：《旧中国汉冶萍公司与日本关系史料选辑》，第548页。
④ 《盛宣怀复小田切密电》，载武汉大学经济学系编：《旧中国汉冶萍公司与日本关系史料选辑》，第567—568页。

世凯政府基本采取节节退让的政策，使得盛宣怀深恐"汉冶萍铁产将为送礼之附属品"①，从而再次祭出了捐赈保产之策。5月间，盛宣怀便与孙宝琦、杨士琦等人密商，拟将自己原本为扩充汉冶萍公司而购置的数处矿产，转为"上海广仁善堂购置矿产，备充善举"②。一切商量妥当之后，1915年12月26日，盛宣怀以上海广仁堂的名义，联名同为堂董的孙宝琦、李经方、冯煦、魏家骅等，以及多年慈善旧友郑观应、沈敦和、施则敬等，还有上海绅商界代表人物陈作霖、周晋镳和朱葆三等，共计93人，向内务部、农商部发出公函。函中在历述义赈活动自光绪初年兴起以来的业绩后，提出了将九江等三处矿产作为上海广仁堂备赈资产而立案的申请：

> 惟是天灾流行，难乎为继，朝廷方以慈善为行政一大端，而博施济众，尧舜犹病，尤赖各省善堂通力合作，共尽义务，稍弥余憾。查上海广仁善堂有铁矿数所，一属九江县，一属鄂城县，一属萍乡县，该三处皆与汉冶萍煤铁矿毗连，均系该堂遴选矿师，出资购置，过户注册，作为堂中永远产业。一则为中华保存佳矿，一则为汉冶萍留作后盾，一则为该堂义振筹款，是一举而三善备焉……将来广仁善堂如果自行开采，所得之利自必悉归义振，与汉冶萍无涉……届时堂中得有此项专款，范围自宜推广，无论何省遇有水旱大灾，国家发帑振抚者，皆得由大部饬知上海广仁善堂，遴举义董往查……要知

---

① 《致丁宝铨》，载北京大学历史系近代史教研室整理：《盛宣怀未刊信稿》，第256—257页。

② 《致赵剑秋函》，载北京大学历史系近代史教研室整理：《盛宣怀未刊信稿》，第262页。

> 此项矿产，纵之则为他国他人所攘，操之则为一人一家所私，今宣○等毅然决然归诸善堂，公诸全国，仰体朝廷仁民爱物之心，俯救各省水旱偏灾之患，实系扼要以图，毫无疑义。但须昭告内外，恪守定案，专供义振，无论如何缓急，切不可挪移他用。①

无疑，一旦回想起1912年华洋义赈会呈请盛宣怀回国办赈的情形，以及盛宣怀几年来捐赈复产活动的历程，就决不能把此次申请矿产备赈立案之举，仅仅视为盛宣怀上演的一场从左手换到右手的把戏。如果没有盛宣怀在赈灾事业上的深厚背景，很难想象此举能够集合这么多社会名流，形成如此声势。虽然这次备赈保矿之举因"二十一条"的落空而未见下文，但是它所表现出来的将产业与善举进行捆绑的思路，可以说是盛宣怀最终形成的"保家之策"的预演。而随着盛宣怀包含大量汉冶萍、招商局等实业机构股票在内的全部资产，尽数转化为愚斋义庄基金，在某种意义上，意味着盛氏一生中最重要的两个事业领域，即洋务与赈务，最终居然在体制上也实现了合流。

对于盛宣怀在辛亥革命时期的沉浮，学界以往仅有很少的注意。较早出现的一种看法认为，革命打击下的盛宣怀成了一只"落水狗"，主要是因攀附袁世凯的骥尾才得以上岸②。其后，夏东元则强调，盛宣怀在革命后得以保全，主要是其

---

① 《致内务部、农商部公函》，载北京大学历史系近代史教研室整理：《盛宣怀未刊信稿》，第257—259页。

② 这种看法来自陈旭麓等主编《盛档之一》中第264、318页的两处"编者按"。

恢复了"民族性较强的资本家"身份①。事实上，盛宣怀之所以能够在革命后回归社会，并不能简单归因于依附袁世凯，也不是单纯依靠回复实业资本家的身份。这场从辛亥革命一直延续到"二次革命"之后的捐赈复产活动表明，在盛宣怀洗白社会身份的过程中，实业之外的社会资源具有不容低估的作用。虽然无法判定捐赈手法对复产活动究竟起了多大作用，但是这里的问题在于，在无人看不到捐赈复产的交易性质的情况下，为什么盛宣怀会一再祭出这一手法，以致这种交易态势居然能够从孙中山、袁世凯、程德全一直滚动到张勋那里呢？显然，在这一过程中，诸如江皖水灾和南京兵灾等灾荒事件的发生，使得革命与建设之间出现了巨大的社会落差，也使得盛宣怀在赈灾方面的既有声望和潜在能力，成为极富价值的社会资源。因此可以说，在确切理解盛宣怀一生事业的基础上，这场捐赈复产活动并不能被视为一场闹剧。更重要的是，对这一活动的深入研究，也有助于从更为具体也更为广阔的社会情境出发，来理解导致辛亥革命失败的不彻底性究竟何在。

---

① 夏东元：《盛宣怀新论（代序）》，载《盛宣怀传》，第9页。

结语

历史的逻辑：
盛宣怀何以成为盛宣怀？

宣统二年（1910）三月底，力图政治上复出却迟迟无果的盛宣怀，在给其亲家、时任山东巡抚孙宝琦的一封信中，对自己做了这样一番评价："试问天下有十个盛杏荪，实业便有数十件。可惜天下人才莫不鉴其吃亏，苦太甚，俱各援以为戒，竟无一人肯步其后尘。"① 这段话虽属发泄怨气，却也表露了盛宣怀对自身历史地位的期许。不过，盛宣怀本人从来没有解释，恐怕也无法解释清楚的问题是，为什么只有他做出了他人难以企及的实业成绩呢？本书正是根据洋务与赈务这两条线索交织而成的史事图谱来解答这一问题，进而辨识盛宣怀及其时代之间的耦合性。前面各章的论述表明，从盛宣怀入仕直至其生命的终点，赈务活动与洋务建设一样，成为贯穿这一历程的事业，并且两者之间一直保持着深度缠绕的关系。本书对这种关系的钩沉，当然不是为了强调赈务活动在盛宣怀事业体系中的地位，而是据此把握构成盛宣怀

---

① 《寄孙中丞函》。转引自夏东元编著：《盛宣怀年谱长编》，下册，第907页。

生活世界的图谱。而在把握了这个图谱的基础上,又该如何认识盛宣怀之所以成为盛宣怀的历史逻辑呢?

关于历史人物及其时代之间的耦合性,正如恩格斯精辟总结的那样:

> 人们自己创造自己的历史,但他们是在既定的、制约着他们的环境中,是在现有的现实关系的基础上进行创造的……他们并不是按照共同的意志,根据一个共同的计划,甚至不是在一个有明确界限的既定社会内来创造自己的历史。他们的意向是相互交错的,正因为如此,在所有这样的社会里,都是那种以**偶然性**为其补充和表现形式的**必然性**占统治地位。①

这段话清楚地表明,塑造人的历史逻辑,其核心是历史必然性、偶然性与人的能动性的统一。无疑,盛宣怀确实创造了属于他自己的历史,同时又是在其直接碰到的、既定的、从过去承继下来的局势和条件下而创造的。因此,要具体认识和把握盛宣怀之所以成为盛宣怀的历史逻辑,就必须根据这一图谱,去解析对应着必然性、偶然性和能动性的三条基本脉络,那就是新兴阶层的新陈代谢之路、晚清社会事件的联动效应,以及盛宣怀和他的事业基本盘。

一、新兴阶层的新陈代谢之路

近代中国社会阶层的演化,是社会形态发生变动的重要标志。而一个新兴有产者阶层的形成,又是这种演化的重要

---

① 马克思、恩格斯:《马克思恩格斯选集》(第3版),第4卷,第649页。这段话中的黑体字为原文。

组成部分。对此，毛泽东早在 1939 年完成的《中国革命和中国共产党》中便明确指出，"由于外国资本主义的刺激和封建经济结构的某些破坏，还在十九世纪的下半期，还在六十年前，就开始有一部分商人、地主和官僚投资于新式工业"，也正是这部分商人、地主和官僚构成了"中国资产阶级的前身"，也是"新的社会阶级"①。根据这一论述，新兴阶层的演化意味着近代中国社会的结构发生了根本性变动，而通过接触新生产力来实现自身社会属性的转化，成为新兴阶层得以兴起的一种必然性逻辑。

中华人民共和国成立后，学界在"中国早期资产阶级"的名义下，深入探讨了新兴阶层的社会来源及其构成问题，从而更加系统地阐发了毛泽东的论断。其中影响最大、沿用最久的论述，来自张国辉。他通过考察洋务运动期间各企业主要创办人和投资人的身份及其社会关系，指出构成早期资产阶级的成分可以划分为三个群体，即洋务派官僚、买办和旧式商人的上层②。而在中国近代经济史学界一批顶级学者共同完成的《中国近代经济史，1840—1894》一书中，又列出了一个迄今堪称最为全面的榜单。对于"洋务派官僚集团"的人物，该书除指明李鸿章和盛宣怀外，还包括向新式工业有过投资之举的天津海关道郑藻如、江海关道刘瑞芬、烟台海关道方汝翼等人，以及参与过洋务企业经营的马建忠、杨宗濂和戴恒等人；对于"买办集团"的人物，主要列举了唐廷枢、徐润和郑观应等该集团的"上层分子"；在述及"旧式

---

① 《毛泽东选集》（第 2 版），第 2 卷，北京：人民出版社，1991，第 627 页。
② 张国辉：《洋务运动与中国近代企业》，第 339–346 页。在某种程度上，后来许多关于资产阶级起源的表述，都是在张国辉研究基础上的发挥。

商人的上层人物"时,该书在列举沙船主出身的朱其昂、钱庄主出身的经元善、苏北盐商李培松、沪上富商蔡鸿仪、票号商王炽之外,还提到两个没有明显旧式商人背景,但"在新式企业的经营上也是很有能力的"人物,即李金镛、谢家福①。

尽管从20世纪晚期开始,随着学术潮流的变化,学界在指涉这一新兴阶层时,"近代绅商"的提法逐渐取代了"早期资产阶级"的名目,但是在论及具体人物时,基本没有越出上述榜单的范围。这样一来,这份榜单蕴含的一大严重缺陷亦长期延续。那就是,以往从未确切阐明新兴阶层的衡量标准问题,也就从未给出所有这些人物入选新兴阶层的理由,从而导致了乱点鸳鸯谱的状况。不夸张地说,对于前述被列入新兴阶层的所有人等,唯一的共同点大概就是跟新式工业发生了接触。无可否认,随着洋务民用工业建设的展开,新式工业所包含的新生产力才开始在中国社会中逐渐得到落实。因此,介入洋务民用工业建设的中国本土人士,确实是最早一批有机会向新兴阶层演化的人物。不过,得到这种演化的机会,并不意味着也会得到同样的演化结果。这是因为,这种演化是一个新陈代谢的过程,而这些人在新陈代谢之路上的行进情况不尽相同,由此导致他们向新兴阶层的转化程度也会出现很大差别。如此一来,我们也就有了一个较为明确的衡量标准来区分出现在新兴阶层兴起过程中的那些人物。

首先可以确定,以往被列入官僚群体一员的盛宣怀,被列入买办群体的唐廷枢、徐润和郑观应,被列入旧式商人上

---

① 严中平主编:《中国近代经济史,1840—1894》,下册,第1520、1521、1535—1538页。

层群体的经元善、李金镛和谢家福，堪称洋务运动时期新陈代谢程度最高的一批人物。第一，以往研究早已证明，在洋务企业建设开始打开局面、逐步在中国经济体系中占有一席之地的过程中，这些人物扮演了领头羊的角色。第二，正是得益于与新生产力的融合，这些人作为洋务企业经理人的社会属性，才日益压倒了他们原先的社会身份，并成为中国经济舞台上的重要人物。

其次可以看出，洋务派官僚集团中除盛宣怀之外的那些人物，可以说是新陈代谢程度最低的一批人物。尽管李鸿章与曾国藩、左宗棠、张之洞等人是洋务建设事业的倡议者、推动者和监管者，然而洋务建设事业只是他们政治活动的某种延续和补充，根本不可能触动其身上的传统官员属性。至于其他中下级官员，对洋务事业的参与基本上属于浅尝辄止，也就少有新兴气息可言。至于那些管理和经营洋务军事工业的人物，"新兴"二字更是无从谈起。因为这些军事工业虽然也属于新式工业，但是并未造成新生产力在中国社会的扎根，其经办人员亦根本不可能改变其官员属性。

再次还应指出，在所谓旧式商人的上层中，也有一部分人物的新陈代谢程度较为有限。这些人除了前面提到的朱其昂、李培松、蔡鸿仪和王炽，还包括著名红顶商人胡光墉。这是因为，相对于这些人物深厚的商务背景而言，他们对新式工业建设所做的贡献委实太小。胡光墉拒绝加入筹办轮船招商局后，再也没有参与新式工业的建设；李培松、蔡鸿仪和王炽等人在其参与的洋务企业建设中，既算不上中心人物，也没有做出多少突出业绩。因此，要说这些商人是新兴阶层的代表人物，肯定不具有太大说服力。

当然，新陈代谢的程度不同，并非确认盛宣怀等人成为新兴阶层代表人物的唯一指标。更重要的是，盛宣怀等出身于不同群体并在社会属性上发生较高程度新陈代谢的人物，正是通过洋务企业建设而汇聚在一起，才构成了一个具有某种共同体意味的社会群体。也正是这个群体的出现，才对中国原有的社会结构造成了不容低估的冲击和触动。

本来，在以往的主流研究中，对这个群体的评价并不高。对此，《中国近代经济史，1840—1894》的看法极具代表性。该书认为，直到甲午战争时期，依托洋务建设而发展起来的新兴阶层，也未能形成"一支独立的力量，还有待于社会各方面力量的进一步分化与结合"①。事实上，这种判断是值得商榷的。正如马克思所说的那样，"随着新生产力的获得，人们改变自己的生产方式，随着生产方式即谋生的方式的改变，人们也就会改变自己的一切社会关系"②。还在19世纪80年代初，也就是洋务企业建设首次呈现为一股社会潮流的时候，这批以洋务企业经理人作为主要身份的人物，便以他们非同寻常的群体性社会活动，显示出了非同一般的社会力量。

这方面的第一个显著证据，来自光绪九年（1883）举办的义赈活动。是年因山东遭遇较大水灾，由盛宣怀、郑观应、经元善和谢家福领衔，联合上海地区诸多知名绅商发起了一次大规模义赈活动。在这次义赈活动中，洋务企业成为一个极为引人注目的存在：不仅参与义赈活动的主要人物大多具有参与洋务企业建设的背景，并且此时的募捐网络涵盖了数

---

① 严中平主编：《中国近代经济史，1840—1894》，下册，第1538页。
② 马克思、恩格斯：《马克思恩格斯选集》（第3版），第1卷，第222页。

十家洋务企业及其他一些近代企业的所属机构①。从这次义赈活动的参与者和社会覆盖面来看，都大大超过了"丁戊奇荒"时期。这种规模的社会联合行动，是近代中国救荒史上才出现的现象，也是在新兴阶层兴起后才出现的现象。正是在这种意义上才能深刻理解，何以当时《申报》都针对义赈活动而发出了"遂觉自有赈务以来，法良意美，当以此次为第一善举"的赞叹②。

第二个显著证据，则是光绪九年（1883）上海金融风潮之后的救市活动。本书第三章第一节的论述表明，在上海金融风潮严重打击近代企业建设热潮的情况下，盛宣怀受李鸿章委派前往上海，联合谢家福、经元善等人，成为逆势而上的救市者。在他们的努力下，不仅维持了电报局的良好经营势头，并且大力整顿了陷入危机的轮船招商局和上海机器织布局，使之得以维持下去。此外值得一提的是，李金镛还在金融风潮后整体经济形势处于低潮的不利条件下，成功创办了漠河金矿，成为此次经济危机之后洋务企业建设中难得的亮点③。无疑，盛宣怀等人的这些活动为处于起步阶段的中国近代工业化保留了一些火种，而这类活动也绝对不属于个体性质的自发行为。

应该说，盛宣怀、经元善、谢家福等人所代表的新兴群体，在甲午战前便已经演生了一定的自为性，而不是仅仅处在自在性的状态。尽管他们这时确实"在历史舞台上还不能

---

① 这方面详情，可参见朱浒：《地方性流动及其超越》，第 327、349 页。
② 《上海筹赈无已时说》，载《申报》，第 23 册，第 187 页，光绪九年六月二十九日（1883 年 8 月 1 日），第 1 版。
③ 这方面详情，可参见薛瑞：《从义赈到洋务：江南新型绅商李金镛》，硕士学位论文，中国人民大学历史学院，2018。

成为一支独立的政治力量"①，但是这并不意味着就不能形成某种共通性的政治意识。对此，可以从山东小清河治理工程和甲午义兵义饷活动中得到证明。如前所述，小清河工程并不是盛宣怀以山东地方官员身份做的一项事务性工作，而是其与已经向新兴阶层转化了的江南义赈力量合作开展的一项社会活动。同时，小清河工程也并不是一次单纯的水利工程或赈灾活动，其最重要的一个背景因素，其实是国家层面的河务问题。至于盛宣怀首倡的甲午义兵义饷活动，虽然最终流于纸上谈兵，但是它毕竟体现了新兴群体的政治参与意识达到了一个新高度，从而成为经元善等近代绅商与康有为等新型知识群体在战后改革潮流中进行合作的契机。而对康有为来说，在他登上政治舞台的过程中，这种合作也是一个十分重要的社会基础。

综上所述，可以说，历史必然性在盛宣怀身上的体现，便是其踩上了近代中国社会结构演变的步点。他在走上洋务事业之路的同时，也就踏上了一条得以向新兴阶层转化的新陈代谢之路。不仅如此，在最早接触新生产力的群体中，他还是实现新陈代谢程度最高的一批人物，从而在一批参与洋务建设的普通官僚中脱颖而出，成为新兴阶层的代表人物之一。在这个意义上，相对于盛宣怀的各种官员职位来说，其作为新兴阶层成员的属性显然更加重要。因此，虽然盛宣怀并不具有深厚的商业背景和雄厚的商业资本，也并不见得能够深刻认识到新生产力的作用，但他一直非常注意争夺和加强对新式工业的管控权，从而得以在客观上使自己附骥于顺

---

① 严中平主编：《中国近代经济史，1840—1894》，下册，第1541页。

应历史发展趋势的经济基础。而在他于甲午战后一次又一次摆脱困境的过程中,这种经济基础是一个从不缺席的背景。

二、晚清社会事件的联动效应

前述恩格斯的说法提醒我们,要全面认识历史必然性,绝对不能忽视作为其补充和表现形式的历史偶然性。那么,这种历史偶然性在盛宣怀身上是怎样体现出来的呢?我们又该如何把握这种偶然性呢?要解答这些问题,就必须厘清晚清中国社会的特定局势及其驱动机制。哲学家冯契阅读了陈旭麓的《近代中国社会的新陈代谢》一书后,敏锐地感觉到,"近代中国是一个动态的、新陈代谢迅速的社会"①。在这样的社会中,在历史进程的每一步,都会有诸多不同类型、不同性质的社会事件在短时间内叠加在一起,产生联动效应,形成某种特定局势。本书的内容便表明,盛宣怀之所以会在不同时期遭遇种种不同的困难与挑战,又能够得到各种各样的脱困机缘,从而实现某种螺旋式上升,都离不开这种特定局势的作用。因此,盛宣怀与这种特定局势之间的纠结,也就构成了其新陈代谢之路上的历史偶然性。

盛宣怀走向洋务事业之路,就是一系列事件产生联动效应的后果,而决非出于李鸿章的主观设计。在这个时候的社会局势中,最重要的事件线索有三条。第一条线索是政治上的权势转移。以天津教案为契机,李鸿章接替曾国藩任直隶总督,从而摆脱了此前以军务为主轴的状态,开启了经营北洋集团的序幕。第二条线索是洋务运动进入了转型期。以江

---

① 此语见冯契为陈旭麓《近代中国社会的新陈代谢》(上海人民出版社,1992)所作的序言。

南制造局、福州船政局为代表的大型军工建设，成为"求强"阶段的重要进展，但是这种完全依靠国家财政支持的洋务建设也面临发展困局，以至于爆发了停造轮船的争议。第三条线索则是灾荒造成的社会冲击。同治十年（1871）的直隶大水，使官赈体制无法独力应对，引入社会资源成为官府的主动行为。盛宣怀在这一时期所经历的坎坷之途，正是由于这三条线索之间的交织：李鸿章调任直隶、刘铭传接管陕西军务，使得盛宣怀的从军之路难以为继；直隶赈务所产生的刚需，则为盛宣怀从军营脱身提供了机缘，并且因在上海协办赈务期间，得到了与轮船等新事物打交道的机会；朝廷内部则因停造轮船之争引发的发展航运业大讨论，使得在这方面急于用人的李鸿章，开始注意到对航运业有较多认识的盛宣怀。最终，随着轮船招商局的创办，洋务运动开始进入兼顾"求富"的新阶段，而附骥于该局的盛宣怀，也幸运地成为洋务民用工业的第一批建设者。

从 19 世纪 70 年代后期到 80 年代初，盛宣怀的洋务事业之路出现了从囧途到坦途的戏剧性转折；而要全面理解这一转折，当然不能把目光仅仅聚焦在盛宣怀的个人际遇上。盛宣怀之所以在起步阶段屡遭顿挫，固然有其个人原因，但是更加重要的是他无法从李鸿章那里获得足够的支持。至于李鸿章不能为之提供足够支持的原因，则又来自此际各种大气候和小气候形成的制约。其中最为显著的社会脉络有三条：其一是中国遭遇了严重的边疆危机，海、塞防之争以及朝廷的相关决策，意味着国家财政已经没有多大的调整空间；其二是步入转型期的洋务运动还缺乏必要的社会基础，李鸿章的建设宏图迟迟不能得到社会响应；其三是空前严重的"丁戊奇荒"制造了严峻的社会危机,成为国家事务层面必须重视的紧迫问题。由于这三条脉络的交织,使得处在军务和赈务双重挤压下的洋务企业建设,整体上一路走低。因此,盛宣怀在办理湖北矿务过程中虽有个人失误,但是这种失误肯定不是导致其徒劳无功的决定性因素。

在"丁戊奇荒"之后,不仅盛宣怀得以走出事业的囧途,而且洋务企业建设的整体形势亦大为好转。对于这一局面,以往研究长期忽视了经济范畴之外的一大因素,那就是义赈活动引发的社会动员。本来,李鸿章和盛宣怀在灾荒期间处于既要应对赈务又要维持洋务的两难境地,以致左支右绌。出人意料的是,由于他们在赈灾过程中与义赈力量发生了联系,竟然使洋务企业建设得到了新的社会资源。具体说来,先前的洋务企业建设存在两个明显的短板:其一是投资不足,其二是缺乏人才。而原本处于经济范畴之外的义赈力量,恰恰在很大程度上弥补了这两个短板:一来义赈活动募集了巨额捐款,为洋务企业建设吸收大量社会资金展现了良好的前景;二来李金镛、谢家福、经元善和郑观应等义赈领袖所表现出的组织管理能力和实干精神,显然远胜于许多参与洋务建设的官员。而义赈力量进入洋务企业建设,一方面促进了中国社会投资近代工业化的势头,另一方面则扩大了中国新兴阶层的社会来源。可以说,正是从这个时候起,新生产力才开始成为中国社会中不可忽视的一种力量。

甲午战争对中国社会造成了空前影响,诱发了头绪纷繁的社会变动。要理解盛宣怀在这一时期所处的特定局势,必须把握两条脉络:其一是政治权力格局的剧烈演变,其二是洋务建设事业的再度转型。甲午战后发生的湖南灾赈事件,从灾荒史视角来看，只是一次较为普通的赈灾活动，但由于这一事件恰好位于前述两条脉络的交叉点上，从而提供了观察盛宣怀此际动向的良好线索。通过追踪其中的人脉关系，可以辨识出盛宣怀对王文韶的迎合、对张之洞的漠然。这两种面相又牵连出了盛宣怀这个时候的两个重要动向。第一个动向是盛宣怀主要依靠王文韶的维护，得以躲过战后因李鸿章失势而被清算的危险，并保留了在北洋范围内所经营的洋务基础。第二个动向是盛宣怀对张之洞的进击态势，趁张之洞难以维持其所主办的洋务事业之机，盛宣怀成功地将实业经营扩展到了南洋系的势力范围之内。根据这种追踪可知，以往广为流传的张之洞与盛宣怀以政治换经济的交易之说，纯属以讹传讹。事实上，盛宣怀这时的事业变动，决不能仅仅从个人生涯的角度来认识。这是因为，盛宣怀得以兼顾北洋系和南洋系的诸多洋务事业，又以"中国"名义开办了铁路公司和通商银行，一方面意味着他业已成为整个中国经济体系中的重要人物，另一方面标志着中国近代工业化进程从此超越了地方督抚所主导的洋务运动阶段。

到了庚子时期，盛宣怀面临着更加诡谲多变、危机四伏的局势。对于盛宣怀在这一时期的活动，一般多将"东南互保"视为其巅峰时刻。其实，只要观察一下此时的历史进程，便可发现，盛宣怀与上海绅商社会针对京津兵灾和陕西旱灾而发起的两场跨境救援活动，其作用和意义决不在"东南互保"之下。首先，这两场救援活动在空间上表现为南方对北方的救助，这就使得本来以保全南方各省为主线的"东南互保"之举，在客观上成为开展救援行动的前提和基础，而不意味着南方社会与北方社会的割裂。其次，这两场救援活动在权力格局上表现为社会对国家的援助，在国势极度动荡的情况下，显然在一定程度上化解了"东南互保"对朝廷权威的挑战意味。也只有将"东南互保"和这两场救援活动叠加在一起，才能准确把握上海商业会议公所得以创立的两条主要脉络。其一是盛宣怀个人运势的戏剧性转变。从甲午到己亥，盛宣怀先因南洋系排挤、后因"经元善事件"牵连，始终未能成为商务建设的中心人物。而在及时援助了陷入旱灾威胁的流亡朝廷后，盛宣怀很快得到了商务大臣的任命，从而获得了推动商务组织建设的必要权力。其二是上海绅商社会力量的重新动员。在经历了戊戌政变、己亥立储等事件后，上海绅商社会一度备受官府压制。八国联军侵华战争和陕西旱灾的爆发，恰恰促成了上海绅商社会的新一轮整合。上海商业会议公所的创办，则标志着整合后的上海绅商社会从此走上了组织化发展的道路。

  盛宣怀之父盛康的去世，本来只是盛宣怀的一件家事。但是，由于这件家事与外部大环境之间产生了叠加效应，使之成为盛宣怀此后数年间陷于事业低谷的导火索。盛康去世之际，恰逢清末新政刚刚启动，而不得不丁忧守制的盛宣怀，突然遭遇了新的危机。首要的危机来自袁世凯的进逼。袁世凯在庚子之后迅速崛起，力图恢复北洋集团的势力范围，为此逐步从盛宣怀手中相继夺取了轮船招商局、电报局和铁路公司等多项实业的控制权。而盛宣怀只能一退再退，丧失了很大一部分经济基础。另外一个危机则来自政治复出的不利形势。盛宣怀丁忧期满之时，因朝廷筹议官制改革以及高层人事纷争等因素，盛宣怀迟迟得不到实职任命。其为谋求复出而结交岑春煊，又差点被"丁未政潮"所连累。也正是结合这样的危机背景，盛宣怀在中国红十字会建设过程中的诸多离奇表现反倒比较容易理解了。盛宣怀直到日俄战争时期才开始重视红十字会旗号，并且将吕海寰和吴重熹拉入上海万国红十字会的领导层，其背后是借机谋求平衡各方势力的努力；当"丁未政潮"的结局已定之际，盛宣怀才向朝廷建议在上海万国红十字会基础上建设中国红十字会，这种节奏巧合得令人难以置信；而对创会事宜尚多犹疑的盛宣怀，居然被朝廷任命为首任会长，看来更可能是朝廷为了顺利调派盛宣怀进京的掩人耳目之举。因此可以说，清末红十字会的建设，很大程度上成了盛宣怀在事业低谷中腾挪借力的工具。

辛亥革命是盛宣怀一生所经历的最后一道重大关卡，也堪称是最为艰难的一道关卡。刚刚到达仕途巅峰的盛宣怀，转瞬之间便跌入前所未有的深渊。因铁路国有政策而成为革命势力的打击对象后，又迅速被清政府作为替罪羊而抛弃，无处容身的盛宣怀只得踏上了流亡异国之路。然而，在革命、建设与民生交织而成的特定局势下，濒临绝境的盛宣怀竟然出现了生机。南北政权的相持，造成革命并不能彻底颠覆旧有的社会基础和经济基础；临时政府的财政危机，使得孙中山等人有如饮鸩止渴一般寄希望于外债；恰巧处于革命势力范围内的江皖水灾，又成为以民生为宗旨的革命政权无法回避的巨大负担。在这三条线索的作用下，盛宣怀的家产逃脱了被没收充公的命运，成为孙中山等人诱使盛宣怀承担中日合办汉冶萍公司谈判责任的砝码；而盛宣怀为了掩盖与孙中山之间的政治交易，又以江皖赈务为说辞，祭出了捐赈复产的手法。虽然盛宣怀与孙中山之间的交易因政治形势的急剧变化而中止，但是它无疑为落难中的盛宣怀赢得了喘息的机会。而在袁世凯上台以后,盛宣怀更以先前的捐赈复产为由头,顺利解决了不少关于产业的悬案。因此,透过盛宣怀在辛亥革命时期上演的这场悲喜剧,可以清楚地看到当时中国社会结构中多方力量的博弈及其走向。

可以说,在盛宣怀开始其事业生涯之后的四十多年中,几乎每一个重大事件的发生,都会与其他许多不同类型的事件发生联动效应,形成某种特定局势。由于这些重大事件的产生并非出于任何个人的主观意志,而面临这样那样的特定局势更不是盛宣怀主观选择的结果,所以这种特定局势对于盛宣怀来说,包含着无法预判的不确定性。也正是这种不确定性的存在,决定了盛宣怀身上的历史偶然性,成为其新陈代谢之路上遭遇种种曲折的根本原因。

三、盛宣怀和他的事业基本盘

当然,盛宣怀身上的历史必然性和偶然性,都还属于客观因素的范畴。而人的能动性,无疑也是理解历史进程不可或缺的一环。马克思和恩格斯在阐释唯物史观时都特别强调,"人们自己创造自己的历史"①。盛宣怀之所以能够放出"竟无一人肯步其后尘"的豪言,显然不能仅仅着眼于客观因素来解释,而忽视其主观能动性的因素。毕竟,在新兴阶层人物中,像盛宣怀这样不断经受种种不同局势的磨砺,并且一再冲关而去的情形,的确罕有其匹。而许多要么曾经领先于盛宣怀、要么曾与盛宣怀大体处于同一起跑线上的人物,却在行进道路上纷纷中途落马或是瞠乎其后。那么,盛宣怀与这

---

① 恩格斯说这句话的出处见前。马克思说这句话的出处见《路易·波拿巴的雾月十八日》,第9页。

些人物何以不同，他得以创造自己历史的能动性，又有怎样的独特表现呢？

关于盛宣怀的个人能动性，主要反映在两个方面：其一是其在接受新生产力过程中的个人成长，其二是其为了自身事业而发展的人脉关系。

这里所说的个人成长，核心内容是指盛宣怀参与洋务事业建设以后，逐步从新生产力的外行转为内行的过程。以往对此多有论述，此处不赘。这里需要指出的是，盛宣怀对新生产力的接受，并未达到出类拔萃的程度：就思想认识水平而言，他肯定无法与郑观应相提并论；在企业经营能力方面，他也很难达到唐廷枢的高度[①]。因此，盛宣怀的个人成长，虽然是其个人能动性的重要组成部分，但是从新兴阶层的整体格局来看，并无特别高妙之处。

至于盛宣怀的人脉关系，看起来似属老生常谈。事实上，以往关于人脉关系的探讨，往往集中在李鸿章、张之洞等人与盛宣怀的关联上，所以所涉及的内容远远不够充分。这主要表现在下列问题上：李鸿章委派办理洋务建设事业的人员并非只有盛宣怀，其原先重视朱其昂、唐廷枢等人的程度亦高于盛宣怀，那么盛宣怀何以能够脱颖而出并且后来居上呢？在盛宣怀甲午战后的事业发展中，张之洞对盛宣怀的防范之意要多于支持之力，盛宣怀又何以能够集结力量，大大拓展自己的实业范围呢？解答这些问题的一大关键，便是盛宣怀通过主观努力而构建了自身的事业基本盘。而这种事业基本

[①] 对唐廷枢经营能力的评价，可参见汪敬虞：《从唐廷枢三兄弟的历史看中国资产阶级的产生》，载《近代中国资本主义的总体考察和个案辨析》，北京：中国社会科学出版社，2004，第353-380页。

盘，正是他赖以维持合作者群体的一种人脉机制。

当盛宣怀去世之际，与之相交近四十年的老友郑观应送来一副挽联，其上联称："忆昔同办义赈，创设电报、织布、缫丝、采矿公司，共事轮船、铁厂、铁路阅四十余年，自顾两袖清风，无惭知己。"① 郑观应不愧为盛宣怀的深交，这句联语恰恰为认知盛宣怀如何经营自身的事业基本盘提供了一条清晰的线索，那就是义赈对于盛宣怀营造人脉关系的重要作用。

本书前三章的论述表明，盛宣怀与义赈的接触可以说是其走上洋务坦途的起点。盛宣怀投身洋务事业建设之初，与李鸿章先后委派的林志道、魏纶先、彭汝琮、戴恒等人一样，仅有官方代表的身份，都不具备商务方面的深厚资历和雄厚资本。这就不难理解，这些人何以办理洋务企业纷纷失利，而唐廷枢等人接手轮船招商局后则能够很快使局面得到改观。然而，在19世纪70年代根本无法与唐廷枢竞争的盛宣怀，进入80年代却突然崛起。其间的关键便在于他通过办理直隶赈务，与义赈力量中的李金镛、经元善、谢家福和郑观应等人建立了直接的联系。这些人所构成的"义赈圈"，脱胎于江南地区传统的"善士圈"，具有很大的社会动员能力②。盛宣怀无疑很快体会到了"义赈圈"蕴含的社会能量，所以迅速与之成为洋务事业建设的合作伙伴。通过成功创办电报局的合作，盛宣怀终于成为李鸿章手下第一个做出建设成绩的官员，多位义赈领袖亦顺利转变为近代绅商的中坚人物，成就了一

---

① 这副挽联转引自夏东元编著：《郑观应年谱长编》，下册，上海：上海交通大学出版社，2009，第803页。据夏东元介绍，此联为盛氏后人藏件。

② 对此参见朱浒：《地方性流动及其超越》，第155-159页。

个双赢的结果。盛宣怀后来对经元善等人所说"吾侪数人以赈务始,相期并不仅以电务终"之语,可见他自己对于义赈与电报局建设之间的关系,有着非常深切的体悟。

盛宣怀决非仅仅坐享义赈活动为其洋务事业带来的红利,他很快反过来也为义赈活动的发展做出了积极贡献。还在电报局开办不久的80年代初,该局便成为义赈活动的一项重要资源。在盛宣怀的主持下,上海电报局成为上海协赈公所的所在地,各地电报分局则成为义赈的联络机构;义赈活动经费紧张之际,电报局又常常借垫资金,以便周转。此外,盛宣怀本人还在光绪九年(1883)出面主持义赈活动,正式成为"义赈圈"的一员。这些举措显然对义赈活动的发展起到了很大的推动作用,也有助于维持义赈同人在洋务事业中对盛宣怀的向心力。这方面最明显的表现,便是当金融风潮肆虐之际,盛宣怀正是依靠谢家福、经元善等人的通力合作,才能在唐廷枢、徐润等人遭受沉重打击的情况下,临危受命,积极展开救市行动。

在盛宣怀紧紧抓住义赈核心人物的努力中,最突出的一个表现,是其设立备赈基金之举。义赈活动兴起之初,基本处于因灾而设、灾停则撤的状态。由于灾荒连年不断,这种运作方式既不能满足客观要求,也不利于自身发展。上海图书馆所藏盛宣怀档案中的一份材料显示,大约在光绪九、十年(1883—1884)间,义赈同人在上海陈家木桥电报局赈所进行集议,提出成立一个名为"备赈公所"的机构,拟议"公所备银若干万两,为赈济要需"①。大概由于备赈基金得不

---

① 《谨拟备赈公所章程十二条》,上海图书馆藏盛宣怀档案,档案号SD035722。

到落实，这个计划一度沉寂下去。到了光绪十七年（1891）初，盛宣怀向李鸿章陈明，自己"劝令招商局商人报效十万两"，发交上海协赈公所"公同具领，存汇丰银行生息。遇有各省水旱大灾，作为垫款"①。这实际上正是对先前备赈公所计划的延续。按照经元善的说法，在当时李鸿章的奏案中，这笔备赈基金归施善昌、谢家福、严作霖和经元善"四人轮管"②。这四人正是当时上海义赈力量的核心人物，对当时必须在山东就职的盛宣怀来说，抓住这些人可以实现绝佳的人事安排：谢家福和经元善是他遥控轮船招商局和电报局的得力助手，施善昌和严作霖则是他在当地开展赈灾和小清河工程的依靠力量。这就可以理解，虽然严作霖在洋务事业中并无太多作为，但是盛宣怀始终要为之保留一个位置。至于施善昌与洋务事业的关联效应，则如下所述，是在他儿子施则敬身上得到体现的。

甲午战后，当盛宣怀进行实业新布局时，老一辈合作者中，除郑观应还可办理汉阳铁厂事务外，经元善、谢家福等人都已退出第一线。然而，盛宣怀并未陷入人手危机，因为他依靠赈务与商务的共生机制，培养出了新的合作者。这方面最典型的事例，便是严信厚和施善昌之子施则敬。后来被视为宁波帮鼻祖的严信厚，直到甲午战前不久才在上海绅商社会中崭露头角，并立即加入了义赈活动的行列。此时又恰恰是盛宣怀因整顿纺织局而与严信厚开始商务合作之际。接

---

① 《经元善致盛宣怀函》，附件一，上海图书馆藏盛宣怀档案，档案号SD042855。
② 《女学堂上盛京堂禀》，载朱浒编：《中国近代思想家文库·经元善卷》，第87页。

下来可以看到的情况是，在盛宣怀与严信厚共同主办直奉义赈、湖南义赈活动后，严信厚随即在创设中国通商银行的过程中发挥了十分重要的作用。如果说严信厚与盛宣怀的合作路径是从商务到赈务，那么施则敬的合作路径则可以说是从赈务到商务。施则敬虽然继承了其父施善昌在义赈活动中的衣钵，其实并无深厚的商业背景。盛宣怀则在中国通商银行急于融资的情况下，着意将具有丰富筹捐经验的施则敬拉进董事行列，客观上使得施则敬从此跻身于上海商业社会的上层。本书第五章的论述表明，在庚子时期的社会救援和创办上海商业会议公所的活动中，盛宣怀与严信厚、施则敬等人的密切合作，充分展示了这种赈务与商务共生关系的稳固性和有效性。

盛宣怀通过赈务与商务的双重路径来培养事业基本盘的做法，在沈敦和身上得到了更加鲜明的体现。在日俄战争之前，沈敦和原本只是一个失意官员，并无商业社会的深厚背景，也没有多少参与民间慈善救济活动的经历。他能够在上海万国红十字会中与施则敬等人并驾齐驱，主要是其外务经验恰好符合了万国红十字会的国际合作需求。事实上，沈敦和在上海绅商社会中的真正崛起，是在救助东北战区难民行动结束之后，并且基本可以说是盛宣怀的培养所致。一方面，在盛宣怀的安排下，沈敦和得以相继进入铁路公司、通商银行，并一跃成为上海商会的议董。另一方面，同样借助盛宣怀之力，沈敦和也迅速跻身于义赈头面人物之列，这方面的突出表现是在光绪三十二年（1906）的华洋义赈会中担任要职。而在商务和赈务两方面迅速积累了较多资本的沈敦和，在较大程度上填补了严信厚去世、施则敬日渐淡出给盛宣怀造成的许多空白，成为盛宣怀建设中国红十字会过程中最重要的助手。不过，盛宣怀恐怕事先不可能料到，自己这次对事业基本盘的培养，居然还有后福。本书第七章里提到，在盛宣怀因辛亥革命爆发而落难之后，已成社会贤达的沈敦和，为盛宣怀重归正常社会提供了不小的帮助。

到了清末民初，施则敬、沈敦和等人将中国红十字会作为主要活动阵地，遂使旧有义赈体系趋于瓦解，义赈成为被滥用的名号。在这种情况下，盛宣怀却积极加入了对义赈话语权的争夺。宣统二年（1910）三月间，因湖北水灾，盛宣怀奏请朝廷倡办义赈，便以义赈创始人的口吻称："臣前官直东两省，亲赴乡村督查户口，方知官振例须合境普霑，因滥转漏，遂即创为义振，专放极贫，救人救澈。自光绪三、四年山西及河间旱荒办起，垂三十余年矣。"① 1914年秋冬，徐海地区发生水灾，盛宣怀、冯煦等人应江苏官方要求发起义赈。在次年初刊发的劝捐册中，除公布各类灾赈函电、公告外，居然还出现了一份由盛宣怀撰写的《历办义振缘引》。该文首句即设问："义振何自昉乎？"随后便把源头指向了盛宣怀于"丁戊奇荒"期间主办的河间赈务，称：

> 光绪四年戊寅，河间大灾，赤地千里，天津遍设粥厂，途为之塞。文忠（按：**即李鸿章**）派余往河间……当余查户时，见其家不应吃振，而董保以之列入极贫，即勒令捐钱以振其自己佃户，为冒滥者戒。一面禀请添

---

① 《请饬筹江鄂灾区工抚平粜当田三事折》，载盛宣怀：《愚斋存稿》，卷15《奏疏十五》，第398页。

> 派吴清卿、李秋亭、杨殿臣诸君各任一县，盖以义振为名，取舍轻重方能由我，从此义振之名益著。①

作为研究者，很容易指出这里关于盛宣怀是义赈创始人的说法并不符合事实。但是，只要了解义赈对于盛宣怀营造事业基本盘的长期效用，再联想到盛宣怀进入民国以后在义赈名义下的复产保产活动，也就不难体会到，在这些说法背后，那种担心义赈这面大旗可能旁落的焦急心态。

关于历史人物及其时代的研究，一般容易出现两种倾向：其一是为了突出研究对象的历史地位，难免出现"英雄造时势"式的论调；其二则又因过于强调"时势造英雄"，以致研究对象沦为客观历史进程的傀儡。本书的论述表明，第一种倾向过于夸大个人作用，第二种倾向则又过于强调历史必然性，从而都存在着认识上的偏执之处。当然，指出这两种倾向的偏执之处，并非本书立论的重心。本书的主要目标是，在反思以往历史书写惯性、打破既定史事等级体系的基础上，指明两条线索：一条明线是希望完整认识盛宣怀的生活世界及其逻辑，一条暗线则是力图重新勾勒晚清历史的图景。可以肯定，盛宣怀的生活世界，并不能被割裂为若干性质不同且互不相关的场域，而是一个内在统一的整体；盛宣怀当然无法超越其生活世界所给定的条件，但也具有运用这些条件的能动性；盛宣怀固然是时代的产物，但也具有塑造时代的反作用。与此同时，对盛宣怀的生活世界及其逻辑的发掘，

---

① 《劝募徐海各属甲寅冬乙卯春义振捐册》，上海图书馆藏盛宣怀档案，档案号SD005025。

也带出了晚清历史图景的再认识问题。在以往通行的历史图景中,占据主导地位的是一系列重大政治事件构成的、中国社会走向沉沦的下行线。本书的论述则显示,与这条下行线并行不悖的是,随着新生产力的落实和新兴阶层的兴起,晚清时期还出现了中国社会开始上升的上行线。毋庸置疑,这两条线的碰撞、交叉、重合与互动,是影响近代中国社会的新陈代谢进程的根本力量。而这种新陈代谢进程,则是中国从民族沉沦到民族复兴的必经之路。正是在这种意义上,我们对盛宣怀的研究,才不会是发思古之幽情,而是对自身时代的关怀。

参考文献

一、资料

《近代史资料》，第 25 号，北京：中华书局，1961。

《近代史资料》，第 65 号，北京：中国社会科学出版社，1987。

《近代史资料》，第 77 号，北京：中国社会科学出版社，1990。

《清实录》，北京：中华书局，1985—1987。

《申报》，上海：上海书店，1982—1987。

《万国公报》，台北：华文书局，1968。

《中国近代史资料汇编·海防档》，台北："中研院"近代史研究所，1957。

宝鋆等修：《筹办夷务始末（同治朝）》，收入沈云龙主编：《近代中国史料丛刊》（611），台北：文海出版社，1966。

北京大学历史系近代史教研室整理：《盛宣怀未刊信稿》，北京：中华书局，1960。

北京大学图书馆馆藏稿本丛书编委会编：《北京大学图书馆藏稿本丛书》，天津：天津古籍出版社，1987。

北京图书馆编：《北京图书馆藏珍本年谱丛刊》，北京：北京图书馆出版社，1999。

北京图书馆出版社影印室辑：《清末民国财政史料辑刊》，北京：北京图书馆出版社，2007。

蔡尚思、方行编：《谭嗣同全集》（增订本），北京：中华书局，1981。

曾国藩：《曾国藩日记》，北京：九州出版社，2014。

陈澹然编：《刘壮肃公奏议》，收入沈云龙主编：《近代中国史料丛刊》（196），台北：文海出版社，1968。

陈守谦：《燕晋弭兵记》，收入沈云龙主编：《近代中国史料丛刊》（3），台北：文海出版社，1966。

陈旭麓、顾廷龙、汪熙主编：《辛亥革命前后——盛宣怀档案资料选辑之一》，上海：上海人民出版社，1979。

陈旭麓、顾廷龙、汪熙主编：《湖北开采煤铁总局、荆门矿务总局——盛宣怀档案资料选辑之二》，上海：上海人民出版社，1981。

陈旭麓、顾廷龙、汪熙主编：《中日甲午战争——盛宣怀档案资料选辑之三》，上册，上海：上海人民出版社，1980。

陈旭麓、顾廷龙、汪熙主编：《中日甲午战争——盛宣怀档案资料选辑之三》，下册，上海：上海人民出版社，1982。

陈旭麓、顾廷龙、汪熙主编：《汉冶萍公司（一）——盛宣怀档案资料选辑之四》，上海：上海人民出版社，1984。

陈旭麓、顾廷龙、汪熙主编：《汉冶萍公司（二）——盛宣怀档案资料选辑之四》，上海：上海人民出版社，1986。

陈旭麓、顾廷龙、汪熙主编：《汉冶萍公司（三）——盛宣怀档案资料选辑之四》，上海：上海人民出版社，2004。

陈旭麓、顾廷龙、汪熙主编：《中国通商银行——盛宣怀档案资料选辑之五》，上海：上海人民出版社，2000。

陈旭麓、顾廷龙、汪熙主编：《上海机器织布局——盛宣怀档案资料选辑之六》，上海：上海人民出版社，2001。

陈旭麓、顾廷龙、汪熙主编：《义和团运动——盛宣怀档案资料选辑之七》，上海：上海人民出版社，2001。

陈旭麓、顾廷龙、汪熙主编：《轮船招商局——盛宣怀档案资料选辑之八》,上海:上海人民出版社,2002。

陈义杰整理:《翁同龢日记》,北京:中华书局,1997。

丁振铎编:《项城袁氏家集》,收入沈云龙主编:《袁世凯史料丛刊》(2),台北:文海出版社,1966。

冯煦:《蒿庵奏稿》,收入沈云龙主编:《近代中国史料丛刊》(328),台北:文海出版社,1967。

凤冈及门弟子编:《三水梁燕孙先生年谱》,收入沈云龙主编:《近代中国史料丛刊》(743),台北:文海出版社,1971。

故宫博物院明清档案部编:《义和团档案史料》,北京:中华书局,1959。

故宫博物院文献馆编:《清光绪朝中日交涉史料》,台北:文海出版社,1970。

顾廷龙、戴逸主编:《李鸿章全集》,合肥:安徽教育出版社,2008。

胡思敬:《退庐全集·国闻备乘》,收入沈云龙主编:《近代中国史料丛刊》(445),台北:文海出版社,1970。

胡政、李亚东点校:《招商局创办之初(1873—1880)》,北京:中国社会科学出版社,2010。

湖北省档案馆编:《汉冶萍公司档案史料选编》,北京:中国社会科学出版社,1992。

华洋义振会编:《华洋义振会灾振文件汇录》,出版地不详,1912。

黄鸿寿:《清史纪事本末》,上海:上海书店,1986。

黄纪莲编:《中日"二十一条"交涉史料全编(1915—1923)》,合肥:安徽大学出版社,2001。

江世荣编注:《曾国藩未刊信稿》,北京:中华书局,1959。

姜义华、张荣华编校:《康有为全集》,北京:中国人民大学出版社,2007。

李瀚章编:《曾文正公全集》,收入沈云龙主编:《近代中国史料丛刊续编》(1-10),台北:文海出版社,1974。

李文海、林敦奎、周源、宫明:《近代中国灾荒纪年》,长沙:湖南教育出版社，1990。

李文海、夏明方、朱浒主编：《中国荒政书集成》，天津：天津古籍出版社，2010。

李文治主编：《中国近代农业史资料》，第1辑，北京：生活·读书·新知三联书店，1957。

林志钧编：《饮冰室合集》，北京：中华书局，1989。

毛承霖纂：《续修历城县志》，历城：历城县志局，1926。

闵广纶辑：《李阁学政迹录》，光绪二十六年（1900）刻本。

南京大学历史系太平天国史研究室编：《江浙豫皖太平天国史料选编》，南京：江苏人民出版社，1983。

南苕外史：《沈敦和》，上海：上海集成图书公司，1911。

戚其章主编：《中国近代史资料丛刊续编·中日战争》，北京：中华书局，1989。

荣孟源、章伯锋主编：《近代稗海》，第一辑，成都：四川人民出版社，1985。

上海经世文社辑：《民国经世文编》，北京：北京图书馆出版社，2006。

上海市工商业联合会、复旦大学历史系编：《上海总商会组织史资料汇编》，上海：上海古籍出版社，2004。

上海图书馆编：《盛宣怀档案选编》，上海：上海古籍出版社，2014。

上海图书馆编：《汪康年师友书札（一）》，上海：上海古籍出版社，1986。

上海图书馆编：《汪康年师友书札（三）》，上海：上海古籍出版社，1987。

上海图书馆藏盛宣怀档案。

盛宣怀：《愚斋存稿》，收入沈云龙主编：《近代中国史料丛刊续编》（122-125），台北：文海出版社，1975。

时务报馆编：《时务报》，收入沈云龙主编：《近代中国史料丛刊三编》（322-328），台北：文海出版社，1987。

水利电力部水管司科技司、水利水电科学研究院编：《清代黄河流域洪涝档案史料》，北京：中华书局，1993。

宋伯鲁、吴廷锡纂：《续修陕西省通志稿》，出版地不详，1934。

苏州博物馆编：《谢家福日记（外一种）》，北京：文物出版社，2013。

孙学雷、刘家平主编：《国家图书馆藏清代孤本内阁六部档案》，北京：全国图书馆文献缩微复制中心，2003。

孙毓棠编：《中国近代工业史资料第一辑（1840—1895年）》，北京：科学出版社，1957。

孙毓棠编：《中国近代工业史资料》，第一辑，北京：中华书局，1962。

孙中山：《孙中山全集》，北京：中华书局，1982。

谭群玉、曹天忠编：《岑春煊集》，广州：广东人民出版社，2020。

谭泽闿、谭宝箴、谭延闿编：《谭文勤公（钟麟）奏稿》，收入沈云龙主编：《近代中国史料丛刊》（325），台北：文海出版社，1969。

汪敬虞编：《中国近代工业史资料》，北京：科学出版社，1957。

汪叔子、张求会编：《陈宝箴集》，上册，北京：中华书局，2003。

汪叔子、张求会编：《陈宝箴集》，下册，北京：中华书局，2005。

汪诒年纂辑：《汪穰卿先生传记》，北京：中华书局，2007。

王尔敏、陈善伟编：《清末议订中外商约交涉——盛宣怀往来函电稿》，香港：香港中文大学出版社，1993。

王尔敏、吴伦霓霞编：《清季外交因应函电资料》，香港：香港中文大学出版社，1993。

王尔敏、吴伦霓霞编：《盛宣怀实业函电稿》，香港：香港中文大学出版社，1993。

王尔敏、吴伦霓霞编：《盛宣怀实业朋僚函稿》，香港：香港中文大学出版社，1997。

王凡、汪叔子整理：《姚锡光江鄂日记（外二种）》，北京：中华书局，2010。

王彦威纂辑：《清季外交史料》，北京：书目文献出版社，1987。

吴汝纶编：《李文忠公全书》，收入沈云龙主编：《近代中国史料丛刊续编》（691–698），台北：文海出版社，1980。

吴元炳辑：《沈文肃公政书》，收入沈云龙主编：《近代中国史料丛刊》(54)，台北：文海出版社，1967。

武汉大学经济学系编：《旧中国汉冶萍公司与日本关系史料选辑》，上海：上海人民出版社，1985。

夏东元编：《郑观应集》，上册，上海：上海人民出版社，1982。

夏东元编：《郑观应集》，下册，上海：上海人民出版社，1988。

香港中文大学图书馆藏盛宣怀档案。

萧荣爵编：《曾忠襄公（国荃）书札》，收入沈云龙主编：《近代中国史料丛刊》(571)，台北：文海出版社，1966。

谢行惠编：《谢氏家藏同光诸老尺牍》，1927年石印本。

谢家福：《李金镛行状》，光绪年间刻本。

徐润：《徐愚斋自叙年谱》，收入沈云龙主编：《近代中国史料丛刊续编》(491)，台北：文海出版社，1976。

杨士骧、孙葆田纂：《山东通志》，济南：山东通志刊印局，1918。

杨书霖编：《左文襄公全集》，收入沈云龙主编：《近代中国史料丛刊续编》(641－649)，台北：文海出版社，1979。

佚名编：《救济文牍》，光绪三十三年（1907）苏省刷印局刻本。

佚名辑：《晚清洋务运动事类汇钞》，北京：中华全国图书馆文献缩微复制中心，1999。

易国千等辑：《黎副总统政书》，收入沈云龙主编：《近代中国史料丛刊》(662)，台北：文海出版社，1971。

虞和平编：《经元善集》，武汉：华中师范大学出版社，1988。

袁英光、胡逢祥整理：《王文韶日记》，北京：中华书局，1989。

苑书义、孙华峰、李秉新主编：《张之洞全集》，石家庄：河北人民出版社，1998。

张謇研究中心、南通市图书馆编：《张謇全集》，南京：江苏古籍出版社，1994。

张怡组编：《张季子九录》，收入沈云龙主编：《近代中国史料丛刊续编》(961－967)，台北：文海出版社，1983。

张正吾、蓝少成、谭志峰编：《王鹏运研究资料》，桂林：漓江出版社，1996。

赵树贵、曾丽雅编：《陈炽集》，北京：中华书局，1997。

中国第二历史档案馆、中国社会科学院近代史研究所合编：《中国海关密档——赫德、金登干函电汇编（1874—1907）》，第二卷，北京：中华书局，1990。

《中国红十字会》，南京：行政院新闻局印行，1947。

中国第一历史档案馆编：《光绪朝朱批奏折》，北京：中华书局，1995。

中国第一历史档案馆编：《光绪宣统两朝上谕档》，桂林：广西师范大学出版社，1996。

中国第一历史档案馆编：《咸丰同治两朝上谕档》，桂林：广西师范大学出版社，1998。

中国第一历史档案馆编：《清代军机处电报档汇编》，北京：中国人民大学出版社，2004。

中国第一历史档案馆藏清代灾赈档案专题史料。

中国红十字会总会编：《中国红十字会历史资料选编（1904—1949）》，南京：南京大学出版社，1993。

中国近代经济史资料丛刊编辑委员会主编、中华人民共和国海关总署研究室编译：《帝国主义与中国海关资料丛编之十一：辛丑和约订立以后的商约谈判》，北京：中华书局，1994。

中国科学院历史研究所第三所工具书组校点：《刘坤一遗集》，北京：中华书局，1959。

中国历史博物馆编、劳祖德整理：《郑孝胥日记》，北京：中华书局，1993。

中国历史研究社编：《庚子国变记》，上海：神州国光社，1947。

中国社科院近代史所编：《近代史所藏清代名人稿本抄本》，第二辑，郑州：大象出版社，2013。

中国史学会主编：《中国近代史料丛刊·中日战争》，上海：上海人民出版社，1957。

中国史学会主编：《中国近代史资料丛刊·洋务运动》，上海：上海人民出版社，1961。

中国史学会主编：《中国近代史资料丛刊·义和团》，上海：上海人民出版社，1957。

中国水利水电科学研究院水利史研究室编校：《再续行水金鉴·黄河卷》，武汉：湖北人民出版社，2004。

周秋光编：《熊希龄集》，长沙：湖南人民出版社，2008。

朱浒编：《中国近代思想家文库·经元善卷》，北京：中国人民大学出版社，2014。

朱寿朋编：《光绪朝东华录》，北京：中华书局，1958。

朱之榛：《常慊慊斋文集》，收入沈云龙主编：《近代中国史料丛刊》(399)，台北：文海出版社，1969。

Central China Famine Relief Committee, *Report and Accounts, From October 1, 1911 to June 30, 1912*, Shanghai: Printed by North-China Daily News & Herald Ltd., 1912.

Central China Famine Relief Fund Committee, *Report of the Central China Famine Relief Fund Committee, 1906 – 7*, Shanghai: North-China Daily News and Herald Limited, 1907.

Timothy Richard, *Forty-five Years in China: Reminiscences*, London: T. Fisher Unwin Ltd., 1916.

二、著作

《毛泽东选集》（第2版），北京：人民出版社，1991。

陈吉龙主编：《盛宣怀与中国近代化》，南京：江苏人民出版社，2016。

陈锦江：《清末现代企业与官商关系》，王笛、张箭译，北京：中国社会科学出版社，1997。

陈先元、田磊编著：《盛宣怀与上海交通大学》，太原：山西教育出版社，1996。

陈旭麓：《近代中国社会的新陈代谢》，上海：上海人民出版社，1992。

池子华：《红十字与近代中国》，合肥：安徽人民出版社，2004。

戴海斌：《晚清人物丛考》，北京：生活·读书·新知三联书店，2018。

丁离：《击败胡雪岩：中国商父盛宣怀和他的商业帝国》，北京：当代世界出版社，2001。

丁日初主编：《上海近代经济史》，第一卷，上海：上海人民出版社，1994。

樊百川：《清季的洋务新政》，上海：上海书店出版社，2003。

樊百川：《中国轮船航运业的兴起》，北京：中国社会科学出版社，2007。

费维恺：《中国早期工业化：盛宣怀（1844—1916）和官督商办企业》，虞和平译，吴乾兑校，北京：中国社会科学出版社，1990。

冯志阳：《庚子救援研究》，北京：北京师范大学出版社，2018。

国亮、美玲：《中国商父——盛宣怀》，北京：国际文化出版公司，1996。

寒波：《盛宣怀别传》，上海：上海人民出版社，1997。

郝平：《丁戊奇荒——光绪初年山西灾荒与救济研究》，北京：北京大学出版社，2012。

郝如一、池子华主编：《红十字运动研究》（2007年卷），合肥：安徽人民出版社，2007。

郝延平：《十九世纪的中国买办——东西间桥梁》，李荣昌等译，上海：上海社会科学院出版社，1988。

何炳棣：《明初以降人口及其相关问题，1368—1953》，葛剑雄译，北京：生活·读书·新知三联书店，2000。

何汉威：《光绪初年（1876—79）华北的大旱灾》，香港：香港中文大学出版社，1980。

侯仁之：《我从燕京大学来》，北京：生活·读书·新知三联书店，2009。

胡绳武、金冲及：《辛亥革命史稿》，第3卷，上海：上海人民出版社，1991。

胡绳武、金冲及：《辛亥革命史稿》，第4卷，上海：上海人民出版社，1991。

胡泽：《政商奇才盛宣怀》，北京：商务印书馆国际有限公司，2015。

湖州市政协文史委编：《湖州文史》，第21辑，湖州：湖州市政协文史委印行，2002。

黄文德：《非政府组织与国际合作在中国》，台北：秀威资讯科技有限公司，2004。

贾国静：《黄河铜瓦厢决口改道与晚清政局》，北京：社会科学文献出版社，2019。

姜正成主编：《实业之父盛宣怀》，北京：中国财富出版社，2015。

李侃、李时岳、李德征、杨策、龚书铎：《中国近代史》（第四版），北京：中华书局，1994。

李明珠：《华北的饥荒：国际、市场与环境退化（1690—1949）》，石涛、李军、马国英译，北京：人民出版社，2016。

李文海、程歗、刘仰东、夏明方：《中国近代十大灾荒》，上海：上海人民出版社，1994。

李文海、夏明方主编：《天有凶年：清代灾荒与中国社会》，北京：生活·读书·新知三联书店，2007。

李文海、周源：《灾荒与饥馑，1840—1919》，北京：高等教育出版社，1991。

李文杰：《中国近代外交官群体的形成（1861—1911）》，北京：生活·读书·新知三联书店，2017。

李细珠：《地方督抚与清末新政》（增订版），北京：社会科学文献出版社，2018。

李玉勤：《晚清汉冶萍公司体制变迁研究》，北京：中国社会科学出版社，2009。

李长莉：《晚清上海社会的变迁：生活与伦理的近代化》，天津：天津人民出版社，2002。

刘广京、朱昌峻编：《李鸿章评传：中国近代化的起始》，陈绛译校，上海：上海古籍出版社，1995。

鲁迅：《鲁迅全集》，北京：人民文学出版社，1991。

罗荣渠：《现代化新论——世界与中国的现代化进程》（增订版），北京：商务印书馆，2004。

马克思、恩格斯：《德意志意识形态》（节选本），北京：人民出版社，2018。

马克思：《路易·波拿巴的雾月十八日》，北京：人民出版社，2015。

马敏：《官商之间：社会剧变中的近代绅商》，天津：天津人民出版社，1995。

马敏：《过渡形态：中国早期资产阶级构成之谜》，北京：中国社会科学出版社，1994。

马敏主编：《中国近代商会通史》，北京：社会科学文献出版社，2015。

马士：《中华帝国对外关系史》，张汇文等译，北京：商务印书馆，1963。

马勇：《中国近代通史》，第4卷《从戊戌维新到义和团（1895—1900）》，南京：江苏人民出版社，2006。

马忠文：《荣禄与晚清政局》，北京：社会科学文献出版社，2016。

茅海建：《戊戌变法的另面："张之洞档案"阅读笔记》，上海：上海古籍出版社，2014。

茅海建：《从甲午到戊戌：康有为〈我史〉鉴注》，北京：生活·读书·新知三联书店，2009。

欧七斤：《盛宣怀与中国近代教育》，上海：上海交通大学出版社，2016。

钱实甫编：《清代职官年表》，北京：中华书局，1980。

全汉升：《汉冶萍公司史略》，台北：文海出版社，1982。

盛承懋：《盛宣怀与"中国的十一个第一"》，西安：西安交通大学出版社，2016。

盛承懋：《盛宣怀与汉冶萍》，武汉：武汉大学出版社，2019。

盛承懋：《盛宣怀与湖北》，武汉：武汉大学出版社，2017。

盛承懋：《盛宣怀与晚清招商局和电报局》，北京：社会科学文献出版社,2018。

盛承懋:《中国近代实业家盛宣怀 办实业走遍天下》,天津:天津大学出版社,2018。

史志宏、徐毅:《晚清财政:1851—1894》,上海:上海财经大学出版社,2008。

宋路霞:《百年家族·盛宣怀》,石家庄:河北教育出版社,2001。

孙柏秋主编:《百年红十字》,合肥:安徽人民出版社,2004。

孙善根编著:《中国红十字运动奠基人沈敦和年谱长编》,杭州:浙江大学出版社,2014。

汤黎:《钦商盛宣怀》,武汉:崇文书局,2008。

汪朝光:《中国近代通史》,第6卷《民国的初建》,南京:江苏人民出版社,2007。

汪敬虞:《近代中国资本主义的总体考察和个案辨析》,北京:中国社会科学出版社,2004。

汪敬虞:《唐廷枢研究》,北京:中国社会科学出版社,1983。

汪敬虞:《中国资本主义的发展和不发展》,北京:中国财政经济出版社,2002。

汪敬虞主编:《中国近代经济史,1895—1927》,北京:人民出版社,2000。

汪衍振:《大清皇商盛宣怀:一个超越胡雪岩的红顶商人》,武汉:华中科技大学出版社,2014。

王尔敏:《近代经世小儒》,桂林:广西师范大学出版社,2008。

王尔敏:《近代论域探索》,北京:中华书局,2014。

王家俭:《李鸿章与北洋舰队:近代中国创建海军的失败与教训》(校订版),北京:生活·读书·新知三联书店,2008。

王伟:《晚清第一官商:盛宣怀的正面与背面》,武汉:华中师范大学出版社,2012。

夏东元:《盛宣怀传》(修订本),天津:南开大学出版社,1998。

夏东元:《盛宣怀传》,成都:四川人民出版社,1988。

夏东元：《洋务运动史》，上海：华东师范大学出版社，1992。

夏东元：《郑观应》，广州：广东人民出版社，1995。

夏东元编著：《盛宣怀年谱资料长编》，上海：上海交通大学出版社，2004。

夏东元编著：《郑观应年谱长编》，上海：上海交通大学出版社，2009。

谢俊美：《翁同龢人际交往与晚清政局》，上海：上海书店出版社，2018。

谢世诚：《李鸿章评传》，南京：南京大学出版社，2006。

谢世佳：《盛宣怀与他所创办的企业——中国经济发展理论与创造力之研究》，台北："中央"图书供应社，1971。

徐鼎新、钱小明：《上海总商会史（1902—1929）》，上海：上海社会科学院出版社，1991。

许大龄：《明清史论集》，北京：北京大学出版社，2000。

许涤新、吴承明主编：《中国资本主义发展史》，北京：人民出版社，2005。

严中平主编：《中国近代经济史，1840—1894》，北京：人民出版社，2001。

易惠莉、陈吉龙主编：《二十世纪盛宣怀研究》，南京：江苏古籍出版社，2002。

易惠莉、胡政主编：《招商局与近代中国研究》，北京：中国社会科学出版社，2005。

易惠莉：《盛宣怀评传》，南京：江苏人民出版社，2012。

易惠莉：《易惠莉论招商局》，北京：社会科学文献出版社，2012。

易惠莉：《郑观应评传》，南京：南京大学出版社，1998。

易惠莉：《中国第一代实业家盛宣怀》，载《江苏文史资料》，第77辑，南京：《江苏文史资料》编辑部出版发行，1994。

张国辉：《洋务运动与中国近代企业》，北京：中国社会科学出版社，1979。

张海鹏、李细珠：《中国近代通史》，第5卷《新政、立宪与辛亥革命

（1901—1912）》，南京：江苏人民出版社，2006。

张海荣：《思变与应变：甲午战后清政府的实政改革（1895—1899）》，北京：社会科学文献出版社，2020。

张后铨主编：《招商局史（近代部分）》，北京：人民交通出版社，1988。

张建俅：《中国红十字会初期发展之研究》，北京：中华书局，2007。

章开沅主编：《辛亥革命辞典》，武汉：武汉出版社，2011。

浙江省政协文史资料委员会编：《宁波帮企业家的崛起：浙江文史资料选辑第39辑》，杭州：浙江人民出版社，1989。

郑鹤声编：《近世中西史日对照表》，北京：中华书局，1981。

马克思、恩格斯：《马克思恩格斯选集》，北京：人民出版社，2012。

中国红十字会总会编：《中国红十字会的九十年》，北京：中国友谊出版公司，1994。

中国人民政治协商会议山东省委员会文史资料研究委员会编：《文史资料选辑》，第七辑，济南：山东人民出版社，1979。

周秋光：《红十字会在中国（1904—1927）》，北京：人民出版社，2008。

朱浒：《地方性流动及其超越：晚清义赈与近代中国的新陈代谢》，北京：中国人民大学出版社，2006。

朱浒：《民胞物与：中国近代义赈（1876—1912）》，北京：人民出版社，2012。

Albert Feuerwerker, *China's Early Industrialization: Sheng Hsuan-huai (1844-1916) and Mandarin Enterprise*, Cambridge, Massachusetts: Harvard University Press, 1958.

Lillian M. Li, *Fighting Famine in North China: State, Market, and Environmental Decline, 1600s-1990s*, Stanford: Stanford University Press, 2007.

Ping-ti Ho, *Studies on the Population of China, 1368-1953*, Cambridge, Massachusetts: Harvard University Press.

三、论文

安北平：《盛宣怀与光绪三十二年（1906）江南北水灾赈济》，硕士学位论文，河南大学历史文化学院，2009。

陈建林：《荆门矿务总局始末——官督商办企业个案研究之一》，《中南财经大学学报》2000年第5期。

陈诗启：《盛宣怀的资本及其垄断活动》，《厦门大学学报》（社会科学版）1962年第3期。

陈勇勤：《晚清清流派的恤民思想》，《历史档案》2003年第2期。

戴海斌：《甲午后"商办"铁路的一例实证——姚锡光日记所见之刘鹗》，《社会科学》2012年第7期。

董龙凯：《清光绪年间黄河变迁与山东人口迁移》，《中国历史地理论丛》1998年第1期。

樊超杰：《光绪三十二年苏北水灾赈济研究》，硕士学位论文，山东师范大学历史文化学院，2014。

冯金牛、高洪兴：《"盛宣怀档案"中的中国近代灾赈史料》，《清史研究》2000年第3期。

郭黎鹏：《清政府对日俄战争的因应初探——以盛宣怀的行动为线索》，硕士学位论文，华东师范大学历史学系，2020。

郭卫东：《论丁未政潮》，《近代史研究》1989年第5期。

何克明：《中国红十字会创始人沈敦和先生事略》，《博爱》1993年第1期。

柯继承：《我国电报事业的开拓者——谢家福》，《苏州杂志》2002年第3期。

李光伟：《晚清田赋蠲缓研究（1796—1911）》，博士学位论文，中国人民大学历史学院，2013。

李江：《百年汉冶萍公司研究述评》，《中国社会经济史研究》2007年第4期。

李培德：《论"包、保、报"与清末官督商办企业——以光绪二十二年盛宣怀接办汉阳铁厂事件为例》，《史林》2009年第1期。

李文海、朱浒：《义和团运动时期江南绅商对战争难民的社会救助》，《清史研究》2004年第2期。

李文海：《甲午战争与灾荒》，《历史研究》1994年第6期。

李文海：《清末灾荒与辛亥革命》，《历史研究》1991年第5期。

李文海：《晚清义赈的兴起与发展》，《清史研究》1993年第3期。

梁华平：《论盛宣怀早期创办湖北煤铁矿务夭折的主观原因》，《江汉论坛》1993年第3期。

刘增合《论清末工商产业行政整合的初始努力——以商部之前的商务局为例》，《中国社会经济史研究》1998年第3期。

吕立忠：《三位桂籍人士与康有为的交往》，《广西地方志》2009年第5期。

欧阳萱：《大祲奇荒中的李鸿章》，硕士学位论文，中国人民大学历史学院，2013。

彭晓飞：《族产制度近代转型之探索：上海盛氏愚斋义庄研究（1920—1936）》，《中国经济史研究》2019年第1期。

孙兴林：《中国红十字会创始人之一吕海寰》，《莱州文史》2004年第1期。

唐旭平：《明清时期山东小清河治理述论》，硕士学位论文，中国人民大学清史研究所，2003。

王鸿志：《论郑孝胥与晚清商务局之创设》，《求索》2008年第10期。

王金香：《山西"丁戊奇荒"略探》，《中国农史》1988年第3期。

王涛：《清代山东小清河沿岸的河患与水利建设》，硕士学位论文，中国海洋大学，2010。

夏东元：《论盛宣怀所走的"U"字型路程》，《近代史研究》1988年第4期。

夏明方：《清季"丁戊奇荒"的赈济及善后问题初探》，《近代史研究》1993年第2期。

徐涛、游龙云、于文善：《洋务派近代化赈灾思想探源——以盛宣怀为研究对象》，《曲靖师范学院学报》2020年第1期。

徐桢基口述、虞云国整理：《陆树藩其人与皕宋楼藏书售日事》，《史林》2007年增刊。

薛瑞：《从义赈到洋务：江南新型绅商李金镛》，硕士学位论文，中国人民大学历史学院，2018。

虞和平：《简论经元善》，《浙江学刊》1988年第2期。

袁为鹏：《清末汉阳铁厂之"招商承办"再探讨》，《中国经济史研究》2011年第1期。

袁为鹏：《中国近代工矿业区位选择的个案透视——盛宣怀试办湖北矿业失败原因再探讨》，《中国经济史研究》2002年第4期。

云妍：《盛宣怀家产及其结构——基于1920年盛氏遗产清理结果的分析》，《近代史研究》2014年第4期。

张海荣：《〈公车上书记〉作者"沪上哀时老人未还氏"究竟是谁》，《清史研究》2011年第2期。

张海鹰：《"中国红十字会"创始人——吴重憙》，《滨州日报》2011年10月11日。

张实：《关于叶景葵及其〈述汉冶萍产生之历史〉的考证》，《黄石理工学院学报》（人文社会科学版）2008年第2期。

赵红喜：《盛宣怀慈善事业述评》，《牡丹江教育学院学报》2007年第3期。

朱浒：《二十世纪清代灾荒史研究述评》，《清史研究》2003年第2期。

朱浒：《江南人在华北——从晚清义赈的兴起看地方史路径的空间局限》，《近代史研究》2005年第5期。

朱浒：《从赈务到洋务：江南绅商在洋务企业中的崛起》，《清史研究》2009年第1期。

朱浒：《投靠还是扩张？——从甲午战后两湖灾赈看盛宣怀实业活动之新布局》，《近代史研究》2013年第1期。

朱英：《论晚清的商务局、农工商局》，《近代史研究》1994年第4期。

后 记

蓦然回首，距离这本书的出发点已经整整二十年了。

2001年的寒假末，人大校园里还有积雪尚未融化，寒意袭人。当时还是博士生的我，和作为高级进修生的艾志端一起，怀着热切的心情，跟随夏明方老师前往上海，去探访传说已久的盛宣怀档案。那时候，上海图书馆所藏的盛档还在整理之中，尚未向外界开放。得益于那时与我同在清史所攻读博士的翁飞教授引荐，时任上海图书馆馆长王鹤鸣先生接见了我们，并慨允我们进入了等闲根本无缘接近的盛档整理办公室，也给我留下了第一次零距离接触原始档案的难忘回忆。

我们这次上海之行的主要目标，是查阅盛档中的灾赈档案。据上图工作人员介绍，这部分档案大概有一万件，当时已经整理了六七千件。因时间关系，这一次只能浏览几百件档案，但是已足以让我和艾志端流连忘返了。在完成博士论文答辩后，我接受了合作开发这批档案的任务。幸亏在北师大做博士后的两年，杂事无多，我有较多时间前往上图。抄写、复印终究效率太慢，于是我绞尽脑汁盘算着尽快复制档案的办法。衷心感谢现代科技的发展，终于有了彻底摆脱依赖复印机的手段。从2002年底到2003年初，靠着一部数码相机、一台可以刻录光盘的笔记本电脑，经过近三个月的艰苦奋战，完成了三万多张图片的拍摄，满载而归。而夏老师新买的那部柯尼卡相机，则不幸报废。

在上图搜集盛档资料的那些日子，真可谓苦乐交织。辛苦之处在于，我绝大部分时间都在从事一些十分机械、单调的活动，诸如抄录题名、拍摄图片、整理编号、光盘刻录，等等。那时候住在上图边上的一个军队招待所里，旁边就是著名的衡山路风情街。在很多无事可干的时候，我只能在这条路上参观各种各样的咖啡店。好在这段日子里结识了不少非常有趣的人，也得到了很多关照，堪称乐事。尤其令人感念的是在此期间结识了两位学界前辈，一位是复旦大学历史系的陈绛先生，另一位是上海社科院的徐元基先生。两位先生当时都已退休，受上图邀请参与整理盛档，每周都要来工作三四天。陈先生世家出身，又是圣约翰大学毕业生，外文功力极其深厚；徐先生是近代经济史专家，对盛宣怀身边的诸多大小人物都十分熟悉。我在阅读档案中碰到的不少困难，都可以从两位先生那里得到精当的指教，此外还从多次闲谈中知晓了不少饶有趣味的学林掌故。不知不觉间，原本对经济史既无多少兴趣亦知之甚少的我，居然习得了一些苏州码子之类的冷门知识，真是意外收获。可惜的是，陈先生已于2019年遽归道山，再也无法当面致谢，思之不禁怅然。

2003年"非典"暴发的那段时间，北京市内人迹寥落，我被迫减少了许多游手好闲的时间。如此一来，我反而能安心清理这批盛档，基本摸清了绝大部分档案的时间顺序和主要内容。这次整理工作产生了立竿见影的效果，对我关于晚清时期义赈活动的研究提供了很大的帮助。由于盛宣怀与义赈活动的关系十分密切，所以这批档案中有许多关于义赈活动的内容，对有些活动的记载较其他类型资料更加完整、详细。结合这批盛档，我对此前的研究工作进行了彻底的改造，基本上抛弃了博士论文的构架，另起炉灶完成了我的第一部专著——《地方性流动及其超越：晚清义赈与近代中国的新陈代谢》。

在完成晚清义赈的研究后，我本打算趁热打铁，继续研读盛档，把盛宣怀的赈灾事业作为下一项研究的主题。未料在系统钻研盛档后不久，便陷入了迷茫之中。这是因为我对这项研究的价值产生了怀疑。我发现，盛宣怀在赈灾方面的业绩，主要体现在其所参与的义赈活动上；而这些活动对于中国近代灾荒史乃至近代社会变迁的意义，我在《地方性流动及其超越》一书中已经做了很多阐发。如此说来，以盛宣怀赈灾事业为中心的研究，很有可能成为一项个人版的晚清义赈研究。这无异于重复劳动，实在没有多大意思。因此，对于自己曾经雄心勃勃地试图整理出一部"盛宣怀灾赈档案编年校注"的计划，也顿生鸡肋之感。但转念想到自己先前的付出，又心有不甘。为了寻找突破点，我开始全面钻研盛宣怀的一切，不仅翻遍了所有能找到的相关学术成果，甚至不厌其烦地阅读了许多通俗读物。一通猛如虎的操作之后，却沮丧地发现，确实很难找到富有新意的题目。在迟迟没有结果的情况下，我也有些动摇，莫非盛宣怀研究已是一座难有作为的贫矿了吗？

当初，为了给手里的盛档编目做参照，我花费不少力气买齐了一套老版"盛宣怀档案资料选辑"。这套由陈旭麓等先生领衔主编的盛档资料，是20世纪五六十年代第一次盛档整理工作的产物。该书有五辑的主题都是盛宣怀的实业活动。我在研读这套资料的过程中，发现其中也有不少关于灾荒的内容，并且在写第一部书时多有引用。不过，在编目完成之后，这套资料即被束之高阁了。直到有一天，我在休憩之余，目光扫过书架，看到了这套似乎已有些许落尘的绿皮书，忽然想到一个以前未曾注意过的问题：选编这套资料的主线是盛宣怀的实业活动，可是其中为什么会出现不少灾荒内容呢？这些灾荒内容究竟是属于"乱入"还是因为其与实业活动有某种微妙关联呢？基于这种想法，我再一次开始研读这套资料。幸运的是，我很快从这套资料的前两部中发现了证实自己猜想的两个证据，那就是盛宣怀办理河间赈务与其洋务事业脱困的关系、辛亥革命时期的捐赈复产活动。由此形成的两篇论文连续两年在《近代史研究》上刊发，这给了我莫大的鼓舞。那时候真是一段阳光灿烂的日子。

然而，灿烂的日子太过短暂，继之而来的是漫长的低谷徘徊期。一方面，在盛宣怀其他时段的活动中，洋务与赈务之间的关联远没有那么直接，需要查找的范围越来越广泛，导致整个研究工作需要投入的时间和精力越来越多，可往往仍然难以理清头绪。另一方面，随着女儿的出生和工作单位的变动，家庭生活、教学指导活动以及单位的各种事务工作，成为日常生活中无法回避的内容，对科研工作形成了很大挤压。那段时间，我陷入了恶性循环之中，越是想不清楚便越发焦躁，越是焦躁又越发想不清楚。熬夜，失眠，随之而来的是情绪不稳定，工作效率堪忧。2011年3月的一天，我为了赶一个急活一直忙到深夜。到两点左右的时候，大脑突然陷入崩溃状态，连一个完整的句子也想不出来。我怔怔地看着电脑屏幕，直到五点多才慢慢恢复过来，等最后完成这项工作的时候，已是早上七点多了。接下来两天，都处在头脑昏昏的状态。对于很多"青椒"来说，大概这种经历都不会陌生。

在女儿开启小学生涯后，我承担了早起送她坐班车的任务，生活节奏也为之一变。不再熬夜之后，突然发现，从早上7点到10点左右，是自己一天中精力最为充沛的一段时间。于是，在女儿上小学的这几年，我充分利用早晨时间来厘清思路，在等待女儿上课外班时，反复推敲那些较为散漫的头绪，逐渐找到了越来越多的线索。尤其是2017年初完成直隶赈务与盛宣怀走向洋务之路的论文后，这项关于盛宣怀的研究已经有了较为完整的思路。然而，写作书稿的计划迟迟不能提上日程。特别是随着"双一流学科"建设的展开，需要在管理服务工作上做越来越多的投入。如何在教学科研与事务工作之间维持脆弱的平衡，是一件令我倍感头疼的事情。

新冠疫情的突然暴发，原有生活秩序被彻底打乱。在一片混乱中，我们一家仓促中止了2020年的春节假期，匆匆返京，开始了闭关式生活。在周遭环境充满着不确定性的情况下，我决定启动这部书稿的写作。随着疫情的发展，这种闭关式生活也不断延续下去，书稿的写作却进展得较为顺利。

眼看着所有的假期出行计划全部告吹，一方面很不忍心见到爱人和女儿几成笼中困兽的样子，另一方面自己多多少少也暗自庆幸这次意外出现的写作机缘。

另外一件事情，也不禁令人感叹机缘巧合。2019 年底，凤凰大视野的宫兆波先生要拍一部关于盛宣怀的专题片，联系上了我。从他那里得知，华东师范大学的易惠莉教授几年前出版了一部《盛宣怀评传》。我在北京各家图书馆内遍寻不着，后在华东师范大学图书馆发现该书。随即托人复印，却被疫情所阻。无奈之余，忽然想起这部书是江苏人民出版社出版的，而我的学生康海源刚好在该社就职，便托海源帮忙。海源一开始告诉我，该书为常州一家机构出资发行，本来就印数无多，既没有上市销售，社里亦无库存。这个信息令我颇为黯然。但是没过几天，海源又告诉我，他联系上了编辑这部书的同事，并且这位同事去常州出差时，居然专程从那家出资机构里找到了一部。当这部两卷本的大作在 5 月初摆在我面前的那一刻，不由得我不感慨冥冥之中自有天意。

本书的部分内容，曾以单篇论文的形式发表在一些权威刊物上。托庇于这些刊物提供的平台，使我关于盛宣怀的研究引起了不少学界同人的注意。不过，由于书稿与论文的框架区别较大，所以本书写作过程中，对这些论文都进行了较大幅度的改写。另外，因我深知这项研究根本不可能在三五年内完结，所以从未以之为题申请过任何项目支持，以免受结项催逼之苦。人大出版社的王琬莹编辑在某次闲谈中听我说了一个大概，便向我力约此书，使我免除了对出版事宜的各种杂念，也是极为难得的运气。

这项研究持续了二十年之久，要感谢的人实在不胜枚举。但是必须列举出来的，是那些指导和扶持我走上学术道路、如今却已天人永隔的老师。2011年，博士后合作导师龚书铎老师去世；2013年，博士导师李文海老师和硕士导师潘向明老师亦相继去世。潘老师的情况特别意外，他在我动身赴美访学后不久突然病故，年仅62岁。我深夜接到师弟吴四伍的越洋电话，实在不敢相信这个消息。此外，2015年去世的程歗老师，是我从本科时代起便受惠良多的老师。如果没有程老师的关照，我很可能无缘走上学术道路。现如今，我唯有希望这本书的质量，能够不辜负这些老师的栽培之恩。至于其他许多对我有莫大帮助的师友，难以尽述，请恕不能一一列举。

当然，这本书的完成，最强大的支持来自家人。母亲性格坚强，在父亲去世后的十多年里，为了不让我分心，许多生活上的不适都不向我启齿。哥哥除了照顾母亲的生活，每每在我困窘已极的时刻雪中送炭。令我惭愧的是，我现在每年能够跟他们见面的时间都十分有限，遑论回报。今年也是爱人赵丽与我相遇相知的二十周年，这种幸运感已经无法形容。赵丽的出现，使我彻底摆脱了中二青年的状态，开始认真对待家庭生活。而她也从一个浑身稚气的小女生，转变为一个悉心呵护丈夫和女儿的妻子、母亲。不仅如此，她还是我许多文稿的第一读者，无数次为文稿的润色提供宝贵的建议。这本书写作期间，正是由于她承担了绝大部分家务，才保证了我的工作时间。但愿写下一本书的时候，我能在家务上多花一点时间。女儿的成长，也是我奋力前行的一大动力。我发表第一篇关于盛宣怀的论文，适逢女儿出生的2008年。

现如今，她已经是一名每天要与方程式、坐标系苦苦缠斗的初中学生。如果将来有一天她能够读懂这本书，或许会觉得那些数学题不过尔尔了罢。

2021 年 4 月 10 日

图书在版编目（CIP）数据

洋务与赈务：盛宣怀的晚清四十年/朱浒著. --北京：中国人民大学出版社，2021.8
（当代中国人文大系）
ISBN 978-7-300-29672-2

Ⅰ. ①洋… Ⅱ. ①朱… Ⅲ. ①盛宣怀（1844—1916）-人物研究 Ⅳ. ①K825.3

中国版本图书馆 CIP 数据核字（2021）第 145998 号

当代中国人文大系
洋务与赈务
盛宣怀的晚清四十年
朱　浒　著
Yangwu Yu Zhenwu

出版发行	中国人民大学出版社	
社　　址	北京中关村大街 31 号	邮政编码　100080
电　　话	010-62511242（总编室）	010-62511770（质管部）
	010-82501766（邮购部）	010-62514148（门市部）
	010-62515195（发行公司）	010-62515275（盗版举报）
网　　址	http://www.crup.com.cn	
经　　销	新华书店	
印　　刷	北京联兴盛业印刷股份有限公司	
规　　格	155 mm×235 mm　16 开本	版　次　2021 年 8 月第 1 版
印　　张	31.25　插页 3	印　次　2025 年 8 月第 3 次印刷
字　　数	380 000	定　价　109.00 元

版权所有　侵权必究　印装差错　负责调换